Epiphanius
I/2

Berlin-Brandenburgische Akademie
der Wissenschaften

Die Griechischen Christlichen Schriftsteller
der ersten Jahrhunderte

(GCS)

Neue Folge · Band 10/2

berlin-brandenburgische
AKADEMIE DER WISSENSCHAFTEN

EPIPHANIUS
I

Ancoratus und Panarion haer. 1–33

Herausgegeben von
Karl Holl †

Zweite, erweiterte Auflage herausgegeben von
Marc Bergermann
und
Christian-Friedrich Collatz

Mit einem Anhang zu den Randbemerkungen
Melanchthons im Jenensis Ms. Bos. f. 1
von
Jürgen Dummer † und Christoph Markschies

Teilband I/2
Addenda & Corrigenda

De Gruyter

Herausgegeben durch die
Berlin-Brandenburgische Akademie der Wissenschaften
von Christoph Markschies

MIX
Papier aus verantwor-
tungsvollen Quellen
FSC® C016439

ISBN 978-3-11-017547-9
e-ISBN 978-3-11-021798-8
ISSN 0232-2900

Library of Congress Cataloging-in-Publication Data

A CIP catalog record for this book has been applied for at the Library of Congress.

Bibliografische Information der Deutschen Nationalbibliothek

Die Deutsche Nationalbibliothek verzeichnet diese Publikation in der Deutschen
Nationalbibliografie; detaillierte bibliografische Daten sind im Internet
über http://dnb.dnb.de abrufbar.

© 2013 Walter de Gruyter GmbH, Berlin/Boston

The GraecaII font used in this work is available from www.linguistsoftware.com/lgk.htm
Druck: Hubert & Co. GmbH & Co. KG, Göttingen
∞ Gedruckt auf säurefreiem Papier

Printed in Germany

www.degruyter.com

Einleitung zur zweiten Auflage

Der hier vorliegende GCS-Band bietet dem Benutzer den Text des Bandes I von Epiphanius (Ancoratus und Panarion 1–33) in der unveränderten Fassung der seinerzeit sehr anerkannten Edition von Karl Holl aus dem Jahr 1915.[1] Die Entscheidung fiel gegen eine Neuedition zugunsten einer um *Addenda et Corrigenda* bereicherten Neuauflage, um mit dieser dem aktuellen Forschungsstand gerecht zu werden und den Benutzerinnen und Benutzern für die Weiterarbeit am Text umfassendes Material an die Hand zu geben.

Das in Band I/1 eingangs abgedruckte Sigelverzeichnis wurde von den Bearbeitern verbessert, nicht aber die Anzahl der von Holl tatsächlich herangezogenen Handschriften verändert.[2] Die Abkürzungen dieser Handschriften, der Randvermerke und textkritischer Zeichen sind dem Sigelverzeichnis zu entnehmen, die der Literatur dem unten folgenden Abkürzungsverzeichnis.

Für die *Addenda et Corrigenda* wurde die Literatur seit Erscheinen von Karl Holls Edition ausgewertet, die sich auf die Gestaltung des Textes und den Sachapparat, wie ihn der Ersteditor konzipiert hatte, bezieht. Die Aufgabe des Sachapparats selbst einer *editio maior* kann es aber nicht sein, eine allzu ausführliche Kommentierung zu bieten, sondern es sollen hier vor allem die relevanten Textbezüge nachgewiesen werden.[3]

Selbstverständlich waren zunächst alle Rezensionen der Holl'schen Edition heranzuziehen. In besonderer Weise waren auch die Neufunde von Texten zu

---

1   Vgl. die positiven Beurteilungen der Edition Holls u.a. in N. Bonwetsch, Rezension zu Epiphanius (Ancoratus und Panarion), DLZ 18, 1916, (859–862) 862: „Diese Ausgabe des Epiphanius gehört zu den wertvollsten in der Sammlung der griechischen altchristlichen Schriftsteller"; F. Diekamp, Rezension zu Epiphanius (Ancoratus und Panarion),), ThRv 5/6, 1916, (113–115) 113: „(...) ausgezeichnete (...) Ausgabe der Hauptwerke des h. Epiphanius"; H. Lietzmann, Rezension zu Epiphanius (Ancoratus und Panarion), ThLZ 7, 1916, (150–152) 152: „(...) das Werk ist eine philologische Musterleistung ersten Ranges"; sinngemäß so auch noch in jüngerer Zeit: W. Bodenstein, Die Theologie Karl Holls im Spiegel des antiken und reformatorischen Christentums, AKG 40, Berlin 1968, 96–105. Vgl. hierzu auch ausführlich das Geleitwort von Ch. Markschies in Band I/1, V–IX.

2   Wie vereinzelt gefordert, wurden jedoch die von Holl verwendete Handschrift R und das Alter der Handschriften dem überarbeiteten Sigelverzeichnis beigefügt.

3   Zur oftmals positiven Beurteilung der Gestaltung des Sachapparats bzw. Kommentars vgl. Bonwetsch, Rez., 860f.; Diekamp, Rez., 113f.; Lietzmann, Rez., 152; Bodenstein, Theologie, 105 (s. Anm. 1); H. Jordan, Rezension zu Epiphanius (Ancoratus und Panarion), AELKZ 49, 1916, (32–34) 33.

berücksichtigen, die sich seither ergeben haben, vor allem die für gnostische Gruppierungen bedeutsamen Schriften von Nag Hammadi.

Unter den eigenständigen Werken zu Epiphanius sind zunächst die Ausgaben von Frank Williams und Giovanni Pini[4] zu nennen: Der englischen Übersetzung von Williams und dem dazu gereichten Material verdankt die Forschung insbesondere die Aufarbeitung der bereits genannten Nag-Hammadi-Funde für den Epiphaniustext. Eigene Konjekturen von Williams wurden aufgenommen; da wo Williams dem Text und den Konjekturen Holls folgt, wurden diese jedoch nur in aussagekräftigen Einzelfällen nachgewiesen.

Pini hat die Handschriften teilweise nachkollationiert und mit sprachlichen Beobachtungen und Konjekturen zum besseren Verständnis der Textüberlieferung und des Textes beigetragen. Die sehr zahlreichen und umfänglichen kommentierenden Bemerkungen konnten jedoch in dieser Edition nicht in der von Pini gebotenen Fülle Berücksichtigung finden.

Unter den weiteren umfassenden Monographien sind insbesondere die eingehenden Interpretationen von Aline Pourkier zum *Panarion* und die vielfach auch textkritisch relevante Kommentierung von Oliver Kösters zum *Ancoratus* zu nennen.[5] Wo Kösters sich gegen Holls Konjekturen ausspricht, wird dies nachgewiesen, ansonsten nur an textkritisch strittigen Stellen.

Besonders zahlreich in der Literatur zu Epiphanius sind Beiträge, die sich mit einzelnen Themen oder Stellen des Textes beschäftigen. Diese wurden zu Rate gezogen und eingearbeitet, wo sie für den textkritischen oder auch für den Sachapparat hinreichend wichtig waren. Diese Titel finden sich, wie auch die gesamte für die *Addenda et Corrigenda* der Apparate konstitutive Literatur in dem unten beigefügten Abkürzungsverzeichnis vollständig und ausführlich nachgewiesen.[6]

Aus dem nichtgriechischen Sprachbereich konnten anhand der weiteren Sekundärliteratur Textzeugen ausgewertet werden, die in Äthiopisch, Armenisch, Sahidisch (Koptisch) und Syrisch überliefert sind. Auch in dieser Hinsicht folgen wir der Vorgehensweise Holls. Die Informationen, die hierzu mitgeteilt werden, entstammen ausschließlich den jeweils am Ort nachgewiesenen Untersuchungen und nicht eigenen Kollationsarbeiten.

Die Bearbeiter hoffen auf die Neugierde der Benutzerinnen und Benutzer: In den archivalischen Beständen des Berliner GCS-Vorhabens befinden sich

---

4   F. Williams, The Panarion of Epiphanius of Salamis. Book I (Sects 1– 46), NHMS 35, Leiden / New York / Köln 1997 (2. Aufl. Leiden / Boston 2009); G. Pini, Epifanio di Salamina. Panarion. Libro primo a cura di Giovanni Pini, con un saggio di Gabriella Aragione, Revisione delle note e della bibliografia di Barbara Cangemi Trolla, Letteratura cristiana antica, nuova serie 21, Brescia 2010.

5   A. Pourkier, L'hérésiologie chez Épiphane de Salamine, CAnt 4, Paris 1992; O. Kösters, Die Trinitätslehre des Epiphanius von Salamis. Ein Kommentar zum Ancoratus, FKDG 86, Göttingen 2003.

6   Dabei handelt es jedoch keinesfalls um eine vollständige Bibliographie zu Epiphanius, sondern ausschließlich um eine Auflistung der in den *Addenda et Corrigenda* zitierten Literatur.

handschriftliche Notizen, die aus Erich Klostermanns Bemühungen um eine Verbesserung des Epiphaniustextes stammen und die wir in dem vorliegenden Band erstmalig mitteilen können. Schließlich gehören dazu auch hinterlassene Notizen des 2011 verstorbenen Jürgen Dummer, der bereits die GCS-Bände Epiphanius II und III um *Addenda et Corrigenda* bereichert und eine Neuausgabe des Bandes I seit langem geplant hatte.

Die *Addenda et Corrigenda* sind nach Sach-, Textzeugen- und textkritischem Apparat sortiert, sofern überhaupt alle drei Apparate Ergänzungen erfahren, und werden mit Seiten- und Zeilenangabe bzw. Seiten- und Zeilenangabe + Apparat (= App.) den jeweiligen Bezugsstellen zugeordnet. Der Hinweis auf den Apparat erfolgt einzig dann, wenn sich die Zuordnung des Addendum *nur* aus dem Apparat erklärt, andernfalls verweisen wir auf die betreffende Textzeile. Unabhängig von dieser Unterscheidung versteht es sich, dass sich in einer Neuedition fast alle diese *Addenda et Corrigenda* in den Apparaten wiederfänden.

Die neu angebotene Information kann mit einem der vier folgenden Wörter eingeleitet werden:

1) *ergänze*: Zum bestehenden Apparateintrag der Edition Holls ist die in den Addenda gegebene Information zu ergänzen.

2) *ersetze*: Der benannte Apparateintrag der Edition Holls ist durch die in den Addenda gegebene Information *vollständig* zu ersetzen.

3) *korrigiere*: Die im Apparateintrag der Edition Holls fehlerhafte Information ist durch die in den Corrigenda gegebene Information zu verbessern.

4) *aktualisiere*: Dieser Hinweis bezieht sich auf die im jeweiligen Apparateintrag genannten Editionen, die nur in dem Fall aktualisiert wurden, wo neue, überarbeitete respektive abweichende Editionen vorliegen. Diesenfalls werden nur die entsprechenden Stellen in der neuesten Edition gegeben, nicht der jeweils gegebenenfalls von Holl schon zitierte Quelltext wiederholt.[7]

Die *Addenda et Corrigenda* zum Sachapparat folgen in ihrem Aufbau und der Darbietungsweise der Edition Holls. Als ungewöhnlich – oder gar problematisch – wurde von Rezensenten hierbei mitunter Holls Neigung zu kommentarhaftem Stil vermerkt.[8] Die Bearbeiter bieten in diesen *Addenda et Corrigenda* vor allem die üblicherweise erwünschten Querverweise und Bezüge, aber auch – allerdings in angemessenem Umfange – Verweise auf die Sekundärliteratur und kommentarartige Passagen, wo diese für das Textverständnis hilfreich oder gar notwendig erscheinen. Verweise auf einzelne Wörter, Orte oder Namen wurden aus der Sekundärliteratur nicht übernommen, wenn diese aus lexikalischen Standardwerken zu entnehmen sind.[9]

---

7   Nur wenn der Text der aktuellen Edition von der Holl vorliegenden Edition markant abweicht, wird der neue Wortlaut wiedergegeben (so vor allem bei der Hippolyt-Edition von M. Marcovich). Aktualisierungen, die die Stellenangabe präzisieren, sind auch in unser Register in diesem Band aufgenommen worden (vgl. z.B. die Einträge zu den Pseudoklementinen).

8   Vgl. Anm. 3 sowie das Geleitwort von Ch. Markschies in Band I/1, VIf.

9   Ausgenommen sind hier Ergänzungen zu bestehenden Apparateinträgen Holls, die sich mit

Die *Addenda et Corrigenda* zum Textzeugenapparat führen all die Textzeugen an, die von den Bearbeitern dieser Auflage nachkollationiert wurden
und sich bei relevanten Varianten im textkritischen Apparat widerspiegeln.[10]
Weitere mögliche Textzeugen, insbesondere einige Handschriften, die nicht
nachkollationiert wurden, sind dem Sachapparat zu entnehmen.

Die *Addenda et Corrigenda* zum textkritischen Apparat folgen den Gepflo-
genheiten der GCS; dazu gehört auch die überwiegende Verwendung der
deutschen Sprache. Sie sind bewusst kompakt formuliert, um einen schnellen
Überblick zu gewährleisten. Um ein Beispiel zu geben, stufen wir wie folgt ab:
1) *Text cod. (Name)* bedeutet, der in runden Klammern genannte Wissenschaftler teilt die genannte Lesart im genannten Textzeugen mit.[11]
2) *Text liest in cod. Name* bedeutet, der genannte Wissenschaftler liest im genannten Textzeugen *anders* als Holl die genannte Lesart.[12]
3) *Text Name* bedeutet, der jeweilige Wissenschaftler entscheidet sich für die
genannte Textvariante, die von Holl nachgewiesen, aber nicht unbedingt von
ihm auch übernommen wurde; analog dazu auch *Text cod. Name*.[13]

Das beigefügte Register verzeichnet alle in den *Addenda et Corrigenda* genannten Textstellen und griechischen Wörter, soweit diese für die Textkonstitution
wichtig sind.

Karl Holl hat im Jahr 1910 ausführlich *Die handschriftliche Überlieferung des Epiphanius* in der gleichnamigen Untersuchung behandelt.[14] Da diese Abhandlung
bis heute grundlegend und das Vorwort seiner Edition besonders kurz ausgefallen ist, drucken wir sie im Anhang unverändert ab.[15]

Außerdem bietet der Anhang den bislang unveröffentlichten Aufsatz *Phi-
lipp Melanchthons Randbemerkungen zu Epiphanius im Jenensis Ms. Bos. f. 1* von
Jürgen Dummer und Christoph Markschies, der auf eine gemeinsame Jenaer
Lehrveranstaltung zurückgeht.

Berlin, März 2013   Marc Bergermann und Christian-Friedrich Collatz

---

          einzelnen Wörtern oder Namen befassen.
10   Auch wenn diese Textzeugen keine relevanten Varianten bieten, sind sie dennoch im Text-
      zeugenapparat der *Addenda et Corrigenda* verzeichnet.
11   Vgl. z.B. die textkritische Ergänzung zu S. 200,18 App.
12   Vgl. z.B. die textkritische Ergänzung zu S. 198,14 App.
13   Vgl. z.B. die textkritische Ergänzung zu S. 209,7 App. bzw. analog dazu S. 191,1 App.
14   Erstmals erschienen in TU 36/2, Leipzig 1910.
15   Der 1926 verstorbene K. Holl konnte das Vorhaben, die editorischen und textkritischen
      Grundlagen im dritten Epiphaniusband ausführlich darzulegen, nicht mehr durchführen. Die
      Arbeit wurde jedoch von H. Lietzmann „pietätvoll zu Ende geführt" (J. Dummer [Hg.], Epi-
      phanius III. Panarion haer. 65–80, De fide, GCS 37, Berlin ²1985, VII) und von diesem um kurze
      Vorbemerkungen ergänzt (ebd., X–XIII).

Abkürzungsverzeichnis

Vorbemerkungen

Biblische Bücher, Außerkanonisches und Qumranschriften werden nach dem Abkürzungsverzeichnis von S. Schwertner, Internationales Abkürzungsverzeichnis für Theologie und Grenzgebiete / International Glossary of Abbreviations for Theology and related Subjects, Berlin / New York ²1992 wiedergegeben. Die Abkürzungen frühjüdischer und rabbinischer Literatur richten sich nach den Vorgaben aus: Frankfurter judaistische Beiträge 2, 1974, 67–73. Papyri sind gleichfalls nach IATG² abgekürzt mit Ausnahme der Fragmente aus MPER, hier folgen wir der Checklist Papyri[1]. Die Titel der Nag-Hammadi-Traktate und gnostischer Schriften sind nach den Richtlinien des Berliner Arbeitskreises für koptisch-gnostische Schriften abgekürzt, wie bei K.-W. Tröger, Altes Testament – Frühjudentum – Gnosis. Neue Studien zu „Gnosis und Bibel", Gütersloh 1980, 16f. formuliert.

Die Abkürzungen von paganer und christlicher antiker Literatur sind entnommen aus: A Greek-English Lexicon, ed. by H.G. Liddell / R. Scott. New (9.) Edition revised and augmented throughout by H.S. Jones with Assistance of R. McKenzie, with a revised Supplement, Oxford u.a. 1996; Oxford Latin Dictionary, ed. by P.G.W. Glare, Combined Edition, reprinted with Corrections, Oxford u.a. 1996; A Patristic Greek Lexicon, ed. by G.W.H. Lampe, Oxford 1968 (= 2007); Dictionnaire latin-français des auteurs chrétiens, éd. par A. Blaise, revu spécialment pour le vocabulaire théologie par H. Chirat, Turnhout 1954 (= 1993).

Die Abkürzungen der byzantinischen Literatur sind bisher nicht vereinheitlicht und werden daher für unseren internen Gebrauch festgelegt und in diesem Verzeichnis unter Abschnitt II. mitgeteilt.

Die Zitierweise der benutzten Editionen richtet sich nach Ch. Markschies, Arbeitsbuch Kirchengeschichte, Tübingen 1995, 56f.

In den *Addenda et Corrigenda* sowie den folgenden Verzeichnissen verwendete Abkürzungen von Zeitschriften und Reihen entsprechen den Vorgaben von S. Schwertner, IATG² (s.o.). Dort nicht verzeichnete Zeitschriften und Reihen werden mit vollständigem Titel wiedergegeben.

Die Titel der verwendeten Sekundärliteratur werden in der Regel mit dem Autorennamen und nötigenfalls einem Kurztitel des Textes notiert. Von Holl in

---

[1]   Vgl.: http://library.duke.edu/rubenstein/scriptorium/papyrus/texts/clist_series.html (zuletzt aufgerufen am 22.08.2013 um 14:00 Uhr).

den Apparaten eingeführte Abkürzungen und Kurztitel werden von uns weiter verwendet, in dem hier folgenden Abkürzungsverzeichnis aber nicht eigens aufgeführt. Im Übrigen verweisen wir auch auf das Sigelverzeichnis am Anfang von Band I/1.

Byzantinische Autoren

Const. Mel., orat.	Constantinus Meliteniotes, De ecclesiastica unione Latinorum et Graecorum, et de processione Spiritus Sancti per Filium orationes duae (in: PG 141).
Demetr. Cyd., process.	Demetrius Cydones, De processione Spiritus Sancti adversus Gregorium Palamam (in: PG 154).
Joh. Vecc., Andr.	Ioannes Veccus, Adversus Andronicum Camaterum (in: PG 141).
Joh. Vecc., epigr.	Ioannes Veccus, Epigraphae (in: PG 141).
Joh. Vecc., union.	Ioannes Veccus, De unione Ecclesiarum veteris et novae Romae (in: PG 141).
Niceph., refut.	Nicephorus patriarchus Constantinopolitanus, Refutatio et eversio definitionis synodalis 815 (in: CCSG 33).
Niceph. Blemm., process.	Nicephorus Blemmydes, De processione Spiritus Sancti orationes duae (in: PG 142).

Verwendete Literatur

Abramowski	L. Abramowski, Die Anakephalaiosis zum Panarion des Epiphanius in der Handschrift des Brit. Mus. Add. 12156, Muséon 96, 1983, 217–230.
AcA	Ch. Markschies / J. Schröter (Hg.), Antike christliche Apokryphen in deutscher Übersetzung. I. Band: Evangelien und Verwandtes. 7. Auflage der von Edgar Hennecke begründeten und von Wilhelm

Schneemelcher fortgeführten Sammlung der neutestamentlichen Apokryphen, Tübingen 2012.

Adler
W. Adler, The Origins of the proto-heresies. Fragments from a Chronicle in the first Book of Epiphanius' Panarion, JThS 41, 1990, 472–501.

Bauckham
R. Bauckham, The Brothers and Sisters of Jesus. An Epiphanian Response to J. P. Meier, CBQ 56, 1994, 686–700.

Bauer
W. Bauer, Rechtgläubigkeit und Ketzerei im ältesten Christentum, BHTh 10, Tübingen ²1964.

Benko
S. Benko, The Libertine Gnostic Sect of the Phibionites according to Epiphanius, VigChr 21, 1967, 103–119.

Berger
K. Berger, Jesus als Nazoräer / Nasiräer, NT 38, 1966, 323–335.

Bertrand
D.A. Bertrand, Évangile d'Ève, in: Écrits apocryphes chrétiens 1, édition publiée sous la direction de F. Bovon / P. Geoltrain, Index établis par S.J. Voicu, Bibliothèque de la Pléiade 442, Paris 1997, 479–482.

Bickerman
E. Bickerman, Ritualmord und Eselkult, in: Studies in Jewish and Christian History, Vol. II, Leiden 1980, 225–255.

Black, Accounts
M. Black, The Patristic Accounts of Jewish Sectarianism, BJRL 41, 1958/59, 285–303.

Black, Scrolls
M. Black, The Scrolls and Christian Origins: Studies in the Jewish Background of the New Testament, New York 1961.

Bumazhnov, Aspekte
D.F. Bumazhnov, Einige Aspekte der Nachwirkung des „Ancoratus" und des „Panarion" des hl. Epiphanius von Salamis in der früheren monastischen Tradition, Adamantius 11, 2005, 158–178.

Bumazhnov, Mensch
D.F. Bumazhnov, Der Mensch als Gottes Bild im christlichen Ägypten, Studien und Texte zu Antike und Christentum 34, Tübingen 2006.

Burrus
V. Burrus, The Heretical Woman as Symbol in Alexander, Athanasius, Epiphanius and Jerome, in: HThR 84,3, 1991, 229–248.

Camplani
A. Camplani, Epifanio (Ancoratus) e Gregorio di Nazianzo in copto: identificazioni e status quaestionis, Aug. 35, 1995, 327–347.

Casadio
G. Casadio, Donna e simboli femminili nella gnosi del II secolo, in: La donna nel pensiero cristiano antico, hg. v. U. Mattioli, Genua 1992, 305–329.

Casey
R.P. Casey, Note on Epiphanius Panarion XXXI, 5-6, JThS 29, 1927–1928, 34–40.

Coggins
R.J. Coggins, Samaritans and Jews: The Origins of Samaritanism Reconsidered, Atlanta 1975.

Cohen
M.S. Cohen, The Shiᶜur Qomah. Texts and Recensions, TSAJ 9, Tübingen 1985.

Crum
W.E. Crum (ed.), Catalogue of the Coptic Manuscripts in the British Museum, London 1905.

Daniélou
J. Daniélou, Théologie du judéo-christianisme, BT.HD 1, Paris 1958.

Depuydt
L. Depuydt, Catalogue of Coptic Manuscripts in the Pierpont Morgan Library (Oriental Series 1), Corpus of Illuminated Manuscripts 4, Leuven 1993.

Diekamp
F. Diekamp, Rezension zu Epiphanius (Ancoratus und Panarion), ThRv 5/6, 1916, 113–115.

Diels
H. Diels, Doxographi Graeci collegit recensuit prolegomenis indicibusque instruxit Hermannus Diels, Berlin / Leipzig 1929.

Dieterich, Abraxas
A. Dieterich, Abraxas. Studien zur Religionsgeschichte des späten Altertums, Leipzig 1891 (= ND Aalen 1973).

Dieterich, Mithrasliturgie
A. Dieterich, Eine Mithrasliturgie, Leipzig ³1926.

Dummer (Ms.)

Handschriftliches Material J. Dummers. Archiviert in den Handakten des Akademieprojektes „Die alexandrinische und antiochenische Bibelexegese in der Spätantike / Die Griechischen Christlichen Schriftsteller der ersten Jahrhunderte (GCS)" der BBAW.

Dummer, Angaben

J. Dummer, Die Angaben über die gnostische Literatur bei Epiphanius, Pan. haer. 26, in: Koptologische Studien in der DDR, hg. v. Institut für Byzantinistik der Martin-Luther-Universität, WZ(L). GS Sonderheft, 1965, 191–219.

Dummer, Apologie

J. Dummer, Epiphanius von Constantia und die Apologie des Aristides. Eine quellenkritische Untersuchung, Ph. 138, 1994, 267–287 (hier zitiert nach: J. Dummer, Philologia sacra et profana. Ausgewählte Beiträge zur Antike und zu ihrer Wirkungsgeschichte, hg. v. M. Vielberg, Altertumswissenschaftliches Kolloquium 16, Stuttgart 2006, 106–132).

Dummer, Epiphanius-Ausgabe

J. Dummer, Zur Epiphanius-Ausgabe der „Griechischen Christlichen Schriftsteller", in: Texte und Textkritik. Eine Aufsatzsammlung. In Zusammenarbeit mit J. Irmscher, F. Paschke und K. Treu, hg. v. J. Dummer, TU 133, Berlin 1987, 119–126 (hier zitiert nach: J. Dummer, Philologia sacra et profana. Ausgewählte Beiträge zur Antike und zu ihrer Wirkungsgeschichte, hg. v. M. Vielberg, Altertumswissenschaftliches Kolloquium 16, Stuttgart 2006, 20–28).

Dummer, Handbuch

J. Dummer, Ein naturwissenschaftliches Handbuch als Quelle für Epiphanius von Constantia, Klio 55, 1973, 289–299 (hier zitiert nach: J. Dummer, Philologia sacra et profana. Ausgewählte Beiträge zur Antike und zu ihrer Wirkungsgeschichte, hg. v. M. Vielberg, Altertumswissenschaftliches Kolloquium 16, Stuttgart 2006, 82–95).

Dummer, Sapientia

J. Dummer, Epiphanius, Ancor. 102,7 und die Sapientia Salomonis, Klio 43–45, 1965, 344–350 (hier zitiert nach: J. Dummer, Philologia sacra et profana. Ausgewählte Beiträge zur Antike und zu ihrer Wirkungsgeschichte, hg. v. M. Vielberg, Altertumswissenschaftliches Kolloquium 16, Stuttgart 2006, 73–81).

Dummer,
Sprachkenntnisse

J. Dummer, Die Sprachkenntnisse des Epiphanius, in: Die Araber in der Alten Welt V 1, hg. v. F. Altheim / R. Stiehl, Berlin 1968, 392–435 (hier zitiert nach: J. Dummer, Philologia sacra et profana. Ausgewählte Beiträge zur Antike und zu ihrer Wirkungsgeschichte, hg. v. M. Vielberg, Altertumswissenschaftliches Kolloquium 16, Stuttgart 2006, 29–72).

Dummer/Markschies

J. Dummer(†) / Ch. Markschies, Philipp Melanchthons Randbemerkungen zu Epiphanius im Jenensis Ms. Bos. f. 1, in: Epiphanius (Ancoratus und Panarion), hg. v. M. Bergermann / Ch.-F. Collatz, GCS Epiphanius I/2 = GCS.NF 10, Berlin / New York ²2013.

Elanskaya

A.I. Elanskaya, The Literary Coptic Manuscripts in the A.S. Pushkin State Fine Arts Museum in Moscow, SVigChr 18, Leiden 1994.

Ernst

J. Ernst, Johannes der Täufer. Interpretation, Geschichte, Wirkungsgeschichte, BZNW 53, Berlin / New York 1989.

Fauth

W. Fauth, Seth-Typhon, Onoel und der eselköpfige Gott. Zur Theriomorphie der ophitisch-barbelognostischen Archonten, OrChr 57, 1973, 79–120.

Foerster

W. Foerster (Hg.), Die Gnosis. Erster Band. Zeugnisse der Kirchenväter. Unter Mitwirkung von Ernst Haenchen und Martin Krause, eingeleitet, übersetzt und erläutert von Werner Foerster, München / Zürich ²1979 (= ND 1995).

GCS Nag Hammadi
Deutsch 1–2

Nag Hammadi Deutsch 1: NHC I,1–V,1. Eingel. und übers. v. Mitgliedern des Berliner Arbeitskreises für Koptisch-gnostische Schriften, hg. v. H.-M. Schenke / H.-G. Bethge / U.U. Kaiser, GCS Koptisch-gnostische Schriften 2 = GCS.NF 8, Berlin / New York 2001; Nag Hammadi Deutsch 2: NHC V,2–XIII,1 BG 1 und 4. Eingel. und übers. v. Mitgliedern des Berliner Arbeitskreises für Koptisch-gnostische Schriften, hg. v. H.-M. Schenke / H.-G. Bethge / U.U. Kaiser, GCS Koptisch-gnostische Schriften 3 = GCS.NF 12, Berlin / New York 2003.

Gimaret/Monnot

D. Gimaret / G. Monnot, Shahrastani, Livre des religions et des sectes, Bd. 1, Leuven 1986.

Goranson, Episode

S. Goranson, The Joseph of Tiberias Episode in Epiphanius. Studies in Jewish and Christian Relations, Diss. Duke University 1990.

Goranson, Revisited

S. Goranson, Joseph of Tiberias Revisited. Orthodoxies and Heresies in forth-century Galilee, in: Galilee through the Centuries. Confluence of Cultures, ed. by E. Meyers, Winona Lake (IN) 1999, 335–343.

Gould

G. Gould, The Image of God and the Anthropomorphite Controversy in Fourth Century Monasticism, in: Origeniana Quinta. Historica – Text and Method – Biblica – Philosophica – Theologica – Origenism and Later Developments. Papers of the 5th International Origen Congress Boston College, 14–18 August 1989, ed. by R.J. Daly, Leuven 1992, 549–557.

Graf

G. Graf, Zwei dogmatische Florilegien der Kopten, OCP 3, 1937, 49–77. 345–402.

Haarbrücker

T. Haarbrücker, Abu-'l-Fath' Muh'ammad asch-Schahrastâni's Religionspartheien und Philosophenschulen, Bd. 1, Halle 1850.

Hirschberger

H. Hirschberger, Paulus in Midrasch, ZRGG 12, 1960, 252–256.

Hitti

P.K. Hitti, The Origins of the Islamic State, New York 1916 [= ND 1968].

Hörmann

J. Hörmann, Des heiligen Epiphanius von Salamis Erzbischofs und Kirchenlehrers ausgewählte Schriften. BKV 38, Kempten / München 1919.

Holl

Epiphanius (Ancoratus und Panarion). Herausgegeben im Auftrage der Kirchenväter-Commission der königl. Preussischen Akademie der Wissenschaften

                              von D. Dr. Karl Holl. Erster Band. Ancoratus und
                              Panarion Haer. 1–33, GCS 25, Leipzig 1915.

Holzmeister   U. Holzmeister, Spricht Epiphanius (Ancoratus 31,4)
                              vom Blutschweiß des Herrn oder von seinen Tränen?,
                              ZKTh 47, 1923, 309–314.

Hübner, Apolinarius   R.M. Hübner, Die Schrift des Apolinarius von Lao-
                              dicea gegen Photin (Pseudo-Athanasius, Contra
                              Sabellianos) und Basilius von Caesarea, PTS 30, Berlin
                              u.a. 1989.

Hübner, Epiphanius   R.M. Hübner, Epiphanius, Ancoratus und Ps.-Atha-
                              nasius contra Sabellianos, ZKG 92, 1981, 325–333.

Isser   S. Isser, The Dositheans. A Samaritan Sect in Late
                              Antiquity, SJLA 17, Leiden 1976.

Jacobs   A. Jacobs, Christ Circumcised. A Study in Early
                              Christian History and Difference, Philadelphia 2012.

Kelhoffer   J.A. Kelhoffer, Basilides's Gospel and Exegetica
                              (Treatises), VigChr 59, 2005, 115–134.

Kenyon   Greek Papyri in the British Museum. Catalogue with
                              Text, ed. by F. G. Kenyon u.a., Vol. 1, London 1893.

Klijn/Reinink   A.F.J. Klijn / G.J. Reinink, Patristic Evidence for
                              Jewish-Christian Sects, Leiden 1973.

Klostermann (Ms.)   Handschriftliche Aufzeichnungen E. Klostermanns
                              aus den Korrekturbögen der 1. Auflage von GCS
                              Epiphanius Band 1 und 2. Archiviert in den Hand-
                              akten des Akademieprojektes „Die alexandrinische
                              und antiochenische Bibelexegese in der Spätantike /
                              Die Griechischen Christlichen Schriftsteller der ersten
                              Jahrhunderte (GCS)" der BBAW.

Knorr   O. Knorr, Die Parallelüberlieferung zum „Panarion"
                              des Epiphanius von Salamis. Textkritische Anmer-
                              kungen zur Neuausgabe, WSt 112, 1999, 113–127.

Koch	G.A. Koch, A Critical Investigation of Epiphanius' Knowledge of the Ebionites. A Translation and Critical Discussion of Panarion 30, Diss. University of Pennsylvania 1976.
Koester	C. Koester, The Origin and Significance of the Flight to Pella Tradition, CBQ 51, 1989, 90–106.
Köhler	W.-D. Köhler, Rezeption des Matthäusevangeliums in der Zeit vor Irenäus, WUNT 2/24, Tübingen 1987.
Kösters	O. Kösters, Die Trinitätslehre des Epiphanius von Salamis. Ein Kommentar zum Ancoratus, FKDG 86, Göttingen 2003.
Kraft	H. Kraft, Gab es einen Gnostiker Karpokrates?, ThZ 8, 1952, 434–443.
Langer/Ehrlich	R. Langer / U. Ehrlich, The Earliest Texts of the Birkat Haminim, HUCA 76, 2007, 63–112.
Lebon	J. Lebon, Rezension zu Epiphanius (Ancoratus und Panarion), RHE 23, 1927, 833–836.
Leipoldt	J. Leipoldt, Epiphanios' von Salamis „Ancoratus" in saïdischer Übersetzung, BVSGW.PH 55, Leipzig 1902, 136–171.
Leisegang	H. Leisegang, Die Gnosis, KTA 32, Stuttgart [5]1985.
Lietzmann	H. Lietzmann, Rezension zu Epiphanius (Ancoratus und Panarion), ThLZ 7, 1916, 150–152.
Lieu	J.M. Lieu, Epiphanius on the Scribes and Pharisees (Pan. 15.1–16.4), JThS 39, 1988, 509–524.
Löhr, Auslegung	W.A. Löhr, Die Auslegung des Gesetzes bei Markion, den Gnostikern und den Manichäern, in: Stimuli. Exegese und ihre Hermeneutik in Antike und Christentum. FS für E. Dassmann, hg. v. G. Schöllgen / C. Scholten, JAC.E 23, Münster 1996, 77–95.

Löhr, Basilides   W.A. Löhr, Basilides und seine Schule. Eine Studie zur Theologie- und Geistesgeschichte des zweiten Jahrhunderts, WUNT 83, Tübingen 1996.

Löhr, Doctrine   W.A. Löhr, La doctrine de Dieu dans la lettre à Flora de Ptolémée, RPhR 75, 1995, 177–191.

Löhr, Karpokratianisches   W.A. Löhr, Karpokratianisches, VigChr 49, 1995, 23–48.

Lucchesi   E. Lucchesi, Un corpus épiphanien en copte, AnBoll 99, 1981, 95–99.

Luttikhuizen   G.P. Luttikhuizen, The Revelation of Elchasai, TSAJ 8, Tübingen 1985.

Lyman   J.R. Lyman, Origen as Ascetic Theologian: Orthodoxy and Authority in the Forth-century Church, in: Origeniana Septima. Origenes in den Auseinandersetzungen des 4. Jahrhunderts, hg. v. W.A. Bienert / U. Kühneweg, Leuven 1999, 187–194.

Manns   F. Manns, Joseph de Tibériade, un judéo-chrétien du quatrième siècle, in: Christian Archaeology in the Holy Land. New Discoveries, hg. v. G. Bottini u.a., Jerusalem 1990, 553–560.

Marcovich   Hippolytus Refutatio omnium haeresium, hg. v. M. Marcovich, PTS 25, Berlin / New York 1986.

Mariès   L. Mariès, Le De Deo d'Eznik de Kołb connu sous le nom de ‚Contre les sectes'. Études de critique littéraire et textuelle, REArm 4, Paris 1924.

Markschies, Gnosis   Ch. Markschies, Die Gnosis, München ³2010.

Markschies, Kerinth   Ch. Markschies, Kerinth: Wer war er und was lehrte er?, JAC 41, 1998, 48–76.

Markschies, Research   Ch. Markschies, New Research on Ptolemaeus Gnosticus, ZAC 4, 2000, 225–254.

Markschies, Valentinus   Ch. Markschies, Valentinus Gnosticus?. Untersuchungen zur valentinianischen Gnosis mit einem

Kommentar zu den Fragmenten Valentins, WUNT 65, Tübingen 1992.

Mees, Interpretation   M. Mees, Textformen und Interpretation von „Jn 6" bei Epiphanius, Aug. 21, 1981, 339–364.

Mees, Text   M. Mees, Text und Textverständnis von Jn 8,12-59 in den Werken des Epiphanius von Salamis, Laur. 3, 1979, 501–525.

Mees, Varianten   M. Mees, Textverständnis und Varianten in Kap. 5 des Johannesevangeliums bei Epiphanius von Salamis, Lat. 46, 1980, 250–284.

Meijering   E.P. Meijering, Athanasius: Contra Gentes. Introduction, Translation and Commentary, PP 7, Leiden 1984.

Meynard/Courteille   Barbier de Meynard / Pavet de Courteille, Maçoudi, Les prairies d'or, Bd. 1, Paris 1861.

Mimouni, Jesséens   S.C. Mimouni, Qui sont les Jesséens dans la notice 29 du Panarion d'Épiphane de Salamine?, NT 43, 2001, 264–299.

Mimouni, Nazoréens   S.C. Mimouni, Les Nazoréens. Recherche étymologique et historique, RB 105, 1998, 208–262.

MPER N.S. XXI   I. Gardner (ed.), Coptic Theological Papyri II, Edition, Commentary, Translation, with an Appendix: The docetic Jesus, MPSW (Papyrus Erzherzog Rainer) NS 21, Wien 1988.

Munier   H. Munier (ed.), Catalogue général des antiquités égyptiennes du musée du Caire. N°s 9201–9304. Manuscrits Coptes, Kairo 1916.

Nautin   P. Nautin, 'Ιαώ et 'Ιαωέ, in: Hommage à Georges Vajda. Études d'histoire et de pensée juives, hg. v. G. Nahon / Ch. Touati, Leuven 1980, 73–78.

Nemoy   L. Nemoy, Al-Qirisani's account of the Jewish Sects and Christianity, HUCA 7, 1930, 317–397.

Newbold   W.R. Newbold, A Syriac Valentinian Hymn, JAOS 38,
                   1918, 1–33.

NTApo²   Neutestamentliche Apokryphen, in Verbindung mit
                   Fachgelehrten in deutscher Übersetzung und mit
                   Einleitung hg. v. E. Hennecke, Tübingen / Leipzig
                   ²1904.

NTApo⁶   Neutestamentliche   Apokryphen   in   deutscher
                   Übersetzung. Von E. Hennecke begründete Samm-
                   lung, hg. v. W. Schneemelcher, Bd. 1: Evangelien,
                   Tübingen ⁶1990; Bd. 2: Apostolisches, Apo-kalypsen
                   und Verwandtes, Tübingen ⁶1997.

Oberdorfer   B. Oberdorfer, Filioque. Geschichte und Theologie
                   eines ökumenischen Problems, FSÖTh 96, Göttingen
                   2001.

Osburn   C.D. Osburn, The Text of the Apostolos in Epiphanius
                   of Salamis, The New Testament in the Greek Fathers
                   6, Atlanta 2004.

Palachkovsky   V. Palachkovsky, Une interpolation dans l'Ancoratus
                   de s. Epiphane, TU 92/7, Berlin 1966, 265–273.

Pearson   B.A. Pearson, The Figure of Norea in Gnostic
                   Literature, in: Proceedings of the International
                   Colloquium on Gnosticism (Stockholm, Aug. 20–25,
                   1973), hg. v. G. Widengren / D. Hellholm, VHAAH.FF
                   17, Stockholm / Leiden 1977, 143–152.

Peradze   G. Peradze, Die altchristliche Literatur in der geor-
                   gischen Überlieferung, OrChr Ser. 3, Vol. 5, 1930, 80–
                   98.

Perkams   M. Perkams, Der Comes Josef und der frühe Kirchen-
                   bau in Galiläa, JAC 44, 2001, 23–32.

Piilonen   J. Piilonen, Hippolytus Romanus, Epiphanius Cypri-
                   ensis, and Anastasius Sinaita. A Study of the
                   Diamerismos tēs gēs, AASF, Ser. B 181, Helsinki 1974.

Pini   G. Pini, Epifanio di Salamina. Panarion. Libro primo a
                   cura di Giovanni Pini, con un saggio di Gabriella

Aragione, Revisione delle note e della bibliografia di Barbara Cangemi Trolla, Letteratura cristiana antica, nuova serie 21, Brescia 2010.

Pitra   J.B. Pitra, ASSSP 5, Paris / Rom 1888.

Pourkier   A. Pourkier, L'hérésiologie chez Épiphane de Salamine, CAnt 4, Paris 1992.

Pradel   M.M. Pradel, Katalog der griechischen Handschriften der Staats- und Universitätsbibliothek Hamburg, Serta Graeca, Beiträge zur Erforschung griechischer Texte 14, Wiesbaden 2002.

Pritz   R. Pritz, Joseph of Tiberias – The Legend of a 4th Century Jewish Christian, Mishkan 2, 1985, 47–54.

Proverbio   D.V. Proverbio, Introduzione alle versioni orientali dell'Ancoratus di Epifanio. La recensione etiopica, Miscellanea Marciana 12, 1997, 67–91.

Ps.-Caes., (dial.)   Pseudo-Kaisarios, Die Erotapokriseis, hg. v. R. Riedinger, GCS o. Nr., Berlin 1989.

Pummer   R. Pummer, Early Christian Authors on Samaritans and Samaritanism, TSAJ 92, Tübingen 2002.

Quispel   Ptolémée, Lettre à Flora. Analyse, texte critique, traduction, commentaire et index grec de G. Quispel, SC 24bis, Paris ²1966.

Reitzenstein   R. Reitzenstein, Poimandres. Studien zur griechisch-ägyptischen und frühchristlichen Literatur, Leipzig 1904 (= ND Stuttgart 1966).

Riedinger, Paraphrase   U. Riedinger, Die Epiphanius-Paraphrase des Pseudo-Kaisarios, in: Miscellanea Critica 1, Leipzig 1964, 218–239.

Riedinger,   R. Riedinger, Pseudo-Kaisarios. Überlieferungsge-
Überlieferungs-   schichte und Verfasserfrage, ByA 12, München 1969.
geschichte

Ritter A.M. Ritter, Das Konzil von Konstantinopel und sein Symbol. Studien zur Geschichte und Theologie des II. Ökumenischen Konzils, FKDG 15, Göttingen 1965.

Rousseau/Doutreleau Irénée de Lyon, Contre les hérésies. Livre I. Édition critique par Adelin Rousseau, Moine de l'abbaye d'Orval et Louis Doutreleau, s.j., Tome II, texte et traduction, SC 264, Paris 1979.

Rubin Z. Rubin, L'épisode du Comes Joseph et les tentatives de christianisation de la Galilée au IV siècle après J.-C., Cathedra for the History of Eretz Israel and Its Yishuv Jérusalem 26, 1982, 105–116.

Rudolph K. Rudolph, Antike Baptisten: Zu den Überlieferungen über frühjüdische und -christliche Taufsekten, SSAW.PH 121, Heft 4, Berlin 1981.

Rütten A. Rütten, Der Brief des Ptolemäus an Flora. Ein Beispiel altkirchlicher Gesetzesauslegung in Auseinandersetzung mit Marcion, in: Christlicher Glaube und religiöse Bildung. FS für F. Kriechbaum zum 60. Geburtstag am 13. Aug. 1995, hg. v. H. Deuser / G. Schmalenberg, GSTR 11, Gießen 1995, 53–74.

Schmidt H. Schmidt, Ist der Soter in Ptolemäus „Epistula ad Floram" der Demiurg? Zu einer These von Christoph Markschies, ZAC 2, 2011, 249–271.

Schmidtke A. Schmidtke, Neue Fragmente zu den Judenchristlichen Evangelien, TU 37, 1, Leipzig 1911.

Schneemelcher W. Schneemelcher, Die Entstehung des Glaubensbekenntnisses von Konstantinopel (381), in: La signification et l'actualite du IIᵉ concile oecumenique pour le monde chretien d'aujourd'hui, ETC 2, Chambésy 1982, 175–191.

Scholem G. Scholem, Jewish Gnosticism, Merkabah Mysticism and Talmudic Tradition, New York ²1965.

Schott J.M. Schott, Heresiology as Universal History in Epiphanius's „Panarion", ZAC 10, 2006, 546–563.

Schwartz,
Beobachtungen

E. Schwartz, Unzeitgemäße Beobachtungen zu den
Clementinen, in: ZNW 31, 1932, 151–199.

Schwartz, Codex

E. Schwartz, Codex Vaticanus gr. 1431. Eine anti-
chalkedonische Sammlung aus der Zeit Kaiser Zenos,
ABAW.PPH 32/6, München 1927.

Schwartz, Nicaenum

E. Schwartz, Das Nicaenum und das Constantinopolitanum auf der Synode von Chalkedon, ZNW 25,
1926, 38–88.

Shisha-Halevy

A. Shisha-Halevy, Coptic Grammatical Categories.
Studies in the Syntax of Shenoutean Sahidic, AnOr 53,
Rom 1986.

Speyer

W. Speyer, Zu den Vorwürfen der Heiden gegen die
Christen, JAC 6, 1963, 129–135.

Stieglitz

R. Stieglitz, The Hebrew Names of the Seven Planets,
JNES 40,2, 1981, 135–137.

Strecker

G. Strecker, Das Judenchristentum in den Pseudoklementinen, TU 70², Berlin ²1981.

Stroumsa

G.A.G. Stroumsa, Christ's Laughter: Docetic Origins
Reconsidered, JECS 12, 2004, 267–288.

Suciu

A. Suciu, The Borgian Coptic Manuscripts in Naples:
Supplementary Identifications and Notes to a
Recently Published Catalogue, OCP 77, 2011, 299–325.

Tardieu, Écrits

M. Tardieu, Écrits gnostiques. Codex de Berlin, Paris
1984.

Tardieu, Gnostiques

M. Tardieu, Épiphane contre les Gnostiques, TelQuel
88, 1981, 64–91.

TEG

La Chaîne sur la Genèse. Èdition intégrale I-III. Texte
établi et traduit par F. Petit, Traditio Exegetica Graeca
I, Leuven 1991; TEG II, Leuven 1993; TEG III, Leuven
1995.

Terian

A. Terian, The Armenian Gospel of the Infancy. With Three Early Versions of the Protevangelium of James, Oxford 2008.

Thornton

T.G.C. Thornton, The Stories of Joseph of Tiberias, VigChr 44, 1990, 54–63.

Verheyden, Beasts

J. Verheyden, Epiphanius of Salamis on Beasts and Heretics, JECS 60, 2008, 143–173.

Verheyden, Ebionites

J. Verheyden, Epiphanius on the Ebionites, in: The Image of the Judaeo-Christians in Ancient Jewish and Christian Literature. Papers Delivered at the Colloquium of the Institutum Iudaicum, Brussels 18–19 November, 2001, ed. by P.J. Tomson / D. Labers-Petry, WUNT 158, Tübingen 2003, 182–208.

Verheyden, Vlucht

J. Verheyden, De vlucht van de christenen naar Pella. Onderzoek van het getuigenis van Eusebius en Epiphanius, VVAW.W 127, Brüssel 1988.

Wälchli

P. Wälchli, Epiphanius von Salamis, Panarion haereticorum 25. Übersetzung und Kommentar, ThZ 53, 1997, 226–239.

Wehnert

J. Wehnert, Die Auswanderung der Jerusalemer Christen nach Pella – historisches Faktum oder theologische Konstruktion?, ZKG 102, 1991, 231–255.

Weischer, Form

B.M. Weischer, Die ursprüngliche nikänische Form des ersten Glaubenssymbols im Ankyratos des Epiphanios von Salamis, ThPh 53, 1978, 407–414.

Weischer, Traktate

B.M. Weischer, Qerellos IV/2. Traktate des Epiphanios von Zypern und des Proklos von Kyzikos, ÄthFor 6, Wiesbaden 1979.

Williams

The Panarion of Epiphanius of Salamis. Book I (Sects 1–46), transl. by F. Williams, NHMS 35, Leiden / New York / Köln 1997.

Williams²

The Panarion of Epiphanius of Salamis. Book I (Sects 1–46). Second Edition, Revised and Expanded, transl. by F. Williams, NHMS 63, Leiden / Boston 2009.

Wolfsgruber

C. Wolfsgruber, Ausgewählte Schriften des heiligen Epiphanius, Erzbischofs von Salamis und Kirchenlehrers, aus dem Urtexte übersetzt, BKV, Kempten 1880.

Wright

W. Wright, Catalogue of Syriac Manuscripts in the British Museum, aquired since the Year 1838, Part II, London 1871.

Zangenberg

J. Zangenberg, ΣΑΜΑΡΕΙΑ. Antike Quellen zur Geschichte und Kultur der Samaritaner in deutscher Übersetzung, TANZ 15, Tübingen 1994.

Zeilfelder

S. Zeilfelder, Eznik von Kołb. Ełc ałandocᶜ. Text und Übersetzung, Graz 2004.

Zionts

R.A. Zionts, A Critical Examination of Epiphanius' Panarion in Terms of Jewish-Christian Groups and Nicander of Colophon, Diss. Pennsylvania State University 2002.

ADDENDA & CORRIGENDA

Addenda & Corrigenda

Ancoratus

S. 1,1–15 App. Z. 1 *ergänze*: Ebenfalls bezeugt in Hamburg, Staats- und Universitätsbibliothek, cod. philol. 253, p. 3 (17. Jh.). Als Vorlage für die Lebensbeschreibung des Epiphanius in dieser Handschrift diente wohl L; vgl. Pradel, 204.206.

S. 1,1f.: Ὁ θεῖος οὗτος ... ἐν Παλαιστίνῃ] In J vermerkt eine (barocke?) Hand hierüber: περιοχὴ λόγου τοῦ ἁγίου Ἐπιφανίου τοῦ Ἀγκυρωτοῦ καλουμένου. Zu den Scholien in J, insb. denjenigen Melanchthons, vgl. Dummer/Markschies, 795–818, zur Stelle S. 817 (mit Abb. 5, S. 823 in diesem Band).

S. 1,14 App. Z. 4 *ergänze*: Zur Abfassungszeit des Ancoratus vgl. auch Epiph., anc. 119,1 (GCS Epiphanius 1, 147,25 Holl) sowie die Überschrift des Briefes auf S. 5,5f.

S. 3,4.8 App. Z. 2 *ergänze*: O. Kösters benennt drei Übersetzungsmöglichkeiten für πολιτεύεσθαι: 1.) wohnhaft in / Bürger in (so K. Holl); 2.) den Staat verwalten / ein öffentliches Amt führen (so Petavius, J.P. Migne, L. Tillemont, C. Wolfsgruber); 3.) ein asketisches Leben führen (so S. Schiwietz). Kösters verwirft die beiden erstgenannten und spricht sich für die dritte Übersetzungsvariante aus; vgl. hierzu ausführlich Kösters, 96–104.

S. 3,9–22: Vgl. Ps.-Caes., dial. 1,1–16 (GCS Pseudo-Caesarius, 9,1–16 Riedinger). Zur Relevanz der Epiphanius-Paraphrase bei Pseudo-Caesarius für den Text des Ancoratus vgl. Riedinger, Paraphrase, 218–239. U. Riedinger betont dort die frühe Abfassung der Paraphrase in den Jahren 536–556 gegenüber den späten Textzeugen L und J als „eine gewisse Hilfe, auch wenn diese Hilfe an nicht wenigen Stellen unsicher ist und an vielen überhaupt versagt, wie dies von einer ziemlich freien Bearbeitung nicht anders erwartet werden kann" (ebd., 218). So lassen sich zwar deutliche Parallelen zwischen der Epiphanius-Paraphrase des Pseudo-Caesarius und dem Ancoratustext finden – insbesondere in der Reihenfolge und Verwendung von Themenkomplexen und Schriftzitaten, sowie kleineren, meist sehr frei formulierten Paraphrasen –, jedoch eignen sich diese nur an vereinzelten Stellen als textkritisch relevante Varianten.

S. 3,22–4,3: Vgl. Ps.-Caes., dial. 2,3f. (GCS Pseudo-Caesarius, 12,3f. Riedinger).

S. 3,8: πολιτευόμενος Σουέδροις v Holl Kösters, 96, Anm. 450 < L J | <ἐν> Holl, „nicht unbedingt erforderlich" Kösters, 95, Anm. 447.

S. 3,12: ἐμπέσῃ πνεῦμα] ἀντιπνεύσῃ ἄνεμος Ps.-Caes.

S. 3,13f.: ἐπιποθοῦντες λιμένα] Wortstellung auch in Ps.-Caes.

S. 3,14 App.: ὑποκειμένην < v ἀντικρὺ κειμένην Ps.-Caes. | μηδαμοῦ Ps.-Caes. Holl.

S. 3,16 App.: ἑαυτοῖς Ps.-Caes. Holl.

S. 3,19 App.: ἡμεῖς Ps.-Caes. Holl < v | τοίνυν v Ps.-Caes.

S. 3,22: βουλόμενοι] σπουδάσωμεν Ps.-Caes., vgl. Z. 20.

S. 4,8–12: Vgl. Ps.-Caes., dial. 2,4–6 (GCS Pseudo-Caesarius, 12,4–6 Riedinger).

S. 4,2 App.: τάξει τετάχθαι v Ps.-Caes. | ἔτι Ps.-Caes. Holl.

S. 4,3 App.: διαλαμβανόντων Ps.-Caes. Holl.

S. 5,22 App.: + καὶ L J.

S. 6,4 App. Z. 1 *ersetze*: 2Kor 10,13, vgl. Phil 3,13.

S. 7,16–11,2: Vgl. die entsprechend aufgebaute Passage Epiph., haer. 69,31–33 (GCS Epiphanius 3, 180,1–182,3 Holl/Dummer).

S. 7,18 App. Z. 2 *ergänze*: Vgl. Joh 10,10.

S. 7,19–22: Vgl. Ps.-Caes., dial. 4,3–11 (GCS Pseudo-Caesarius, 15,3–11 Riedinger).

S. 7,25–8,3: Vgl. die Anm. zu S. 7,19–22.

S. 7,1: <τε> und <τῆς> Holl, verwirft Dummer (Ms.).

S. 7,2: Kein Komma Dummer (Ms.).

S. 7,2 App.: Lies: τῶν καθ'.

S. 7,14: <τό> Holl, verwirft Dummer.

S. 7,19f. App.: ἀπέστειλας v Ps.-Caes. Holl ἀπέστειλεν L J.

S. 8,4–10: Vgl. auch Epiph., haer. 74,11,5 (GCS Epiphanius 3, 329,11–13 Holl/ Dummer); Bas., Eun. III 6 (SC 305, 170,40–42 Sesboüé/Durand/ Doutreleau); Ps.-Ath., Sabell. 5 (PG 28, 105B); Ath., ep. Serap. I 27 (PG 26, 593B/C).

S. 8,13f.: οὐ κύριον ἡγοῦνται] Zum Vorwurf vgl. Epiph., anc. 27,4 (GCS Epiphanius 1, 36,6–12 Holl); 115,4f. (ebd., 143,6–12).

S. 8 Testzeugenapp. *ergänze*: Z. 5–9 Joh. Vecc., Andr. 123 (PG 141, 572C).

S. 8,1 App.: ἀλλ᾽ ἢ codd. M J von Ps.-Caes. Holl ἀληθῆ cod. P von Ps.-Caes. ἀληθινὸν J.

S. 8,2: ὁ μονογενὴς υἱὸς Ps.-Caes.

S. 8,3: ἐν τοῖς κόλποις Ps.-Caes.

S. 8,8 App.: μόνον] + ἐκ μόνου Vezzosi bei Hörmann, 13 + τὸ μόνον J Hörmann in Übersetzung.

S. 9,2 App. Z. 1 *ergänze*: ἡ μαρτυρία μου findet sich bei Epiphanius im Zitat Joh 8,14 vorgezogen. Diese Lesart wird u.a. auch überliefert von Or., comm. in Jo. XIX 17,108 zu Joh 8,22 (GCS Origenes 4, 318,1f. Preuschen); Didym., trin. 3,18 (PG 39, 888A). Vgl. außerdem Mees, Text, 505.

S. 9,16–22: Vgl. Ps.-Caes., dial. 5,1–7 (GCS Pseudo-Caesarius, 15,1–7 Riedinger).

S. 9,20–10,6: Vgl. Ps.-Caes., dial. 2,10–29 (GCS Pseudo-Caesarius, 12,10–29 Riedinger).

S. 9,16.17.21.22: τὸ θεὸς ἀληθινός, ἀλ. θ., φῶς ἀλ., φῶς ἀλ. in Anführungsstrichen Dummer (Ms.).

S. 9,17: Komma[1] < Dummer (Ms.) | <ὅτι> Holl, verwirft Dummer (Ms.).

S. 10,13–17: Vgl. Epiph., anc. 5,9 (GCS Epiphanius 1, 11,26–12,4 Holl); 8,7 (ebd., 15,16–21); 10,6 (ebd., 18,12–15).

S. 10,23f. App. Z. 1 *ergänze*: Vgl. Ps.-Caes., dial. 6,4f. (GCS Pseudo-Caesarius, 16, 4f. Riedinger).

S. 11,6f. App. Z. 2: Amos 4, 13] *ergänze*: Vgl. Ps.-Caes., dial. 7,1–7 (GCS Pseudo-Caesarius, 16,1–7 Riedinger).

S. 11,10–16: Vgl. Ps.-Caes., dial. 9,9–14 (GCS Pseudo-Caesarius, 17,9–14 Riedinger).

S. 11,17–12,4: Vgl. Ps.-Caes., dial. 10,5–16 (GCS Pseudo-Caesarius, 17,5–16 Riedinger).

S. 11,26–12,4: Vgl. Cyr. H., catech. 7,4 (1, 212 Reischl/Rupp); Ath., ep. Serap. I 14 (PG 26, 565B); auch Ath., Ar. II 41,4f. (Athanasius Werke 1/1,2, 218,21–34 Metzler/Savvidis).

S. 11,4: „Es ist nach κύριος zu interpungieren." Dummer (Ms.).

S. 11,6: ... ἐν τοῖς προφήταις", „κύριος, ὁ στερεῶν ..." Riedinger, Paraphrase, 227f.

S. 11,6 App.: <καί> Holl, verwerfen Riedinger, Paraphrase, 228 Dummer (Ms.).

S. 11,11: τοῖς ἀνθρώποις] εἰς ἀνθρώπους Ps.-Caes.

S. 11,12 App.: ἀλλ᾽ auch Ps.-Caes.

S. 11,14: <Μωυσέως καὶ> Holl, „zu Recht eingeschoben?" Riedinger, Paraphrase, 228.

S. 11,16: εἰς τὸν κόλπον] ἐν τοῖς κόλποις Ps.-Caes.

S. 11,17: ἐστὶν[1,2]] ἔστιν Dummer (Ms.).

S. 11,17 App.: πατήρ ... υἱός wie Holl auch Ps.-Caes.

S. 11,20: App.: πατήρ[2] auch Ps.-Caes.

S. 11,21: [ὁ] Holl, tilgt auch Riedinger, Paraphrase, 228.

S. 12,7f.: (τὸ γὰρ θεῖον ... προκοπῆς)] „Dieser bei HOLL in Klammern gefasste Teil muss als erklärende Erweiterung des εἰ-Satzes verstanden werden, so dass Epiphanius seinem Gegner damit deutlich macht, dass die Gottheit keinen Zuwachs erfahren kann, auch nicht an Würde" (Kösters, 136).

S. 12,10f.16–20: Vgl. Ps.-Caes., dial. 10,17–20 (GCS Pseudo-Caesarius, 18,17–20 Riedinger).

S. 12,20–24: Vgl. Ps.-Caes., dial. 11,1–6 (GCS Pseudo-Caesarius, 18,1–6 Riedinger).

S. 12,24–13,1: Vgl. die Anm. zu S. 13,21f.

S. 12,2 App.: * etwa <σχέσεως> Holl, verwirft Kösters als „überflüssig" (Kösters, 134, Anm. 88); <οὐχ ἑνὸς> ? Klostermann, laut Klostermann (Ms.) in den Text zu nehmen, vgl. Epiph., anc. 28,2 (GCS Epiphanius 1, 37,1 Holl).

S. 12,6 App.: <υἱόν> Holl Kösters, 135, Anm. 95.

S. 12,12 App.: <συνὼν> Holl, „nachvollziehbar" Kösters, vgl. Epiph., anc. 5,6 (GCS Epiphanius, 11,18f. Holl).

S. 13,1–3.10: Vgl. Ps.-Caes., dial. 12,1–11 (GCS Pseudo-Caesarius, 18,1–11 Riedinger).

S. 13,2–19: θεὸν τὸν πατέρα ... πνεύματος] Bezeugt in Paris, BnF, suppl. gr. 1232, ff. 99–100ᵛ (13. Jh.).

S. 13,10f.: οὐχ ... τὴν οὐσίαν] Vgl. Epiph., anc. 81,4 (GCS Epiphanius 1, 101, 22f. Holl). „Die Fortführung mit ἀλλά ist an beiden Stellen jedoch signifikant unterschiedlich" (Kösters, 143).

S. 13,14–22: Vgl. Epiph., haer. 62,4,2 (GCS Epiphanius 2, 392,26–28 Holl/Dummer); vgl. auch Ath., ep. Serap. I 22 (PG 26, 581A–583A). Zu den inhaltlichen Parallelen zwischen dem Ancoratus und den Serapionbriefen des Athanasius vgl. Kösters, 332f. O. Kösters geht davon aus, dass Epiphanius eine gute Kenntnis dieser Briefe besessen und seine Informationen aus diesen bezogen habe.

S. 13,21f.: Mit diesem Textabschnitt sowie S. 12,24–13,1 und S. 17,2–18,8 vgl. Ps.-Caes., dial. 13,3–11 (GCS Pseudo-Caesarius, 18,3–19,11 Riedinger).

S. 13,22f.: ἀεὶ γὰρ ἡ τριὰς τριὰς καὶ οὐδέποτε προσθήκην λαμβάνει] Vgl. Epiph., anc. 15,6 (GCS Epiphanius 1, 24,3 Holl); Epiph., haer. 62,3,5f. (GCS Epiphanius 2, 392,3–9 Holl/Dummer); 74,12,1 (GCS Epiphanius 3, 329, 27f. Holl/Dummer); Ps.-Ath., Sabell. 7 (PG 28, 108C). Zur Formel vergleiche insb. Hübner, Epiphanius, 325–333 sowie Kösters, 146, Anm. 154.

S. 13 Textzeugenapp. Z. 1f. (zu Z. 8 – S. 14,22) *ersetze*: Fast wörtliche Übereinstimmung mit Epiph., haer. 74,11,6–12,8 (GCS Epiphanius 3, 329,13–330,21 Holl/Dummer) (= pan.). | *ergänze*: Z. 5–8 Joh. Vecc., Andr. 124 (PG 141, 573B); Z. 8–15 Joh. Vecc., Andr. 125 (PG 141, 573D); Z. 8–10 Demetr. Cyd., process. 12 (PG 154, 948D–949A), Joh. Vecc., epigr. 1 (PG 141, 621C), 6 (ebd., 668B), Joh. Vecc., union. 28 (PG 141, 85A).

S. 13,2 App.: * etwa <λέγοντες· θεὸν ...> Holl, „Konjektur entspräche der Argumentation von Anc 10,2" Kösters, vgl. auch Jes. 6,3.

S. 13,5: (εἰς) und (πνεῦμα¹) Klostermann (Ms.) in Klammern.

S. 13,5 App.: εἰς < arm. Joh. Vecc., Andr. 124.

S. 13,6: πνεῦμα θεοῦ] θεοῦ πνεῦμα Joh. Vecc., Andr. 124.

S. 13,7: θεοῦ δὲ Joh. Vecc., Andr. 124 Klostermann (Ms.).

S. 13,9: ἐκ θεοῦ δέ < Demetr. Cyd. Joh. Vecc., epigr. 1 und 6 Joh. Vecc., union. | οὐδὲ] οὐ Joh. Vecc., Andr. 125 | συναλοιφὴ οὐδέ Klostermann (Ms.).

S. 13,10: δέ vor ἐστι Joh. Vecc., Andr. 125 | πατρὸς καὶ υἱοῦ] πατρὶ καὶ υἱῷ Joh. Vecc., Andr. 125.

S. 13,11: οὐδὲ] οὐχ Joh. Vecc., Andr. 125.

S. 13,12: αὐτῆς < Joh. Vecc., Andr. 125 | ἅγιον < Joh. Vecc., Andr. 125.

S. 14,14–19: Vgl. Epiph., haer. 62,3,7f. (GCS Epiphanius 2, 392,10–18 Holl/Dummer).

S. 14,19–26: Vgl. Epiph., haer. 62,4,1f. (GCS Epiphanius 2, 392,19–26 Holl/Dummer).

S. 14,23–25: Vgl. Epiph., haer. 69,18,6 (GCS Epiphanius 3, 168,1–7 Holl/Dummer); Ps.-Ath., Sabell. 5 (PG 28, 108A).

S. 14,23: μονώνυμον] Vgl. Epiph., anc. 8,2 (GCS Epiphanius 1, 14,27 Holl); 8,4 (ebd., 15,7); 22,7 (ebd., 31,23). „Zu fragen ist, was genau Epiphanius mit dem Begriff μονώνυμος meint. Es handelt sich dabei um ein von ihm gebildetes Kunstwort, das er offensichtlich in Abgrenzung zum Begriff ὁμώνυμος, den er weiter unten in Anc 8,4 verwendet, versteht" (Kösters, 152). Vgl. zu diesem Begriff ausführlich ebd., 152–157.

S. 14 Textzeugenapp. *ergänze*: S. 13,8 – S. 14,22 fast wörtliche Übereinstimmung mit Epiph., haer. 74,11,6–12,8 (GCS Epiphanius 3, 329,13–330,21 Holl/Dummer) (= pan.). | *ergänze*: Z. 19–21 Const. Mel., orat. II 29 (PG 141, 1217D); Detr. Cyd., process. 12 (PG 154, 949A); Joh. Vecc., epigr. 1 (PG 141, 621D); Joh. Vecc., union. 28 (PG 141, 85A).

S. 14,11: <ἡ τριὰς> Holl, verwirft Dummer (Ms.).

S. 14,12 App.: ἰδιότητος < J <ἀ>ιδιότητος Hübner, Epiphanius, 325, Anm. 5, vgl. Epiph., haer. 62,3,5 (GCS Epiphanius 2, 392,4 Holl/Dummer) und 74,12,7 (GCS Epiphanius 3, 330,17 Holl/Dummer).

S. 14,19f.: ἀεί, οὐ γεννητόν, οὐ κτιστόν < Const. Mel. Demetr. Cyd. Joh. Vecc., epigr. Joh. Vecc., union.

S. 14,20f.: οὐ προπάτορον οὐκ ἔκγονον < Const. Mel. Joh. Vecc., epigr. Joh. Vecc., union.

S. 14,25: <ὁ> Holl, verwirft Dummer (Ms.), <ὁ υἱὸς> υἱὸς Diekamp.

S. 15,12f.: πνεῦμα γὰρ θεοῦ ... ψυχὴ καὶ σῶμα] Vgl. Ps.-Ath., Sabell. 13 (PG 28, 117B): οὐδὲ ἄνθρωπον ἐκ τριῶν ὑπονοῶν σύνθετον, πνεύματος, ψυχῆς, σώματος, οὕτω καὶ θεόν. Vgl. auch Epiph., anc. 12,1f. (GCS Epiphanius 1, 20,8–13 Holl).

S. 15,14–25: Vgl. die Anm. zu S. 13,1–3.10.

S. 15,14: ἐκ τοῦ πατρὸς καὶ τοῦ υἱοῦ, τρίτον τῇ ὀνομασίᾳ] Überliefert in Joh. Vecc., union. 28 (PG 141, 85A); Joh. Vecc., epigr. 1 (PG 141, 621D); Const. Mel., orat. II 28 (PG 141, 1212B); Demetr. Cyd., process. 12 (PG 154, 949A). Die Formulierung ἐκ τοῦ πατρὸς καὶ τοῦ υἱοῦ entspricht dem *filioque*, jedoch ohne das ἐκπορευόμενον. Vgl. zur Formulierung auch die Symbole in Epiph., anc. 118f. sowie Epiph., anc. 9,3 (GCS Epiphanius 1, 16,11f. Holl); 67,1 (ebd., 81,15); 70,7 (ebd., 88,4f.); 71,1 (ebd., 88,14); 75,3 (ebd., 91,17). Zur Kontroverse, ob Epiphanius ein früher Vertreter des *filioque* gewesen sein könnte, vgl. insb. Kösters, 342–344 sowie Oberdorfer, 73f.239.311. O. Kösters selbst vermerkt zunächst treffend, „dass die Frage nach *dem ,filioque'* bei Epiphanius in dieser Zuspitzung ein unerlaubter Anachronismus ist" (ebd., 342; Hervorhebung vom Autor). Dabei betrachtet er Epiphanius als einen der Theologen der zweiten Hälfte des vierten Jahrhunderts, die erstmals die Person des Heiligen Geistes und seine Stellung innerhalb der Gottheit reflektiert haben und noch am Anfang einer solchen Entwicklung stünden, „so dass es verfehlt wäre, mit dem Ergebnis dieser Entwicklung an ihn heranzutreten" (ebd., 343). Zwar vertritt Epiphanius an einigen Stellen den Ausgang des Geistes aus dem Sohn, aber zentrale Stellen hierzu, wie haer. 74,12,6f. (GCS Epiphanius 3, 330,12–17 Holl/Dummer); 76,3,3 (ebd., 343,15–19); 76,39,13 (ebd., 393,30–394,3) zeigen Kösters zufolge, „dass eine endgültige Klärung der Frage nach dem Ausgang des Geistes für Epiphanius darin liegt, den Geist analog zur Zeugung des Sohnes aus dem Vater abstammen zu lassen. Der Punkt um den es ihm geht, ist die Abstammung aus dem einen göttlichen *Wesen*" (Kösters, 344; Hervorhebung vom Autor).

S. 15,26–16,3: Gegen die Anschauung, dass der Vater allein nicht genüge, vgl. Ath., Ar. II 41,3f. (Athanasius Werke 1/1,2, 218,19–26 Metzler/Savvidis).

S. 15 Textzeugenapp. *ergänze*: Z. 3–5 Const. Mel., orat. II 29 (PG 141, 1217D); Demetr. Cyd., process. 12 (PG 154, 949A); Joh. Vecc., epigr. 1 (PG 141, 621D); 6 (ebd., 668B); Joh. Vecc., union. 28 (PG 141, 85A).

S. 15,1: ἅγιον <πνεῦμα ἅγιον, οὐ> μονογενές Diekamp.

S. 15,21 App.: <σφραγίζομεν> Holl, „sinnvoll" Kösters, 160, Anm. 217 *siegeln* arm.

S. 15,26 App.: * etwa <καὶ οὐκ ἠλευθερώθημεν> Holl, „sinnvoll" Kösters, 162, Anm. 227, von Dummer (Ms.) verworfen.

S. 16 Textzeugenapp. *ergänze*: Z. 9–12 Const. Mel., orat. II 28 (PG 141, 1212B); Niceph. Blemm., process. I 11 (PG 142, 544B).

S. 16,10: τῷ πνεύματι τῷ ἁγίῳ] τὸ πνεῦμα τὸ ἅγιον Const. Mel.   Niceph. Blemm.

S. 16,11: ἐψεύσω L J Const. Mel. ἐψεύσασθε Niceph. Blemm.

S. 16,11 App.: ἀνθρώπῳ L Const. Mel. Niceph. Blemm. | τῷ < L Const. Mel. Niceph. Blemm.

S. 17,28–18,8: Vgl. die Anm. zu S. 13,21f.

S. 17 Textzeugenapp. *ergänze*: Z. 27 – S. 18,8 Jo. D., trisag. 25 (PTS 22, 328,3–12 Kotter).

S. 17,1 App.: τῷ J Dummer (Ms.).

S. 17,2 App.: λέγω<ν> Holl λόγῳ Dummer (Ms.).

S. 17,10: ἐπὶ τῆς <θαλάσσης τῆς> Τιβεριάδος Klostermann (Ms.), vgl. Joh 21,1 (vgl. App.: ἐπὶ τῆς Τιβεριάδος <λίμνης> Holl).

S. 17,24 und 27 App.: Hier scheint Kösters (S. 166, Anm. 245) den Befund verwechselt zu haben, da er μαρτύρων.(so L J) anstatt μαρτυριῶν als Konjektur Holls auffasst.

S. 17,25: <καὶ ἡ πίστις> Holl, „sinnvoll" Kösters, 166, Anm. 247.

S. 17,27: τριττῆς Jo. D., trisag. Klostermann (Ms.).

S. 17,27 App.: τε] δὲ L J Doct. Patr. Jo. D., trisag.

S. 17,28: τὸ πνεῦμα τὸ ἅγιον cod. K von Jo. D., trisag. | φανερῶν codd. F K T U von Jo. D., trisag.

S. 17,29: Σεραφὶμ καὶ Χερουβὶμ Doct. Patr. Jo. D., trisag. | κραζουσῶν [τὸ] τρίτον] κραζόντων, τριττὸν Klostermann (Ms.), κραζόντων L J Doct. Patr. Jo. D., trisag.; zu [τὸ] τριττὸν vgl. Jo. D., trisag. 25,4.

S. 18,4–8: Vgl. Jo. D., trisag. 3 (PTS 22, 309,27–30 Kotter).

S. 18,11: τρία ὄντα μία θεότης] Vgl. die Aufzählung in Epiph., anc. 67,4 (GCS Epiphanius 1, 82,2–7 Holl).

S. 18,18–23: Vgl. Epiph., haer. 62,4,7 (GCS Epiphanius 2, 393,14–20 Holl/Dummer).

S. 18 Textzeugenapp. *ergänze*: S. 17,27 – Z. 8 Jo. D., trisag. 25 (PTS 22, 328,3–12 Kotter).

S. 18,2: καὶ πνευματικὰ Jo. D., trisag.

S. 18,5: ἅγιοι ἅγιοι <ἅγιοι> Diekamp nach Doct. Patr. Klostermann (Ms.).

S. 18,5 App.: μὴ auch Ps.-Caes.

S. 18,5: ἀποφάνωσιν Ps.-Caes. | μήτε Doct. Patr.

S. 18,6: τὸν ἀριθμὸν] τὸ τρισαρίθμιον Jo. D., trisag. | τρὶς J Holl τρεῖς L Sa Pa^rup. Doct. Patr. Diekamp.

S. 18,6.7: ἁγιστείαν Doct. Patr. Diekamp.

S. 18,7: καὶ < Doct. Patr.

S. 19,5–24,24: Vgl. Epiph., haer. 74,13,7–9 (GCS Epiphanius 3, 331,15–30 Holl/ Dummer).

S. 19 Textzeugenapp. *ergänze*: Z. 6–9 Joh. Vecc., Andr. 125f. (PG 141, 576 A/B).

S. 19,7: οὕτως τολμῶ] θαρρῶ Joh. Vecc.

S. 19,7 App.: οὕτως Conc. Flor.] < L J, *aber* arm., (οὕτως) Klostermann (Ms.).

S. 19,8: ὁ υἱὸς καὶ ὁ πα. Klostermann (Ms.).

S. 19,10 App.: οἳ Holl] καὶ L J Klostermann (Ms.).

S. 20,14f. App. Z. 1 *ergänze*: Vgl. Ps.-Caes., dial. 14,1f. (GCS Pseudo-Caesarius, 19,1f. Riedinger).

S. 20,18–20.23–25: Vgl. Ps.-Caes., dial. 14,6–8 (GCS Pseudo-Caesarius, 19,6–8 Riedinger).

S. 20,28ff. App. Z. 2f. *ergänze*: Die bei Epiphanius gebotene Auflistung ist laut O. Kösters „nicht nur der Beweis dafür, dass Epiphanius bereits den *Entschluss* zur Abfassung des *Panarion* gefasst hat, sondern auch ein Indiz dafür, dass er schon mit der *Ausarbeitung* begonnen hat. Es wäre sogar denkbar, dass er durch die dringenden Anfragen aus Suedra in seinem ursprünglichen Plan, der Abfassung des *Panarion*, unterbrochen worden ist und sich nun zunächst der Abfassung des *Ancoratus* zugewendet hat" (Kösters, 42; Hervorhebungen vom Autor).

S. 21,15–22,12: Vgl. die Liste bei Ant. Mon., hom. 130 (PG 89, 1845C–1846A).

S. 21,32: Lies: <ἢ>.

S. 22,7:᾿Απολλινάριοι] O. Kösters vermutet, dass ᾿Απολλινάριοι als Zusatz zu Διμοιρῖται nachträglich hinzugefügt wurde: „Gegen die Ursprünglichkeit des Namens an dieser Stelle spricht, dass nirgendwo sonst, auch nicht in der Auseinandersetzung in Anc 76ff., Apollinaris erwähnt wird. Dagegen lässt sich leicht erklären, dass aufgrund der intensiven und namentlichen Auseinandersetzung in Haer 77 sein Name nachträglich in den Ketzerkatalog in Anc 12f eingefügt wurde" (Kösters, 44).

S. 22,32f. App. Z. 1 *ergänze*: Vgl. Ps.-Caes., dial. 14,16f. (GCS Pseudo-Caesarius, 19,16f. Riedinger).

S. 22,9 App.: ᾿Αντιδικομαριανίτας L J Diekamp.

S. 23,17–24,11: Bezeugt in Cairo, Coptic Museum, fr. 9287; Text in Munier, 152–154. Für unterschiedliche Meinungen zu diesem Fragment vgl. Lucchesi, 95–99 sowie Elanskaya, 201–206.384–391. Eine Bibliographie zum Ancoratus in koptischer Überlieferung bietet Proverbio, 69; zum Stand der Forschung vgl. Camplani, 327–343 sowie die Aufstellung in Suciu, 316f.

S. 23,23f. App. Z. 2 *korrigiere*: Prov 20,27.

S. 23,1f.: ὅπως γνῶμεν τὰ ἐκ θεοῦ] ἵνα ἴδωμεν τὰ ὑπὸ τοῦ θεοῦ Ps.-Caes.

S. 23,19.20: Keine Fragezeichen Dummer (Ms.).

S. 23,20 App.: <μὴ> Pet. Wolfsgruber Hörmann, abgelehnt von Dummer (Ms.).

S. 24,3: ἀεὶ γὰρ ἡ τριὰς τριὰς καὶ ουδέποτε προσθήκην λαμβάνει] Vgl. Epiph., anc. 7,2 (GCS Epiphanius 1, 13,22f. Holl). Vgl. außerdem die Anm. zu S. 13,22f.

S. 24,4–11: Vgl. Epiph., haer. 23,5,2f. (GCS Epiphanius 1, 253,11–17 Holl); 44,4,5 (GCS Epiphanius 2, 195,8–11 Holl/Dummer).

S. 24,22 App. Z. 2 *ergänze*: Vgl. Ps.-Caes., dial. 15,2f. (GCS Pseudo-Caesarius, 20, 2f. Riedinger).

S. 24,27–25,2: Vgl. Ps.-Caes., dial. 15,12–15 (GCS Pseudo-Caesarius, 20,12–15 Riedinger).

S. 24,24: ὁ πατήρ.] ὁ πατὴρ μόνος. Ps.-Caes.

S. 25,25ff. App. Z. 1f. *ergänze*: Vgl. Ps.-Caes., dial. 16,4f.; 17,5f. (GCS Pseudo-Caesarius, 20 [Iϛ],4f.; [IZ],5f. Riedinger).

S. 25,33ff. App. Z. 2f. *ergänze*: Vgl. Epiph., haer. 62,4,6 (GCS Epiphanius 2, 393, 11–14 Holl/Dummer); Ps.-Caes., dial. 18,1–10 (GCS Pseudo-Caesarius, 21, 1–10 Riedinger).

S. 25,9: <ἡ γνῶσις> Holl, abgelehnt von Dummer (Ms.).

S. 26,5–9: Vgl. Epiph., haer. 69,53,3–8 (GCS Epiphanius 3, 200,5–30 Holl/Dummer).

S. 26,13–15: Vgl. Epiph., haer. 62,6,6f. (GCS Epiphanius 2, 395,10–14 Holl/Dummer).

S. 26,17–27,2: Vgl. Ps.-Caes., dial. 19,4–18 (GCS Pseudo-Caesarius, 21,4–18 Riedinger).

S. 26,9: <ὁ υἱὸς> Holl, fraglich Riedinger, Paraphrase, 229, vgl. Ps.-Caes.: οὕτω γνησιότητι ὁ υἱὸς τὸν πατέρα τιμᾷ.

S. 26,11: ὑπέρχρονος ὁ πατὴρ γένηται τοῦ υἱοῦ] ὑπέρχρονος ᾖ ὁ γεννήτωρ τοῦ γεννηθέντος Ps.-Caes.

S. 26,13 App.: ὑποβεβηκὼς ? Holl; entweder τὸν υἱὸν oder ὑποβεβηκὼς Hörmann, „der Sohn ist nicht untergeordnet" Kösters, 181.

S. 26,22: ἀναφέρει<ν> Holl ἀναφέρειν Ps.-Caes.

S. 27,14–28,25: Vgl. Ps.-Caes., dial. 20,6–35 (GCS Pseudo-Caesarius, 22,6–35 Riedinger).

S. 27,15 App.: *von dem Vater zeitlos geboren* (ὁ ἐκ πατρὸς ἀχρόνως γεννηθείς) arm. laut Holl; (γεννηθείς, ἄσαρκος ἐκ πατρὸς καὶ) arm. laut Lebon, 835; (γεννηθείς, ὁ ἄχρονος, ὁ ἐκ πατρὸς) syr. laut Lebon, 835. Verwechselung von Lebon ?; arm. Zusatz nicht bei Ps.-Caes.

S. 27,16: τῆς ὑποστάσεως Holl Ps.-Caes.] *der Wahrheit* arm.

S. 27,17: εἰκὼν + (ὢν) arm. syr. (Lebon, 835).

S. 27,17f. App.: οὗ τῆς ... τέλος < arm. laut Holl, fehlt ebenfalls bei Ps.-Caes.; (οὗ τῆς ... τέλος + ὁ ἐκ δεξιῶν τοῦ πατρός) arm. syr. laut Lebon, 835.

S. 27,18 App.: νεκρῶν + (ὁ ζωὴ ἐκ ζωῆς) arm. syr. (Lebon, 835) ὁ ἐκ ζωῆς ζωή, ὁ ἐκ τοῦ φωτὸς φῶς Ps.-Caes.

S. 27,19–21: (»ἐμέ ... συντετριμμένους«), fehlt bei Ps. Caes.

S. 27,20: ζωῆς] ζῶντος arm. syr. (Lebon, 835).

S. 27,21: τοῖς ὁρμήμασιν εὐφραίνων Ps.-Caes.

S. 27,24: ἄνθος τὸ ἀπ᾽ αὐτῆς] τὸ ἐξ αὐτῆς θεῖον ἄνθος Ps.-Caes.

S. 27,25: λογικόν, <τὸ ἀρνίον τὸ ἄκακον,> ὁ λίθος Riedinger, Paraphrase, 230, vgl. Ps.-Caes., dial. 20,13-15.

S. 27,26: καὶ < arm. syr. (Lebon, 835).

S. 28,27f. App. Z. 3f. *aktualisiere*: Hom. Clem. III 42,4–6 (GCS Pseudoklementinen 1, 72,20–27 Rehm/Strecker).

S. 28,2: ὁ γεννηθεὶς ἐν σαρκὶ, ὁ σαρκωθεὶς Λόγος] ὁ σαρκωθεὶς Λόγος καὶ γεννηθεὶς ἐν σαρκί Ps.-Caes. | ὁ Λόγος < arm. syr. (Lebon, 835).

S. 28,3: ... ὁ ἔχων μεταξὺ τοῦ <„λόγος" καὶ τοῦ> „γενόμενος" τὸ „σάρξ" Klostermann (Ms.).

S. 28,3–6: (»ὁ Λόγος« ... νοηθῇ)] Entsprechung bei Ps.-Caes, dial. 20,20–23.

S. 28,6: δοκιμασθῇ] „au lieu du verbe δοκιμάζω ... un verbe signifiant *faire, opérer*" arm. syr. (Lebon, 835).

S. 28,7: ὁ ζῶν < syr. (Lebon, 835).

S. 28,7f.: ὁ μεγάλης ... ἄγγελος < syr. (Lebon, 835).

S. 28,10: *] <οὐδὲ ὁ υἱὸς εἰ μὴ μόνος ὁ πατήρ. ...> so Diekamp; „ob (...) bei Epiph. eine Lücke zu ergänzen ist?" Riedinger, Paraphrase, 231, vgl. Ps.-Caes.: ἄγγελοι τῶν οὐρανῶν, οὔτε ὁ υἱός, ὅπερ οἰκονομικῶς καὶ νοητῶς φησι·.

S. 28,15: ὡς γὰρ auch Ps.-Caes.

S. 29,4–8: Vgl. Ps.-Caes., dial. 20,49–54 (GCS Pseudo-Caesarius, 23,49–54 Riedinger).

S. 29,13–19: Vgl. Ps.-Caes., dial. 20,55–59 (GCS Pseudo-Caesarius, 23,55–59 Riedinger).

S. 30,1–5: Vgl. Ps.-Caes., dial. 21,4–7 (GCS Pseudo-Caesarius, 24,4–7 Riedinger).

S. 30,17–19: ὁ δὲ υἱὸς ... κατὰ πρᾶξιν] Vgl. Mt 24,36; Mk 13,32; Epiph., haer. 69,43–47 (GCS Epiphanius 3, 191,3–195,3 Holl/Dummer); Aug., Gn. adv. Man. 22,34 (CSEL 91, 103,15–21 Weber); Aug., trin. I 12 (CChr.SL 50, 61,1–62,26 Mountain).

S. 30,19–23: Vgl. Ps.-Caes., dial. 21,16–18 (GCS Pseudo-Caesarius, 24,16–18 Riedinger).

S. 30,1: ᾔδει Dummer (Ms.).

S. 31,20f.: ὦ τριὰς ἁγία ἀριθμουμένη, τριὰς ἐν ἑνὶ ὀνόματι ἀριθμουμένη] Vgl. Epiph., anc. 3,8 (GCS Epiphanius 1, 9,11–13 Holl).

S. 31,21–23: οὐ γὰρ ... ἐν μονάδι] Vgl. Epiph., anc. 2,6 (GCS Epiphanius 1, 8,4–10 Holl).

S. 31,22–24: Vgl. Epiph., haer. 62,3,3 (GCS Epiphanius 2, 391,23–25 Holl/Dummer).

S. 31,23f.: εἷς θεός, πατὴρ ἐν υἱῷ, υἱὸς ἐν πατρὶ σὺν ἁγίῳ πνεύματι] Vgl. Epiph., anc. 10,5 (GCS Epiphanius 1, 18,8f. Holl); ferner Epiph., anc. 24,7 (ebd., 33,15–20); 73,9 (ebd., 93,2–6).

S. 31,5f.: „ist das doppelte δεσμὰς richtig?" Diekamp.

S. 33,19: ἁγιστείαν Diekamp.

S. 33,26f.: (ἰδοὺ ... τούτου) Klostermann (Ms.) mit Klammer.

S. 34,21–30: Vgl. Jo. D., trisag. 3 (PTS 22, 309,27–30 Kotter). Bei Epiphanius vgl. anc. 10,4 (GCS Epiphanius 1, 18,4–8 Holl); 69,7 (ebd., 85,22f.); 73,9 (ebd., 93,2–7); haer. 74,6,7 (GCS Epiphanius 3, 321,26f. Holl/Dummer); 74,10,9 (ebd., 328,12–17).

S. 34 App. Z. 6: 4 lies 24.

S. 34,25: ἵνα Dummer (Ms.).

S. 36,19–23: Vgl. Ps.-Caes., dial. 22,16–20 (GCS Pseudo-Caesarius, 25,16–20 Riedinger).

S. 36,23 App. Z. 23 *ergänze*: Vgl. Ps.-Caes., dial. 22,1–3 (GCS Pseudo-Caesarius, 25,1–3 Riedinger).

S. 36,26–38,2: Anders als bei den vorangehenden und folgenden Textabschnitten besteht an dieser Textstelle keine Parallele in Epiph., haer. 69, sondern in haer. 76. Dies und die inhaltliche Unterbrechung des Gedankenganges durch diesen Exkurs lassen O. Kösters annehmen, dass Epiphanius hier einen älteren Text in den Ancoratus eingearbeitet habe; vgl. Kösters, 197.

S. 36,31–37,11: Vgl. Epiph., haer. 76,19,6f. (GCS Epiphanius 3, 365,15–22 Holl/ Dummer).

S. 37,27: ἐγὼ ἐργάζομαι καὶ ὁ πατήρ μου ἐργάζεται] Vgl. Joh 5,17.

S. 37,27f.: τὸν πατέρα τάττει πρῶτον λέγοντα καὶ ἐργαζόμενον] O. Kösters erwägt, ob es sich bei diesem Abschnitt um den Teil eines Zitats handelt (vgl. Kösters, 195, Anm. 366), sieht es jedoch als „schwierig zu entscheiden, ob er [Epiphanius] eine Lehre paraphrasiert oder ob er den Einwand selbst konstruiert (…)" (ebd., 195).

S. 38,15–41,25: Bezeugt in Paris, BnF, copt. 131³, ff. 19–21 (pp. 65–70). Zu den koptischen Handschriften vgl. auch die Anm. zu S. 23,17–24,11.

S. 38,27–39,27: Bezeugt in Vat. ar. 101, ff. 98ᵛf. Zur Überlieferung vgl. Graf, 345– 402.

S. 38,29: οἰκονομία τῆς σαρκὸς] Vgl. Epiph., anc. 28,1 (GCS Epiphanius 1, 36,26f. Holl); 43,8 (ebd., 53,29); 49,6 (ebd., 59,8); 77,3 (ebd., 96,20–22).

S. 38,1 App.: ἀρνουμένου L J Klostermann (Ms).

S. 38,2: ἀλλὰ <δηλῶν> oder <δηλοῦντος> ? Klostermann (Ms.).

S. 39,31ff. App. Z. 2 *ergänze*: Zu Epiph., anc. 31 vgl. auch Epiph., haer. 69,19,1–8 (GCS Epiphanius 3, 168,11–169,13 Holl/Dummer).

S. 39,31–40,10: Vgl. Ps.-Caes., dial. 23,1–10 (GCS Pseudo-Caesarius, 25,1–26,10 Riedinger).

S. 39,31: οὐδὲ] οὐ Ps.-Caes.

S. 40,10 App. Z. 2f. *ergänze*: Holls Vermerk „vgl. Luk. 19, 41; aber Epiphanius meint Luk. 22, 41ff" ist hier irreführend. Die Belegstelle Lk 19,41 ist durchaus zutreffend; bedingt durch seine Konjektur <ὡς> verknüpft Holl jedoch die auf das Zitat folgende Erörterung – die sich auf Lk 22,44 bezieht – fälschlicherweise mit Lk 19,41, wodurch der konstatierte Widerspruch zustande kommt. Vgl. hierzu ausführlich die textkritische Anm. zu S. 40,10 sowie die Anm. zu S. 40,12ff. App. Z. 3.

S. 40,12ff. App. Z. 3: Irrtum] *ergänze*: Kein Irrtum, da sich die bei Epiphanius nun folgende Erörterung über die Tilgung einer Schriftstelle durch Orthodoxe nicht etwa auf Lk 19,41 bezieht, wie durch Holls Konjektur

<ὡς> fälschlicherweise miteinander verknüpft (vgl. die textkritische Anm. zu S. 40,10), sondern auf die Schriftstelle Lk 22,43f., die von Irenaeus (*sudasset globos sanguinis*) wiedergegeben wird (vgl. Iren., haer. III 22,2 [SC 211, 436,38f. Rousseau/Doutreleau = FC 8/3, 276,11 Brox]; schon W. Harvey bemerkt zu der Irenaeus-Stelle: *Hunc Irenaei locum respexit Epiphanius in Ancoratu, § 31*). Veranlasst durch seine Fehlverknüpfung, geht Holl folglich von einem Irrtum bei Epiphanius aus: „Offensichtlich sah HOLL den Irrtum darin, dass sich Irenäus [bei Epiphanius, der eigenen Konjektur folgend!] nicht auf die Gethsemane-Szene bezog. Epiphanius aber ging es um den einfachen Sachverhalt, dass auch Irenäus die Tränen und den Blutschweiß als Beweis der wahren Menschheit gegen jeden Verdacht des Doketismus anführte" (Kösters, 202, Anm. 402). C. Wolfsgruber und J. Hörmann erlagen in ihren Übersetzungen demselben Fehler wie Holl. Zum Problem vgl. insb. Holzmeister, 309–314 sowie Kösters, 202, Anm. 402 mit weiteren Argumenten.

S. 40,14f.: μὴ νοήσαντες αὐτοῦ τὸ τέλος καὶ τὸ ἰσχυρότατον] Vgl. Epiph., anc. 37,2 (GCS Epiphanius 1, 46,26f. Holl).

S. 40,15–21: Vgl. Ps.-Caes., dial. 23,11–16 (GCS Pseudo-Caesarius, 26,11–16 Riedinger).

S. 40,23–41,23: τὸ παιδίον ... ἀνδρὸς γεγεννημένος] Bezeugt in Vat. ar. 101, ff. 99ʳ–100ʳ. Zur Überlieferung vgl. Graf, 345–402.

S. 40,23f.: Vgl. Ps.-Caes., dial. 24,1f. (GCS Pseudo-Caesarius, 26,1f. Riedinger).

S. 40,7: ὑπὸ ἀφὴν ἐγένετο] ὑπὸ ταφὴν τούτῳ γέγονε Ps.-Caes.

S. 40,10: hinter „ἔκλαυσε" Punkt statt Komma Holzmeister, 310 Kösters, 202, Anm. 402 | <ὡς> Holl, verwerfen zurecht Holzmeister, 310 Kösters, 202, Anm. 402.

S. 40,11–15: Irenäus-Zitat fehlt bei Ps.-Caes., „mit Absicht oder Glosse bei Epiph.?" (Riedinger, Paraphrase, 231).

S. 40,11.13: Gedankenstrich nicht vor καὶ, sondern vor ὀρθόδοξοι Holzmeister, 310.

S. 40,15: „καὶ γενόμενος ἐν ... Holzmeister, 310.

S. 40,16: ὡς] ὡσεὶ Ps.-Caes.

S. 40,23 App.: τῷ < J Ps.-Caes.

S. 40,26: Punkt statt Komma Klostermann (Ms.).

S. 40,29: Ohne Punkt Klostermann (Ms.).

S. 41,10–21: Vgl. Ps.-Caes., dial. 24,10–16 (GCS Pseudo-Caesarius, 27,10–16 Riedinger).

S. 41 Textzeugenapp. *ergänze*: Z. 7–13 Niceph., refut. 176,8–15 (CCSG 33, 281,8–15 Featherstone); Z. 19–23 Niceph., refut. 176,25–30 (CCSG 33, 281,25–30 Featherstone).

S. 41,6: λέξω] λέξεως <ἐχούσης> Klostermann (Ms.), vgl. Epiph., haer. 54,4,2 (GCS Epiphanius 2, 321,17 Holl/Dummer).

S. 41,7: πάλιν < Niceph.

S. 41,8: ἔχει †] ἔστιν Niceph.

S. 41,10: γάρ < Ps.-Caes. | ταὐτῷ] τούτῳ Niceph.

S. 41,13: οὐδ'] μὴ δ' Niceph. | τῷ λόγῳ] τῶν λόγων Niceph.

S. 41,18: καὶ auch Ps.-Caes.

S. 41,19: τῷ θεῷ] τῷ τοῦ θεοῦ Niceph.

S. 41,20: Klostermann (Ms.) streicht beide Ergänzungen; auch für Riedinger, Paraphrase, 232 fraglich. | (ἐν ἀληθείᾳ) Klostermann (Ms.).

S. 41,21: Statt: ; lies: , und statt: · lies: ; oder (ὅτι θεός ἐστι); Klostermann (Ms.). | διότι] διὸ Niceph.

S. 41,21 App.: ἀνθρώποις Holl] ἄνθρωπος L J Niceph. | ἐστιν < L Niceph.

S. 41,23: καὶ „ἡ παρθένος ... Diekamp Dummer (Ms.).

S. 42,13–43,5: Vgl. die Paraphrase und die Fragmente in Niceph., refut. 177,2–8 (CCSG 33, 282,2–8 Featherstone).

S. 42,16–47,22: ἐν τούτῳ ... τῆς ἀνθρωπότητος] Bezeugt in Vat. ar. 101, ff. 100ʳ–104ʳ. Zur Überlieferung vgl. Graf, 345–402.

S. 42,17f.30f.: Vgl. Ps.-Caes., dial. 24,16f. (GCS Pseudo-Caesarius, 27,16f. Riedinger).

S. 42,31–43,3: Vgl. Ps.-Caes., dial. 25,1–8 (GCS Pseudo-Caesarius, 27,1–8 Riedinger).

S. 42 Textzeugenapp. *ergänze*: Z. 27 – S. 43,3 überliefert in Vat. gr. 1431 (= Vat.); ediert in Schwartz, Codex, 37 (fr. 25).

S. 42,27: ἔσχεν Schwartz, Codex.

S. 42,28: ὅσαπερ] ὅσα Schwartz, Codex | ἐν tilgt Schwartz, Codex.

S. 42,29: τῆς tilgt Schwartz, Codex | μέρη] πάθη Vat. Schwartz, Codex.

S. 42,30: μὲν tilgt Schwartz, Codex.

S. 42,32: δέ tilgt Schwartz, Codex.

S. 43, 6–8 App. Z. 2 *ergänze*: Vgl. Ps.-Caes., dial. 26,6–8 (GCS Pseudo-Caesarius, 27,6–8 Riedinger).

S. 43,16–46,28: Bezeugt in Paris, BnF, copt. 131³, ff. 22–24 (pp. 75–80). Zu den koptischen Textzeugen vgl. auch die Anm. zu S. 23,17–24,11.

S. 43,17 App. Z. 2 *ergänze*: Vgl. Ps.-Caes., dial. 26,9f. (GCS Pseudo-Caesarius, 28, 9f. Riedinger).

S. 43 Textzeugenapp. *ergänze*: S. 42,27–43,3 bezeugt in Vat. gr. 1431 (= Vat.); ediert in Schwartz, Codex, 37 (fr. 25).

S. 43,1: ἐδίψησέν Schwartz, Codex | που] πω Vat.

S. 43,1f.: <ἀλλὰ τῇ σαρκὶ> καὶ τῇ ψυχῇ ἐδίψησε] ἀλλὰ τῇ ψυχῇ ἐδίψησεν. Schwartz, Codex.

S. 43,2: καὶ] ἀλλὰ Vat. | κοπίακεν Vat.

S. 43,6 App.: Etwa <προφέρει> Holl, verwirft Diekamp. | συνῳδὰ] συνᾴδει Diekamp.

S. 43,17 App.: Wie arm. auch Ps.-Caes.

S. 43,18: ψυχὴν αὐτοῦ Ps.-Caes.

S. 44,25–45,6: Vgl. Ps.-Caes., dial. 27,1–5 (GCS Pseudo-Caesarius, 28,1–5 Riedinger).

S. 45,14–26: Vgl. Ps.-Caes., dial. 28,1–9 (GCS Pseudo-Caesarius, 28,1–9 Riedinger).

S. 46,22–25: Vgl. Ps.-Caes., dial. 29,1f. (GCS Pseudo-Caesarius, 29,1f. Riedinger).

S. 46,28–47,1: Vgl. Ps.-Caes., dial. 29,5–8 (GCS Pseudo-Caesarius, 29,5–8 Riedinger).

S. 46 Textzeugenapp. ergänze: Z. 28–31 mit Änderungen des Exzerptors bezeugt in Vat. gr. 1431. Ediert in Schwartz, Codex, 37 (fr. 26).

S. 46,3: δοκήσει <ἐνανθρωπήσας> Klostermann (Ms.).

S. 46,7 App.: Kösters, 210 stützt Holls Ergänzungen.

S. 46,28–31: Ἐν γὰρ τῷ εἰπεῖν „γέγονεν ἐν ἀγωνίαι" ὑπέφηνεν τὸν κυριακὸν ἄνθρωπον ἀληθινὸν ὄντα καὶ ἵνα δείξῃ ὅτι ἀληθινὸς ἄνθρωπος καὶ οὐκ ἀπὸ τῆς θεότητος ἡ ἀγωνία γέγονεν. Schwartz, Codex („der Excerptor hat die Stelle etwas geändert", ebd.).

S. 47,1–3: Vgl. Ps.-Caes., dial. 29,12f. (GCS Pseudo-Caesarius, 29,12f. Riedinger).

S. 47,5–8: Vgl. Ps.-Caes., dial. 29,17–20 (GCS Pseudo-Caesarius, 29,17–20 Riedinger).

S. 47,8–14: Vgl. Ps.-Caes., dial. 29,30–34 (GCS Pseudo-Caesarius, 30,30–34 Riedinger).

S. 47,23–48,4: Vgl. Ps.-Caes., dial. 30,2–11 (GCS Pseudo-Caesarius, 30,2–31,11 Riedinger).

S. 47,13 App.: Vgl. Epiph., haer. 69,62,5 (GCS Epiphanius 3, 211,8 Holl/Dummer) (Klostermann [Ms.]).

S. 48,4–11: Vgl. Ps.-Caes., dial. 30,20–26 (GCS Pseudo-Caesarius, 31,20–26 Riedinger).

S. 48,15–19: Vgl. Ps.-Caes., dial. 31,11–16 (GCS Pseudo-Caesarius, 33,11–16 Riedinger).

S. 48,19–49,21: Vgl. Epiph., anc. 109,2–6 (GCS Epiphanius 1, 133,10–28 Holl).

S. 48,22–27: Vgl. Ps.-Caes., dial. 31,5–11 (GCS Pseudo-Caesarius, 33,5–11 Riedinger).

S. 48 Textzeugenapp. *ergänze*: Z. 25–27: οὐκ ἠγνόει ... εἰς ἀπολογίαν] Ediert als Gen. Cat. ad Gen 4,9, fr. 520 Petit (TEG II 22).

S. 48,5–6 App.: Text auch Ps.-Caes.

S. 48,6: ἡμῶν auch Ps.-Caes.

S. 49,10–16: Vgl. Ps.-Caes., dial. 31,16–21 (GCS Pseudo-Caesarius, 33,16–21 Riedinger).

S. 49 Textzeugenapp. *ergänze*: Z. 12–19: εἰ γὰρ ἠγνόει ... ταῦτα γενεαῖς] Ediert als Gen. Cat. ad Gen 18,9, fr. 1075,5f. Petit (TEG III 120) und ad Gen 18,9f., fr. 1076 Petit (TEG III 120).

S. 49,13 App.: In Lücke τὸ γὰρ Ps.-Caes. (Riedinger, Paraphrase, 233) | ἀποδεῖξαι L fr. 1076 Petit.

S. 49,20: Dummer (Ms.) zweifelt an Lücke.

S. 50,1–6: Vgl. Ps.-Caes., dial. 32,1–33,2 (GCS Pseudo-Caesarius, 33,1–34,2 Riedinger).

S. 50,3 App. Z. 1 *ergänze*: Zur Gestalt des Zitats Joh 6,44 vgl. Mees, Interpretation, 350–355.

S. 50,6–9: Vgl. Ps.-Caes., dial. 34,1–7 (GCS Pseudo-Caesarius, 34,1–7 Riedinger).

S. 50,25–27: Vgl. Dan 2,35.

S. 50,29–52,12: προέκοπτεν ... ὁδῶν αὐτοῦ] Bezeugt in Vat. ar. 101, ff. 104ʳ–105ʳ.

S. 50,8: „zwei Lücken?" Riedinger, Paraphrase, 234, vgl. Ps.-Caes. 34,6f.: οὐ γὰρ τὸ πλήρωμα ἠλαττώθη τῆς θεότητος.

S. 51,8: ἵνα μὴ ἀφανίσῃ τὸ ἀληθὲς τῆς ἀκολουθίας] Vgl. die ähnliche Formulierung in Epiph., anc. 31,8 (GCS Epiphanius 1, 40,29–41,2 Holl); vgl. auch anc. 33,2 (GCS Epiphanius 1, 42,14f. Holl).

S. 51,9–52,2 App. Z. 1f. *ergänze*: Vgl. auch Epiph., haer. 69,14 (GCS Epiphanius 3, 163,23–164,11 Holl/Dummer).

S. 51,10–14: Zu dieser Stelle und S. 52,12f. vgl. Ps.-Caes., dial. 35,1–5 (GCS Pseudo-Caesarius, 34,1–5 Riedinger).

S. 51,11 App. Z. 2 *korrigiere*: Vgl. Hebr 3,1f.

S. 51,12 App. Z. 2 *korrigiere*: Vgl. Act 4,10.

S. 51,22f.: Bezeugt in MPER N.S. XXI, 1ʳ, Kol. 1. Zu den koptischen Fragmenten des Ancoratustextes vgl. auch die Übersicht und Zuordnung dieser Fragmente bei Camplani, 327–343.

S. 51,28f.: Bezeugt in MPER N.S. XXI, 1ʳ, Kol. 2.

S. 51,3 App.: <„διότι πρὶν ἢ γνῶναι τὸ παιδίον καλεῖν π̄ρα ἢ μ̄ρα> Klostermann (Ms.).

S. 51,9: Dummer (Ms.) zweifelt an Lücke.

S. 52,6f.: Bezeugt in MPER N.S. XXI, 1ᵛ, Kol. 1.

S. 52,13f.: Bezeugt in MPER N.S. XXI, 1ᵛ, Kol. 2.

S. 52,14–18: Zu dieser Stelle und S. 52,22f. vgl. Ps.-Caes., dial. 35,9–12 (GCS Pseudo-Caesarius, 34,9–12 Riedinger).

S. 52,30–53,2: Vgl. Ps.-Caes., dial. 35,27–29 (GCS Pseudo-Caesarius, 35,27–29 Riedinger).

S. 52,26: ταὐτόν Dummer (Ms.).

S. 52,30: ταὐτόν Dummer (Ms.).

S. 53,12f.: Bezeugt in MPER N.S. XXI, 2ʳ, Kol. 1.

S. 53,15–54,3: ἔδωκεν ὁ θεὸς ... ἀπο σαρκὸς ἄρχεται] Bezeugt in Vat. ar. 101, f. 105ʳ. Zur Überlieferung vgl. Graf, 345–402.

S. 53,16f.: καὶ περὶ σοφίας πολλὰ ἔστι λέγειν] Vgl. Epiph., haer. 69,20,5 (GCS Epiphanius 3, 170,12 Holl/Dummer).

S. 53,17–19: Bezeugt in MPER N.S. XXI, 2ʳ, Kol. 2.

S. 53,18–54,2: Vgl. Ps.-Caes., dial. 35,29–42 (GCS Pseudo-Caesarius, 35,29–36,42 Riedinger).

S. 53,23–25: Bezeugt in MPER N.S. XXI, 2ᵛ, Kol. 1.

S. 53,24–54,28: Bezeugt in New York, Pierpont Morgan Library, cod. M706b (pp. 93f.). Beschrieben und ediert in Depuydt, 163–165 (= No. 82). Identifiziert von Camplani, 327.

S. 53,28: Bezeugt in MPER N.S. XXI, 2ᵛ, Kol. 2.

S. 53,11 App.: Wolfsgruber und Hörmann bezweifeln ebenfalls den über-lieferten Text. Kösters, 213, Anm. 453: „Der Konjekturvorschlag HOLLS (...) erscheint hier unglücklich. Wahrscheinlicher ist die Konjektur, die schon PETAVIUS zur Stelle bot. Vgl. die Anmerkung zu PG 43, 93 C: „εἰ σοφία πατήρ ἐστι. Legendum pro eo atque interpretati sumus, εἰ σοφία πατρός ἐστι ὁ υἱός, κατὰ δὲ τὸν ἐκείνων νοῦν, etc. Petav."

S. 53,22 App.: δὲ Ps.-Caes. | γεννᾷ με Ps.-Caes.

S. 54,2f.: Bezeugt in MPER N.S. XXI, 3ᵛ, Kol. 1.

S. 54,3–5: Vgl. Ps.-Caes., dial. 35,43f. (GCS Pseudo-Caesarius, 36,43f. Riedinger).

S. 54,5f.: Bezeugt in MPER N.S. XXI, 3ᵛ, Kol. 1.

S. 54,11: Bezeugt in MPER N.S. XXI, 3ᵛ, Kol. 2,1f.

S. 54,13f.: Bezeugt in MPER N.S. XXI, 3ᵛ, Kol. 2,3–8.

S. 54,19f.: Bezeugt in MPER N.S. XXI, 3ʳ, Kol. 1.

S. 54,25f.: Bezeugt in MPER N.S. XXI, 3ʳ, Kol. 2.

S. 54,28–55,1: Bezeugt in MPER N.S. XXI, 4ʳ, Kol. 1.

S. 54 Textzeugenapp. *ergänze*: Z. 29 – S. 55,9 überliefert in Vat. gr. 1431 (= Vat.); ediert in Schwartz, Codex, 35 (fr. 17).

S. 54,3: ὁδοῦ Ps.-Caes. | δικαιοσύνης <καὶ> Klostermann (Ms.), vgl. Epiph., haer. 69,21,5 (GCS Epiphanius 3, 171,18 Holl/Dummer) | εὐαγγελίου τὸ σάρκα ἡμῖν Ps.-Caes.

S. 54,12 App.: „ἀδωναὶ κανανί" verteidigen Diekamp Dummer (Ms.).

S. 55,4–6: Bezeugt in MPER N.S. XXI, 4ʳ, Kol. 2.

S. 55,10–12: Bezeugt in MPER N.S. XXI, 4ᵛ, Kol. 1.

S. 55,16f.: Bezeugt in MPER N.S. XXI, 4ᵛ, Kol. 2.

S. 55,22f.: Bezeugt in MPER N.S. XXI, 5ᵛ, Kol. 1.

S. 55,23–56,4: Vgl. Ps.-Caes., dial. 36,1–3.10–17 (GCS Pseudo-Caesarius, 36,1–3. 10–17 Riedinger).

S. 55,28–30: Bezeugt in MPER N.S. XXI, 5ᵛ, Kol. 2.

S. 55 Textzeugenapp. *ergänze*: S. 54,29 – Z. 9 überliefert in Vat. gr. 1431 (= Vat.); ediert in Schwartz, Codex, 35 (fr. 17).

S. 55,2: ἐκένωσεν Schwartz, Codex.

S. 55,3: καὶ ὁρᾷς Schwartz, Codex | οὐκ ἄνθρωπον ψιλόν Vat. Schwartz, Codex.

S. 55,4: ἀνθρώπου Vat. | μεσιτεύει + τῶν ἀμφοτέρων Schwartz, Codex.

S. 55,5: θεοῦ ὢν υἱὸς φύσει γνησίως Vat. Schwartz, Codex.

S. 55,6: φυσικὸς + καὶ Vat. Schwartz, Codex | γνησίως Vat. Schwartz, Codex.

S. 55,7: ἀνδρὸς + ἐν σαρκὶ Schwartz, Codex.

S. 55,8f.: κατὰ τὰ ἑκάτερα Schwartz, Codex.

S. 55,11: κλῆσιν] χρῆσιν Klostermann (Ms.).

S. 56,4–6: Bezeugt in MPER N.S. XXI, 5ʳ, Kol. 1.

S. 56,6f.: Εἶτά φασιν ... κτίσμα] Vgl. Epiph., haer. 69,34,3 (GCS Epiphanius 3, 182,27f. Holl/Dummer); 69,34,5f. (ebd., 183,3–15).

S. 56,9–11: Frei wiedergegeben in Vat. ar. 101, f. 105ᵛ.

S. 56,12–16.20–25: Vgl. Ps.-Caes., dial. 37,1–7 (GCS Pseudo-Caesarius, 37,1–7 Riedinger).

S. 56,12–15: Vgl. Epiph., haer. 69,15,3 (GCS Epiphanius 3, 164,21–26 Holl/Dummer); vgl. auch Ath., Ar. I 16,4f. (Athanasius Werke 1/1,2, 126,11–18 Metzler/Savvidis); 28 (ebd., 137,1–138,30).

S. 56,16–18: Bezeugt in MPER N.S. XXI, 6ʳ, Kol. 1.

S. 56,21–25: Vgl. Epiph., haer. 76,6,7 (GCS Epiphanius 3, 346,33–347,1 Holl/Dummer).

S. 56,22f.: Bezeugt in MPER N.S. XXI, 6ʳ, Kol. 2.

S. 56,29–57,16: Vgl. die deutlichen Parallelen bei Just., dial. 128,3f. (PTS 47, 292, 16–293,33 Marcovich). Bis Z. 6 vgl. auch Ps.-Caes., dial. 37,11–16 (GCS Pseudo-Caesarius, 37,11–16 Riedinger).

S. 56,29–57,2: Bezeugt in MPER N.S. XXI, 6ᵛ, Kol. 1.

S. 56,4 App.: ὡς Diekamp.

S. 56,6: <εἰ> „unnötig" Dummer (Ms.).

S. 56,15: <πάσχει> „unnötig" Dummer (Ms.).

S. 57,6–8: Bezeugt in MPER N.S. XXI, 6ᵛ, Kol. 2.

S. 57,11–16: Vgl. Ps.-Caes., dial. 37,16–21 (GCS Pseudo-Caesarius, 37,16–21 Riedinger).

S. 57,18f.: Bezeugt in MPER N.S. XXI, 7ᵛ, Kol. 2.

S. 57,24–26: Bezeugt in MPER N.S. XXI, 7ʳ, Kol. 1.

S. 57,17f. App.: νοῖ bestätigt Diekamp.

S. 58,8ff. App. Z. 1 *ergänze*: Zur These der Gegner und der Entgegnung des Epiphanius vgl. auch Epiph., haer. 69,36,4f. (GCS Epiphanius 3, 184,23–30 Holl/Dummer).

S. 58,11f.: Bezeugt in MPER N.S. XXI, 8ʳ, Kol. 2.

S. 58,18–22: Vgl. Ps.-Caes., dial. 38,1–5 (GCS Pseudo-Caesarius, 38,1–5 Riedinger).

S. 58,19f.: Bezeugt in MPER N.S. XXI, 8ᵛ, Kol. 1.

S. 58,24–59,11: Vgl. Ps.-Caes., dial. 38,8–21 (GCS Pseudo-Caesarius, 38,8–21 Riedinger).

S. 58,22 App.: ἐκλελοχισμένος Ps.-Caes.

S. 58,23: Anführungszeichen nach εἰπεῖν zu tilgen Dummer (Ms.).

S. 58,27 App.: κυρίῳ Ps.-Caes.

S. 58,30: μυριάδες <γυναικῶν> Riedinger, Paraphrase, 235, vgl. Ps.-Caes. 38,14.

S. 59,12–21: Vgl. Ps.-Caes., dial. 39,1–9 (GCS Pseudo-Caesarius, 39,1–9 Riedinger).

S. 59,17 App. Z. 1 *ergänze*: Vgl. 2Thess 2,16.

S. 59,23f.: εἰ γὰρ ... λόγον] Vgl. Epiph., haer. 69,31,4 (GCS Epiphanius 3, 180,11–17 Holl/Dummer).

S. 59,26–61,1: Bezeugt in Oxford, Bodleian Library, Clarendon Press b.4, f. 63 (pp. 105f.). Vgl. Suciu, 316f.

S. 59,31–60,6: Vgl. Ps.-Caes., dial. 39,9–13 (GCS Pseudo-Caesarius, 39,9–13 Riedinger).

S. 59,5: <ἐξελέξατο ... αὐτοῦ,> auch Ps.-Caes. 38, 15f. (statt αὐτοῦ aber ἑαυτοῦ).

S. 60,7–29: Vgl. Jo. D., exp. fid. 76 (PTS 12, 173,4–174,12 Kotter).

S. 60,8–13: Vgl. Ps.-Caes., dial. 40,1–5 (GCS Pseudo-Caesarius, 39,1–5 Riedinger).

S. 60,14–16: Zu dieser Stelle sowie S. 60,22–27 vgl. Ps.-Caes., dial. 40,8–13 (GCS Pseudo-Caesarius, 39,8–40,13 Riedinger).

S. 60,18–29: Gekürzt überliefert in Niceph., refut. 134,6–16 (CCSG 33, 228,6–16 Featherstone).

S. 60,30–61, 23 *ersetze*: Vgl. Epiph., haer. 69,26,5f. (GCS Epiphanius 3, 176,21–29 Holl/Dummer); 69,70,2–4 (ebd., 218,15–25). Zu der Frage θέλων ἐγέννησεν ὁ πατὴρ τὸν υἱὸν ἢ μὴ θέλων vgl. u.a. Ath., Ar. III 59–67 (Athanasius Werke 1/1,3, 371,1–381,38 Metzler/Savvidis); Gr. Naz., or. III 6 (FC 22, 180,1–182,12 Sieben); Aug., c. s. Arrian. 1,2f. (CSEL 92, 49,35–39 Suda).

S. 60,31: ἔν L J Holl ἔνι Pet. ἦν Lebon, 835, Kösters, 233, Anm. 557.

S. 60,32: Kein Fragesatz Pet., Kösters, 233, Anm. 557 | lies: πρὸς.

S. 61,7–16: Vgl. Jo. D., exp. fid. 8 (PTS 12, 20,51–21,70 Kotter).

S. 61,24–62,1: Vgl. Epiph., haer. 69,50,1 (GCS Epiphanius 3, 169,20–25 Holl/Dummer).

S. 61,27–62,3: Vgl. Ps.-Caes., dial. 41,6–10 (GCS Pseudo-Caesarius, 40,6–10 Riedinger).

S. 62,5f.: Bezeugt in MPER N.S. XXI, 20ᵛ, Kol. 1.

S. 62,6–9: Vgl. Ps.-Caes., dial. 41,1f. (GCS Pseudo-Caesarius, 40,1f. Riedinger).

S. 62,14–18: Vgl. Ps.-Caes., dial. 41,16–20 (GCS Pseudo-Caesarius, 40,16–20 Riedinger).

S. 62,18–21: Vgl. Ps.-Caes., dial. 41,23f. (GCS Pseudo-Caesarius, 40,23f. Riedinger).

S. 62,24–26: Bezeugt in MPER N.S. XXI, 20ʳ, Kol. 2.

S. 63,3–5: Bezeugt in MPER N.S. XXI, 9ʳ, Kol. 1.

S. 63,10–64,17: οὕτως καὶ ... τὸν αὐτὸν ἄνθρωπον] Vgl. auch Anast. Sin., quaest. 23 (CChr.SG 59, 49,12–17 Richard/Munitiz). J.A. Munitiz zufolge baut die Textstelle bei quaest. 23 auf Epiph., anc. 54,2–55,3; 58,1f. (GCS Epiphanius 1, 67,10–21 Holl); 58,6–59,1 (ebd., 68,13–69,12) auf.

S. 63,10–13: Vgl. Ps.-Caes., dial. 159,1–3 (GCS Pseudo-Caesarius, 140,1–3 Riedinger).

S. 63,13–20: Vgl. Ps.-Caes., dial. 160,1–6 (GCS Pseudo-Caesarius, 140,1–6 Riedinger).

S. 63,19 App. Z. 4 *ersetze*: 2Kor 12,3f.

S. 63,22–26: Vgl. Ps.-Caes., dial. 160,8–11 (GCS Pseudo-Caesarius, 140,8–11 Riedinger).

S. 63,25f.: Bezeugt in MPER N.S. XXI, 9ᵛ, Kol. 2.

S. 63,26–64,7: Vgl. Ps.-Caes., dial. 161,8–14 (GCS Pseudo-Caesarius, 141,8–14 Riedinger).

S. 63 Textzeugenapp. *ergänze*: Z. 10 – S. 64,17 ediert als Cat. Gen. ad Gen 2,8, fr. 233 Petit (TEG I 162–164).

S. 63,16 App.: παρα<να>γίνωσκε bestätigt durch Katenenüberlieferung, s. fr. 233,9–11 Petit (TEG I 163).

S. 64,7f.: Vgl. Ps.-Caes., dial. 162,1–23 (GCS Pseudo-Caesarius, 141,1–142,23 Riedinger).

S. 64,7 App. Z. 1 *ersetze*: Cant 6,2.

S. 64,9–15: Vgl. Ps.-Caes., dial. 159,5f. (GCS Pseudo-Caesarius, 140,5f. Riedinger).

S. 64,17ff. App. Z. 1f. *ergänze*: Vgl. auch Epiph., haer. 70,2,7 (GCS Epiphanius 3, 234,22–25); Apophth. Patr., Sopatros (PG 65, 413A): (...) μὴ ἐκζητήσῃς περὶ εἰκόνος· τοῦτο γὰρ οὐκ ἔστιν αἵρεσις, ἀλλ' ἰδιωτεία καὶ φιλονεικία ἀμφοτέρων τῶν μερῶν ἀδύνατον γὰρ καταληφθῆναι τὸ πρᾶγμα τοῦτο ὑπὸ πάσης τῆς κτίσεως; Apophth. Patr., Daniel 7 (PG 65, 157B): ἐν ἀρχῇ χοῦν λαβὼν ἀπὸ τῆς γῆς ἔπλασε τὸν ἄνθρωπον κατ' εἰκόνα αὐτοῦ, καὶ οὐδεὶς δύναται εἰπεῖν ὅτι οὐκ ἔστιν εἰκὼν Θεοῦ, εἰ καὶ ἀκατάληπτος. Zu diesen Aussagen über die Gottebenbildlichkeit und die damit verbundene Diskussion vgl. Bumazhnov, Mensch, 215–217: „Die Übereinstimmung zwischen den Zeugnissen (...) läßt die Frage aufstellen, ob die Ansichten des hl. Epiphanius, der bekanntlich in seinen jüngeren Jahren ,engen Kontakt zu monastischen Zirkeln' in Ägypten hatte, eine ,dritte' ägyptische Tradition widerspiegeln können, die die Unbegreiflichkeit der Gottebenbildlichkeit des Menschen herausstellte und zwischen den ,Origenisten' und den ,Anthropomorphiten' in gewisser Weise vermittelte" (ebd., 217), sowie Bumazhnov, Aspekte, 158–178.

S. 64 Textzeugenapp. *ergänze*: S. 63,10 – Z. 17 ediert als Cat. Gen. ad Gen 2,8, fr. 233 Petit (TEG I 162–164) | zu Z. 9–13 *ergänze*: Der von M. Richard und J.A. Munitiz wiederhergestellte Text der Anast. Sin., quaest. (CChr.SG 59) enthält, anders als der auf eine wohl überarbeitete Fassung des Originals zurückgehende Text von J. Gretser und J.P. Migne (PG 89), keinerlei Zitate aus den Schriften des Epiphanius. Vgl. hierzu CChr.SG 59, XVII–LXI.

S. 64,6 App.: In der von Holl vermuteten Lücke: καὶ ἀπὸ τοῦ οὐρανοῦ αὖθις εἰς τὸν παράδεισον καταβεβηκέναι Katenenüberlieferung, s. fr. 233,25 Petit

(TEG I 163); vgl. auch Ps.-Caes. 161,12: ἐκεῖθεν εἰς τὸν παράδεισον καταπτῆναι.

S. 64,12: γῆν καὶ πάντα Anast. Sin.

S. 64,15: γεγονότα καὶ Anast. Sin.

S. 65,5–66,14: Bezeugt in London, BL, Or. 3581A, f. 153 (pp. 115–116). Vgl. Crum, 110f. (= No. 248).

S. 65,9 App. Z. 1 *ergänze*: Vgl. Ps.-Caes., dial. 173,11 (GCS Pseudo-Caesarius, 151,11 Riedinger).

S. 65,12f.: Vgl. Ps.-Caes., dial. 174,6f. (GCS Pseudo-Caesarius, 151,6f. Riedinger).

S. 65,18–21: Vgl. Ps.-Caes., dial. 175,11–14 (GCS Pseudo-Caesarius, 152,11–14 Riedinger).

S. 65,14: ἀλλότριον „möglich" Klostermann (Ms.).

S. 66,4 App. Z. 1 *ergänze*: Vgl. Ps.-Caes., dial. 178,14f. (GCS Pseudo-Caesarius, 155 [POH],14f. Riedinger).

S. 66,7 App. Z. 1 *ergänze*: Zu dieser Stelle sowie zu S. 97,12–16 vgl. Ps.-Caes., dial. 176,7f. (GCS Pseudo-Caesarius, 154,7f. Riedinger).

S. 66,18–67,9: G. Gould hält eine literarische Abhängigkeit der Vita Aphu IX 1–8 vom Ancoratus aufgrund der Parallele in beiden Textstellen für möglich, vgl. Gould, 551.

S. 66,3f.: ἀλλ᾽ <ἐὰν> εἴπῃς τὸν ... εἰκόνα, λέγει Klostermann (Ms.).

S. 66,7 App.: Kösters meint, den Konjekturvorschlägen folgen zu können, „allerdings bleibt die Stelle problematisch" (Kösters, 240, Anm. 596).

S. 67, 11–21: Vgl. Ps.-Caes., dial. 163,9–22 (GCS Pseudo-Caesarius, 142,9–143,22 Riedinger).

S. 67,15–17: Bezeugt in MPER N.S. XXI, 15(a)ʳ, Kol. 1.

S. 67 Textzeugenapp. *ergänze*: Z. 10–16 ediert als Cat. Gen. ad Gen 2,8, fr. 234,1–8 Petit (TEG I 164f.). Vgl. auch die Anm. zu S. 63,10–64,17

S. 67,14: καὶ auch Ps.-Caes., vgl. Riedinger, Paraphrase, 236.

S. 67,16 : τῷ auch Ps.-Caes., vgl. Riedinger, Paraphrase, 236.

S. 68,1: Bezeugt in MPER N.S. XXI, 15(a)ʳ, Kol. 2. Vgl. ferner Ps.-Caes., dial. 164,4 (GCS Pseudo-Caesarius, 143,4 Riedinger).

S. 68,2–7: Vgl. Ps.-Caes., dial. 164,7–12 (GCS Pseudo-Caesarius, 143,7–12 Riedinger).

S. 68,7–11: Vgl. Ps.-Caes., dial. 165,4–7 (GCS Pseudo-Caesarius, 143,4–7 Riedinger).

S. 68,7f.: Bezeugt in MPER N.S. XXI, 15(b)ᵛ, Kol. 1.

S. 68,11–13: Vgl. Ps.-Caes., dial. 166,4–7 (GCS Pseudo-Caesarius, 144,4–7 Riedinger).

S. 68,13–16: Bezeugt in MPER N.S. XXI, 15(a)ᵛ, Kol. 2.

S. 68,13–69,4: Vgl. Ps.-Caes., dial. 166,27–32 (GCS Pseudo-Caesarius, 144,27–32 Riedinger); vgl. hierzu Riedinger, Überlieferungsgeschichte, 293f.

S. 68 Textzeugenapp. *ergänze*: Z. 13 – S. 69,9 ediert als Cat. Gen. ad Gen 2,8, fr. 235 Petit (TEG I 165f.). Vgl. auch die Anm. zu S. 63,10–64,17.

S. 68,1f. App.: fehlt auch bei Ps.-Caes., vgl. Riedinger, Paraphrase, 237.

S. 69,17 App. Z. 3 *ergänze*: In Act 27,37 wird jedoch von 276 Seelen berichtet.

S. 69 Textzeugenapp. *ergänze*: S. 68,13 – Z. 9 ediert als Cat. Gen. ad Gen 2,8, fr. 235 Petit (TEG I 165f.). Vgl. auch die Anm. zu S. 63,10–64,17.

S. 69,2 App.: Vgl. Epiph., anc. 54,2 (GCS Epiphanius 1, 63,11 Holl).

S. 70,18–71,3 App. Z. 2 *ergänze*: Vgl. außerdem Epiph., haer. 30,29,8 (GCS Epiphanius 1, 373,21f. Holl); 30,29,11 (ebd., 374,3–9); 51,10,7f. (GCS Epiphanius 2, 262,1–8 Holl/Dummer); 66,19,7f. (GCS Epiphanius 3, 44,7–13 Holl/Dummer). Zur Verwandtschaft Jesu im Allgemeinen vgl. W.A. Bienert / P. Gemeinhardt, Jesu Verwandtschaft, in: AcA 1/1, 280–298; zu dessen Geschwistern aus früheren Ehe Josephs vgl. auch Bauckham, 686–700.

S. 70,19ff. App. Z. 5 *ergänze*: In 2ApcJac NHC V,4 p.50 heisst es, Jakobus und Jesus seien Milchbrüder und zugleich Vettern gewesen. Zum Herrenbruder Jakobus vgl. auch W.A. Bienert / P. Gemeinhardt, Jesu Verwandtschaft, in: AcA 1/1, 283–289.

S. 70,21 App. Z. 8 *ergänze*: In HistIos 2,3 lauten die Namen der Schwestern Jesu
Lysia und Lydia, bzw. Assia und Lydia nach C. von Tischendorf (Hg.),
Evangelia apocrypha, Leipzig ²1876 (= ND Hildesheim 1987), 123; vgl.
hierzu auch U. Kaiser, Die Geschichte von Joseph dem Zimmermann, in:
AcA 1/1, 308–342.

S. 70,22f.: Zur Wahl Josephs aus den Witwern vgl. ProtevJac 8,3–9,1 (AcA 1/2,
919) und ferner 19,1 (AcA 1/2, 925).

S. 71,1: Zu Marias Erziehung im Tempel vgl. ProtevJac 8,1 (AcA 1/2, 919) und
19,1 (AcA 1/2, 925).

S. 71,6: Bezeugt in MPER N.S. XXI, 47ᵛ, Kol. 1.

S. 71,8–72,12 App. Z. 2f. *aktualisiere*: Epiph., mens. 13 (53d–54a [syrisch] bzw.
28f. [englisch] Dean / 156,346–157,361 Moutsoulas); 16 (55c [syrisch] bzw.
32 [englisch] Dean / 160,424–161,429 Moutsoulas); 17 (55d [syrisch] bzw.
33 [englisch] Dean / 161,449f. Moutsoulas); 18 (56d–57a [syrisch] bzw. 34f.
[englisch] Dean / 163,488–164,506 Moutsoulas); 20 (57d–58d [syrisch] bzw.
37–39 [englisch] Dean / 166,545–166,579 Moutsoulas).

S. 71,12: Bezeugt in MPER N.S. XXI, 50ᵛ, Kol. 2.

S. 72,1f.: Bezeugt in MPER N.S. XXI, 50ʳ, Kol. 1.

S. 72,1: Ἀντωνῖνος, ὁ καὶ Οὐῆρος] Vgl. Epiph., haer. 56,1,3 (GCS Epiphanius 2,
339,1f. Holl/Dummer); vgl. außerdem die dort gegebene Anm.

S. 72,6: Bezeugt in MPER N.S. XXI, 47ʳ, Kol. 2.

S. 72,7: Bezeugt in MPER N.S. XXI, 31ʳ, Kol. 1.

S. 72,8: Bezeugt in MPER N.S. XXI, 53ʳ, Kol. 1.

S. 72,12 App. Z. 2f. *aktualisiere*: Epiph., mens. 20 (58b [syrisch] bzw. 38 [englisch]
Dean / 167,567f. Moutsoulas).

S. 72,12–73,3 App. Z. 6 *ergänze*: Zur Datierungsfrage vgl. die Untersuchung bei
Kösters, 80–88. O. Kösters nimmt an, dass Epiphanius mit der Ausarbeitung des Ancoratus bereits 373 begonnen und das Werk 374 abgeschlossen habe.

S. 73,12: Bezeugt in MPER N.S. XXI, 31ᵛ, Kol. 2.

S. 73,13: Bezeugt in MPER N.S. XXI, 53ᵛ, Kol. 2.

S. 73,14–16: Vgl. Ps.-Caes., dial. 167,22–25 (GCS Pseudo-Caesarius, 145,22–25
Riedinger).

S. 73,17f.: Bezeugt in MPER N.S. XXI, 28ᵛ, Kol. 1.

S. 73,18–20: Bezeugt in MPER N.S. XXI, 24ᵛ, Kol. 1.

S. 74,1: Bezeugt in MPER N.S. XXI, 52ᵛ, Kol. 2.

S. 74,5f.: Bezeugt in MPER N.S. XXI, 52ʳ, Kol. 1.

S. 74,9: Bezeugt in MPER N.S. XXI, 28ʳ, Kol. 2.

S. 74,10–12: Bezeugt in MPER N.S. XXI, 24ʳ, Kol. 2.

S. 74,13f.: Vgl. Ps.-Caes., dial. 171,1f. (GCS Pseudo-Caesarius, 149,1f. Riedinger).

S. 74,15–75,18: Vgl. Epiph., haer. 64,66,1–5 (GCS Epiphanius 2, 508,11–26 Holl/Dummer).

S. 74,15f.: Vgl. Ps.-Caes., dial. 171,4–8 (GCS Pseudo-Caesarius, 149, 4–8 Riedinger).

S. 75,5–8: Vgl. Ps.-Caes., dial. 172,8f. (GCS Pseudo-Caesarius, 150,8f. Riedinger).

S. 75,13f.: Bezeugt in MPER N.S. XXI, 39ʳ; eventuell aber auch auf S. 74,7f. zu beziehen, vgl. Camplani, 339.

S. 75,15–17: Vgl. Ps.-Caes., dial. 172,12–15 (GCS Pseudo-Caesarius, 150,12–15 Riedinger).

S. 76,3–7 App. Z. 1 *aktualisiere*: Or., princ. I 1,8 (TzF 24, 116,22–120,14 Görgemanns/Karpp).

S. 76,15f.: Διμοιρῖται οἱ ἀνοήτως τὸν νοῦν παρεκβάλλοντες] Vgl. Epiph., haer. 77,1,4 (GCS Epiphanius 3, 416,15–20 Holl/Dummer).

S. 77,17–78,23: Bezeugt in Cambridge, UL, Or. 1699 L, zu Beginn der zehnten Lage. Das Fragment wird Schenute zugeordnet in Shisha-Halevy, 207.218.

S. 78,5 App. Z. 2 *ergänze*: Vgl. Röm 8,9.

S. 79,19–80,6: Zu diesem Gleichnis des Regens vgl. Cyr. H., catech. 16,12 (2, 218 Reischl/Rupp).

S. 79,26–80, 14: Μωυσῆς ἔφη ... ἀνιμώσης] Bezeugt in Vat. ar. 101, f. 106ʳ.

S. 81 Textzeugenapp. *ergänze*: Z. 12–16 Const. Mel., orat. II 28 (PG 141, 1212B); Demetr. Cyd., process. 12 (PG 154, 949A); Joh. Vecc., epigr. 6 (PG 141, 668B); Joh. Vecc., union. 28 (PG 141, 85A/B).

S. 81,22: <ἐκ> „notwendig" Kösters, 250, Anm. 633.

S. 82,21: τρία πρόσωπα] Vgl. Apoll., fid. sec. pt. 1 (167,19 Lietzmann); 13 (ebd., 171,21); 15 (ebd., 172,13f.); 19 (ebd., 173,22–24); 25 (ebd., 176,3–10).

S. 82 Textzeugenapp. Z. 1f. (zu Z. 2–12) *aktualisiere*: Joh. Scot. Erig., div. nat. IV (SLH 13, 2,12–22 Jeauneau).

S. 84,21f. App. Z. 5 *ersetze*: Gal 1,15f.

S. 85 Textzeugenapp. Z. 1 (zu Z. 23 – S. 86,13) *aktualisiere*: Joh. Scot. Erig., div. nat. IV (SLH 13, 10,26–12,3 Jeauneau).

S. 85,17: Anführungszeichen tilgt Dummer (Ms.).

S. 86,13: ἄρα θεὸς ἐκ θεοῦ καὶ θεὸς τὸ πνεῦμα τὸ ἅγιον] Vgl. die Formulierung in Epiph., haer. 69,27,7 (GCS Epiphanius 3, 177,24 Holl/Dummer); vgl. ferner Epiph., anc. 9,3 (GCS Epiphanius 1, 16,11f. Holl).

S. 86,23f. App. Z. 5 *ersetze*: Tit 2,11f.

S. 86 Textzeugenapp. (zu: bis Z. 13) *aktualisiere*: Joh. Scot. Erig., div. nat. IV (SLH 13, 10,26–12,3 Jeauneau).

S. 87,7–9: Vgl. Ps.-Caes., dial. 42,16–19 (GCS Pseudo-Caesarius, 41,16–19 Riedinger).

S. 87,11f.: εἰ δὲ ... γίνεται] Das Argument begegnet auch bei Ath., ep. Serap. I 24 (PG 26, 585B/C); III 5 (PG 26, 632C).

S. 87,16f.: πῶς γὰρ οὐ μωρὸν κτίσιν θεολογεῖν ἀθετεῖν τε <τὴν> πρώτην ἐντολὴν] Vgl. Epiph., haer. 69,31,4 (ebd., 180,16); 69,36,2 (GCS Epiphanius 3, 184,19f. Holl/Dummer).

S. 87,25–88,1: δύναμις δὲ ὅλος ὁ θεός, <δύναμις ἄρα ἐκ δυνάμεως ὁ υἱὸς> καὶ διὰ τοῦτο κύριος τῶν δυνάμεων Klostermann (Ms.).

S. **88**,9–11 App. Z. 2 *ersetze*: 1Kor 2,4.12f. Vgl. hierzu Osburn, 86.

S. 88,12: δύο εἶναι υἱούς] Vgl. Epiph., anc. 6,9 (GCS Epiphanius 1, 13,4f. Holl).

S. 88,26–89,8: Vgl. Ath., ep. Serap. I 16 (PG 26, 568C–569B); auch Ath., ep. Serap. IV 6 (PG 26, 645C); Ath., Ar. I 14–16 (Athanasius Werke 1/1,2, 123,1–126,29 Metzler/Savvidis); 21–28 (ebd., 130,1–138,30); 33 (ebd., 142,1–143,30). „Trotz der großen gedanklichen und argumentativen Nähe wird deutlich, dass Epiphanius Athanasius nicht einfach als Vorlage genutzt hat, sondern die Argumentation in seinen eigenen Gedankengang integriert hat" (Kösters, 267, Anm. 702).

S. 88 Textzeugenapp. *ergänze*: Z. 12–16 Demetr. Cyd., process. 12 (PG 154, 949 B); Z. 17–21 Niceph. Blemm., process. I 11 (PG 142, 544C); bis Z. 20 καὶ υἱοῦ] auch überliefert in Contra Graecos (PG 140, 495D): *Pater veri Filii est Pater, lumen totus Filius, Patris Verbum, lumen ex lumine, non utique facta vel creata applicatione sola; et Spiritus sanctus, Spiritus veritatis, lumen tertium ex Patre et Filio.*; Z. 19f. Demetr. Cyd., process. 12 (PG 154, 949B), Joh. Vecc., epigr. 1 (PG 141, 624A), Joh. Vecc., union. 28 (PG 141, 85B).

S. 88,5: Holls Lesart zieht Kösters vor (vgl. Kösters, 263, Anm. 688).

S. 88,14 App.: μὲν < L J Conc. Flor. Demetr. Cyd.

S. 88,18: καὶ <ὁ> υἱὸς ἀληθοῦς πατρὸς <υἱός>] καὶ υἱὸς πατρὸς ἀληθοῦς Niceph. Blemm.

S. 88,18 App.: <υἱός> Holl *Verbum* Contra Graecos.

S. 88,19: καὶ] τὸ Niceph. Blemm.

S. 88,20: τὸ vor ἄγιον Niceph. Blemm.

S. 88,21 App.: θέσει + ἢ παραθέσει pan. Niceph. Blemm.

S. **89**,10–22: Vgl. ähnlich Ath., ep. Serap. I 22f. (PG 26, 581A–585B); Bas., Eun. III 2 (SC 305, 152,18–21 Sesboüé/Durand/Doutreleau).

S. **90**,5f.: Bezeugt in MPER N.S. XXI, 60ʳ, Kol. 1.

S. 90,6–8: Bezeugt in MPER N.S. XXI, 19(b)ʳ, Kol. 1.

S. 90,9f.: Bezeugt in MPER N.S. XXI, 38ʳ, Kol. 1.

S. 90,10: Eventuell bezeugt in MPER N.S. XXI, 60ʳ, Kol. 2; möglicherweise aber auch auf S. 90,12 zu beziehen.

S. 90,13–15: Bezeugt in MPER N.S. XXI, 19(a)ʳ, Kol. 2.

S. 90,15f.: Bezeugt in MPER N.S. XXI, 25ʳ, Kol. 2.

S. 90,19–21: Bezeugt in MPER N.S. XXI, 19(a)ᵛ, Kol. 1.

S. 90,21: Bezeugt in MPER N.S. XXI, 25ᵛ, Kol. 1.

S. 90,19: Holls Lesart sieht Kösters durch den folgenden Satz gestützt (vgl. Kösters, 269, Anm. 706).

S. 90,21, App.: Kösters, 270 (ausführlich zur Stelle) lehnt Holls Lesart ab.

S. 91,1: Bezeugt in MPER N.S. XXI, 60ᵛ, Kol. 2.

S. 91,2f.: Bezeugt in MPER N.S. XXI, 19(b)ᵛ, Kol. 2.

S. 91,3: Bezeugt in MPER N.S. XXI, 38v, Kol. 2.

S. 91 Textzeugenapp. *ergänze*: Z. 19–24 Demetr. Cyd., process. 12 (PG 154, 949B); Joh. Vecc., epigr. 1 (PG 141, 624A); Joh. Vecc., union. 28 (PG 141, 85B/C).

S. 91,19 App.: ὅν + γὰρ L J Demetr. Cyd. Joh. Vecc., epigr. Joh. Vecc., union.

S. 91,20 App.: οὕτως] οὕτω L J Demetr. Cyd. Joh. Vecc., epigr. Joh. Vecc., union.

S. 91,21–22 App.: εἰ μὴ ὁ υἱὸς ἐξ οὗ ... ἐκπορεύεται] εἰ μὴ ὁ πατὴρ καὶ ὁ υἱὸς παρ' οὗ ἐκπορεύεται καὶ παρ' οὗ λαμβάνει L J Demetr. Cyd. Joh. Vecc., epigr. Joh. Vecc., union.

S. 91,23f.: τὸ μαρτυροῦν περὶ τοῦ υἱοῦ < Demetr. Cyd. Joh. Vecc., epigr. Joh. Vecc., union.

S. 91,24: ὅ²] καὶ Demetr. Cyd. Joh. Vecc., epigr. Joh. Vecc., union.

S. 92 Textzeugenapp. Z. 1 (zu Z. 5–21): Sacra Parallela Coisl. 276] *ergänze*: Abgedruckt bei Pitra, 72f.

S. 92,3: <ἐξ> „gerechtfertigt" Kösters, 272.

S. 94,14–16: πάντα ... ἐγένετο] Ähnlich äußern sich Ambr., spir. I 2 (CSEL 79, 28,12–15 Faller): *Namque "omnia" per filium scriptura dicit esse, "quae facta" sunt; cum autem factus non doceatur spiritus sanctus, utique nec inter omnia* *probari potest, qui neque factus est sicut omnia neque creatus est*; Gr. Naz., or. V 12 (FC 22, 296,7–10 Sieben): Καὶ μὴν οὐδὲ ἐκεῖνο φοβηθήσομαι »τὸ πάντα διὰ τοῦ Υἱοῦ γεγονέναι« λέγεσθαι, ὡς ἑνὸς τῶν πάντων ὄντος καὶ τοῦ ἁγίου Πνεύματος. »Πάντα γὰρ ὅσα γέγονεν«, εἴρηται, οὐχ ἁπλῶς »ἅπαντα«.

S. 94,23–95,5: αὐτὸς γὰρ ... εἰς ἀνθρωπότητα] Bezeugt in Vat. ar. 101, f. 106ʳ.

S. 94 Textzeugenapp. *ergänze*: Z. 16f. Demetr. Cyd., process. 12 (PG 154, 949C), Joh. Vecc., epigr. 1 (PG 141, 624A/B), Joh. Vecc., union. 28 (PG 141, 85C); Z. 21–27 überliefert in London, BL, Add. 12156, f. 73ʳ, ediert als Florilegium Edessenum anonymum, fr. 48 (SBAW.PH 1933/5, 38f. Rucker); Z. 30 – S. 95,12 in London, BL, Add. 12156, f. 73ʳ/ᵛ, ediert als Florilegium Edessenum anonymum, fr. 49 (ebd., 39) (= Florileg. Edess.).

S. 94,16: ἀεὶ < Joh. Vecc., epigr.

S. 94,17 App.: καὶ υἱὸς ἦν ἀεὶ Conc. Florent. Joh. Vecc., union. Joh. Vecc., epigr. < L J Demetr. Cyd.

S. 94,24: παρθένου Klostermann (Ms.).

S. 95 Textzeugenapp. *ergänze*: S. 94,30 – Z. 12 Florilegium Edessenum anonymum, fr. 49 (SBAW.PH 1933/5, 39 Rucker) (= Florileg. Edess.) | Z. 8–12: Nicephorus] *ergänze*: = Niceph., refut. 62,9–13 (CCSG 33, 103,9–13 Featherstone); 177, 10–15 (ebd., 282,10–15).

S. 95,4 App.: θεός Holl] σὰρξ L J Florileg. Edess.

S. 95,5: ἰδίῳ σώματι L J] ἰδιώματι Florileg. Edess. ἰδίῳ πληρώματι Holl.

S. 95,7: καὶ εἴ ... ἄνθρωπος < Florileg. Edess.

S. 95,8: App.: ὅσα + γὰρ Niceph. („beide Male" = 2x bezeugt, vgl. Textzeugenapp.) Florileg. Edess.

S. 95,8f. App.: ἄνθρωπος καὶ ὅ τι ἐστὶν ἄνθρωπος τοῦτον Florileg. Edess.

S. 96,14: Bezeugt in MPER N.S. XXI, 55ᵛ.

S. 96,15–19: Vgl. Sev. Ant., contra impium Grammaticum, Or. III (CSCO 102, 235f. Lebon); zu diesem Brief und anc. 77,2 vgl. ausführlich Kösters, 285, Anm. 779.

S. 96,15f.: Bezeugt in MPER N.S. XXI, 19(c)ᵛ.

S. 96,22f.: οὐχὶ δὲ διὰ * τὸν νοῦν φαίνονται *] Zur Stelle (mit den Konjekturen
Holls) vgl. Epiph., haer. 77,27,4 (GCS Epiphanius 3, 440,3–9 Holl/Dum-
mer); Gr. Nyss., Apoll. (GNO III/1, 195,7–9 Mueller); Apoll., ep. Diocaes. 2
(256,3–17 Lietzmann).

S. 96,27f.: εἰ γάρ ἐστι νοῦς τὸ πνεῦμα καὶ τὸ πνεῦμα νοῦς] Vgl. Gr. Nyss.,
Apoll. (GNO III/1, 172,20–173,5 Mueller).

S. 96,22.23 App.: „Die Konjektur erhält durch Anc. 79,1.4 ihre Berechtigung"
Kösters, 286, Anm. 780 (mit vielen Parallelstellen).

S. 97,1f.: ψυχὴ δὲ ἄλλη <ὑπόστασις> παρὰ τὸν νοῦν] Vgl. Gr. Nyss., Apoll.
(GNO III/1, 211,29 Mueller).

S. 97,12–16: Vgl. Ps.-Caes., dial. 176,7f. (GCS Pseudo-Caesarius, 154,7f. Riedinger).

S. 97,2: <ὑπόστασις> bestätigt Kösters, 288, Anm. 791.

S. 98,3: ὡς ὀφθαλμοὶ ἐν τῷ σώματι, οὕτως νοῦς ἐν ψυχῇ] Vgl. ferner Pl., R. VII,
533 d.

S. 98,5: ψυχὴ σῶμα νοῦς καὶ εἴ τί ἐστιν ἕτερον] Vgl. Epiph., anc. 80,2 (GCS
Epiphanius 1, 100,2–4 Holl); haer. 77,27,2 (GCS Epiphanius 3, 439,28f.
Holl/Dummer).

S. 98,27 App.: „[F]ür ἁμαρτία αὕτη νοεῖται ist wohl ἁμαρτία ἀποθανεῖται zu
lesen" Diekamp, vgl. Epiph., anc. 78,1 (GCS Epiphanius 1, 97,17 Holl).

S. 99,15: θεὸς ἐν σαρκὶ ἀληθινῇ] „Epiphanius scheint die Formulierung (…)
unvoreingenommen zu gebrauchen. Sie ist bei ihm zu verstehen aus der
Tatsache, dass er zwischen σάρξ und σῶμα nicht differenziert und dass er
σῶμα und die Vernunftseele als Einheit versteht. Von daher sagt der
Begriff bei ihm gerade das Gegenteilige wie bei den Arianern aus: Gott
hat das Fleisch ganz, in der Leib-Seele-Einheit angenommen, was durch
das Attribut ἀληθινῇ unterstrichen wird" (Kösters, 295). Vgl. auch Epiph.,
haer. 77,28,5 (GCS Epiphanius 3, 441,17–21 Holl/Dummer).

S. 100,7–101,17: φησὶν ὁ ἀπόστολος … ἀναλλοίωτον] Bezeugt in Vat. ar. 101, ff.
106ᵛ–107ᵛ. Zur Überlieferung vgl. Graf, 345–402.

S. 100,21–101,1: Überliefert in Sev. Ant., censura tomi Iuliani (CSCO 244, 197 [syrisch] bzw. CSCO 245, 152,5–16 [französisch] Hespel); epistulae tres ad Iulianum (CSCO 244, 272 [syrisch] bzw. CSCO 245, 209,22–32 [französisch] Hespel); contra additiones Iuliani 39 (CSCO 295, 151 [syrisch] bzw. CSCO 296, 127,33–128,11 [französisch] Hespel). Ab. Z. 29 auch überliefert in censura tomi Iuliani (CSCO 244, 197 [syrisch] bzw. CSCO 245, 151,33–152,1 [französisch] Hespel).

S. 100,22–28: Vgl. Epiph., haer. 78,24,5f. (GCS Epiphanius 3, 475,3–16 Holl/ Dummer).

S. 100,24f.: Überliefert in Pelag.-Diac., Def. 5 (StT 57, 47, 9–13 Devreesse).

S. 101,11–17: Zum Verständnis dieser Textstelle vgl. Epiph., haer. 57,3,9 (GCS Epiphanius 2, 348,11–13 Holl/Dummer); 62,4,4f. (ebd., 393,4–11).

S. 101,17–102,6 *ergänze*: Vgl. auch Epiph., haer. 62,1,4f. (GCS Epiphanius 2, 389, 13–16 Holl/Dummer).

S. 101,20–25: Zu möglichen Abgrenzungen des Zitats vgl. Kösters, 299–302. O. Kösters erwägt für das Zitat die Eingrenzung δηλονότι (...) παρὰ τὴν οὐσίαν (Z. 20–23), gefolgt von der Entgegnung des Epiphanius. Letztlich gelangt Kösters jedoch zu dem Schluss, dass eine eindeutige Abgrenzung des Häretikerzitats nicht vorgenommen werden kann.

S. 101,22f.: οὐχ ἑτέραν ... παρὰ τὴν οὐσίαν] Epiph., anc. 6,10 (GCS Epiphanius 1, 13,10f. Holl).

S. 101 Textzeugenapp. Z. 1f. (zu Z. 22–26): Sacra Parallela Coisl. 276] *ergänze*: Abgedruckt bei Pitra, 72f.

S. 101,24: <μίαν> „berechtigt, jedoch nicht unbedingt erforderlich" Kösters, 299, Anm. 855 und 859; vgl. auch S. 353, Anm. 78.

S. 102,1–6: ὑπόνοιαν ... τὴν θεότητα] Vgl. Ps.-Ath., Sabell. 13 (PG 28, 117A/B).

S. 102,6–12: Vgl. Epiph., haer. 57,4,3f. (GCS Epiphanius 2, 348,21–349,2 Holl/ Dummer); 62,6,1–3 (ebd., 394,23–395,2).

S. 102,16–20: Vgl. Epiph., haer. 57,4,1 (GCS Epiphanius 2, 348,14–18 Holl/Dummer). Für einen formal gleichen Beweis der Eigenständigkeit von Vater, Sohn und Geist vgl. Ps.-Ath., Sabell. 2f. (PG 28, 100C–101A). Hübner, Apolinarius, 182, Anm. 68 vermutet, dass sich Epiphanius hier von Ps.-Ath. inspirieren ließ.

S. 102,22–122,20: Eine arabischsprachige Zusammenfassung von Epiph., anc. 82–101 findet sich in Vat. ar. 101, ff. 110ʳ–119ᵛ. Zur Überlieferung vgl. Graf, 345–402.

S. 102 Textzeugenapp. *ergänze*: Z. 4–12 Joh. Vecc., union. 28 (PG 141, 84C/D).

S. 102,5: ἀνθρώπῳ + ἡ Joh. Vecc. | ὥσπερ τὸ ἐμπνέον διὰ τοῦ ἀνθρώπου] ὡς διὰ τοῦ ἀνθρώπου ἐμπνέον Joh. Vecc.

S. 102,6: οὕτως] οὕτω Joh. Vecc.

S. 102,7f.: διὰ φωνῆς …᾿ Ιορδάνη < Joh. Vecc.

S. 102,9: ἐσχηματίζετο κατερχόμενον Joh. Vecc.

S. 102,9f.: ἀλλὰ … ὄν] καίτοι γε οὐ σῶμα περιστερᾶς λαμβάνον τύπῳ ἐσχηματίζετο κατερχόμενον καθ᾿ ἑαυτὸ Joh. Vecc.

S. 102,10: ἀλλοία] ἀλλοίας Joh. Vecc.

S. 102,11: αὐτῆς² < Joh. Vecc.

S. 102,11f. App.: Kösters, 305 zweifelt an der von Holl übernommenen Überlieferung von cod. L.

S. 102,12: καὶ ἁγίου πνεύματος] τὸ ἅγιον πνεῦμα Joh. Vecc.

S. 103,14–105,3: Bezeugt in Milano, Ambr. I 009 suppl. (Martini-Bassi 452), f. 171ᵛ (12. Jh.).

S. 104,10–105,3 App. Z. 2f. *aktualisiere*: Cyr. H., catech. 18,8 (2, 306–308 Reischl/Rupp); Const. App. V 7,15 (SC 329, 228,81–230,97 Metzger).

S. 106,10–14: Vgl. Epiph., haer. 64,63,10 (GCS Epiphanius 2, 502,9f. Holl/Dummer).

S. 107,19–108,4: Vgl. Epiph., haer. 64,4,10 (GCS Epiphanius 2, 412,15–413,2 Holl/Dummer); 67,2,8 (GCS Epiphanius 3, 135,5–7 Holl/Dummer).

S. 107,21f.: Bezeugt in MPER N.S. XXI, 33ʳ, Kol. 1.

S. 107,6: <μνήμασιν> „sinnvoll" Kösters, 309, Anm. 822.

S. 108,1f.: Bezeugt in MPER N.S. XXI, 32ʳ, Kol. 1.

S. 108,4–19 App. Z. 1 *ergänze*: Vgl. Epiph., haer. 42,5,7 (GCS Epiphanius 2, 101, 4–7 Holl/Dummer).

S. 108,5f.: Bezeugt in MPER N.S. XXI, 34ᵣ, Kol. 2.

S. 108,12f.: Bezeugt in MPER N.S. XXI, 34ᵛ, Kol. 1.

S. 108,17f.: Bezeugt in MPER N.S. XXI, 33ᵛ, Kol. 2.

S. 108,19–21: Bezeugt in MPER N.S. XXI, 32ᵛ, Kol. 2.

S. 109,8f.: Bezeugt in MPER N.S. XXI, 17ᵛ, Kol. 2.

S. 109,10f.: Bezeugt in MPER N.S. XXI, 21ᵛ, Kol. 2.

S. 109,14f.: Bezeugt in MPER N.S. XXI, 17ᵣ, Kol. 1.

S. 109,16f.: Bezeugt in MPER N.S. XXI, 21ᵣ, Kol. 1.

S. 109,18–110,4: Vgl. Epiph., haer. 64,71,12f. (GCS Epiphanius 2, 520,2–12 Holl/Dummer).

S. 109,20–22: Bezeugt in MPER N.S. XXI, 17ᵣ, Kol. 2.

S. 111,21–113,8: Überliefert in Sev. Ant., censura tomi Iuliani (CSCO 244, 195f. [syrisch] bzw. CSCO 245, 150,17–151,24 [französisch] Hespel).

S. 112,10–19: Überliefert in Sev. Ant., epistulae tres ad Iulianum (CSCO 244, 273 [syrisch] bzw. CSCO 245, 209,33–210,7 [französisch] Hespel); contra additiones Iuliani 38 (CSCO 295, 145 [syrisch] bzw. CSCO 296, 122,2–12 [französisch] Hespel).

S. 112,13f.: Bezeugt in MPER N.S. XXI, 36ᵛ.

S. 112,20 App.: Konjektur Holls „unnötig" Klostermann (Ms.).

S. 112,22: γάρ ohne [...] Klostermann (Ms.).

S. 113,9–115,16: πῶς δὲ ... πνεύματος] Bezeugt in Vat. ar. 101, ff. 107ᵛ–109ᵣ.

S. 113,9ff. App. Z. 1 *ersetze*: Vgl. Epiph., haer. 64,65,1–4 (GCS Epiphanius 2, 504, 20–505,6 Holl/Dummer); vgl. auch 77,29 (GCS Epiphanius 3, 441,22–442, 27 Holl/Dummer).

S. 113 Textzeugenapp. Z. 1f. (zu Z. 18 – S. 115,11) *aktualisiere*: Joh. Scot. Erig., div. Nat. IV (SLH 13, 8,19–10,23 Jeauneau).

S. 113,8: „[I]n dem ἔν ἐστι scheint ἀνέστη zu stecken und eine Ergänzung erforderlich zu sein: <εἰ γὰρ Χριστὸς ἀνέστη ἀπαρχὴ τῶν κεκοι-μημένων>, ἀνέστη κτλ." Diekamp | ἔν] ἀλλ' Klostermann (Ms.), vgl. Z. 4.14.

S. 113,9: * „unnötig" Klostermann (Ms.).

S. 114 Textzeugenapp.: Joh. Scot.] *ersetze*: S. 113,18–115,11 Joh. Scot. Erig., div. Nat. IV (SLH 13, 8,19–10,23 Jeauneau).

S. 115 Textzeugenapp.: Joh. Scot.] *ersetze*: S. 113,18–115,11 Joh. Scot. Erig., div. Nat. IV (SLH 13, 8,19–10,23 Jeauneau).

S. 115,24: <καὶ> τῷ οἰκείῳ Klostermann (Ms.) | ἔργῳ statt οἴκῳ wollte Holl laut Klostermann (Ms.).

S. 116,15–117,17: Bezeugt in London, BL, Or. 3581A, f. 142 (pp. 193f.). Vgl. Crum, 108 (= No. 241).

S. 116,15: ἡ ῥάβδος τοῦ Ἀαρὼν] Vgl. Epiph., haer. 9,3,4 (GCS Epiphanius 1, 200, 2 Holl).

S. 116,17f.: Bezeugt in MPER N.S. XXI, 27ᵛ, Kol. 1.

S. 116,19f.: Bezeugt in MPER N.S. XXI, 54ᵛ, Kol. 1.

S. 116,22–24: Bezeugt in MPER N.S. XXI, 27ᵛ, Kol. 2.

S. 116,29f.: Bezeugt in MPER N.S. XXI, 27ʳ, Kol. 1.

S. 116,15 App.: ὑποδείξει Jül. Klostermann (Ms.).

S. 117,6–8: Bezeugt in MPER N.S. XXI, 27ʳ, Kol. 2.

S. 117,10: Bezeugt in MPER N.S. XXI, 54ʳ, Kol. 1.

S. 117,15–118,18: Bezeugt in Napoli, I B 14, f. 41 (p. 195f.); vgl. Proverbio, 69.

S. 118,13: Bezeugt in MPER N.S. XXI, 62ᵛ.

S. 119,8f.: Vgl. Epiph., haer. 64,64,1 (GCS Epiphanius 2, 503,7–12 Holl/Dum-mer).

S. 119,11–120,10: Bezeugt in Napoli, BN, I B 14, f. 42 (pp. 199f.); vgl. Proverbio, 69.

S. 121,2–9: Vgl. Epiph., haer. 42,12,3 refut. 24h (GCS Epiphanius 2, 173,4–7 Holl/Dummer); 64,71,15 (ebd., 520,20–22).

S. 121,28: Statt <δέδια μὴ> ... ἐπεκτείνω will Diekamp ἐπεκτείνοι ἂν.

S. 122,4f.: Bezeugt in MPER N.S. XXI, 18ʳ, Kol. 1.

S. 122,7–9: Bezeugt in MPER N.S. XXI, 10ʳ, Kol. 2.

S. 122,9f.: Bezeugt in MPER N.S. XXI, 18ʳ, Kol. 2.

S. 122,11–14: Bezeugt in MPER N.S. XXI, 10ᵛ, Kol. 1.

S. 122,14: Bezeugt in MPER N.S. XXI, 18ᵛ, Kol. 1.

S. 122,16 App. Z. 2 *ergänze*: Bzw. Prov 31,10.

S. 122,21f.: Bezeugt in MPER N.S. XXI, 18ᵛ, Kol. 2.

S. 122,1: <μὴ> verwirft als verfälschend Kösters, 312, Anm. 899.

S. 123,5–129,14: Zu Epiph., anc. 102,5–106,6 vgl. die quellenkritische Untersuchung Dummer, Apologie, 106–132. Dieser Aufsatz J. Dummers enthält Überlegungen zu den Formen der Quellen, die Epiphanius für diesen Textabschnitt eventuell vorlagen, sowie synoptische Gegenüberstellungen mit der Apologie des Aristides. Dummer vermutet eine uns heute unbekannte und verlorene Schrift als Quelle des Epiphanius, auf die auch die mythologischen Partien der Apologie des Aristides zurückzuführen seien.

S. 123,12–20: πρῶτον γὰρ ... διέγραφεν] Zum Textabschnitt Epiph., anc. 102,7, dem dort gegebenen Zitat aus Sap 14,12 sowie möglichen Anklängen an Sap 15,4; 15,7; 13;9; 15,9 vgl. Dummer, Sapientia, 73–81. J. Dummer kommt dort zu dem Schluss, „daß der Abschnitt Ancor. 102,7 unabhängig von der Sap. Sal. entstanden ist und beide Darstellungen lediglich gleiches Quellenmaterial verwenden (...) Es bleibt dann aber das Problem, daß zu Beginn des Stufenschemas Ancor. 102,7 zwei Worte aus Sap. Sal. zitiert werden. Aber das läßt sich m. E. auch damit erklären, daß Epiphanius selbst oder der Verfasser seiner Vorlage die Worte in den fertigen Zusammenhang eingefügt hat" (ebd., 80f.). Außerdem erwägt Dummer, ob anc. 102,7 und anc. 106,9 (GCS Epiphanius 1, 130,2–8 Holl) auf eine gemeinsame Vorlage zurückgehen (Dummer, Sapientia, 80).

S. 123,20f.: Bezeugt in MPER N.S. XXI, 64ʳ.

S. 123,25: Bezeugt in MPER N.S. XXI, 64ᵛ.

S. 123,28ff. App. Z. 2–4 *aktualisiere*: Arist., apol. 12,1–7 (15,3–16,7 Goodspeed); Thphl. Ant., Autol. I 10,1 (PTS 44, 28,1–3 Marcovich); Hom. Clem. VI 23,1 (GCS Pseudoklementinen 1, 114,29f. Rehm/Strecker); Clem. recogn. V 20, 2f. (GCS Pseudoklementinen 2, 176,8–14 Rehm/Strecker).

S. 124,9f.: Bezeugt in MPER N.S. XXI, 11ᵛ, Kol. 1.

S. 124,11f. App. Z. 2f. *ergänze*: „Für den Begriff τοῖς τῆς ἀληθείας ἐγκυκλητοῖς läßt sich der Beweis der Unabhängigkeit von Clemens Alexandrinus positiv nicht führen, weil er überhaupt nur an der genannten Stelle des Protrepticus und im Epiphaniustext vorkommt. Angesichts der Selbständigkeit der beiden Philosophenbeispiele [vgl. bei Holl die Anm. zu S. 124,12–17.17–21 Sachapp. Z. 3–5] (…) wird man ebenfalls eher an die Benutzung einer anderen, uns heute allerdings verlorenen, Vorlage denken wollen" (Dummer, Apologie, 123).

S. 124,12–21: J. Dummer arbeitet heraus, dass der Epiphaniustext bei der Wiedergabe der Diagoras-Erzählung (Z. 12–17) und des folgenden Abschnitts (Z. 17–21) trotz der vorhandenen Parallelität zu Clem., prot. II 24,3f. (GCS Clemens Alexandrinus 1, 18,15–21 Stählin/Früchtel/Treu) nicht auf selbigem basiert; zur Argumentation vgl. Dummer, Apologie, 121f.

S. 124,14–16: Bezeugt in MPER N.S. XXI, 11ᵛ, Kol. 2.

S. 124,17f.: Bezeugt in MPER N.S. XXI, 11ʳ, Kol. 1.

S. 124,21–24: Vgl. die Anm. zu S. 125, 1f.: App. Z. 1f.

S. 124,21f.: Bezeugt in MPER N.S. XXI, 11ʳ, Kol. 1.

S. 124,18: Αἰγυπτίοις Holl Wolfsgruber, 204 Hörmann, 159.

S. 125,1–4: Bezeugt in MPER N.S. XXI, 11ʳ, Kol. 2.

S. 125,1f. App. Z. 1f. *ersetze*: Vgl. Thphl. Ant., Autol. III 7,10 (PTS 44, 106,23–25 Marcovich) = Philem., fr. 197 Kassel/Austin (PCG VII, 316f.). J. Dummer zufolge muss zu diesem Ausspruch des Philemon und dem des Protagoras (vgl. Epiph., anc. 104,2 [GCS Epiphanius 1, 124,21–24 Holl]) nicht zwingend angenommen werden, dass Epiphanius beide Zitate aus Thphl. Ant., Autol. entnommen hat; „vielmehr spricht alles für die gekürzte Übernahme einer fertigen Darlegung, die in den ursprünglichen Zusammenhang eingefügt worden ist" (Dummer, Apologie, 124).

S. 125,3: Bezeugt in MPER N.S. XXI, 44^r, Kol. 1.

S. 125,6f.: Bezeugt in MPER N.S. XXI, 12^r, Kol. 1.

S. 125,8–10 App. Z. 5 *aktualisiere*: Eus., p.e. X 9,20 (GCS Eusebius 8/1, 589,19f. Mras/des Places).

S. 125,10–126,1: Bezeugt in MPER N.S. XXI, 65^r, Kol. 2.

S. 125 Textzeugenapp.: Z. 6 – S. 132,5] *korrigiere zu*: S. 125,8–132,5.

S. 125,1: ἕνα] γὰρ Thphl.

S. 125,2: καλὰς ἔχουσιν Thphl. Austin/Kassel | σωτηρίας ἔχουσιν Kock.

S. 125,5f.: οὕτως ἡγούμενοι] τοῦτο μιμούμενοι Klostermann (Ms.), vgl. Epiph., anc. 104,5 (GCS Epiphanius 1, 206,18 Holl).

S. 125,8 App. *ergänze*: C. Schmidt vermerkte während der ersten Hälfte des Drucks von GCS Epiphanius 1 gegenüber Holl, er halte „es für unwahrscheinlich, daß neben Ἴσιδος ein Name ausgefallen sei. Das »jener« des Kopten in Z. 10 stütze diese Vermutung nur scheinbar. Auch der Kopte habe wohl ἐκείνης gelesen und nur verleitet durch die verschiedenen vorher aufgeführten Namen an eine Mehrzahl von Göttinnen gedacht. – Leipoldts Gleichsetzung von Ἄθω mit Hathor sei schon sprachlich völlig ausgeschlossen." (zitiert nach dem Nachtrag der 1. Auflage).

S. 125,12f.: ἀφρογενεῖς auch v. Wilamowitz (vgl. Hörmann, 161).

S. 126,1–4: Bezeugt in MPER N.S. XXI, 12^r, Kol. 2.

S. 126,2ff. App. Z. 1f.: aber Epiphanius vertritt eine eigentümliche Fortbildung] *ergänze*: Dem widerspricht J. Dummer, der nicht von einer solchen Fortbildung des Isis-Mythos durch Epiphanius ausgeht, sondern vielmehr davon, dass durch Aristides eine deutliche Kürzung der möglichen Textvorlage vorgenommen wurde, Epiphanius hingegen die ursprüngliche Textumgebung der Vorlage mitüberliefert. Zur Argumentation vgl. Dummer, Apologie, 119f.

S. 126,9f.: Bezeugt in MPER N.S. XXI, 65^v, Kol. 1.

S. 126,10–13: Bezeugt in MPER N.S. XXI, 12^v, Kol. 1.

S. 126,13f.: Bezeugt in MPER N.S. XXI, 44^v, Kol. 2.

S. 126,14f.: Vgl. Aug., civ. XVIII 5 (CChr.SL 48, 597,1–12 Dormbard/Kalb bzw. CSEL 40/2, 273,9–20 Hoffmann).

S. 127,1f.: Bezeugt in MPER N.S. XXI, 12ᵛ, Kol. 2.

S. 127,3 App. Z. 1 *aktualisiere*: Hom. Clem. IV 16 (GCS Pseudoklementinen 1, 89, 1–15 Rehm/Strecker).

S. 127,8 App. Z. 1f. *aktualisiere*: Hom. Clem. VI 2,4 (GCS Pseudoklementinen 1, 105,26–106,4 Rehm/Strecker).

S. 127,12–128,6 App. Z. 2f. *aktualisiere*: Hom. Clem. V 12,2–17,5 (GCS Pseu-doklementinen 1, 97,8–99,28 Rehm/Strecker); Clem. recogn. X 21,1–22,8 (GCS Pseudoklementinen 2, 339,1–342,8 Rehm/Strecker).

S. 127,3: ἀπὸ τοῦ οὐρανοῦ L J (laut Dummer [Ms.]).

S. 128,9 App. Z. 2f. *aktualisiere*: Thphl. Ant., Autol. II 3,8 (PTS 44, 40,32f. Mar-covich); Hom. Clem. VI 21,2 (GCS Pseudoklementinen 1, 114,16f. Rehm/ Strecker); Clem. recogn. X 23,4 (GCS Pseudoklementinen 2, 342, 16–22 Rehm/Strecker).

S. 128,10 App. Z. 4 *aktualisiere*: Thphl. Ant., Autol. I 10,3 (PTS 44, 28,8–29,11 Marcovich).

S. 128,13 App. Z. 7–9 *aktualisiere*: Hom. Clem. IV 16,2 (GCS Pseudoklementinen 1, 89,5f. Rehm/Strecker); V 23,1 (ebd. 101,26f. Rehm/Strecker); VI 21,1 (ebd. 114,12f. Rehm/Strecker); Thphl. Ant., Autol. III 8,3 (PTS 44, 108,6 Marcovich); Eus., p.e. IV 16,9 (GCS Eusebius 8/1, 192,14 Mras/des Places).

S. 128,14–129,3: ἄλλος δὲ ὁ τραγῳδός ... τὰ γένεια«] Vermutlich aus dem bis auf geringe Fragmente verlorenen Προμηθεὺς Πυρκαεύς des Aischylos; vgl. fr. 455 Mette = fr. 207 Radt (mit sehr ausführlichem Apparat).

S. 128,14 App. Z. 9f. *aktualisiere*: Thphl. Ant., Autol. III 8,3 (PTS 44, 108,7 Marco-vich).

S. 128,15ff. App. Z. 10f.: vgl. Plu., *de cap. ex inimicis util.* c. 2; 86 F] *korrigiere*: Vgl. Plu., De capienda ex inimicis utilitate 2 (86 E) (I, 173,13 Paton).

S. 128,5: Γανυμήδην als Glosse zu tilgen Leipoldt, vgl. sahid. Text.

S. 128,9: τῇ νήσῳ als Glosse zu tilgen Leipoldt, vgl. sahid. Text.

S. 128,12: ὁ προειρημένος als Glosse zu tilgen Leipoldt, vgl. sahid. Text.

S. 129,3ff. App. Z. 1f. *aktualisiere*: Firm., err. 16,1 (111 Turcan).

S. 129,16–130,3: Vgl. Sap 14,15f.; Ath., gent. 9 (SC 18a, 74,13–80,15 Camelot = PG 25, 17C–21B), vgl. hierzu den Kommentar bei Meijering, 44. J. Dummer vermutet, dass Sap, Epiph., anc. 106,8f. sowie Ath., gent. 9 aufgrund einiger inhaltlicher Übereinstimmungen möglicherweise auf eine gemeinsame Quelle zurückgehen; eine diesbezügliche Abhängigkeit des Epiphanius von Athanasius vermutet Dummer jedoch nicht; vgl. Dummer, Sapientia, 73–81, zur Stelle insb. 79–81. Vgl. hier auch die Anm. zu S. 123,12–20.

S. 129,3 App.: πενθήσεις sahid. Plu. l.c. (zitiert Aeschylus, Prom. Pyrk.) Radt Dummer (Ms.).

S. 129,13: βίῳ] κόσμῳ Leipoldt, vgl. sahid. Text.

S. 130,2 App. Z. 1 *aktualisiere*: Thphl. Ant., Autol. III 8 (PTS 44, 108,9 Marcovich).

S. 130,2: ἐν² bestätigt Leipoldt, vgl. sahid. Text.

S. 130,3: Lies: λουσορίῳ.

S. 130,10 App. *ergänze*: C. Schmidt verwies während des Drucks der ersten Hälfte von GCS Epiphanius 1 „auf eine Bemerkung von Lemm (Bulletin de l'Académie Impériale des Sciences de St. Petersbourg 1909 S. 404). Dort ist überzeugend dargelegt, daß der Kopte statt ὑπόδειγμα vielmehr ὑπόδημα gelesen hat. Darnach wäre die Stelle so zu verbessern: κακὸν ὑπόδημα θανασίμης ὁδοῦ τὸ ἐν ποσὶ τῶν <ἀπ᾽ ἀρχῆς> οὕτω προαχθέντων." (Zitiert nach dem Nachtrag der 1. Auflage).

S. 130,16: καὶ δι᾽ ἔργων als Glosse zu tilgen Leipoldt, vgl. sahid. Text.

S. 131,16: διὰ τῶν ἁγίων αὐτοῦ προφητῶν und πᾶσιν als Glosse zu tilgen Leipoldt, vgl. sahid. Text.

S. 132,3–133,12: Bezeugt in Paris, BnF, copt. 131³, f. 18 (pp. 219–220).

S. 132,3–133,28 App. Z. 1f. *ergänze*: Vgl. auch Epiph., haer. 64,65,23 (GCS Epiphanius 2, 507,15f. Holl/Dummer).

S. 133,29ff. App. Z. 4 *aktualisiere*: Iren., haer. IV 30,1f. (SC 100, 770,1–778,66 Rousseau/Doutreleau = FC 8/4, 236,4–240,15 Brox).

S. 134,11ff. App. Z. 2 *aktualisiere*: Jul. Afr., T28b (GCS Iulius Africanus, 62 Wallraff); Hipp., haer. X 30,3f. (PTS 25, 405,8–14 Marcovich).

S. 135,22–31: Vgl. hierzu ausführlich Tert., Marc. II 20 (SC 368, 124,1–128,41 Braun).

S. 136,18–140,7 App. Z. 3f. *aktualisiere*: Excerpta latina Barbari I 2 (148–166 Garstad).

S. 136 Textzeugenapp.: Z. 4 – S. 141,20] *korrigiere zu*: S. 136,4–142,18.

S. 136,1: [ὁ] Klostermann (Ms.), vgl. Anast. Sin.

S. 136,12: ὡς] οἶς ? Klostermann (Ms.), vgl. Anast. Sin. (οἶσπερ).

S. 137,9ff. App. *ergänze*: Zur Rekonstruktion der ursprünglichen Ordnung der Liste anhand von Anast. Sin. vgl. Piilonen, 5–30.

S. 138,9f.: Vgl. Epiph., haer. 66,83,6 (GCS Epiphanius 3, 125,8 Holl/Dummer).

S. 138,7–139,9: Die Liste des Hippolytus sieht Piilonen, 33f. als Quelle des Epiphanius.

S. 139,5–9: Vgl. Hipp., Chron. § 153 (GCS Hippolytus 4, 23,4–24,7 Helm); „The few differences do not testify to originality but are most probably due to errors" (Piilonen, 34).

S. 139,6: Σαρδανὶς <Γαλάτη> Γόρτυνα Piilonen, 34 (nach Hipp., Chronik bei Anast. Sin., vgl. auch Piilonen, 21).

S. 140,3f.: Γαλάται hinter Παφλαγόνες Piilonen, 35 (nach Anast. Sin., vgl. auch Piilonen, 22).

S. 140,5: Γερμανοὶ <Σαμάρται> Μαιῶτοι Piilonen, 35 (nach Hipp., Chronik bei Anast. Sin.).

S. 141,3: μέρος Klostermann (Ms.).

S. 142,7 App. Z. 2: vgl. Jul. Africanus bei Georg. p. 86] *ersetze*: Vgl. Jul. Afr., F16c (GCS Iulius Africanus, 28,5; 30,7f. Wallraff).

S. 143,24–145,27: Zu den Arianern und Pneumatomachen vgl. auch Epiph., haer. 69,12,3 (GCS Epiphanius 3, 162,14–17 Holl/Dummer); 69,52,2 (ebd., 198,18–21) und die dort folgenden Textstellen.

S. 143,24–144,7: Eine Paraphrase der Eröffnung von Epiph., anc. 116 findet sich in Vat. ar. 101, f. 109ʳ. Zur Überlieferung vgl. Graf, 345–402.

S. 145,6–8: Eventuell bezeugt in MPER N.S. XXI, 57ʳ. Möglicherweise aber auch auf Epiph., anc. 119, 5 (GCS Epiphanius 1, 148,11–14 Holl) zu beziehen.

S. 145,7–149,28: Überliefert in äthiopischer Textversion, bestehend aus fünf Handschriften (= An), ediert in Weischer, Traktate. Zu Qualität und Inhalt dieser äthiopischen Handschriften vgl. ebd., 89f. „Der äthiopische Ankyrotostext, der am klarsten den ursprünglichen griechischen Text wiedergibt und auf einen besseren griechischen Text als den heute erhaltenen zurückgeht, liefert hier den endgültigen Beweis für die hypothetisch formulierte Annahme einer Textinterpolation (…)" (ebd., 93). Zur Annahme einer solchen Textinterpolation in Epiph., anc. 118 vgl. ausführlich die Anm. zu S. 146,22–147,20 App. Z. 1–7. Zum äthiopischen Text und einer entsprechenden Übersetzung vgl. Weischer, Traktate, 96–107.

S. 145,15–20: Zu dieser Absicht des Epiphanius, die pneumatomachische Häresie in einen arianischen Zusammenhang zu stellen, vgl. Ath., ep. Serap. IIf. (PG 26, 608C–637A).

S. 145 Textzeugenapp. *ergänze*: S. 145,7–149,28 äthiop. (= An); ab S. 148,4 bis S. 149,11 auch äthiop. (= Qr). Vgl. Sachapp. zur jeweiligen Stelle.

S. 145,30: ὡς … εἴπομεν < An (Weischer, Traktate, 97, Anm. 3).

S. 145,31: τὰ βάθη τοῦ θεοῦ] *die Geheimnisse Gottes* An (Weischer, Traktate, 97).

S. 146,2–147,19: Bezeugt in Paris, BnF, copt. 131⁵, f. 36 (pp. 241f.), vgl. Camplani, 341.

S. 146,2f.: πατέρα πατέρα, υἱὸν υἱόν, ἅγιον πμεῦμα ἅγιον πνεῦμα, τριάδα ἐν ἑνότητι] Eine fast wörtliche Wiederholung des Häretikerzitats aus Epiph., anc. 81,4 (GCS Epiphanius 1, 101,21f. Holl).

S. 146,22–146,20 App. Z. 1–7: (doch ist eine Interpolation unwahrscheinlich)] *korrigiere* die Seitenangabe und *ergänze*: S. 146,22–147,16: Die These einer solchen Interpolation, durch die im bestehenden Text das Nicaenum durch das Constantinopolitanum ersetzt wurde, findet jedoch breite Akzeptanz; vgl. für diese Position bereits Schwartz, Nicaenum, 85–88; Ritter, 162–169, Oberdorfer, 99 sowie – mit anderer Argumentation – Palachkovsky, 265–273. Zur Debatte vgl. außerdem ausführlich Schneemelcher, 175–191. Zusätzliche Bekräftigung erfährt die Annahme einer Interpolation durch die äthiopische Überlieferung des Ancoratus. B.M. Weischer möchte daher K. Holls oben genannten Satz streichen, „da der äth. Text den ursprünglich griech. Text repräsentiert, der hier fast wörtlich das nikanische Glaubenssymbol bietet" (Weischer, Traktate, 99, Anm. 19). Bereits im Beitrag „Die ursprüngliche nikänische Form des ersten Glaubenssymbols im Ankyratos des Epiphanios von Salamis" betont Weischer seinen Zweifel an der Qualität der griechischen handschriftlichen Überlieferung des Ancoratus (vgl. Weischer, Form, 409) und geht von einer Interpolation aus, durch die das Constantinopolitanum das Nicaenum ersetzte: „Das erste Symbol des Epiphanios im Ankyrotos (= Ep. I) war ursprünglich im griechischen Urtext das rein nikänische Symbol mit zwei kleinen Unterschieden: Es fehlt – wie auch in Ep. II [das zweite Symbol in anc. 119,3–12 (GCS Epiphanius 1, 148,4–149,11 Holl)] – das τῇ τρίτῃ ἡμέρᾳ nach ἀναστάντα, und es fügt nach παθόντα hinzu: καὶ ἀποθανόντα. Diese Hinzufügung fehlt in Ep. II" (Weischer, Form, 412). Im selben Beitrag betont Weischer die Relevanz der äthiopischen Überlieferung der beiden Symbole im Ancoratus und kommt so zu der Annahme, „daß Epiphanios C [Constantinopolitanum] nicht verfaßt, ja möglicherweise nicht einmal gekannt hat, denn nirgendwo in seinen Schriften findet sich ein Anklang daran. Es ist durch Interpolation in den Text des Ankyrotos gekommen. Nur der äthiopische Text gibt den ursprünglichen griechischen Text des ersten Symbols im Ankyrotos wieder: Es war das nikänische Glaubenssymbol" (ebd., 413). Eine anhand der äthiopischen Textversionen rekonstruierte Fassung des ersten Symbols findet sich bei Weischer, Traktate, 108.

S. 146 Textzeugenapp. *ergänze*: S. 145,7–149,28 äthiop. (= An); ab S. 148,4 bis S. 149,11 auch äthiop. (= Qr). Vgl. Sachapp. zur jeweiligen Stelle.

S. 146,3: μία γὰρ ἑνότης ἐστὶ] *Denn eins ist das Wesen* An (Weischer, Traktate, 97).

S. 146,4: μία οὐσία < An (Weischer, Traktate, 97).

S. 146,5: παυσάσθωσαν] Im Ind. Impf. bei An (Weischer, Traktate, 97, Anm. 10).

S. 146,6: ἀγνῆς fehlt in An (Weischer, Traktate, 97, Anm. 12).

S. 146,7: Lücke auch in An (Weischer, Traktate, 97, Anm. 11).

S. 146,9f.: φυλάττειν, παραδιδόναι, ἀναγγέλλειν in An durch Perfekta und Imperfekta wiedergegeben (Weischer, Traktate, 97, Anm. 14), ausführlich zur Stelle Kösters, 322, Anm. 937.

S. 146,13: Lücke auch in An (Weischer, Traktate, 99, Anm. 16).

S. 146,19: τὸ πιστεύειν τοῖς ἑαυτῶν υἱοῖς ἐν κυρίῳ fehlt im An, Glosse ?, s. Weischer, Traktate, 99, Anm. 18.

S. 147 Textzeugenapp. *ergänze*: S. 145,7–149,28 äthiop. (= An); ab S. 148,4 bis S. 149,11 auch äthiop. (= Qr). Vgl. Sachapp. zur jeweiligen Stelle.

S. 147,8: παθόντα + *und er starb* An (Weischer, Traktate, 101, Anm. 22).

S. 147,8f.: τῇ τρίτῃ ἡμέρᾳ fehlt im An (Weischer, Traktate, 101, Anm. 23).

S. 147,22.23: Lücke erst nach ἁγίᾳ Weischer, Traktate, 95; Satz grob entstellt wegen vorausgegangener Interpolation und daher etwa wie folgt zu ändern (Weischer, Traktate, 101, Anm. 27, vgl. ebd. auch 91–95 und Kösters, Trinitätslehre, 323, Anm. 942): καὶ ἐν ἐκκλησίᾳ τῇ ἁγίᾳ ἔμεινεν καὶ διὰ τὸν Ἄρειον ἀνεγράφη ἐν βιβλίοις Νικαίας τῆς πόλεως (oder: ἐν Νικαίᾳ τῇ πόλει) ὑπὸ τῶν τότε παρόντων τριακοσίων ὀκτωκαίδεκα ἐπισκόπων.

S. 147,22 App. Z. 4f.: „die ἐκκλησία ist die ἁγία πόλις"] *ergänze*: Bemerkung Holls laut Weischer „theologisch interessant, trifft aber den Textbefund nicht" (Weischer, Form, 410, vgl. auch ausführlich ders., Traktate, 91–95). | App. Z. 5: h. 86,11,6] *korrigiere zu*: haer. 80,11,6 (GCS Epiphanius 3, 496,2–5 Holl/Dummer).

S. 148,4ff App. Z. 1 *ergänze*: B.M. Weischer vermutet, dass dieses Symbol von Epiphanius als Taufsymbol gedacht gewesen sei. Dabei habe es sich um eine Erweiterung und Erläuterung des nikänischen Symbols gehandelt: „Der Grundstock des zweiten Symbols ist also das rein nikänische Symbol, wie es Epiphanius vorlag" (Weischer, Traktate, 49). O. Kösters sieht in dieser erweiterten Fassung des Nicaenums, „die speziell auf die neuen Häresien der Apollinaristen und der Pneumatomachen eingeht" (Kösters, 75), einen Beweis für die Widerlegung der Annahme, Epiphanius sei in seinen Anschauungen auf das Konzil von Nicäa verhärtet und dogmatisch darüber hinaus nicht entwicklungswillig: „Epiphanius ist der Ansicht, dass der in Nizäa formulierte Glaube den Problemen und Themen der damaligen Zeit entsprechend formuliert wurde (...) Das Bekenntnis ist durchaus zu erweitern und der neuen Situation mit ihren veränderten Auseinandersetzungen anzupassen, wie Epiphanius es in Anc 119 (120),3–12 getan hat" (ebd., 76). Für eine synoptische Gegenüberstellung der Anteile des Nicaenums und des Eigengutes des Epiphanius in anc. 119,3–12 vgl. Köster, Trinitätslehre, 325–327.

S. 148,4–149,11: Bezeugt in zwei äthiopischen Textversionen: I. Qerellostext, eine äthiopische Textfassung ausschließlich zum zweiten Symbol (= Qr), vgl. Weischer, Traktate, 52–58. II. Eine Version von anc. 118 und 119, bezeugt in fünf äthiopischen Handschriften (= An), vgl. Weischer, Traktate, 96–108 (s. bereits die Anm. zu S. 145,7–149,28). Anc. 119,3–11 auf Arabisch bezeugt in Vat. ar. 101, f. 109[r/v]; zu dieser Überlieferung vgl. Graf, 345–402.

S. 148,11–14: Vgl. die Anm. zu S. 145,6–8.

S. 148,18: ὁ γὰρ Λόγος σάρξ ἐγένετο] Joh 1,14.

S. 148,22–149,20: Bezeugt in Moskau, Pushkin Museum, cod. I.1.b.668 (4774, Copt. 26), pp. 245f. Vgl. hierzu die Angaben und die Übersetzung bei Elanskaya, 201–206.

S. 148 Textzeugenapp. *ergänze*: S. 145,7–149,28 äthiop. (= An); S. 148,4–149,11 auch äthiop. (= Qr); S. 148,22–149,20 sahid. (Elanskaya). Vgl. Sachapp. zur jeweiligen Stelle.

S. 148,2: τῷ ἁγίῳ λουτρῷ + *der Wiedergeburt* An (Weischer, Traktate, 103, Anm. 3).

S. 148,4f.: πάντων ὁρατῶν τε καὶ ἀοράτων ποιητήν Qr An Weischer, Traktate, 103, Anm. 5.

S. 148,6: τὸν ... μονογενῆ fehlt in An (Weischer, Traktate, 103, Anm. 6). | θεοῦ[2] < Qr An.

S. 148,7: τοῦ πατρός + αὐτοῦ Qr (Weischer, Traktate, 53, Anm. 3).

S. 148,8: γεννηθέντα + *und* Qr An (Weischer, Traktate, 53, Anm. 4).

S. 148,9: πατρί An + αὐτοῦ Qr (Weischer, Traktate, 53, Anm. 5) | ἐν τῷ οὐρανῷ Qr An nikänisches Symbol Weischer, Traktate, 53, Anm. 6.

S. 148,11: σαρκωθέντα + *und* Qr An (Weischer, Traktate, 53, Anm. 7).

S. 148,11–13: τουτέστιν ... ἁγίου < Qr (Weischer, Traktate, 53, Anm. 8).

S. 148,13: λαβόντα An Weischer, Traktate 53, Anm. 9, σαρκωθέντα Qr (Weischer, Traktate, 53, Anm. 9).

S. 148,15: <γεγονότα> Holl] ἐνοικότα o.ä. Qr An Weischer, Traktate, 53, Anm. 10.

S. 148,16: ἀναπλάσαντα] *er nahm an und verband* Qr., vgl. jedoch den bei An abweichenden Text, Weischer, Traktate, 103.

S. 148,17: ἐνέπνευσέ τε καὶ ἐλάλησε] *er* (der heilige Geist) *wehte und sprach* An *er sprach im Geist* (bzw. *geistigerweise*) Qr (Weischer, Traktate, 55, Anm. 12) | καὶ ἐνήργησεν < Qr An (Weischer, Traktate, 55, Anm. 12).

S. 148,18: ἐνανθρωπήσαντα + Einleitungsformel von Schriftstellen in Qr (Weischer, Traktate, 55, Anm. 13).

S. 148,18f.: οὐ τροπὴν ... θεότητα „ungenaue Wiedergabe des griech. Textes" in Qr und An (Weischer, Traktate, 55, Anm. 14).

S. 148,19: εἰς ἀνθρωπότητα] *bei der Menschwerdung* An *sondern in seiner Gottheit nahm er die vollkommene menschliche Natur an* Qr (Weischer, Traktate, 55, Anm. 14).

S. 148,20: τελειότητά] Lücke in An (Weischer, Traktate, 55, Anm. 16).

S. 148,22: παθόντα] *er wurde verurteilt* Qr *er litt* An (Weischer, Traktate, 55, 17).

S. 148,23: οὐρανοὺς + *am dritten Tag* sahid. (Elanskaya).

S. 148,24: τοῦ πατρός] *sein Vater* sahid. (Elanskaya) τοῦ πατρὸς αὐτοῦ Qr (Weischer, Traktate, 55, Anm. 18).

S. 148,26 App.: πιστεύομεν auch in Qr An (Weischer, Traktate, 55, Anm. 19) | ἐν αὐτῷ < Qr (Weischer, Traktate, 55, Anm. 20).

S. 148,28: οὕτως δὲ πιστεύομεν < sahid. (Elanskaya).

S. 148,29: πνεῦμα[4] < Qr An (Weischer, Traktate, 55, Anm. 21; 105, Anm. 18).

S. 148,30: ἄκτιστον An Holl < Qr (Weischer, Traktate, 55, Anm. 22) | καὶ An Holl < Qr (Weischer, Traktate, 55, 23).

S. **149**,26–28: Mit (barocker?) Hand findet sich in J neben das Ende des Ancoratus gesetzt: Τοῦ Ἀγκυρωτοῦ Τέλος. Darunter ist, ebenfalls am Rande und möglicherweise von Johannes Lang, der Hinweis auf den in der Handschrift folgenden Text vermerkt: [']Ανακεφα = λαίωσις. Unmittelbar darauf folgt am Rand ein weiterer Vermerk der späteren, vermutlich barocken Hand: *S. Epiphanii Ana|kephaleosis, sive, e|orum, quae Panario| dicta sunt, summa| comprehensio.* Zu den Scholien in J vgl. Dummer/Markschies, 795–818.

S. 149 Textzeugenapp. *ergänze:* S. 145,7–149,28 äthiop. (= An); S. 148,4–149,11 äthiop. (= Qr); S. 148,22–149,20 sahid. (Elanskaya). Vgl. Sachapp. zur jeweiligen Stelle.

S. 149,1: πιστεύομεν] καὶ πιστεύομεν Qr An (Weischer, Traktate, 57, Anm. 25).

S. 149,1 App.: Jül. wird durch Qr An (Weischer, Traktate, 57, Anm. 23) und sahid. (Elanskaya) bestätigt.

S. 149,1f.: εἰς ... καὶ[1]] Holl < Qr (Weischer, Traktate, 57, Anm. 24) | καὶ ἀποστολικὴν < An (Weischer, Traktate, 105).

S. 149,4: αἰώνιον. + *And those who think otherwise than the creed established by our holy fathers in Nicea* ... sahid. (Elanskaya).

S. 149,6: φάσκοντας < sahid. (Elanskaya).

S. 149,7: ἢ ἀλλοιωτὸν + *dem Schein nach* An (Weischer, Traktate, 105, Anm. 25) | τούτους + ἀναθεματίζομεν. Qr An Weischer, Traktate, 57, Anm. 31, ebenso sahid. (Elanskaya).

S. 149,8: καθολικὴ καὶ ἀποστολικὴ] *heilige, apostolische und katholische* Qr An (Weischer, Traktate, 57).

S. 149,8f.: ἡ μήτηρ ὑμῶν τε καὶ ἡμῶν] *mother of all of us* sahid. (Elanskaya) *unsere Mutter* Qr (Weischer, Traktate, 57, Anm. 34).

S. 149,9: πάλιν < sahid. (Elanskaya).

S. 149,9f.: ἀνάστασιν νεκρῶν] *Auferstehung des Fleisches* sahid. (Elanskaya) ἀνάστασιν σαρκός bzw. σωμάτων Qr An (Weischer, Traktate, 57, Anm. 38).

S. 149,12–15: Ὑμῶν ... ἐντολῶν] ungenau wiedergegeben An (Weischer, Traktate, 107, Anm. 29).

S. 149,17: τῷ κυρίῳ ἡμῶν fehlt in An (Weischer, Traktate, 107, Anm. 30).

S. 149,19–22: Ἕως ... ἐπεκτεινομένους] verkürzt und ungenau wiedergegeben An (Weischer, Traktate, 107, 32).

Panarion

S. 153,1–154,33: Bezeugt in Wien, ÖNB, Suppl. gr. 91, ff. 65ʳ–66ʳ (14. Jh.).

S. 154,32 App.: Möglich auch <φυλάττων> Pini.

S. 155,1–168,16: Bezeugt in Wien, ÖNB, Suppl. gr. 91, ff. 66ʳ–74ʳ (14. Jh.).

S. 155,4–161,22: Auf georgisch überliefert in Tiflis, National Center of Manuscripts, A-64, 91–98 (1751 n. Chr.), identifiziert von G. Peradze (vgl. Peradze, 85; für Hinweise zu Verbleib und Bezeichnung der Handschrift danken die Bearbeiter Frau N. Kavtaria.).

S. 155,12f.: ὥσπερ ἰοὺς καὶ δηλητήρια ὄντα, (...) ἀλεξητήρια τῶν δεδηγμένων καὶ προκαταληπτικά] Vgl. Hier., ep. 133,1,2 (CSEL 56/1, 242,3f. Hilberg); 133,6,1 (ebd., 249,25f.). Zum medizinischen Vokabular im folgenden Abschnitt vgl. auch Lyman, 187–194.

S. 155,18ff. App. Z. 1 *ergänze*: Vgl. Epiph., haer. 35,3,5f. (GCS Epiphanius 2, 43, 16–22 Holl/Dummer).

S. 155,18–22: Überliefert in Niceph., refut. 194,14–19 (CCSG 33, 310,14–19 Featherstone).

S. 155,18 u. 20 App. Z. 1: vgl. Hohesl. 6, 7] *ersetze*: Vgl. Cant 6,8f.

S. 155,18: θηρίων εἴτ᾽ οὖν ἑρπετῶν] Vgl. Epiph., haer. prooem. II 3,4 (GCS Epiphanius 1, 171,24f. Holl).

S. 155,9: τὰ κατὰ αἱρέσεων <ἐκ> τῆς αἰτήσεως Pini.

S. 155,22: μέσον] μέρος anaceph. (Pini).

S. 156,6: φιλοκάλοις anaceph. (Pini).

S. 156,14 App.: Dind. nach Epiph., exp. fid. 19,2 (GCS Epiphanius 3, 520,13 Holl/Dummer).

S. 157,2–4: πρώτη Βαρβαρισμός ... πέμπτη Σαμαρειτισμός] Vgl. Epiph., rescr. 5,2 (GCS Epiphanius 1, 159,19–23 Holl).

S. 157,10–14: Vgl. Jo. D., haer. 4 (PTS 22, 21,1–6 Kotter).

S. 157,24–158,1: Vgl. Epiph., haer. 30,1,3 (GCS Epiphanius 1, 333,17 Holl).

S. 157,24f.: ἐκ ... αὖται < G R M (Pini).

S. 159,18: αὐτῷ] ἑαυτῷ anaceph. (Pini).

S. 162,3–168,13: Bezeugt in London, BL, Add. 12156, ff. 130ᵛff. (= syr. anaceph.).
Die gesamte Anakephalaiosis findet sich auf f. 129ᵛ, Kol. 2 – f. 136ᵛ, Kol.1
der im Jahr 562 n. Chr. in drei Spalten geschriebenen, syrischen Handschrift (vgl. Wright, 639–648, insb. 647f. sowie Abramowski, 217), zu
deren Quellenwert L. Abramowski notiert: „Für die Bestimmung des
Verhältnisses der syrischen Anakephalaiosis zum Panarion und zur
selbstständigen griechischen Anakephalaiosis muß bedacht werden, daß
die Übersetzung im Fall einer Differenz zwischen den beiden griechischen Textformen eine Tendenz hat, mit den Handschriften oder der
Handschrift des Panarions zu gehen, aber keineswegs immer: Bei
kleineren Abweichungen ist gerade das Gegenteil der Fall (…) Als
überlieferungsgeschichtliche Folgerung ergibt sich, daß die Anakephalaiosis als Auszug aus dem Panarion zwei selbstständige Entwicklungs-
formen aufweist, die griechische und die uns in der syrischen Übersetzung vorliegende. Die Bearbeitung, der die Exzerpte dabei unter-
zogen wurden, ist von so verschiedener Art, daß uns Add. 12156 trotz
einer weiteren Bearbeitung durch die Übersetzung Belege für das hohe
Alter bestimmter Epiphaniuslesarten bieten kann, die trotz Holls be-
rechtigter stilistischer Empfindlichkeit (…) für die Ursprünglichkeit dieser Lesarten sprechen" (Abramowski, 229f.).

S. 162 Textzeugenapp. *ergänze*: S. 162,3–168,13 bezeugt in London, BL, Add.
12156, ff. 130ᵛff. (= syr. anaceph.). Vgl. Sachapp. zur Stelle. | Z. 1f. *aktu-
alisiere*: Jo. D., haer. 1–20 (PTS 22, 19,1–25,5 Kotter); dazu *ergänze*: O.
Knorr vermerkt, „daß der Liber de haeresibus als Zeuge der Neben-
überlieferung für die ἀνακεφαλαιώσεις des Panarion weit wichtiger ist
als die pseudoepiphanische Anakephalaiosis. Denn anders als bisher
vermutet, kopierte Johannes nicht diese späte Epitome, sondern benutzte
wahrscheinlich ein Exemplar des Panarion selbst" (Knorr, 115f.). Vgl.
hierzu auch die Anm. zum Sachapparat von Epiph., haer. anac. I 3,5–7
(GCS Epiphanius 1, 164,2–9 Holl); I 4 (ebd., 164,16–165,3); haer. anac. II
21,1 (ebd., 234,1–4); II 26,2 (ebd., 235,22).

S. 162,15 App.: ποσεκρίθησαν G U M syr. anaceph. (Abramowski, 229).

S. 163,1–164,9: Auf Armenisch überliefert in Eznik v. Kołb, de deo 299 (PO 28/3, 499f. Mariès/Mercier). Eine deutsche Übersetzung des armenischen Textes bietet Zeilfelder, 265–267.

S. 163,15 App. Z. 2f. *aktualisiere*: Eus., p.e. I 6,1 (GCS Eusebius 8/1, 22,25–23,3 Mras/des Places).

S. 163,17f. App. Z. 3 *aktualisiere*: Eus., p.e. II 1 (GCS Eusebius 8/1, 58,15–67,12 Mras/des Places).

S. 163,18 App. Z. 4 *aktualisiere*: Eus., p.e. X 9,9f. (GCS Eusebius 8/1, 587,1–15 Mras/des Places).

S. 163 Textzeugenapp. *ergänze*: S. 162,3–168,13 bezeugt in London, BL, Add. 12156, f. 130ᵛff. (= syr. anaceph.). Vgl. Sachapp. zur Stelle.

S. 163,4: Satztrennung nach εἰδώλων syr. anaceph., „falsch" Abramowski, 224, Anm. 18.

S. 163,4 App.: ἐναρξάμενα G U M anaceph. Jo. D., haer.

S. 163,5: Komma nach γένη Knorr, 124.

S. 163,5 App.: ἐστοίχησαν Jo. D., haer. Knorr, 123f.; ἦσαν στοιχήσαντες = ἐστοίχησαν Pini; „Hier vermißt Holl ein Nomen zu οἷς, das Syrische fand ein solches Nomen nicht vor" Abramowski, 225; Williams² übersetzt mit Ergänzung Holls.

S. 163,8 App.: δοκοῦν < auch syr. anaceph. (Abramowski, 229) | <διαφέροντας> nicht in syr. anaceph. (Abramowski, 225); abgelehnt von Knorr, 124; Williams² übersetzt hingegen mit Ergänzung Holls.

S. 163,13 App.: ἑκάστης ... μιμησαμένης bevorzugt Knorr, 125.

S. 164,2–9: Überliefert in Jo. D., haer. 3 (PTS 22, 20,19–24 Kotter); vgl. hierzu die synoptische Gegenüberstellung bei Knorr, 116f.

S. 164,3 App. Z. 1f. *ergänze*: Vgl. Apollod., bibl. I 49f. (I 7,2f.) (BiTeu, 20,11–18 Wagner).

S. 164,5 App. Z. 3 *aktualisiere*: Hipp., Chron. § 60 (GCS Hippolytus 4, 12 Bauer/ Helm); Hipp., haer. X 31,4 (PTS 25, 408,23 Marcovich).

S. 164,6: Ἰωυάν]: Der biblische Iouan bei Gen 10,2.4; vgl. auch Hipp., haer. X 31,4 (PTS 25, 408,23 Marcovich).

S. 164,7f. App. Z. 3f. *aktualisiere*: Epiph., mens. 28 (62c [syrisch] bzw. 47 [englisch] Dean / 177,735–738 Moutsoulas).

S. 164,11–21: Auf Armenisch überliefert in Eznik v. Kołb, de deo 299 (PO 28/3, 500 Mariès/Mercier). Eine deutsche Übersetzung des armenischen Textes bietet Zeilfelder, 267.

S. 164,14f. Βαρβαρισμοῦ καὶ Σκυθισμοῦ καὶ ῾Ελληνισμοῦ]: Bei Eznik v. Kołb, de deo 299 (PO 28/3, 500 Mariès/Mercier) werden anstatt der Griechen die Heiden in dieser Auflistung genannt. Vgl. hierzu Mariès, 166f. sowie die deutschsprachige Übersetzung in Zeilfelder, 267.

S. 164,16–165,3: Überliefert in Jo. D., haer. 4 (PTS 22, 21,1–9 Kotter); vgl. hierzu die Synopse in Knorr, 118f.

S. 164 Textzeugenapp. *ergänze*: S. 162,3–168,13 bezeugt in London, BL, Add. 12156, f. 130ᵛ ff. (= syr. anaceph.). Vgl. Sachapp. zur Stelle.

S. 164,4 App.: Zu Unrecht von Holl aus der anaceph. übernommen Knorr, 116, Anm. 18; fehlt auch in der syr. anaceph. (Abramowski, 229, Anm. 24).

S. 164,6 App.: Keine Lücke Klostermann (Ms.) Knorr, 117, Anm. 19 Abramowski, 225, Anm. 24 (kein Partizip an dieser Stelle in syr. anaceph.), Williams² übersetzt mit Ergänzung Holls.

S. 164,8 App.: πάντων syr. anaceph. Abramowski, 229, Anm. 24 Knorr, 117, Anm. 20 | πάντες syr. anaceph. Abramowski, 229, Anm. 24.

S. 164,15f.: θεοσεβεία καὶ μετέπειτα. syr. anaceph., „falsche Satztrennung" Abramowski, 224, Anm. 18.

S. 165,4: Vgl. die genauen Ausführungen zu den Häresien in Epiph., haer. 5–8 (GCS Epiphanius 1, 183,11–187,11 Holl) sowie Epiph., exp. fid. 9 (GCS Epiphanius 3, 504,25–509,22 Holl).

S. 165,5–166,8: Auf Armenisch überliefert in Eznik v. Kołb, de deo 294–297 (PO 28/3, 498f. Mariès/Mercier). Vgl. die deutschsprachige Übersetzung in Zeilfelder, 263–265.

S. 165 Textzeugenapp. *ergänze*: S. 162,3–168,13 bezeugt in London, BL, Add. 12156, f. 130ᵛ ff. (= syr. anaceph.). Vgl. Sachapp. zur Stelle.

S. 165,1 App.: ἐπιστέλλων Knorr, 118.

S. 165,14: λογιστικὸν Jo. D., haer. (Diels, 587).

S. 165,17: σώματα διάφορα U Diels, 587; σώματα Jo. D., haer. (Diels, 587).

S. 165,20: ἐκ τῆς ... οὐσίας] ... *Natur* syr. anaceph. (Abramowski, 218, Anm. 9).

S. 165,21: φύσιν] ... *seine Natur* syr. anaceph. (Abramowski, 218, Anm. 9).

S. 166 Textzeugenapp. *ergänze*: S. 162,3–168,13 bezeugt in London, BL, Add. 12156, ff. 130ᵛff. (= syr. anaceph.). Vgl. Sachapp. zur Stelle.

S. 167 Textzeugenapp. *ergänze*: S. 162,3–168,13 bezeugt in London, BL, Add. 12156, ff. 130ᵛff. (= syr. anaceph.). Vgl. Sachapp. zur Stelle.

S. 167,23: ἄγγελον] Plural in syr. anaceph., „besser" Abramowski, 224, vgl. Epiph., haer. 14,2,2 (GCS Epiphanius 1, 208,2 Holl).

S. 168,2f.: ἐχρῶντο ... τὸν νόμον] Vgl. Epiph., haer. 19,5,1 (GCS Epiphanius 1, 222,14–18 Holl).

S. 168 Textzeugenapp. *ergänze*: S. 162,3–168,13 bezeugt in London, BL, Add. 12156, ff. 130ᵛff. (= syr. anaceph.). Vgl. Sachapp. zur Stelle.

S. 169,1–197,4: Bezeugt in Wien, ÖNB, Suppl. gr. 91, ff. 74ʳ–91ᵛ (14. Jh.).

S. 169,14 App. Z. 1 *aktualisiere*: Thphl. Ant., Autol. II 8,7 (PTS 44, 51,54f. Marcovich).

S. 169,16 App. Z. 2 *korrigiere*: S. 169,16f.: Jak 3,15. δαιμονιώδης (Z. 16) findet sich ebenfalls im zitierten Schriftbeleg.

S. 169,18–21: Vgl. auch die Anrufung in Eus., h.e. I 5,1 (GCS Eusebius 2/1, 44,9–5 Schwartz/Mommsen/Winkelmann).

S. 169,4 App.: τῆς² < U (Pini).

S. 169,5 App.: τῆς < G M (Pini).

S. 169,15 App.: τε < G M (Pini).

S. 170,10f. App. Z. 1 *ergänze*: Zur Datierung vgl. auch Epiph., haer 48,2,7 (GCS Epiphanius 2, 222,7–11 Holl/Dummer); 66,20,5 (GCS Epiphanius 3, 48,5–8 Holl/Dummer). Vgl. auch Pourkier, 49f.

S. 170,1 App.: Ergänzung Holls „falsch" Dummer (Ms.), Williams² übersetzt mit Ergänzung Holls.

S. 170,4 App.: <ἐπεξήγησιν> oder <ὑφήγησιν> Pini, Williams² übersetzt mit Ergänzung Holls.

S. 170,8: θεοῦ τε καὶ Pini.

S. 170,14 App.: τῶν ἀνωτάτω G U M Pini.

S. 170,23 App.: <συνέθημεν> Pini, Williams[2] übersetzt mit Ergänzung Holls.

S. 171,3 App. Z. 1 *aktualisiere*: Thphl. Ant., Autol. I 1,1 (PTS 44, 15,1 Marcovich).

S. 171,6–12 App. Z. 1f. *ergänze*: J. Dummer argumentiert, dass Epiphanius für diese Namensliste ein heute unbekanntes naturwissenschaftliches Werk verwendet hat, in welchem er all diese Namen vorfand; vgl. hierzu ders., Handbuch, 82–95. Zu dieser These Dummers vgl. auch Verheyden, Beasts, 144–149.

S. 171,6: Νίκανδρος] J. Dummer zufolge hatte Epiphanius weder auf Nicanders *Theriaca* noch auf die *Alexipharmaca* über Gifte und Gegengifte unmittelbaren Zugriff, vgl. ders., Handbuch, 91–93; vgl. zur Kenntnis Nicanders bei Epiphanius auch Zionts, 81–87.

S. 171,24f.: τῶν δεινῶν ἑρπετῶν καὶ θηρίων] Das Motiv der Schlange in der Darstellung und Widerlegung der Häretiker u.a. auch bei Iren., haer. I 27,3 (SC 264, 352,47f. Rousseau/Doutreleau = FC 8/1, 320,27f. Brox); I 27,4 (ebd., 354,68f. = 322,18f.); III 2,3 (SC 211, 28,32 Rousseau/Doutreleau = FC 8/3, 28,4 Brox); Eus., h.e. IV 7,3 (GCS Eusebius 2/1, 308,29f. Schwartz/Mommsen/Winkelmann); V 14 (ebd., 458,19f.).

S. 171,14 App.: Statt <δηλοῦμεν> von Holl will Diekamp πειρώμενοι zu πειρώμεθα ändern.

S. 171,18f.: Punkt hinter συναμιλλᾶσθαι Pini.

S. 171,20 App.: ἐπιβουλευθεῖσιν G U M Pini.

S. 171,21: <ἅμα> Holl, lehnt Pini ab.

S. 171,26: εἴ] ἤ M (Pini).

S. 172,12 App.: Reihenfolge wie G U M auch Pini.

S. 173,11: τῶν τριῶν υἱῶν τὰς τρεῖς γυναῖκας] Gen 7,13.

S. 173,16 App. Z. 3: Julius Africanus vgl. Georgius Sync. p. 83] *ergänze*: = Jul. Afr., F16b (GCS Iulius Africanus, 28 Wallraff); vgl. Jul. Afr., T22a (ebd., 46).

S. 174,2f.: Μετὰ δὲ τὸν κατακλυσμὸν ...’ Αραρὰτ] Vgl. Gen 8,3f.

S. 174,2f.: In Jub 10,15 wird Lubar als Noahs Begräbnisstätte benannt.

S. 174,2 App. Z. 2 *aktualisiere*: Epiph., mens. 61 (73b [syrisch] bzw. 71 [englisch] Dean).

S. 174,6–11 App. Z. 3f. *aktualisiere*: Hipp., Chron. § 37–41 (GCS Hippolytus 4, 9,9–18 Bauer/Helm); Hipp., haer. X 30,6 (PTS 25, 406,23f. Marcovich).

S. 174,19–175,10: Zur typologischen Interpretation der Patriarchen bei Epiphanius vgl. Schott, 546–563, insb. 560f.

S. **175**,13–176,15 App. Z. 1 *ergänze*: Vgl. Epiph., haer. 39,8,1–3 (GCS Epiphanius 2, 77,27–78,7 Holl/Dummer).

S. 175,17–19 App. Z. 2 *ergänze*: Vgl. Jul. Afr., F23,19 (GCS Iulius Africanus, 50 Wallraff).

S. 175,19 App.: <τό>πον <αὐτοῖς> „auch möglich" Pini.

S. **176**,2 App. Z. 1 *ersetze*: Vgl. Gen 11,2–9.

S. 176,7 App. Z. 2 *ergänze*: Vgl. Orac. Sib. III 102f. (GCS Oracula Sibyllina 53, 102f. Geffcken). Vgl. Adler, 492, Anm. 83.

S. 176,20ff. App. Z. 4f. *aktualisiere*: Thphl. Ant., Autol. II 31,1 (PTS 44, 81,1–3 Marcovich); Hom. Clem. IX 4,1–7,3 (GCS Pseudoklementinen 1, 133,5–134,19 Rehm/Strecker).

S. 176,1 App.: κεκλικότος bestätigt Williams 16, Anm. 12.

S. **177**,1–3 App. Z. 1 *aktualisiere*: Hipp., Chron. § 54 (GCS Hippolytus 4, 11,8–10 Bauer/Helm); § 108f. (ebd., 18,6–9).

S. 177,4ff. App. Z. 2f. *aktualisiere*: Hom. Clem. IX 4 (GCS Pseudoklementinen 1, 133,6–8 Rehm/Strecker); Clem. recogn. I 30,4–7 (GCS Pseudoklementinen 2, 25,22–26,3 Rehm/Strecker).

S. 177,9 App. Z. 5f. *aktualisiere*: Eus., p.e. X 9,10 (GCS Eusebius 8/1, 587,7–15 Mras/des Places).

S. 177 Textzeugenapp. *ergänze*: Z. 4–11 überliefert in Proc. G., Gen. ad Gen 11,2 (PG 87/1, 312B/C), vgl. Cat. Gen. ad Gen 10,22, fr. 825 Petit (TEG II 195f.); Z. 19 – S. 178,10 Cat. Gen. ad Gen 11,27f., fr. 862 Petit (TEG II 215f.), vgl. Proc. G., Gen. ad Gen 11,26 (PG 87/1, 316D–317A).

S. 177,9: περιέχει nach γίγαντος Proc.

S. 177,9 App.: vor πολὺ + οὐ G U Proc.

S. 177,10f.: ἄμφω, ὅ τε Νεβρὼδ καὶ ὁ Ζωροάστρης] Νεβρώδ τε καὶ Ζωροάστρης Proc.

S. 177,19: ἀνδριαντοπλασία + λέγει δὲ ἐπὶ τοῦ Θάρα, fr. 862 Petit.

S. 177,20f.: ἐκ ... τέχνης < fr. 862 Petit.

S. 178,1 App. Z. 1 *aktualisiere*: Clem. recogn. I 30,5 (GCS Pseudoklementinen 2, 25,24f. Rehm/Strecker).

S. 178,2f. App. Z. 4f. *aktualisiere*: Clem. recogn. I 31,3 (GCS Pseudoklementinen 2, 26,10f. Rehm/Strecker).

S. 178,12 App. 5f. *ergänze*: Vgl. hierzu auch Clem., str. VI 146,3–147,1 (GCS Clemens Alexandrinus 2, 507,8–17 Stählin/Früchtel/Treu); Const. App. II 23,1 (SC 320, 222,7–9 Metzger).

S. 178,16 App. Z. 7 *ergänze*: Vgl. Clem., prot. V 64,5 (GCS Clemens Alexandrinus 1, 49,16 Stählin/Früchtel/Treu).

S. 178,18 App. Z. 9 *aktualisiere*: Hipp., Chron. § 63 (GCS Hippolytus 4, 12,6f. Bauer/Helm).

S. 178 Textzeugenapp. *ergänze*: S. 177,19 – Z.10 Cat. Gen. ad Gen 11,27f., fr. 862 Petit (TEG II 215f.); vgl. Proc. G., Gen. ad Gen 11,26 (PG 87/1, 316D–317A).

S. 178,3 App.: φαίνεται πρὸ πατρὸς τελευτήσας fr. 862 Petit.

S. 178,4: τελευτῶντες ... κατελίμπανον < fr. 862 Petit.

S. 178,5 App.: θανάτῳ ἰδίῳ G U M fr. 862 Petit ἰδίῳ θανάτῳ Georg. Proc.

S. 178,7 App.: + εἴδωλα Georg. fr. 862 Petit.

S. 178,7: οἷς ἔπραξεν < fr. 862 Petit.

S. 178,8 App.: διὰ] ἀπὸ Georg. fr. 862 Petit.

S. 178,9: θεία < fr. 862 Petit.

S. 179,5–8 App. Z. 2f. *ergänze*: Epiphanius weicht hier von Euseb ab, indem er berichtet, Cecrops sei ein Zeitgenosse von Abraham, Ninus und Semiramis gewesen. Laut Eus., Chron. Hier. Abr. 460–463 (GCS Eusebius 7, 41a,9–12 Helm/Treu) lebte Cecrops jedoch zeitgleich mit Mose. Möglicherweise datierte Epiphanius Cecrops früher als Euseb, da er annahm, dass die griechische Zivilisation ihren Anfang bei Cecrops habe und folglich dieser ein Zeitgenosse der ältesten griechischen Könige, der Herrscher von Sikyon, sein müsse; vgl. Adler, 480.

S. 179,17 App. Z. 4 *ersetze*: Vgl. Gen 17,10–14.

S. 179,2 App.: <τῶν ἀνθρώπων> anaceph. Pini.

S. 179,4 App.: Ergänzung Holls bestätigt Pini.

S. 179,14 App.: ἀποτασσόμενος G U M Pini.

S. 179,19: <ἀπὸ> Holl, auch <ἐκ> denkbar Pini.

S. **180**,8 App. Z. 1 *ergänze*: Vgl. auch Gen 21,10; Gal 4,30 u.ö.

S. 180,16 App. Z. 3 *aktualisiere*: Epiph., mens. 71 (74c–74d [syrisch] bzw. 74 [englisch] Dean).

S. 180,19–181,1 App. Z. 4f. *ersetze*: Vgl. Hi 42,17a–e; Julius Africanus bei Georg. Cedr., hist. comp. p. 43 (PG 121, 105C) und Jul. Afr., F31 (GCS Iulius Africanus, 68 Wallraff); vgl. Epiph., mens. 80 (116 [syrisch] bzw. 78 [englisch] Dean).

S. 180,1 App.: τῆς αὐτῆς M Pini.

S. 180,7 App.: εὐδαίμονα + τὴν G M Pini.

S. 180,9 App.: <τόπον τινὰ> Pini.

S. 180,15: ἀνατολικὴν Pini.

S. **181**,3 App. Z. 1 *ersetze*: Gen 27,42–45.

S. 181,5ff. App. Z. 1 *ersetze*: Vgl. Gen 29,31–30,24; auch Gen 35,22–26.

S. 181,7ff. App. Z. 1 *ersetze*: Vgl. Gen 32,23–31.

S. 181,11 App. Z. 1 *ersetze*: Vgl. Gen 32,25.

S. 181,14f. App. Z. 2 *ersetze*: Vgl. Gen 32,31.

S. 181,16 App. Z. 2 *ersetze*: Gen 32,29. Vgl. Epiph., haer. 8,7,5 (GCS Epiphanius 1, 193,23f. Holl).

S. **182**,7 App. Z. 2–4 *ersetze*: Gleichzeitigkeit von Moses und Inachus nach Tat., Orat. 39,2 (PTS 43, 70,10f. Marcovich); vgl. auch Clem., str. I 101,5–102,4 (GCS Clemens Alexandrinus 2, 65,9–66,5 Stählin/Früchtel/Treu); Jul. Afr. bei Eus., p.e. X 10,16 (GCS Eusebius 8/1, 594,13–16 Mras/des Places = F34 [GCS Iulius Africanus, 80,80–83 Wallraff]); Jul. Afr., T47 (GCS Iulius Africanus, 124,4–6 Wallraff); T48a (ebd., 128,1–4); T48b (ebd., 128,3f.); F50 (ebd., 132,3f.).

S. 183,17: ἀπὸ σώματος εἰς σῶμα] Vgl. Epiph., haer. 42,4,6 (GCS Epiphanius 2, 100,9f. Holl/Dummer); 66,55,1 (GCS Epiphanius 3, 91,12 Holl/Dummer).

S. 183,1f.: Nach αἰχμαλωσίαν † Pini.

S. 183,2 App.: χρόνων G U M Pini.

S. 183,12: Ohne Interpunktion Diels, 588.

S. 183,13 App.: ἢ G M Holl ἡ U ἢ Pini.

S. 183,17 App.: <δογματίζουσιν> Holl <φασὶ> o.ä. Pini 158 | σῶμα <καὶ> Öh. | καθαιρομένων <ψυχὰς ἀπὸ> σωμάτων Pini; καταιρομένας σωμάτων G U Diels, 588.

S. 183,18 App.: εἰσδυούσας U M Diels, 588.

S. 183,19 App.: γεννωμένας G U M Diels, 588 | παρυφαίνουσιν G U M παρυφαίνουσι Diels, 588.

S. 184,4f.: εἱμαρμένην τε εἶναι καὶ γένεσιν] Vgl. unten S. 184,27 und Epiph., haer. 16,3,2 (GCS Epiphanius 1, 212,13f. Holl/Dummer).

S. 184,27: Vgl. Epiph., haer. 16,3,2 (GCS Epiphanius 1, 212,13f. Holl/Dummer).

S. 184,1 App.: τοῦτο M Diels, 588.

S. 184,5 App.: lies: S. 184,4 App.: εἶναι *] καλεῖν usw.

S. 184,8: ἐλάσσω U (Pini 158).

S. 185,24f. App. Z. 2f. *ersetze*: Vgl. Hipp., haer. I 19,4 (PTS 25, 76,12f. Marcovich); Epiph., exp. fid. 9,26 (GCS Epiphanius 3, 507,3 Holl/Dummer).

S. 185,15 App.: μετὰ τῶν αὐτῶν M Diels, 588.

S. 185,17 App.: τῇ ὕλῃ Diels, 588.

S. 186,8–10: Vgl. Orph., fr. 168 Kern = Eus., p.e. III 9,2 (GCS Eusebius 8/1, 126, 7–127,16 Mras/des Places).

S. 186,20 App.: περισσοτέρῳ M Diels, 588.

S. 187,20–23 App. Z. 2 *ergänze*: Zur Genealogie vgl. auch Ruth 4,17–22; 1Chr 2, 10–15.

S. 187,5f. App.: ἡ ὑγρὰ ... οὐσία G U M Diels, 589.

S. 187,10 App.: Keine Lücke Pini.

S. 187,12: λοιπὸν + ὡς M U.

S. 187,29f.: αὐτῷ τῷ U (Pini).

S. 188,15f. App. Z. 1 *ergänze*: Vgl. auch Gal 3,28.

S. 188,11 App.: Θάρρα ? Pet. Holl, Ἀρράν ? Pini.

S. 189,10f.: τὸ τούτου σπέρμα πάροικον γινόμενον ἐν γῇ ἀλλοτρίᾳ] Vgl. Gen 15,13; Epiph., haer. 30,28,7 (GCS Epiphanius 1, 372,5f. Holl).

S. 189,5f.: ὅμως ... παραθέσθαι] οὖν ... παραθέσθαι Klostermann (Ms.), ὡς ... παραθήσομαι frühe Überlegung Holls laut Klostermann (Ms.).

S. 190,23 App.: ἐδίδασκεν V Pini.

S. 190,26 App.: οὖν Klostermann (Ms.), < Dind.

S. 191 Textzeugenapp. Z. 1–4 (zu Z. 9– S. 192,9) *ersetze*: Doct. Patr. 32 (237,7–238,3 Diekamp) (=do.); vgl. Epiph., haer. 76,21 (GCS Epiphanius 1, 369, 16–25 Holl/Dummer); Epiph., mens. 3f. (48d,34–49c,28 [syrisch] bzw. 19f. [englisch] Dean / 145,90–146,124 Moutsoulas) sowie Epiph., mens. 23 (61a,2–61c,20 [syrisch] bzw. 44f. [englisch] Dean / 174,679–175,703 Moutsoulas [zu dieser Liste der hebräischen Buchtitel in mens. 23 vgl. auch die Aufzählung bei cod. Hieros. 54, f. 76ʳ aus dem Jahr 1056 n. Chr.; eine Gegenüberstellung beider Listen bietet AcA 1/1, 167f.]); Jo. D., exp. fid. 90 (PTS 12, 210,46–211,71 Kotter); Doct. Patr. 39 (293,24–294,27 Diekamp). Über die genannten und weitere Aufzählungen biblischer Schriften des Alten und Neuen Testaments bei antiken christlichen Autoren informiert Ch. Markschies, Haupteinleitung, in: AcA 1/1, 147–183.

S. 191,1 App.: τῆς σκηνοπηγίας V M Pini.

S. 192,4–7 App. Z. 1f. *ersetze*: Vgl. Epiph., mens. 3f. (48d–49a [syrisch] bzw. 18 [englisch] Dean / 145,93–97 Moutsoulas); 22 (60d–61a [syrisch] bzw. 43 [englisch] Dean / 174,677–679 Moutsoulas); 24 (61d [syrisch] bzw. 45

[englisch] Dean / 176,708–710 Moutsoulas); Epiph., haer. 76,22,5 (GCS Epiphanius 3, 369,18–20 Holl/Dummer); Eus., h.e. VI 25,1f. (GCS Eusebius 2/2, 572,10–576,2 Schwartz/Mommsen/Winkelmann).

S. 192,7–9 App. Z. 2f. *aktualisiere*: Epiph., mens. 4 (49c [syrisch] bzw. 19f. [englisch] Dean / 146,118–122 Moutsoulas).

S. 192 Textzeugenapp. *ergänze*: S. 191,9 – Z. 9 Doct. Patr. 32 (237,7–238,3 Diekamp) (= do.); vgl. Epiph., haer. 76,21 (GCS Epiphanius 1, 369,16–25 Holl/Dummer); Epiph., mens. 3f. (48d,34–49c,28 [syrisch] bzw. 19f. [englisch] Dean / 145,90–146,124 Moutsoulas) sowie Epiph., mens. 23 (61a,2–61c,20 [syrisch] bzw. 44f. [englisch] Dean / 174,679–175,703 Moutsoulas [zu dieser Liste der hebräischen Buchtitel in mens. 23 vgl. auch die Aufzählung bei cod. Hieros. 54, f. 76ʳ aus dem Jahr 1056 n. Chr.; eine Gegenüberstellung beider Listen bietet AcA 1/1, 167f.]); Jo. D., exp. fid. 90 (PTS 12, 210,46–211,71 Kotter); Doct. Patr. 39 (293,24–294,27 Diekamp). Über die genannten und weitere Aufzählungen biblischer Schriften des Alten und Neuen Testaments bei antiken christlichen Autoren vgl. Ch. Markschies, Haupteinleitung, in: AcA 1/1, 147–183.

S. 192,1: ἐπιστολῶν ... Βαροὺχ < G (Pini) | Βαροὺχ] Βαροὺχ θρήνους ἐπιστολὴν Doct. Patr.

S. 192,5: εἰσιν < U (Pini).

S. 195,12: Κουδαίους] Die Κουδαῖοι begegnen weder im Tanach noch in der Septuaginta. R. Zionts sieht es daher als möglich an, dass es sich bei Κουδαῖοι um eine Korruption der Bezeichnung Kuthäer (כותה) aus 2Reg 17,24 handelt. Ferner erwägt er eine Herleitung von „Chaldäer" oder die Nutzung einer uns heute unbekannten Quelle durch Epiphanius für diesen Namen. Vgl. Zionts, 125.

S. 196,22: <ὡς> übernimmt Pini nicht.

S. 197,12–203,15: Filastr., haer. 7,1f. (CChr.SL 9, 219,1–220,14 Heylen und SASA 2, 30 Banterle) bietet ebenfalls eine Beschreibung der Samaritaner, nutzt jedoch eine anderen Quelle als Epiphanius. Für eine deutschsprachige Übersetzung von Epiph., haer. 9 in Auszügen vgl. Zangenberg, 268f. Vgl. auch Pummer, zur Darstellung des Epiphanius insb. 121–183.

S. 197,17: Σαμαρεῖται φύλακες] Dieselbe etymologische Herleitung des Namens der Samaritaner als Wächter oder Behüter ist auch zu finden bei Or., comm. in Jo. XX 35,320f. zu Joh 8,48 (GCS Origenes 4, 374,35–375,10

Preuschen); hom. in Ez. IX 1 (GCS Origenes 8, 407,21–23 Baehrens). Einen möglichen Hinweis auf diese Etymologie bieten die Homilien-Midrasch MTann zu Gen 36 und PRE 38.

S. 197,18: κατὰ τὸν νόμον Μωυσέως] Bei Epiphanius ist die Bezeichung der Samaritaner als Wächter erstmals mit der Begründung überliefert, dass sie das Gesetz des Moses bewahren. Vgl. Pummer, 123 sowie Coggins, 11.

S. 197,19ff. App. Z. 2: I. Kön. 16, 24] *ergänze*: Vgl. auch J., AJ VIII 12,5 (§ 312) (2, 244,6–10 Niese).

S. 197,15 App.: ἐμβροντηθείσης Holl Pini.

S. 197,20: Σωμήρ, οὕτω] Σωμήρου τοῦ M (Pini).

S. 198,2f. App. Z. 2: Panarion h. 66, 83] *ersetze*: Epiph., haer. 66,83,2 (GCS Epiphanius 3, 124,23–25 Holl/Dummer).

S. 198,5 ist die Abschnittsnummerierung zu 5 zu korrigieren.

S. 198,10f.: μόνον ἡ πεντάτευχος] Vgl. Filastr., haer. 7,1 (CChr.SL 9, 219,3f. Heylen und SASA 2, 30 Banterle): *Isti legem accipiunt Mosi, id est quattuor solum libros (…).*

S. 198,13f. App. Z. 3 *aktualisiere*: Epiph., mens. 23 (61a [syrisch] bzw. 44 [englisch] Dean / 174,679–682 Moutsoulas).

S. 198,22–199,1: Vgl. Or., comm. in Mt. XVII 29 zu Mt 22,23–33 (GCS Origenes 10, 666,4–19 Klostermann/Benz); Or., comm. in Jo. XX 35,311 zu Joh 8,48 (GCS Origenes 4, 373,26–29 Preuschen); Or., hom. in Num. XXV 1,3 (SC 461, 190,38–192,45 Doutreleau/Méhat/Borret); Polemik gegen die Bestreitung der Auferstehung bei den Samaritanern findet sich in Cyr. H., catech. 18,1.11–13 (2, 298–300.310–314 Reischl/Rupp) sowie in der rabbinischen Literatur bei SifBam 112 (zu Num 15,31); bSan 90b.

S. 198,11: Lies: ἐξόδῳ.

S. 198,14 App.: βερσὶθ liest in U Pini.

S. 199,17–19: Vgl. Gen 4,10; auch Lev 17,11.14; Dtn 12,23; Epiph., haer. 56,2,11 (GCS Epiphanius 2, 342,3–5 Holl/Dummer).

S. 200,2 App. Z. 1 *ersetze*: Vgl. Num 17,20–23.

S. 200,7 App. Z. 2 *korrigiere*: Dtn 33,6.

S. 200,14f. App. Z. 3 *aktualisiere*: Hipp., haer. IX 15,3 (PTS 25, 361,1f. Marcovich).
   | App. Z. 4f.: Zur Reinigung nach der Berührung mit Fremden Mont-
   gomery, the Samaritans S. 319] *ergänze*: Vgl. ferner Kitāb al-kāfi (ed. ʿAbd
   al-ʿĀl), f. 110; vgl. auch Pummer, 124–127.

S. 200,8 App.: <λέγων> Pini.

S. 200,18 App.: δὲ] γὰρ U (Pini).

S. 201,3 App.: μενεῖ U (Pini).

S. 201,23: ἄρα < U (Pini).

S. 202,8 App. Z. 1 *ersetze*: Geschlossene Türen verhindern das Eindringen von
   Totenunreinheit, vgl. mOhaloth 3,6; 7,3. Vgl. hierzu auch G. Stemberger,
   Einleitung in Talmud und Midrasch, München ⁹2011, 133.

S. 202,13 App. Z. 2f. *ersetze*: Jer 9,20.

S. 202,5: οὗ Pet. Pini, οὐ codd.

S. 202,6: ἄλλου <οὐχ> Pini.

S. 203,16ff. App. Z. 1f.: das im Folgenden Berichtete ist Epiphanius eigentüm-
   lich] *ergänze*: Anders als Epiphanius bezeichnet Eusebius die Essener als
   eine jüdische Sekte, vgl. Eus., h.e. IV 22,7 (GCS Eusebius 2/1, 372,7–11
   Schwartz/Mommsen/Winkelmann). Die Tradition, welche die Essener in
   Samaria lokalisiert, könnte durch die Anmerkung des Josephus, dass die
   Essener weit verteilt waren, gestützt werden, vgl. J., bell. II 8,4 (§ 124) (6,
   177,14f. Niese). R. Pummer hingegen spricht sich dafür aus, dass es sich
   bei den Essenern im kurzen Bericht des Epiphanius wohl kaum um die
   jüdische Gruppierung der Essener, wie sie aus Philo und Josephus
   bekannt ist, handeln könne (vgl. Pummer, 127f.). Für eine deutschsprachige Übersetzung von Epiph., haer. 10 vgl. Zangenberg, 269.

S. 203,7 App.: Ergänzung Holls unnötig Pini.

S. 203,13: τῶν Σαμαρειτῶν V (Pini).

S. 204,14ff. App. Z. 1–3 *ergänze*: Zur Gruppe der Sebuäer und ihrer Bezeichnung: „Der Name erinnert an die elchasaitischen Sobiai (Σοβιαί)
   und die späteren Sābier der arabischen Quellen (…) Sind sie an der Stelle
   der bei ihm [Epiphanius] fehlenden Masbothäer genannt?" (Rudolph, 9);

G. Pini zufolge sind die Sebuäer eventuell sogar identisch mit den Masbothäern, vgl. Eus., h.e. IV 22,5.7 (GCS Eusebius 2/1, 370,17; 372,11 Schwartz/Mommsen/Winkelmann). Einige Autoren möchten den Namen von צבע (taufen) oder סבי (Eigenname) ableiten (vgl. hierzu Pummer, 128f.). Möglich erscheint auch eine Herleitung von שבע (sieben) oder שבוע (ἑβδομάς); die Bezeichnung könnte daher auf die Feier des Pessach im siebten Monat verweisen; vgl hierzu Zionts, 136. Laut J., AJ XIII 3,4 (§ 75) (3, 164,13 Niese) hieß einer der samaritanischen Delegierten an Ptolemaeus VI Philometer Σαββαῖος (vgl. Pummer, 128f). Eine deutschsprachige Übersetzung von Epiph., haer 11 bietet Zangenberg, 269.

S. 205,5–12: Eine deutschsprachige Übersetzung bietet Zangenberg, 269f.

S. 205,5f.:᾽Εσσηνοὶ ... πράττουσι] F. Williams hält diese Aussage für unwahrscheinlich, „especially given the strictness as to the dates of festivals in the qumran community" (Williams[2], 38, Anm. 26), vgl. 1QS 1,14f.

S. 205,13 App. Z. 3 *ergänze*: Zu Dositheus vgl. auch Hier, Lucif. 23 (SC 473, 184,22f. Canellis); Filastr., haer. 4 (CChr.SL 9, 219,1–5 Heylen und SASA 2, 28 Banterle); Or., Cels. I 57 (GCS Origenes 1, 108,26 Koetschau); VI 11 (GCS Origenes 2, 81,17 Koetschau); Or., comm. ser. 33 in Mt. 24,4f. (GCS Origenes 11, 59,23f. Klostermann/Benz). Dositheus findet außerdem Erwähnung in dem sethianischen Traktat StelSeth NHC VII,5, p.118,10–19. Aus der rabbinischen Literatur vgl. PRE 38; y 42,17. Zu Dositheus bzw. den Dositheern in den arabischen und samaritanischen Schriften vgl. Al-Balādhurī, Futūh al-buldān XVI (nach der engl. Übersetzung von: Hitti, 244); Al-Qirqisānī, Kitāb al-anwār wal-marāqib (engl. Übersetzung: Nemoy, 362); Al-Mas῾ūdī, Murūdsch adh-dhahab (Meynard/Courteille, 115; überarbeitet von Ch. Pellat, Bd. 1, Paris 1962, 48, § 109); Al-Shaharastānī, Kitāb al-milal wa al-nihal (ed. W. Cureton, Bd. 1, London 1842, 170; in Übersetzung: Haarbrücker, 258 bzw. Gimaret/Monnot, 609f.); Abu 'l-Fath, Kitāb al-tarīkh, p. 164–170; ferner p. 171–176 (211–219.223–230 Stenhouse). Vgl. zu den Dositheern bei Epiphanius insb. Isser, 38–48 sowie zu den arabischen Quellen ausführlich ebd. 69–106. Eine deutschsprachige Teilübersetzung von Epiph., haer. 13 in Zangenberg, 270. | App. Z. 4–6 *aktualisiere*: Phot., cod. 121 (PG 103, 401D–403A); Hom. Clem. II 24 (GCS Pseudoklementinen 1, 45,2–22 Rehm/Strecker); Clem. recogn. I 54 (GCS Pseudoklementinen 2, 39,4–25 Rehm/Strecker); II 8–11 (ebd., 55,9–58,2); Ps.-Tert., haer. 1,1 (CChr.SL 2, 1401,4–6 Kroymann); Const. App. VI 8,1 (SC 329, 314,4–6 Metzger).

S. 205,15f.: ἐμψύχων ἀπέχονται] Vgl. Epiph., haer. 23,2,5 (GCS Epiphanius 1, 250,19 f. Holl); 30,15,4 (ebd., 353,3–8); 66,9,1f. (GCS Epiphanius 3, 29,16–23 Holl/Dummer).

S. 205,5 App.: τε] δὲ liest in U Pini.

S. 206,6f.: οὗτος συνεμίγη ἀπὸ ᾿Ιουδαίων ὁρμώμενος εἰς τὰ τῶν Σαμαρειτῶν ἔθνη] Die Konversion des Dositheus vom Judentum zu den Samaritanern ist auch überliefert in Tulida 10 א 139 (92 Florentin) und Kitāb al-tarīkh, p. 164f. (211f. Stenhouse).

S. 206,6 App. Z. 1 *aktualisiere*: Filastr., haer. 4 (CChr.SL 9, 219,1 Heylen und SASA 2, 28 Banterle).

S. 206,2 App.: τε] μὲν V G M Pini.

S. 207,7: αἱρέσεις ἑπτά] Ebenfalls sieben, jedoch andere jüdische Häresien bei Heges. apud Eus., h.e. IV 22,7 (GCS Eusebius 2/1, 372,10f. Schwartz/Mommsen/Winkelmann). Zu den Listen der jüdischen Häresien vgl. Ernst, 369–372; Pourkier, 101f.; Zionts, 142–146.

S. 207,9–208,6: Für eine deutschsprachige Übersetzung von Epiph., haer. 14,1f. vgl. Zangenberg, 270.

S. 207,13: Πρῶτοι Σαδδουκαῖοι] Für eine andere Reihenfolge der Häresien 13–16 vgl. Epiph., haer. prooem. I 3,5f. (GCS Epiphanius 1, 157,10.15f. Holl); Epiph., haer. anac. zu Tom. I 13,1–16 (ebd., 166,27–167,24).

S. 207,13 App. Z. 1 *ergänze*: Vgl. auch J., AJ XIII 5,9 (§ 171–173) (3, 182,4–16 Niese); Hier., Lucif. 23 (SC 473, 184,23f. Canellis). | App. Z. 2–7 *aktualisiere*: Just., dial. 80,4 (PTS 47, 209,25–29 Marcovich); Hipp., haer. IX 29 (PTS 25, 375,1–20 Marcovich); Ps.-Tert., haer. 1,1 (CChr.SL 2, 1401,6–8 Kroymann); Clem. recogn. I 54,2 (GCS Pseudoklementinen 2, 39,9 Rehm/Strecker); Const. App. VI 6,2 (SC 329, 308,2f. Metzger); Clem. recogn. I 54,3 (GCS Pseudoklementinen 2, 39,13f. Rehm/Strecker); Ps.-Tert., haer. 1 (CChr.SL 2, 1401,6f. Kroymann); Hipp., haer. IX 29 (PTS 25, 375,14f. Marcovich); Filastr., haer. 5 (CChr.SL 9, 219,1–9 Heylen und SASA 2, 28 Banterle).

S. 207,14f. App. Z. 8 *aktualisiere*: Clem. recogn. I 54,2 (GCS Pseudoklementinen 2, 39,10f. Rehm/Strecker).

S. 207,2: παρεισδύσεις U (Pini).

S. 207,11: πρὸς Pummer, 153.

S. 208,2f. App. Z. 1 *ergänze*: Vgl. Epiph., anc. 116,11 (GCS Epiphanius 1, 144, 30f. Holl).

S. 208,11: ἐτελεύτησε U (Pini).

S. 209,10f.: »φυλακτήρια« ... πορφύρας] Offenbar verwechselt Epiphanius die φυλακτήρια, das heißt die Tephillim, mit den Zizit (vgl. Num 15,38f., griechisch: κράσπεδα). Seine Beschreibung scheint außerdem vom *latus clavus* beeinflußt zu sein. Die korrekte Identifizierung der φυλακτήρια mit den Tephillim findet sich bei Just., dial. 46,5 (PTS 47, 145,36–42 Marcovich); Or., comm. ser. 11 in Mt. (GCS 11, 21,17–22,18 Klostermann/ Benz) sowie Hier., Matt. IV zu Mt 23,5 (CChr.SL 77, 212,92–109 Hurst/ Adriaen); vgl. Lieu, 513.

S. 209,14f.: ἀμπεχόνας ... δαλματικὰς ... κολοβίωνας] Diese Ausdrücke finden sich nicht in den NT-Passagen zu den Schriftgelehrten wieder. Somit schöpft Epiphanius hier entweder aus anderen Quellen oder aus eigener Kenntnis jüdischer Bräuche seiner Zeit. ἀμπεχόνη bezeichnet wohl den Tallit; die Bezeichnung δαλματική wird als *terminus technicus* ins Hebräische übernommen und erscheint zuerst in mKil 9,7; vgl. hierzu Lieu, 515f. Κολοβίωνα finden als Merkmal der Zurschaustellung Erwähnung in Epiph., haer. 69,3,1 (GCS Epiphanius 3, 154,15 Holl/Dummer). | App. Z. 2 *aktualisiere*: Just., dial. 46,5 (PTS 47, 145,36f. Marcovich).

S. 209,23f.: ῥοΐσκους δέ τινας ἐπὶ τὰ τέσσαρα πτερύγια τοῦ τρίβωνος ἕκαστος εἶχεν] Hier scheint eine Verwechslung vorzuliegen: Die ῥοΐσκοι, die Granatäpfel am Gewand des Hohepriesters, sind ringsherum am Saum angebracht (vgl. Ex 28,33f.). Nur die Zizit (griechisch: κράσπεδα) finden sich an den Ecken (bzw. ein Daumenglied weit entfernt von den Ecken) des Tallit angebracht (vgl. bMen 42b); vgl. Lieu, 513. Zum Thema vgl. auch Ex 39,24–26; J., AJ III 7,4 (§ 160) (1, 190,13–17 Niese); Ph., v. Mos. II 118–121; Hier., ep. 64,14 (CSEL 54, 600,4–19 Hilberg); 64,18,1–3 (ebd., 605,1–606,6).

S. 209,27f. App. Z. 3 *aktualisiere*: Or., comm. ser. 20 in Mt. 23,23f. (GCS Origenes 11 35,27f. Klostermann/Benz).

S. 209,29–210,3 App. Z. 4 *ergänze*: Der Begriff δευτέρωσις ist eine Übertragung von hebr. Mischna. So auch Hier., ep. 121,10,21 (CSEL 56/1 49,9–19 Hilberg) und Eus., p.e. XI 5,3 (GCS Eusebius 8/2, 11,11 Mras/des Places). Mit der δευτέρωσις des Moses könnte das Buch Deuteronomium gemeint sein oder eine Anspielung auf die Formulierung halākâ lě-Moše mi-Sînai, wie sie in mPea 2,6; mEd 8,7, mYad 4,3 zu finden ist. Akiba war Rabbi im Palästina des 2. Jh., und eine Mischna des Rabbi Akiba wird in mSan 3,4 erwähnt. Die dritte genannte δευτέρωσις ist die Mischna, die wohl von Rabbi Jehuda ha-Nasi endredigiert wurde, während sich Hinweise auf eine Mischnaschule der Söhne des Asmonäus bzw. der

Hasmonäer nicht in der rabbinischen Literatur finden. Vgl. hierzu Lieu, 514 sowie Zionts, 155–157. | App. Z. 6: Strack, Einl. in den Talmud[4] S. 19f] *ersetze*: G. Stemberger, Einleitung in Talmud und Midrasch, München [9]2011, 20f.

S. 209,7 App.: καθάρματά τινα Pini.

S. 209,28: ἄψητε V (Pini).

S. 210,7ff. App. Z. 1–3 *aktualisiere*: Just., dial. 80,4 (PTS 47, 209,28 Marcovich); Clem. recogn. I 54,6 (GCS Pseudoklementinen 2, 39,19f. Rehm/Strecker); Hipp., haer. IX 28,3–5 (PTS 25, 374,13–27 Marcovich); Ps.-Tert., haer. 1,1 (CChr.SL 2, 1401,8–11 Kroymann); Const. App. VI 6,3 (SC 329, 308,3f. Metzger).

S. 211,1f. App. Z. 1f. *aktualisiere*: Const. App. VII 23,1 (SC 336, 50,1f. Metzger).

S. 211,7ff. App. Z. 2–4 *aktualisiere*: Hom. Clem. XI 28,4 (GCS Pseudoklementinen 1, 168,11f. Rehm/Strecker); Ps.-Tert., haer. 1,1 (CChr.SL 2, 1401,8–11 Kroymann); Or., comm. ser. 20 in Mt. 23,23 (GCS Origenes 11, 35,28–30 Klostermann/Benz).

S. 211,13 App. Z. 5f. *aktualisiere*: Hipp., haer. IX 28,5 (PTS 25, 374,21–23 Marcovich); Const. App. VI 6,3 (SC 329, 308,3f. Metzger).

S. 211,13–20 App. Z. 6 *ergänze*: Ähnliche Auflistungen bieten Rechter Ginza 27 (28,25–30 Lidzbarski); 171 (ebd., 176,15–17); PS 136 (GCS Koptisch-Gnostische Schriften 1, 234,29f. Schmidt/Till); Keph. 168,1–16. Die traditionellen jüdischen Namen für die sieben Planeten sind zuerst bezeugt im Babylonischen Talmud (bShab 156a): Hammah, Lebānāh, Kôkab, Nôgah, Kôkāb, Ma'adîm, Sedeq, Sâbbetay. Interessanterweise decken sich die bei Epiphanius genannten Planetennamen nur teilweise mit den traditionellen hebräischen Namen. Hinter den meisten Ausdrücken in dessen Aufzählung lässt sich jedoch eine semitische Wurzel erkennen; möglicherweise handelt es sich daher um die ursprünglichen semitischen Bezeichnungen der Planeten. Zu den Planetennamen vgl. ausführlich Stieglitz, 135–137; Lieu, 519–522; Zionts, 170–173.

S. 211,18: χωχὲβ ὀκβόλ] Möglich erscheint auch die Lesart ὀκμώλ, da der Text hier schlecht überliefert ist und die Phrase in der Handschrift M vollständig fehlt, was J. Lieu veranlasst zu erwägen, ob „the reading may be partly assimilated to the definition of Mercury which follows" (Lieu, 520). Anders als bei den anderen genannten Planetenbezeichnungen (s. Anm. zu S. 211,13–20) lassen sich beide Lesarten kaum zufriedenstellend von einer hebräischen Wurzel ableiten. Als Vorschläge wurden bisher u.a. קבל, קמול, חמל geboten (vgl. Lieu, 520). R. Zionts bringt die Lesart Holls χωχὲβ ὀκβόλ mit חבל („zerstören") in Verbindung, was zumindest mit dem Gott des Krieges und der Zerstörung assoziiert werden könnte (Zionts, 171). Die jüdischen Quellen geben Ares bzw. Mars hingegen übereinstimmend mit Maʾadîm wieder, vgl. BerR 10,4 zu Gen 2,1. R. Stieglitz vermutet hinter χωχὲβ ὀκβόλ die traditionelle Bezeichnung, welche später zu der religiös neutralen Titulierung Maʾadîm abgeändert wurde (Stieglitz, 136).

S. 211,24–212,7: Dies ist der früheste Beleg für eine Transkription der hebräischen Namen der Tierkreiszeichen. Zu den Namen der Tierkreiszeichen bei Epiphanius und den jüdischen Quellen vgl. Stieglitz, 135; Lieu, 522; Zionts, 173–175.

S. 211,9: τὴν < V (Pini).

S. 211,19 App.: λουηθὸ liest in M Pini.

S. 212,13f. App. Z. 1f. *ergänze*: Vgl. Epiph., haer. 5,1,5 (GCS Epiphanius 1, 184, 4f. Holl).

S. 212,26f.: ὁπότε διὰ τὸ δύνασθαι ἁμαρτεῖν καὶ μὴ ἁμαρτεῖν] Vgl. Epiph., haer. 69,52,7 (GCS Epiphanius 3, 199,9–15 Holl/Dummer).

S. 212,1 App.: μωμοζάνην liest in V Pini μωμαζάνην liest in M Pini.

S. 213,5 App.: <ὁ> übernimmt Pini nicht.

S. 213,18: ἐν τῷ ὑπεράνω τοῦ οὐρανοῦ Pini.

S. 214,3ff. App. Z. 2f. *aktualisiere*: Hom. Clem. II 23,1 (GCS Pseudoklementinen 1, 44,18 Rehm/Strecker); Just., dial. 80,4 (PTS 47, 209,28 Marcovich); Const. App. VI 6,5 (SC 329, 308,7–310,10 Metzger).

S. 214,5f. App.: καλουμένη G U M Pini.

S. 214,7: ἐξισουμένη <καὶ> Pini.

S. 214,8: ἀναστάσει μόνον, ἀλλὰ τῇ ἀπιστίᾳ [καὶ] τοῖς ἄλλοις Pini nach den Hss.

S. 214,13 App.: βαπτίσει liest in M Pini.

S. 215,13ff. App. Z. 4 *ergänze*: F. Williams zufolge hat die Gruppe der hier beschriebenen Nasaraeer Merkmale mit den Mandäern gemein. Von A. Schmidtke wird die Existenz einer solchen Gruppe der Nazaraeer/ Nasaraeer bestritten, vgl. Schmidtke, 199–202. Auch J. Frey geht davon aus, dass die hier beschriebene Gruppe „der Phantasie des eifrigen Häresiologen entsprungen" sei (J. Frey, Die Fragmente des Nazoräer-evangeliums, in: AcA 1/1, 624, Anm. 16). M. Black hingegen kommt zu dem Schluss, dass „Epiphanius's pre-Christian sect of the ‚Nasaraeans' is not to be dismissed as a patristic fiction" (Black, Scrolls, 66–74, Zitat 74); er erwägt außerdem, ob die Bezeichnung Νασαραῖοι die griechische Aussprache und Adaption des aramäischen Natarayyā gibt, welches wiederum das aramäische Äquivalent zu Šamerîm ist, sodass ihm eine Beziehung oder gar Identität mit den Samaritanern möglich scheint (vgl. Black, Accounts, 301). Gegenüber Blacks Vertrauen auf die Darstellung des Epiphanius äußerte sich Bauer, 282, Anm. 5 kritisch.

S. 215,24–216,1: Ἀβραὰμ καὶ Ἰσαὰκ ... καὶ Ἰησοῦν τὸν τοῦ Ναυῆ] Vgl. Epiph., haer. 30,18,4 (GCS Epiphanius 1, 357,23–25 Holl).

S. 216,23f.: ἀλλὰ καὶ ὅπου ἡ δρῦς τῆς Μαμβρῆ, ἔνθα τοῖς ἀγγέλοις παρετέθη ὁ μόσχος] Vgl. Gen 18,1.7f.

S. 216,27: τοῦ προβάτου ⟨τοῦ⟩ τυθέντος ἐν τῇ τῶν Αἰγυπτίων] Vgl. Ex 12,3–6.

S. 216,24 App.: εἰ] ὅπου G U M Pini.

S. 216,30: ἐκ μίλτεως + δὲ M (Pini).

S. 217,6f. App. 1f. *aktualisiere*: Thphl. Ant., Autol. III 19,7 (PTS 44, 119,21f. Marcovich); Hipp., haer. X 30,7 (PTS 25, 406,32 Marcovich).

S. 217,17ff. App. 3 *ergänze*: „Das Wort Ὀσσαῖοι ist natürlich durch Ver-schreibung aus Ἐσσαῖοι entstanden; ja, ursprünglich müssen die Ketzer von haer. 19 bei Epiphanius wirklich noch diesen Namen getragen ha-ben, da sie Ankoratus 12 (...) neben den Nasaraeern und Hemero-baptisten als die Ἐσσαῖοι angeführt werden" (Schmidtke, 199f.).

S. 217,23: κληθείσης] καλουμένης U (Pini).

S. 218,2ff. App. Z. 3 *aktualisiere*: Hipp., haer. IX 13,2–6 (PTS 25, 357,6–359,36 Marcovich).

S. 218,3 App. Z. 4 *aktualisiere*: Hipp., haer. IX 13,4 (PTS 25, 358,16f. Marcovich [mit leicht verändertem Text]).

S. 218,4: συνεγράψατο δὲ οὗτος βιβλίον] Vgl. Hipp., haer. IX 13,1 (PTS 25, 357, 4–6 Marcovich).

S. 218,10ff. App. Z. 8–10 *ersetze*: Zur Schwurformel vgl. Epiph., haer. 19,6,4 (GCS Epiphanius 1, 223,27f. Holl); 30,17,4 (ebd., 356,12–14); Hipp., haer. IX 15,2 (PTS 25, 360,9–11 Marcovich); IX 15,5 (ebd., 361,28–30). Eine ähnliche, aber kürzere Liste findet sich in Clem. contest. 4,1 (GCS Pseudoklementinen 1, 4,6–8 Rehm/Strecker). Zur Zeugenreihe vgl. Daniélou, 488 sowie Klijn/Reinink, 57f., Anm. 3.

S. 218,19 ist die Absatzzählung 9 am Rand zu 2,1 zu korrigieren.

S. 218,5: ὧς <τινες> κατὰ Marcovich.

S. 218,9f. App.: τὴν ἰδίαν αὐτῷ αἵρεσιν πλανήσας Pini.

S. 218,10: πλάσας, + ποτὲ μὲν ? Klostermann (Ms.).

S. 218,13 App.: <ὧς> übernimmt Pini nicht.

S. 218,18 App.: καιροῦ G U M Pini.

S. 219,5 ist die Absatzzählung 10 am Rand zu 2,2 zu korrigieren.

S. 219,7f. App. Z. 3 *ergänze*: Vgl. Epiph., haer. 20,3,2 (GCS Epiphanius 1, 226,22 Holl).

S. 219,10 ist die Absatzzählung 11 am Rand zu 2,3 zu korrigieren.

S. 219,13 ist die Absatzzählung 12 am Rand zu 2,4 zu korrigieren.

S. 219,14f.: Μαρθοῦς τις καὶ Μαρθάνα δύο ἀδελφαὶ] Vgl. Epiph., haer. 53,1,2 (GCS Epiphanius 3, 315,4–7 Holl/Dummer).

S. 219,18 ist die Absatzzählung am Rand zu 2,5 zu korrigieren.

S. 219,13 App.: <ἡ αἵρεσις περιῆν> Holl Pini.

S. 220,8–13: Vgl. Epiph., haer. 53,1,8 (GCS Epiphanius 2, 315,25f. Holl/Dummer).

S. 220,9 App. Z. 1f. *aktualisiere*: Hipp., haer. IX 15,1 (PTS 25, 360,5–7 Marcovich [mit leicht verändertem Text]).

S. 220,14 App. Z. 4: Ezechiel 8, 16ff] *ergänze*: Vgl. 1Reg 8,48.

S. 220,19–24: Vgl. Epiph., haer. 18,1,4 (GCS Epiphanius 1, 216,3–5 Holl) sowie
30,13,4f. (ebd., 350,2–7); 30,15,3f. (ebd., 352,12–353,8); 30,16,5.7 (ebd.,
354,6–9 und 354,12–355,3); 30,18,7 (ebd., 358,10–359,2); 30,22,3–5 (ebd.,
362,23–363,14); 52,1,4 (GCS Epiphanius 2, 315,14 Holl/Dummer); 52,1,7
(ebd., 315,24); Epiph., anac. zu Tom. II 30,3 (ebd., 236,18–20).

S. 220,5 App.: ἐμπιστεύσειε G U M Pini.

S. 220,24: ὡσεὶ U (Pini).

S. 221,6ff. App. Z. 3 *ergänze*: Vgl. außerdem Epiph., haer. 53,1,9 (GCS Epipha-
nius 2, 316,3–7 Holl/Dummer); EvPetr 10 (GCS Evangelium Petri, 42,8–14
Kraus/Nicklas); A. Jo. 89 (CChr.SA 1, 193,1–15 Junod/Kaestli); 90 (ebd.,
195,8–16) u.ö. In den Shiꜥur Qoma-Texten (Datierung unklar) werden die
Ausmaße des Schöpfers in Parasangen geboten (vgl. Cohen, 220f.). Zur
Betonung der Größe von Erscheinungen vgl. auch Herm., sim. VIII 1,2
(SUC 3, 280 Leutzsch [mit weiteren Belegen ebd., S. 479f., Anm. 194]); IX
6,1 (SUC 3, 310 Leutzsch). | App. Z. 4 *aktualisiere*: Hipp., haer. IX 13,2f.
(PTS 25, 357,7–358,14 Marcovich [mit verändertem Text]).

S. 221,13ff. App. Z. 14 *ergänze*: Vgl. Dummer, Sprachkenntnisse, 43f. G.P.
Luttikhuizen vermutet, dass die Inversion bereits Teil des hypo-
thetischen aramäischen Textes des Buches Elxais gewesen sein könnte.
Bei der Übersetzung ins Griechische sei die Wortstellung beibehalten
und somit unverständlich geworden (vgl. Luttikhuizen, 124f. sowie zur
Fehlinterpretation der Formel durch Epiphanius ebd., 101, Anm. 22).

S. 221,2: τέκνα, πορεύεσθε μὴ ... U (Pini).

S. 222,9–13: „Mit dieser Stelle ist eindeutig erwiesen, daß von einer wirklichen
Kenntnis des Aramäischen bei Epiphanius nicht gesprochen werden
kann" (Dummer, Sprachkenntnisse, 44).

S. 222,25f.: συνῆπται γὰρ οὗτος πάλιν ὁ ʾΗλξαῒ τοῖς μετὰ τὸν Χριστὸν
ʾΕβιωναίοις] Vgl. Epiph., haer. 53,1,3 (GCS Epiphanius 2, 315,8f. Holl/
Dummer).

S. 222,25 App.: συνῆπταται (sic) M (Pini).

S. 223,7 App. Z. 1 *aktualisiere*: Epiph., mens. 14 (54c [syrisch] bzw. 30 [englisch]
Dean / 158,372–374 Moutsoulas).

S. 223,2 App.: <καὶ> Pini.

S. 224,7ff. App. Z. 1f. *aktualisiere*: Ps.-Tert., haer. 1,1 (CChr.SL 2, 1401,11–13 Kroymann); Hier., Lucif. 23 (SC 473, 184,27 Canellis); Filastr., haer. 28 (CChr.SL 9, 228,1–4 Heylen und SASA 2, 48 Banterle).

S. 224,17–225,13 App. Z. 4f.: Jul. Africanus ep. ad Arist. bei Eusebius h.e. I 7,11f] *ergänze*: Vgl. Jul. Afr., Frg. F87a/b (GCS Iulius Africanus, 258–260 Wallraff). | App. Z. 5: vgl. Eusebius h.e. I 6,2ff] *ergänze*: F. Williams vermutet, dass es sich hierbei um die von Epiphanius verwendete Quelle zur Darstellung der Herodianer handelt. Allerdings soll Epiphanius den Text des Eusebius nicht vor sich gehabt, sondern die Stelle aus dem Gedächtnis fehlerhaft wiedergegeben haben (vgl. Williams², 53, Anm. 50).

S. 225,12ff. App. 5: vgl. haer. 51, 22, 20ff] *ergänze*: Vgl. Epiph., haer. 29,3,2 (GCS Epiphanius 1, 323,9–11 Holl).

S. 225,12: Αὔγουστον + αὐτὸς U (Pini).

S. 225,14f.: Statt <ἐξέλιπον> Holl schlägt Diekamp in Z. 14 διήρκεσαν vor, vgl. Epiph., haer. 29,3,2 (GCS Epiphanius 1, 323,9f. Holl).

S. 225,18: ἐκλήψει U (Pini).

S. 225,22 App.: τούτῳ Klostermann (Ms.) Pini | <τὸ> auch Klostermann (Ms.).

S. 226,22 App. Z. 2 *ergänze*: Vgl. Epiph., haer 53,1,1–3 (GCS Epiphanius 2, 314, 24–315,12 Holl/Dummer).

S. 226,24 App.: <οὖσιν> Pini.

S. 227,6–8: Vgl. Epiph., haer. 53,1,3 (GCS Epiphanius 2, 315,9f. Holl/Dummer).

S. 227,10–233,15: Bezeugt in Wien, ÖNB, Suppl. gr. 91, ff. 92ʳ–96ʳ (14. Jh.), vgl. hierzu auch die textkritische Anm. zu S. 233,15. Bis S. 233,12 auch syrisch überliefert in London, BL, Add. 14601, ff. 68a–69b (9. Jh.).

S. 227,12–15: Bezeugt in London, BL, Add. 12156, f. 132ʳ, Kol. 2,20–28 (= syr. anaceph.). Zu dieser syrischen Handschrift vgl. die Anm. zu S. 162,3–168, 13.

S. 227,6: Ὀσσενοὶ U (Pini).

S. 227,24: καὶ¹ < U (Pini).

S. 228,1f.: ἐγκυμονηθέντα οὐκ ἀπὸ σπέρματος ἀνδρός, ἀλλὰ διὰ πνεύματος ἁγίου, ἀληθινῶς σῶμα ἀπὸ Μαρίας ἐσχηκότα] Vgl. Epiph., haer. 69,49,1 (GCS Epiphanius 3, 195,25–30 Holl/Dummer); 69,51,6 (ebd., 198,7–10); 69,55,6 (ebd., 202,22–28).

S. 228,20–229,8: Vgl. Epiph., haer. 51,10,1 (GCS Epiphanius 2, 261,9–12 Holl/Dummer).

S. 228,20f.: τεσσαρακοστῷ δὲ δευτέρῳ Αὐγούστου] Gerechnet ab der Schlacht bei Philippi (42 v. Chr.).

S. 229,14 App. Z. 8: Vgl. Luk. 4,9] *korrigiere*: Vgl. Lk 4,15.

S. 229,2: τῆς < anaceph. (Pini).

S. 230,4 App. Z. 1 *ergänze*: Vgl. Ps 67 (68),19.

S. 230,8–12: Vgl. Epiph., anc. 91,1–4 (GCS Epiphanius 1, 112,3–19 Holl); Epiph., haer. 77,29,2 (GCS Epiphanius 3, 441,27–442,2 Holl/Dummer).

S. 230,23–231,6: Vgl. Epiph., haer. 64,64,3f. (GCS Epiphanius 2, 503,20–25 Holl/Dummer).

S. 230,17: πιστουμένας + ἐπιζητουμένας U (Pini).

S. 231,1 App. Z. 1 *ergänze*: Vgl. auch Joh 20,26.

S. 231,16: σύνδεσμος steht für die Einheit der drei Personen, vgl. auch Epiph., anc. 4,5 (GCS Epiphanius 1, 10,13–17 Holl).

S. 231 Textzeugenapp. *ergänze*: Zu U vgl. Holl, Überlieferung, 46–54.

S. 231,14 App.: <σφραγίζεσθαι>] <βαπτίζεσθαι> Pini.

S. 232,13f. App. Z. 2 *ergänze*: Vgl. außerdem Adam., dial. I 5 (GCS Adamantius 8,23–11,33 van de Sande Bakhuyzen).

S. 232,13 App.: εὑρίσκεται M U (Pini), zu U vgl. Textzeugenapp. S. 231.

S. 233,9–12: Bezeugt in London, BL, Add. 12156, f. 132ʳ, Kol. 2,28–38 (= syr. anaceph.). Zu dieser Handschrift vgl. die Anm. zu S. 162,3–168, 13.

S. 233,3 App.: τῆς] τὴν M anaceph. (Pini).

S. 233,15 App.: „Anhang" auch in Wien, ÖNB, Suppl. gr. 91, ff. 92ʳ–96ʳ.

S. 234,1–237,14: Überliefert in Jo. D., haer. 20–33 (PTS 22, 25,6–29,6 Kotter); vgl. hierzu auch die synoptischen Gegenüberstellungen in Knorr, 119f.

S. 234 Textzeugenapp. Z. 1f. *ergänze*: O. Knorr vermerkt kritisch, „daß Holl im Irrtum war, wenn er glaubte, unter den Texten der Parallelüberlieferung die Anakephalaiosis höher werten zu müssen als das Zeugnis des Liber de haeresibus des Johannes von Damaskus (…) Wahrscheinlich hatte Johannes von Damaskus ein vollständiges Exemplar des epiphanischen Häresienkataloges zur Hand, aus dem er sich seinen eigenen Auszug der Inhaltsangaben des Panarion fertigte. Dadurch steht sein Liber de haeresibus noch heute den Inhaltsangaben des Panarion textlich weit näher als der durch häufiges Kopieren stark entstellte Text der pseud-epiphanischen Anakephalaiosis" (Knorr, 121). Vgl. hierzu auch die Anm. zum Sachapparat von Epiph., haer. anac. I 3,5–7 (GCS Epiphanius 1, 164,2–9 Holl); I 4 (ebd., 164,16–165,3); II 21,1 (ebd., 234,1–4); II 26,2 (ebd., 235,22).

S. 234,9 App.: <ἐπέχουσαν> „in syrischer Anaceph. liegt ein entsprechendes Verb nicht vor" Abramowski, 225.

S. 235,13 App.: ταχθέντος V (Pini).

S. 235,21: δὲ² < V (Pini).

S. 235,22 App.: τὴν V M (Knorr).

S. 235,27: καὶ] οὐδὲ Jo. D., haer. Knorr.

S. 236,13f.: οἷς συνήφθη κατά τι ἡ τῶν Σαμψαίων τε καὶ Ἐλκεσαίων αἵρεσις] Im Hauptkapitel über die Ebioniten berichtet Epiphanius, dass Elxai sich den Ebioniten anschloss, vgl. Epiph., haer. 30,3,2 (GCS Epiphanius 1, 336, 1f. Holl); vgl. auch Epiph., haer. 30,17,5 (ebd., 356,15–17).

S. 237,11f.: οὗτος διαφέρεται V M (Pini).

S. 238,1ff. App. Z. 1 *ergänze*: Zu Simon und den Simonianern vgl. außerdem u.a. Or., Cels. V 62 (GCS Origenes 2, 65,14–25 Koetschau); Eus., h.e. II

1,10–12 (GCS Eusebius 2/1, 106,17–108,10 Schwartz/Mommsen/Winkel-mann); Thdt., haer. I 1 (PG 83, 341C–345B); Tim. CP, haer. 18 (PG 86/1, 25B–28A) sowie in den Nag Hammadi Codices TestVer NHC IX,3 p.58,2–6 und eventuell ApcPt NHC VII,3 p.74,28–34. Zum Verhältnis der Quellen über Simon vgl. Williams[2], 61, Anm. 1. | App. Z. 2–4 *aktualisiere*: Just., 1apol. 26,2f. (PTS 38, 69,4–70,14 Marcovich); 56,1f. (ebd., 112,1–11); dial. 120,6 (PTS 47, 278,49f. Marcovich); Iren., haer. I 23,1–4 (SC 264, 312,1–320,92 Rousseau/Doutreleau = FC 8/1, 288,1–294,9 Brox); Hipp., haer. VI 7,1–20,4 (PTS 25, 212,1–229,24 Marcovich); Ps.-Tert., haer. 1,2 (CChr.SL 2, 1401,13–19 Kroymann); Filastr., haer. 29 (CChr.SL 9, 228,1–229,35 Heylen und SASA 2, 48–50 Banterle); Const. App. VI 7–9 (SC 329, 310,1–320,43 Metzger).

S. 238,6f. App. Z. 5–7 *aktualisiere*: Just., 1apol. 26,2 (PTS 38, 69,4f. Marcovich); Hipp., haer. VI 7,1 (PTS 25, 212,1 Marcovich); VI 20,3 (ebd. 228,13); Hom. Clem. I 15,2 (GCS Pseudoklementinen 1, 31,5 Rehm/Strecker); II 22,2 (ebd. 44,2); Clem. recogn. II 7,1–3 (GCS Pseudoklementinen 2, 55,1–9 Rehm/Strecker).

S. 238,9ff. App. Z. 8 *ergänze*: Wie Hippolyt und Irenaeus zu entnehmen ist, behauptete Simon, den Heiden als der Heilige Geist erschienen zu sein. F. Williams nimmt an, dass Epiphanius diese Information auslässt, da er glaubte, Simon habe Helena als Heiligen Geist bezeichnet, vgl. Epiph., haer. 21,2,3f. (GCS Epiphanius 1, 240,1f. Holl). Zur Auffassung Simons als Vater vgl. Filastr., haer. 29,2 (CChr.SL 9, 229,6 Heylen und SASA 2, 48 Banterle): *Quem Samaritani quasi patrem venerantur (…).* | App. Z. 8–17 *aktualisiere*: Iren., haer. I 23,1 (SC 264, 314,27–32 Rousseau/Doutreleau = FC 8/1, 290,2–6 Brox); Hipp., haer. VI 19,4 (PTS 25, 226,19 Marcovich); VI 19,6 (ebd., 227,34–36 [mit leicht verändertem Text]); Tert., an. 34,4 (CChr.SL 2, 836,35f. Waszink); Ps.-Tert., haer. 1,2 (CChr.SL 2, 1401,15–19 Kroymann).

S. 238 Textzeugenapp. *ergänze*: Z. 12 – S. 239,5 in Cat. Act. ad Act 8,9 (III, 135, 12–19 Cramer) (= cat.).

S. 238,5: ἐν] παρ᾽ V (Pini).

S. 238,5 App.: <πιστευόντων> übernimmt Pini nicht.

S. 238,6 App.: ἐργαζομένη bevorzugt Pini.

S. 238,12: ὑπεκορίσατο cat. | δὲ < cat.

S. 238,13: ἴσα < cat. | τοῖς ἄλλοις ὁμοίως ὑπὸ cat.

S. 239,5ff. App. Z. 1 *ergänze*: Vgl. hierzu Iren., haer. I 23,1 (SC 264, 312,14–20 Rousseau/Doutreleau = FC 8/1, 288,13–19 Brox); Tert., an. 34,2 (CChr.SL 2, 835,8f. Waszink); Ps.-Tert., haer. 1,2 (CChr.SL 2, 1401,14f. Kroymann).

S. 239,12–15: Vgl. Hipp., haer. VI 7,1 (PTS 25, 212,4–6 Marcovich): τὰ μὲν παίξας πολλοὺς κατὰ τὴν Θρασυμήδους τέχνην (...) τὰ δὲ καὶ διὰ δαιμόνων κακουργήσας (...); Filastr., haer. 29,1 (CChr.SL 9, 229,4 Heylen und SASA 2, 48 Banterle); Clem. recogn. II 7 (GCS Pseudoklementinen 2, 55, 1–9 Rehm/Strecker).

S. 239,21ff. App. Z. 1–3 *aktualisiere*: Just., 1apol. 26,3 (PTS 38, 70,11–14 Marcovich); Hom. Clem. II 23,3 (GCS Pseudoklementinen 1, 44,22–25 Rehm/ Strecker); Clem. recogn. II 8,1–9,1 (GCS Pseudoklementinen 2, 55,11–56,2 Rehm/Strecker); Iren., haer. I 23,2 (SC 264, 314,36 Rousseau/Doutreleau = FC 8/1, 290,10 Brox); Hipp., haer. VI 19,3 (PTS 25, 226,16 Marcovich); Tert., an. 34,2 (CChr.SL 2, 835,13 Waszink).

S. 239,25ff. App. Z. 4–11 *aktualisiere*: Just., 1apol. 26,3 (PTS 38, 70,11–14 Marcovich); Iren., haer. I 23,1f. (SC 264, 314,31–39 Rousseau/Doutreleau = FC 8/1, 290,5–13 Brox); Tert., an. 34,3 (CChr.SL 2, 835,15f. Waszink); Hipp., haer. VI 18,3 (PTS 25, 224,9–11 Marcovich [mit leicht verändertem Text]); VI 19,2 (ebd., 226,8f. [mit verändertem Text]); Ps.-Tert., haer. 1,2 (CChr.SL 2, 1401,17f. Kroymann).

S. 239 Textzeugenapp. *ergänze*: S. 238,12 – Z. 5 in Cat. Act. ad Act 8,9 (III, 135, 12–19 Cramer) (= cat.).

S. 239,1 App.: οἱ δὲ πάντες V cat.

S. 239,3: ὁ [᾽Απόστολος] Φίλιππος cat.

S. 239,7: χρήματα//Πέτρῳ V (Pini) | τῷ ? Pini.

S. 239,14: δαιμόνων V (Pini).

S. 240,2 App. Z. 1–3 *aktualisiere*: Iren., haer. I 23,3 (SC 264, 316,61 Rousseau/ Doutreleau = FC 8/1, 292,6 Brox); Hipp., haer. VI 19,4 (PTS 25, 226,16–18 Marcovich); Ps.-Tert., haer. 1,2 (CChr.SL 2, 1401,17f. Kroymann). | App. Z. 3 *ergänze*: In Protennoia NHC XIII,1 p.40,8–18 steigt Protennoia um Sophia willen in die Welt der Sterblichen herab.

S. 240,3 App. Z. 4 *ergänze*: Der Erlöser wechselt die Gestalt oder wird unsichtbar während des Abstiegs in Iren., haer. I 30,12 (SC 264, 380,223–228 Rousseau/Doutreleau = FC 8/1, 346,8–12 Brox); EpAp 13 (AcA 1/2, 1070); Protennoia NHC XIII,1 p.49,15–23; EvPhil NHC II,3 p.57,28–58,2; 2LogSeth NHC VII,2 p.56,21–33; Zostr NHC VIII,1 p.4,29f.; PS 4 (GCS Koptisch-Gnostische Schriften 1, 4,30–5,12 Schmidt/Till); Linker Ginza 47

(465,14–17 Lidzbarski); Keph. 61,22f. | App. Z. 4–11 *aktualisiere*: Iren., haer. I 23,3 (SC 264, 316,65–318,68 Rousseau/Doutreleau = FC 8/1, 292,10–12 Brox) = Hipp., haer. VI 19,6 (PTS 25, 227,31–33 Marcovich); Tert., an. 34,4 (CChr.SL 2, 836,34f. Waszink); Ps.-Tert., haer. 6,5 (CChr.SL 2, 1409, 20–26 Kroymann).

S. 240,5 App. Z. 11f. *aktualisiere*: Hom. Clem. II 25,2–4 (GCS Pseudoklementinen 1, 45,24–46,6 Rehm/Strecker); Clem. recogn. II 12,1–4 (GCS Pseudoklementinen 2, 58,2–15 Rehm/Strecker); Iren., haer. I 29,4 (SC 264, 362,52–54 Rousseau/Doutreleau = FC 8/1, 330,1–3 Brox).

S. 240,6f. App. Z. 14 *ergänze*: Vgl. auch Hipp., haer. VI 19,3 (PTS 25, 226,14f. Marcovich); Ps.-Tert., haer. 1,2 (CChr.SL 2, 1401,16f. Kroymann); Filastr., haer. 29,4 (CChr.SL 9, 229,12–14 Heylen und SASA 2, 48 Banterle); vgl. ferner A. Paul. p. 45,15–18 (C. Schmidt, Acta Pauli, 73 [deutsch] bzw. 39* [koptisch]). | App. Z. 14f. *aktualisiere*: Iren., haer. I 23,2 (SC 264, 314,39–43 Rousseau/ Doutreleau = FC 8/1, 290,13–17 Brox).

S. 240,7ff. App. Z. 17f. *aktualisiere*: Iren., haer. I 23,2 (SC 264, 316,52–54 Rousseau/Doutreleau = FC 8/1, 290,25f. Brox); Hipp., haer. VI 19,1f. (PTS 25, 225,1–226,11 Marcovich); Tert., an. 34,4 (CChr.SL 2, 836,36–40 Waszink).

S. 240,9f.: ἄνωθεν ἡ δύναμις κατιοῦσα ἑαυτὴν μετεμόρφου] Der Abstieg einer weiblichen Emanation wird u.a. erwähnt in Hyps NHC XI,4 p.70,14–24; vgl. auch Keph. 71,19–23.

S. 240,10ff. App. Z. 18 *ergänze*: Vgl. auch Keph. 35,15–17; 80,25–29; F. Williams vermutet Anspielungen auf diesen bei Epiphanius genannten Gedanken in Brontê NHC VI,2 p.18,23–25 und ApcPt NHC VII,3 p.74,28–34. | App. Z. 18–20 *aktualisiere*: Hipp., haer. VI 19,2 (PTS 25, 226,6f. Marcovich [mit leicht verändertem Text]); Clem. recogn. II 12,2 (GCS Pseudoklementinen 2, 58,7–10 Rehm/Strecker). | App. Z. 25: (haer. 26,27,1)] *korrigiere*: (haer. 76,27,1).

S. 240,13 App.: <τε> übernimmt Pini nicht.

S. 241,4: συνέχοντες αὐτὴν τοῦ μὴ ἄνω δύνασθαι ἀνιέναι] Vgl. PS 30 (GCS Koptisch-Gnostische Schriften 1, 26,30–34 Schmidt/Till); Filastr., haer. 29,7 (CChr.SL 9, 229,21f. Heylen und SASA 2, 48 Banterle).

S. 241,4f.: συνεγίνοντο αὐτῇ, ἕκαστος] Vgl. ferner UW NHC II,5 p.116,15–21; ExAn NHC II,6 p.127,25–128,1.

S. 241,6 App. Z. 1 *ergänze*: Vgl. Hipp., haer. VI 19,2 (PTS 25, 226,6 Marcovich); vgl. ferner Protennoia NHC XIII,1 p.45,21–27. | App. Z. 1f. *aktualisiere*: Iren., haer. I 23,2 (SC 264, 316,50–52 Rousseau/Doutreleau = FC 8/1, 290, 24f. Brox); Tert., an. 34,4 (CChr.SL 2, 835,25f. Waszink).

S. 241,9f.: ἐκείνη τὴν δύναμιν συλλεγομένη πάλιν] Vgl. AJ NHC II,1 p.19,15–18: „Als die Mutter die Macht (zurück)gewinnen wollte, die sie dem ersten Herrscher gegeben hatte, flehte sie zum Metropator des Alls, dessen Erbarmen groß ist" (Übersetzung von M. Waldstein, in: GCS Nag Hammadi Deutsch 1, 131).

S. 241,12 App. Z. 4 *aktualisiere*: Iren., haer. I 23,2 (SC 264, 314,40–43 Rousseau/ Doutreleau = FC 8/1, 290,14–17 Brox).

S. 241,14f. App. Z. 6f. *ersetze*: Vgl. Iren., haer. I 23,2 (SC 264, 316,52–54 Rousseau/Doutreleau = FC 8/1, 290,25f. Brox); Hipp., haer. VI 19,2 (PTS 25, 226,7f. Marcovich); auch Filastr., haer. 29,5–7 (CChr.SL 9, 229,14–24 Heylen und SASA 2, 48 Banterle).

S. 241,15ff. App. Z. 8f. *ersetze*: Vgl. Hipp., haer. VI 19,1 (PTS 25, 225,3f. Marcovich); Clem. recogn. II 12,4 (GCS Pseudoklementinen 2, 58,12–16 Rehm/ Strecker); auch Filastr., haer. 29,8 (CChr.SL 9, 229,24f. Heylen und SASA 2, 48 Banterle).

S. 241,22f. App. Z. 10f. *aktualisiere*: Iren., haer. I 23,3 (SC 264, 316,62f. Rousseau/ Doutreleau = FC 8/1, 292,7f. Brox) = Hipp., haer. VI 19,5 (PTS 25, 227,29f. Marcovich).

S. 241,22 App.: οὕτω U (vgl. Textzeugenapp. S. 231) οὕτω γὰρ V M (Pini).

S. 242,5 App.: Ephes. 6,14] *ersetze*: Vgl. Eph 6,14–17.

S. 242,15 App. Z. 1: vgl. Luk. 15,4] *ergänze*: Vgl. auch Mt 18,12. | App. Z. 1–3 *aktualisiere*: Iren., haer. I 23,2 (SC 264, 316,60 Rousseau/Doutreleau = FC 8/1, 292,4f. Brox); Hipp., haer. VI 19,2 (PTS 25, 225,5 Marcovich); Tert., an. 34,4 (CChr.SL 2, 836,30 Waszink).

S. 242,16 App. Z. 3f. *aktualisiere*: Iren., haer. I 23,4 (SC 264, 318,86–88 Rousseau/ Doutreleau = FC 8/1, 294,4–6 Brox) = Hipp., haer. VI 20,1f. (PTS 25, 228,6–8 Marcovich).

S. 242,20 App. Z. 8 *ergänze*: Vgl. TestVer NHC IX,3 p.58,4–12: „Die [...]aner aber enthalten sich ihrer Natur [...] zu einer [Leidenschaft...] (Sperma?) Tropfen [...] schmieren [sie ... stimmen] aber miteinander [überein...]" (Übersetzung und Ergänzungen von U.-K. Plisch, in: GCS Nag Hammadi Deutsch 2, 708); ferner Iren. haer. I 23,4 (SC 264, 318,81f. Rousseau/ Doutreleau = FC 8/1, 292,25f. Brox): *Igitur horum mystici sacerdotes libidinose quidem vivunt (...)*. | App. Z. 9 *ersetze*: Epiph., haer. 26,4,5–5,1 (GCS Epiphanius 1, 281,3–20 Holl). | App. Z. 9f. *aktualisiere*: Hipp., haer. VI 19,5 (PTS 25, 226,22–227,26 Marcovich [mit verändertem Text]).

S. 242,5: ἐνδύσασθαι V M ἐνδύσασθε M^corr. (Pini).

S. 243,12 App. Z. 1: vgl. clement. Recogn. I 58] *korrigiere*: Clem. recogn. II 58 (GCS Pseudoklementinen 2, 86,12–87,5 Rehm/Strecker).

S. 243,14f.: Vgl. Iren., haer. I 23,4 (SC 264, 320,90–92 Rousseau/Doutreleau = FC 8/1, 294,7–9 Brox): *a quibus falsi nominis scientia accepit initia, sicut ex ipsis assertionibus eorum adest discere.*

S. 243,15ff. App. Z. 1–4 *aktualisiere*: Hom. Clem. III 2,2f. (GCS Pseudo-klementinen 1, 57,14f. Rehm/Strecker [mit leicht verändertem Text]); Hom. Clem. XVIII 12,1 (GCS Pseudoklementinen 1, 246,23f. Rehm/Strecker); Iren., haer. I 23,3 (SC 264, 318,70f. Rousseau/Doutreleau = FC 8/1, 292,14–16 Brox) = Hipp., haer. VI 19,7 (PTS 25, 227,38f. Marcovich [mit leicht verändertem Text]). | App. Z. 5 *ergänze*: Zur Zuweisung der Propheten vgl. Iren., haer. I 30,11 (SC 264, 378,193–201 Rousseau/Doutre-leau = FC 8/1, 344,10–18 Brox).

S. 243,15f.: ἀλλὰ ἀριστερᾶς δυνάμεως] Zur Einteilung von Rechts und Links im Sinne von Gut und Böse in den gnostischen Schriften und Nag Ham-madi Traktaten vgl. u.a. PS 139f. (GCS Koptisch-Gnostische Schriften 1, 237,23–239,32 Schmidt/Till); Unbekanntes altgnostisches Werk 19 (GCS Koptisch-Gnostische Schriften 1, 360,5–24 Schmidt/Till); EV NHC I,3 p.31,36–32,14; TractTrip NHC I,5 p.98,12–20; 104,9–11; 106,2–6.18–21; EvPhil NHC II,3 p.53,14f.; 60,26–32; HA NHC II,4 p.95,35–96,3; UW NHC II,5 p.106,11–18; TestVer NHC IX,3 p.43,10–13; ExpVal NHC XI,2 p.38,27–33.

S. 243,20f.: ἔξω τοῦ πληρώματος] PS 135 (GCS Koptisch-Gnostische Schriften 1, 230,6–8 Schmidt/Till) zufolge ist noch kein Prophet ins Licht getreten.

S. 243,1: ἐμμηνίων <ὥστε> Pini.

S. 243,2 App.: συνάγεσθαι V M Pini.

S. 243,4: βδελλυρᾶν M (Pini).

S. 244,3ff. App. Z. 1f. *aktualisiere*: Filastr., haer. 29,9 (CChr.SL 9, 229,30–35 Heylen und SASA 2, 48–50 Banterle); Const. App. VI 9,3f. (SC 329, 318,18–320,37 Metzger). | App. Z. 3 *ergänze*: Laut Hipp., haer. VI 20,3 (PTS 25, 228,13–18 Marcovich) sollen Simons Schüler ihn angeblich in Erwartung seiner Auferstehung lebendig bei Gittha begraben haben.

S. 244,21 App. Z. 4: Matth. 19, 11] *ersetze*: Mt 19,11f.

S. 244,5 App.: <*And*> Williams[2].

S. 245,23–25: ὡς ... ἐχιδνῶν] Verheyden, Beasts, 144 stimmt Dummer, Handbuch, 85f. zu, dass der Vergleich zwischen wilden Tieren und Häretikern bei Epiphanius ein Novum in der antiken christlichen Häresiologie und kaum zuvor in der christlichen Literatur zu finden gewesen sei, jedenfalls nicht in so durchgängiger und systematischer Form wie bei Epiphanius. Vgl. hierzu auch die übersichtliche Zusammenstellung der Bezüge auf wilde Tiere im Panarion in Verheyden, Beasts, 150–154.

S. 245,1: δὲ <οὐ> Klostermann (Ms.), vgl. Epiph., haer. 21,6,3 (GCS Epiphanius 1, 244,11 Holl) sowie 30,20,5 (ebd., 360,18).

S. 245,8f.: συνάδοντος M (Pini).

S. 245,14: δαιμόνων M (Pini) | κόσμῳ <καὶ> Klostermann (Ms.), vgl. Epiph., haer. 26,2,6 (GCS Epiphanius 1, 278,3 Holl).

S. 246,1ff. App. Z. 1f. *aktualisiere*: Just., 1apol. 26,4 (PTS 38, 70,15–19 Marcovich); Iren., haer. I 23,5 (SC 264, 320,91–104 Rousseau/Doutreleau = FC 8/1, 294,10–19 Brox); Tert., an. 50 (CChr.SL 2, 855,1–856,41 Waszink); Ps.-Tert., haer. 1,3 (CChr.SL 2, 1401,1–5 Kroymann). | App. Z. 1 *ergänze*: Sonstige Zeugnisse über Menander bei Eus., h.e. III 26,1–2 (GCS Eusebius 2/1, 252,25–254,10 Schwartz/Mommsen/Winkelmann); IV 7,3f. (GCS Eusebius 2/1, 308,27–310,7 Schwartz/Mommsen/Winkelmann); Hier., Lucif. 23 (SC 473, 182,15f. Canellis); Thdt., haer. I 2 (PG 83, 345C–348A). Vgl. bei Epiphanius selbst außerdem haer. 23,1,1 (GCS Epiphanius 1, 247,15f. Holl). Aus der Sekundärliteratur zu Menander vgl. Pourkier, 147–165.

S. 246,3 App. Z. 3 *aktualisiere*: Just., 1apol. 26,4 (PTS 38, 70,15f. Marcovich).

S. 246,5 App. Z. 4 *aktualisiere*: Iren., haer. I 23,5 (SC 264, 320,97f. Rousseau/Doutreleau = FC 8/1, 294,14 Brox) = Hipp., haer. VII 4 (PTS 25, 279,6f. Marcovich).

S. 246,6 App. Z. 5–7 *aktualisiere*: Iren., haer. I 23,5 (SC 264, 320,94–97 Rousseau/Doutreleau = FC 8/1, 294,11–13 Brox); Tert., an. 50,2 (CChr.SL 2, 856,11 Waszink).

S. 246,7–10 App. Z. 8 *aktualisiere*: Iren., haer. I 23,5 (SC 264, 320,99–102 Rousseau/Doutreleau = FC 8/1, 294,15–18 Brox).

S. 246,7: κυβείαν] Vgl. Eph 4,14 sowie Epiph., haer. 24,3,3 (GCS Epiphanius 1, 260,9 Holl).

S. 246,8: δῆθεν + καὶ V (Pini).

S. 246,16: ἁλοὺς M ἄλλους V M ἄλους V^corr. (Pini).

S. 247,13ff. App. Z. 1 *ergänze*: Ein weiteres Zeugnis über Satornilus bietet Thdt., haer. I 3 (PG 83, 348A–C). Vgl. auch Pourkier, 167–204. | App. Z. 2–4 *aktualisiere*: Just., dial. 35,6 (PTS 47, 129,29 Marcovich); Const. App. VI 8,1 (SC 329, 316,8 Metzger); Iren., haer. I 24,1f. (SC 264, 320,105–324,39 Rousseau/Doutreleau = FC 8/1, 294,20–298,7 Brox); Tert., an. 23,1 (CChr.SL 2, 815,1–10 Waszink); Hipp., haer. VII 3.28 (PTS 25, 279,5; 302,1–304,31 Marcovich); Ps.-Tert., haer. 1,4 (CChr.SL 2, 1401,5–1402,16 Kroymann); Filastr., haer. 31 (CChr.SL 9, 230,1–19 Heylen und SASA 2, 50 Banterle).

S. 247,15–248,1 App. Z. 4 *ersetze*: Iren., haer. I 24,1 (SC 264, 320,1–4 Rousseau/Doutreleau = FC 8/1, 294,20–23 Brox): *Ex his Saturninus, qui fuit ab Antiochia ea quae est apud Daphnen, et Basilides, occasiones accipientes, distantes doctrinas ostenderunt, alter quidem in Syria, alter vero in Alexandria.* Vgl. auch Hipp., haer. VII 28,1 (PTS 25, 302,1f. Marcovich); Eus., h.e. IV 7,3 (GCS Eusebius 2/1, 308,27–310,4 Schwartz/Mommsen/Winkelmann).

S. 247,17: Ἀντιοχείᾳ τῇ πρὸς Δάφνην] Zum Ort vgl. Tacit., ann. II 83,2 (90,16f. Heubner); Epiph., haer. 46,1,8 (GCS Epiphanius 2, 204,11f. Holl/Dummer); 73,1,6 (GCS Epiphanius 3, 268,18 Holl/Dummer).

S. 248,1–5 App. Z. 1–7 *aktualisiere*: Iren., haer. I 24,1 (SC 264, 320,4–322,1 Rousseau/Doutreleau = FC 8/1, 294,23–296,1 Brox); Hipp., haer. VII 28,1f. (PTS 25, 302,2–5 Marcovich [mit leicht verändertem Text]). | App. Z. 1 *ergänze*: Vgl. hierzu auch Iren., haer. I 23,2 (SC 264, 314,39–43 Rousseau/Doutreleau = FC 8/1, 290,13–17 Brox); Epiph., haer. 21,2,4 (GCS Epiphanius 1, 240,6f. Holl) .

S. 248,4f.: ἑπτὰ δέ τινας τὸν κόσμον πεποιηκέναι καὶ τὰ ἐν αὐτῷ] Die Aussage ohne καὶ τὰ ἐν αὐτῷ bei Ps.-Tert., haer. 1,4 (CChr.SL 2, 1401,8f. Kroymann); Filastr., haer. 31,1 (CChr.SL 9, 230,2f. Heylen und SASA 2, 50 Banterle).

S. 248,5f. App. Z. 7f. *aktualisiere*: Filastr., haer. 31,1 (CChr.SL 9, 230,3f. Heylen und SASA 2, 50 Banterle). | App. Z. 7 *ergänze*: Vgl. außerdem A. Paul. p. 45,17f. (C. Schmidt, Acta Pauli, 73 [deutsch] bzw. 39* [koptisch]); ÄgEv NHC III,2 p.58,3–5; TractTrip NHC I,5 p.99,19–100,18; ferner Rechter Ginza 100 (107,5–8 Lidzbarski); 379 (ebd., 408,9–23).

S. 248,6–10 App. Z. 9f. *aktualisiere*: Iren., haer. I 24,1 (SC 264, 322,8–13 Rousseau/Doutreleau = FC 8/1, 296,2–6 Brox) = Hipp., haer. VII 28,2 (PTS 25, 302,5–303,9 Marcovich). | App. Z. 9 *ergänze*: Vgl. auch Rechter Ginza 168 (174,1–6 Lidzbarski): „Als das Leben, mein Vater, so sprach, stand Abathur auf, öffnete das Tor, schaute in das schwarze Wasser, und in derselben Stunde wurde sein Abbild im schwarzen Wasser gebildet. Ptahil wurde gebildet und stieg zum Grenzort empor. Abathur sah prüfend Ptahil an und sprach zu seinem Sohn Ptahil: Komm, komm,

Ptahil, du bist es, den ich im schwarzen Wasser geschaut habe"; vgl. auch Keph. 133,12–15; 133,31–134,4; 136,1–11.

S. 248,11–18 App. Z. 14 *aktualisiere*: Filastr., haer. 31,3 (CChr.SL 9, 230,8–11 Heylen und SASA 2, 50 Banterle).

S. 248,14: ἐπειδὴ γὰρ ἠράσθησαν τοῦ ἄνω φωτός] Vgl. HA NHC II,4 p.87,11–14: „Die Unvergänglichkeit blickte herab zu den Regionen der Wasser. Ihr Bild erschien in den Wassern, und die Mächte der Finsternis verliebten sich in sie" (Übersetzung von U.U. Kaiser, in: GCS Nag Hammadi Deutsch 1, 224); Filastr., haer. 31,2 (CChr.SL 9, 230,6–8 Heylen und SASA 2, 50 Banterle); CH I 14 (1, 11,6–17 Nock/Festugière); Keph. 133,31–134,4; 136,1–11.

S. 248,15: τῷ] τοῦ U (vgl. Textzeugenapp. S. 231) (Pini).

S. 249,1 App. Z. 1 *ergänze*: Diese Auslegung von Gen 1,26 begegnet häufig in gnostischen und vergleichbaren Schriften, vgl. AJ NHC II,1 p.14,24–15,6; HA NHC II,4 p.87,11–88,3. Weitere Stellenbelege zur Auslassung von ἡμετέραν bei Gen 1,26 finden sich in Thdt., haer. I 3 (PG 83, 348A); EvJud (CT 3) p. 52,15 (TU 161, 278f. Brankaer/Bethge und AcA 1/2, 1232); EpPt NHC VIII,2 p.136,7–10. | App. Z. 2f. *aktualisiere*: Iren., haer. I 24,1 (SC 264, 322,12f. Rousseau/Doutreleau = FC 8/1, 296,5f. Brox) = Hipp., haer. VII 28,2 (PTS 25, 303,9 Marcovich); Filastr., haer. 31,3 (CChr.SL 9, 230,11 Heylen und SASA 2, 50 Banterle).

S. 249,5f.: Gen 1,26.

S. 249,6–17 App. Z. 3f.10 *aktualisiere*: Iren., haer. I 24,1 (SC 264, 322,13–20 Rousseau/Doutreleau = FC 8/1, 296,6–13 Brox) = Hipp., haer. VII 28,3f. (PTS 25, 303,9–15 Marcovich [mit leicht verändertem Text]); Tert., an. 23,1 (CChr. SL 2, 815,4–10 Waszink). | App. Z. 3 *ergänze*: Vgl. Epiph., haer. 37,4,1 (GCS Epiphanius 2, 55,13–15 Holl/Dummer); außerdem Iren., haer. I 30,6 (SC 264, 370,101–372,111 Rousseau/Doutreleau = FC 8/1, 338,10–18 Brox): *convenientes formaverunt hominem immensum latitudine et longitudine. Scarizante autem eo tantum (...) Illo autem insufflante in hominem spiritum vitae, latenter evacuatum eum a virtute dicunt; hominem autem inde habuisse nun et enthymesin, et haec esse quae salvantur dicunt (...);* Filastr., haer. 31,4 (CChr.SL 9, 230,12–14 Heylen und SASA 2, 50 Banterle). Vergleichbare Aussagen bei AJ NHC II,1 p.19,18–20,5; HA NHC II,4 p.87,33–88,15; UW NHC II,5 p.115,3–116,8; Rechter Ginza 101 (108,4–109,3 Lidzbarski); 159 (ebd., 168,11f.); 241 (ebd., 242,25–243,1); 244 (ebd., 245,1–10); Linker Ginza 38 (454,18–23 Lidzbarski): „Wer hat in den körperlichen Rumpf mich geworfen, der ohne Hände und Füße ist? Er hat weder Hände noch Füße und weiß nicht, wie er gehen soll. Er liegt da und kriecht und ist ohne Kraft." Vgl. ferner Linker Ginza 46f. (465,18–23 Lidzbarski); 74–77 (ebd., 505,24–509,21).

S. 249,14–17: Vgl. AuthLog NHC VI,3 p.32,16–23; ferner Linker Ginza 10 (430, 35–38 Lidzbarski).

S. 249,17–250,2 App. Z. 11 *aktualisiere*: Iren., haer. I 24,2 (SC 264, 322,21–23 Rousseau/Doutreleau = FC 8/1, 296,14f. Brox) = Hipp., haer. VII 28,4 (PTS 25, 303,16f. Marcovich). | App. Z. 13 *ergänze*: Vgl. Niceph., refut. 42,4–6 (CCSG 33, 91,4–6 Featherstone): (...) φάσκει τὸν Χριστὸν δοκήσει πεπονθέναι καὶ τεθάφθαι, καὶ ὅτι οὐκ ἄνθρωπος ἀληθῶς, ἀλλ᾽ ἐν ὁμοιώματι ἀνθρώπου γέγονεν. Vgl. auch Ps.-Tert., haer. 1,4 (CChr.SL 2, 1402,14f. Kroymann); Filastr., haer. 31,6 (CChr.SL 9, 230,16–19 Heylen und SASA 2, 50 Banterle).Vgl auch 1ApcJac NHC V,3 p.31,14–22; 2ApcJac NHC V,4 p.57,10–19; Melch NHC IX,1 p.5,1–11; A. Jo. 97–99 (CChr.SA 1, 207,1–211, 9 Junod/Kaestli); Epiph., haer. 21,1,3 (GCS Epiphanius 1, 238,12 Holl).

S. 249,5: ἐν τῷ λέγειν Pini.

S. 250,6–11 App. Z. 1f. *aktualisiere*: Iren., haer. I 24,2 (SC 264, 322,23–324,26 Rousseau/Doutreleau = FC 8/1, 296,15–19 Brox) = Hipp., haer. VII 28,5 (PTS 25, 303,17–20 Marcovich [mit leicht verändertem Text]). | App. Z. 1 *ergänze*: Eine ausführliche Polemik gegen den Gott des Alten Testaments findet sich in TestVer NHC IX,3 p.47,14–50,11.

S. 250,11–18 App. Z. 5f. *aktualisiere*: Iren., haer. I 24,2 (SC 264, 324,27–32 Rousseau/Doutreleau = FC 8/1, 296,19–24 Brox) = Hipp., haer. VII 28,5f. (PTS 25, 303,20–25 Marcovich). | App. Z. 5 *ergänze*: Eine vergleichbare Auseinandersetzung wird wiedergegeben bei 2LogSeth NHC VII,2 p.52,10–53,26; ExpVal NHC XI,2 p.38,24–33.

S. 250,18–251,2 App. Z. 10f. *aktualisiere*: Iren., haer. I 24,2 (SC 264, 324,32–35 Rousseau/Doutreleau = FC 8/1, 298,1–3 Brox) = Hipp., haer. VII 28,7 (PTS 25, 304,26–28 Marcovich).

S. 250,19f.: ἐμψύχων ἀπέχονται] Vgl. hierzu die Anm. zu S. 205,15f.

S. 251,2–6 App. Z. 1f. *aktualisiere*: Iren., haer. I 24,2 (SC 264, 324,36–39 Rousseau/Doutreleau = FC 8/1, 298,3–7 Brox) = Hipp., haer. VII 28,7 (PTS 25, 304,28–31 Marcovich).

S. 251,7–21: Vgl. Iren., haer. II 2,3 (SC 294, 36,24–38,47 Rousseau/Doutreleau = FC 8/2, 28,12–30,9 Brox).

S. 251,21–253,1: Vgl. Iren., haer. II 5,3f. (SC 294, 56,50–60,92 Rousseau/Doutre-leau = FC 8/2, 46,7–48,20 Brox).

S. 251,4 App.: δὲ M U (vgl. Textzeugenapp. S. 231) (Pini).

S. 251,23 App.: <λέγει αὐτὴν> Diekamp.

S. 251,24 App.: τῆς κατσκευῆς V M Diekamp Pini.

S. 252,10: ἐν τῇ θελησάσῃ καὶ μὴ δυνηθείσῃ] Argument wie bei den Epikure-ern, vgl. Lact., Ir. 13,19f. (= fr. 374 Usener; fr. 106, S. 334 Jürß/Müller/Schmidt [Leipzig ³1988]). Vgl. auch Tert., Herm. 10,3 (SC 439, 106,16–24 Chapot); Clem., str. VII 6,5 (GCS Clemens Alexandrinus 3, 6,19–24 Stäh-lin/Früchtel/Treu); Epiph., haer. 27,7,1–6 (GCS Epiphanius 1, 311,11–312, 12 Holl).

S. 252,20: [ὑπ'] Diekamp | τὸ] τὸν mit ausradiertem ν V (Pini).

S. 252,21 App.: <ἐπιχειρηθεῖσαν> verwirft Diekamp.

S. 252,22: πλάσουσιν Klostermann (Ms.), laut Klostermann (Ms.) von Holl als „zu fein" abgelehnt.

S. 252,23: τὸ] αὐτὸ Diekamp <αὐτῶν ὂν> Pini.

S. 252,23 App.: <πραχθὲν> verwirft Diekamp, keine Lücke Pini.

S. 253,16f.: οὐ μόνον δὲ συγκαλεῖται εἴποιμι τὸν υἱόν, ἀλλὰ καὶ τὸ ἅγιον πνεῦμα] Vgl. Epiph., haer. 44,4,5 (GCS Epiphanius 2, 195,8f. Holl/Dum-mer).

S. 253,4: ἀνάγκη Pourkier, 194 Diekamp | ... , ὁμολογήσειας ἄν, ... Diekamp.

S. 253,5f.: τὸ πᾶν <ἀν>άγειν Pourkier, 194.

S. 253,5 App.: <δεῖν> verwirft Diekamp.

S. 254,20 App. Z. 2 *ergänze*: Epiphanius nutzt hier zwar die Form von Joh 8,56, führt aber das Verb ἐπεθύμησεν aus Mt 13,17 ein und übernimmt ebenso dessen Infinitivkonstruktion anstatt des ἵνα. Diese Variante des Zitats findet sich auch bei weiteren Überlieferungen, vor allem in der Dia-tessarontradition, vgl. hierzu ausführlich Mees, Text, 514–518.

S. 254,2 App.: ὅτι U (vgl. Textzeugenapp. S. 231) M Pini.

S. 254,19: Pini sieht keine †.

S. 254,26: ἢ U (vgl. Textzeugenapp. S. 231) < V M.

S. 255,8 App. Z. 1 *ergänze*: Vgl. Ps 117,22.

S. 255,21f.: ἀσπὶς παρ᾽ ἐχίδνης ἰὸν δανειζομένη] Vgl. Epiph., haer. 40,1,3 (GCS Epiphanius 2, 81,2 Holl/Dummer).

S. 255,21 App. Z. 8f. *ersetze*: Vgl. Tert., Marc. III 8,1 (SC 399, 94,1f. Braun); Epiph., haer. 40,1,3 (GCS Epiphanius 2, 81,2 Holl/Dummer).

S. 255,20f.: μετέχουσι γὰρ οὗτοι τοῦ ἰοῦ (oder τοῦ <αὐτοῦ> ἰοῦ) ὡς ἀπ᾽ ἀλλήλων δανεισάμενοι. Pini.

S. 256,7ff. App. Z. 1–3 *aktualisiere*: Iren., haer. I 24,3–7 (SC 264, 324,40–332,123 Rousseau/Doutreleau = FC 8/1, 298,8–304,7 Brox); Ps.-Tert., haer. 1,5 (CChr.SL 2, 1402,16–16 Kroymann); Filastr., haer. 32 (CChr.SL 9, 230,1–231,29 Heylen und SASA 2, 52 Banterle); Hipp., haer. VII 2.20–27 (PTS 25, 279,3f.; 286,1–302,15 Marcovich). | App. Z. 1 *ergänze*: Für weitere Zeugnisse über Basilides vgl. Eus., h.e. IV 7,3–8 (GCS Eusebius 2/1, 308,27–310,25 Schwartz/Mommsen/Winkelmann); Clem., str. VII 106,4 (GCS Clemens Alexandrinus 3, 75,13–18 Stählin/Früchtel/Treu). In TestVer NHC IX,3 p.57,6–8 wird Basilides gemäß der Rekonstruktion von S. Giversen und B.A. Pearson erwähnt. Just., dial. 35,6 (PTS 47, 129,29 Marcovich) berichtet von Basilidianern. Vgl. auch Pourkier, 205–256 sowie Löhr, Basilides.

S. 256,22ff. App. Z. 4 *aktualisiere*: Iren., haer. I 24,3 (SC 264, 324,40–326,42 Rousseau/Doutreleau = FC 8/1, 298,8–10 Brox).

S. 256,7 App.: τῆς δὲ ἀκολουθίας Holl ἢ καὶ U (vgl. Textzeugenapp. S. 231) Pini ἢ καὶ V εἰ καὶ M (Pini); „*Abhinc* τῆς δὲ ἀκολουθίας *om codd, concinnitatis causa add Holl*" (Pini 288).

S. 257,8–19 App. Z. 1–9 *aktualisiere*: Iren., haer. I 24,3 (SC 264, 326,42–53 Rousseau/Doutreleau = FC 8/1, 298,10–20 Brox); Ps.-Tert., haer. 1,5 (CChr.SL 2, 1402,19–23 Kroymann). | App. Z. 1 *ergänze*: Vgl. außerdem Filastr., haer. 32,2f. (CChr.SL 9, 230,4–231,12 Heylen und SASA 2, 52 Banterle).

S. 257,15–19: Vgl. EvJud (CT 3) p.49,9–50,2 (TU 161, 276f. Brankaer/Bethge und AcA 1/2, 1231): „Und für jeden Äon gibt es sechs Himmel, so dass 72 Himmel entstehen für die 72 Erleuchter und für einen jeden [von ihnen fünf] Firmamente, [so dass insgesamt] 360 [Firmamente existieren]"; Eug NHC III,3 p.84,1–85,4. Für Verwendungen der Zahl 365 in gnostischen

Schriften vgl. AJ NHC II,1 p.11,23–25; Unbekanntes altgnostisches Werk 3 (GCS Koptisch-Gnostische Schriften 1, 338,30f. Schmidt/Till); 7 (ebd., 342, 19f.); 9 (ebd., 345, 23f.); 10 (ebd., 349,9f.); PS 132 (ebd., 224,8).

S. 257,4 App.: εἰπεῖν U (vgl. Textzeugenapp. S. 231) < V M (Pini).

S. 257,15 App.: οἱ < M (Pini).

S. **258**,4–10 App. Z. 1–7 *aktualisiere*: Iren., haer. I 24,5 (SC 264, 330,95–101 Rousseau/Doutreleau = FC 8/1, 302,8–13 Brox [mit leicht verändertem Text]); Filastr., haer. 32,4 (CChr.SL 9, 231,12f. Heylen und SASA 2, 52 Banterle).

S. 258,10–14 App. Z. 7–11 *aktualisiere*: Iren., haer. I 24,4 (SC 264, 326,55–59 Rousseau/Doutreleau = FC 8/1, 298,22–26 Brox [mit leicht verändertem Text]); Ps.-Tert., haer. 1,5 (CChr.SL 2, 1402,2–5 Kroymann).

S. 258,12f.: ἐξ ὧν ἀγγέλων ἕνα λέγει τὸν θεόν, ὃν διελὼν τῶν Ἰουδαίων μόνον ἔφη εἶναι] Vgl. Epiph., haer. 23,2,2 (GCS Epiphanius 1, 250,6–11 Holl); vgl. auch 37,3,6 (GCS Epiphanius 2, 54,13–55,4 Holl/Dummer); 40,5,1 (ebd., 85,15f.); 42,3,2 (ebd., 97,6f.).

S. 258,14f. App. Z. 13f. *aktualisiere*: Filastr., haer. 32,4 (CChr.SL 9, 231,13f. Heylen und SASA 2, 52 Banterle).

S. 258,11 App.: ἀγγέλων V^corr. < V M U (zu U vgl. Textzeugenapp. S. 231) (Pini).

S. 258,13 App.: συνάριθμιον V^corr. συναριθμῶν V M U (vgl. Textzeugenapp. S. 231) (Pini).

S. **259**,1ff. App. Z. 1f. *aktualisiere*: Ps.-Tert., haer. 1,5 (CChr.SL 2, 1402,5 Kroymann); Filastr., haer. 32,4 (CChr.SL 9, 231,14–16 Heylen und SASA 2, 52 Banterle).

S. 259,7–21 App. Z. 4–10 *aktualisiere*: Iren., haer. I 24,4 (SC 264, 326,60–63 Rousseau/Doutreleau = FC 8/1, 298,26–300,3 Brox); Ps.-Tert., haer. 1,5 (CChr.SL 2, 1402,5–9 Kroymann [mit leicht verändertem Text]); Filastr., haer. 32,4f. (CChr.SL 9, 231,15–19 Heylen und SASA 2, 52 Banterle).

S. 259,10: αὐθαδείᾳ] Mit dem Begriff αὐθάδεια liegt ein Wortspiel zu βραχίονι ὑψηλῷ aus Ex 6,6 vor. In den Nag Hammadi Traktaten begegnet Authades, vgl. AJ NHC II,1 p.13,26–28; HA NHC II,4 p.92,27; 94,17; EpPt NHC VIII,2 p.135,16–26; 136,5–15; vgl. außerdem den „dreimalgewaltigen Authades" in PS 29 (GCS Koptisch-Gnostische Schriften 1, 25, 38 Schmidt/Till); 30 (ebd., 27,3).

S. 259,6 App.: αὐτὸν V Pini.

S. 259,19f. App.: ὑπ' αὐτῶν U (vgl. Textzeugenapp. S. 231) (Pini).

S. 260,2f. App. Z. 1 *aktualisiere*: Ps.-Tert., haer. 1,5 (CChr.SL 2, 1402,9–11 Kroymann).

S. 260,3f.: μὴ εἶναι δὲ ἄνθρωπον μηδὲ σάρκα εἰληφέναι] Vgl. Epiph., haer. 21,1,3 (GCS Epiphanius 1, 238,11f. Holl).

S. 260,4–18: Der erste μιμολόγος ist Satornilus. Eine versteckte Anspielung auf 2LogSeth NHC VII,2 liegt F. Williams zufolge nicht vor: „When Epiph makes humorous allusions, he typically lays heavy emphasis upon them rather than inserting them in passing" (Williams[2], 78, Anm. 14). S. Pellegrini vermutet hingegen, dass Epiphanius 2LogSeth NHC VII,2 zumindest gekannt habe, da der Abschnitt haer. 24,3,2–5 Ähnlichkeiten mit diesem, insb. p.56,4–13, aufweise (vgl. GCS Nag Hammadi Deutsch 2, 572). Vgl. hierzu auch die Meinung von F. Williams in der Anm. zu S. 260,14–18.

S. 260,5–14 App. Z. 2–8 *aktualisiere*: Iren., haer. I 24,4 (SC 264, 328,69–74 Rousseau/Doutreleau = FC 8/1, 300,9–14 Brox [mit leicht verändertem Text]); Ps.-Tert., haer. 1,5 (CChr.SL 2, 1402,11f. Kroymann); Filastr., haer. 32,6 (CChr.SL 9, 321,21–23 Heylen und SASA 2, 52 Banterle). | App. Z. 2 *ergänze*: Vgl. ApcPt NHC VII,3 p.81,7–21: „(…) und ich sagte: Was sehe ich, Herr? Bist du es selbst, den sie festnehmen, und greifst du nach mir? Oder wer ist der, der heiter ist und lacht neben dem Holz, und schlagen sie einen anderen auf die Füße und auf die Hände? Der Erlöser sagte zu mir: Der, den du heiter und lachend neben dem Holz siehst, das ist der lebendige Jesus. Der aber, in dessen Hände und Füße sie die Nägel schlagen, das ist sein Fleischesleib, der Ersatz (…)" (Übersetzung von H. Havelaar, in: GCS Nag Hammadi Deutsch 2, 599); p.82,4–16: „Ich aber sah einen, der dabei war sich uns zu nähern, und der ihm, und dem, der lachte oben auf dem Holz, glich (…)" (Übersetzung in: ebd., 599). Zum lachenden Jesus vgl. Stroumsa, 267–288.

S. 260,14–261,2 App. Z. 9 *aktualisiere*: Iren., haer. I 24,4 (SC 264, 328,74–83 Rousseau/Doutreleau = FC 8/1, 300,14–22 Brox). | *ergänze*: Vgl. auch Tim. CP, haer. 8 (PG 86/1, 17A/B).

S. 260,14–18: αὐτὸς δὲ ἀνέπτη … ἕως οὗ ἀπεκατέστη πρὸς τὸν ἴδιον αὐτοῦ πατέρα] Vgl. 2LogSeth NHC VII,2 p.55,16–56,19; dazu F. Williams: „In NHC, Gr. Seth 55,15–56,11 has been but should probably not be interpreted as the same story" (Williams[2], 78, Anm. 16). Zu doketischen Äußerungen vgl. auch die Anm. zu S. 249,17–250,2.

S. 260,20–261,1: δι᾽ ἣν εἶδεν ὁ πατὴρ ἀκαταστασίαν ἔν τε τοῖς ἀνθρώποις καὶ ἐν τοῖς ἀγγέλοις] Bei TractTrip NHC I,5 p.80,4–19; 83,34–84,24 liegen die Kreaturen des Demiurgen miteinander im Streit.

S. 260,9 App.: <opportunity> Williams[2].

S. 261,3–7 App. Z. 1–3 aktualisiere: Iren., haer. I 24,5 (SC 264, 330,1f. Rousseau/ Doutreleau = FC 8/1, 302,6–8 Brox); Filastr., haer. 32,7 (CChr.SL 9, 231,23– 25 Heylen und SASA 2, 52 Banterle).

S. 261,13–262,4 App. Z.11–20 aktualisiere: Iren., haer. I 24,4 (SC 264, 328,83–87 Rousseau/Doutreleau = FC 8/1, 300,22–25 Brox [mit leicht verändertem Text]); I 24,6 (SC 264, 330,112–114 Rousseau/Doutreleau = FC 8/1, 302,23– 25 Brox); Ps.-Tert., haer. 1,5 (CChr.SL 2, 1402,14 Kroymann); Filastr., haer. 32,7 (CChr.SL 9, 231,23–27 Heylen und SASA 2, 52 Banterle); Agrippa Castor bei Eus., h.e. VI 7,6f. (GCS Eusebius 2/1, 310,12–22 Schwartz/ Mommsen/Winkelmann); Or., comm. ser. 38 in Mt. 24,7f. (GCS Origenes 11, 73,7–13 Klostermann/Benz). | App. Z. 11 ergänze: In den Nag Hammadi Codices wird das Martyrium missbilligt bei TestVer NHC IX,3 p.33,24–34,26. Gefordert wird es hingegen in EpJac NHC I,2 p.5,9–6,20.

S. 261,15: τοῦ V[corr.] (Pini).

S. 262,8–10 App. Z. 1 ergänze: Auch W.A. Löhr vermutet, dass das Zitat zumindest aus einer basilidianischen Vorlage stammt; vgl. Löhr, Basilides, 277f.; Kelhoffer, 127; vgl. auch Köhler, 373–376, insb. 373f. Zu ἡμεῖς, φησίν, ἐσμὲν οἱ ἄνθρωποι, οἱ δὲ ἄλλοι πάντες ὕες καὶ κύνες vgl. EvPhil NHC II,3 p.80,23–81,14.

S. 262,15–17 App. Z. 2–4 aktualisiere: Iren., haer. I 24,6 (SC 264, 330,117f. Rousseau/Doutreleau = FC 8/1, 302,28f. Brox); I 24,6 (SC 264, 330,114f. Rousseau/Doutreleau = FC 8/1, 302,26f. Brox). | App. Z.5: (…) unum a mille et duo a myriadibus] ergänze: Varianten dieses Sprichworts auch bei EvThom 23 (NHC II,2 p.38,1–3); Rechter Ginza 305 (304,7f. Lidzbarski); 307 (ebd., 306,33f.); Linker Ginza 105 (548,6f. Lidzbarski); Johannesbuch 49,5f.; 103,2–5 (Lidzbarski).

S. 262,18f. App. Z. 7f. aktualisiere: Iren., haer. I 24,6 (SC 264, 330,111f. Rousseau/ Doutreleau = FC 8/1, 302,22f. Brox).

S. 262,19–21 App. Z. 9 aktualisiere: Iren., haer. I 24,6 (SC 264, 330,116f. Rousseau/ Doutreleau = FC 8/1, 302,27f. Brox).

S. 262,9 App.: βάλλετε wohl aus βάλετε hergestellt liest in V[corr.] Pini.

S. 262,16 App.: <δεῖν> übernimmt Pini nicht.

S. 262,21 App.: <φησὶ δεῖν> Klostermann (Ms.).

S. 263,1f. App. Z. 1 *aktualisiere*: Tert., praescr. 7,5 (FC 42, 242,17–19 Schleyer).

S. 263,5–9: Vgl. Or., comm. in Jo. II 13,93 zu Joh 1,3 (GCS Origenes 4, 68,26f. Preuschen); Bas., hom. Quod deus non est auctor malorum 5 (PG 31, 341B); Epiph., haer. 36,6,2–4 (GCS Epiphanius 2, 49,23–32 Holl/Dummer).

S. 263,20–264,12 App. Z. 3–13 *aktualisiere*: Iren., haer. I 24,3 (SC 264, 326,53f. Rousseau/Doutreleau = FC 8/1, 298,20f. Brox [mit leicht verändertem Text]); I 24,7 (ebd., 332,119–123 = 304,3–7 [mit leicht verändertem Text]); Hipp., haer. VII 26,6 (PTS 25, 298,4–7 Marcovich [mit leicht verändertem Text]); Ps.-Tert., haer. 1,5 (CChr.SL 2, 1402,17–2 Kroymann).

S. 264,14–16 App. Z. 1 *ergänze*: Vgl. AJ NHC II,1 p.19,2–6: „Das ist die Zahl der Engel; zusammen machen sie 365 aus. Sie alle arbeiten daran, bis Glied für Glied der seelische und der stoffliche Leib durch sie vollendet war" (Übersetzung von M. Waldstein, in: GCS Nag Hammadi Deutsch 1, 130).

S. 264,19 App. Z. 1f. *aktualisiere*: Iren., haer. II 35,1 (SC 294, 360,4–362,15 Rousseau/Doutreleau = FC 8/2, 296,1–14 Brox).

S. 264,20 App.: ἀβελτερίαν καὶ ἀνδρανείαν U (vgl. Textzeugenapp. S. 231) (Pini).

S. 264,24: αὐτὸν aus αὐτῶν hergestellt V^corr. (Pini).

S. 264,25: οἱ ... οὖν] οἱ ἀνώτεροι τῶν ἔτι ἄνω ἄρα οὐκ οὖν M (Pini) | Rasur vor ἄρ᾽ οὖν V (Pini).

S. 264,27 App.: τι M, bei V ausradiert (Pini).

S. 265,1 App. Z. 1 *ergänze*: Die Füllung des Mangels ist ein zentraler Gedanke in EV NHC I,3 p.24,20–25,3. Vgl. auch EpPt NHC VIII,2 p.135,15–20; TractTrip NHC I,5 p.81,8–10; UW NHC II,5 p.103,25–27; 124,5–7; Silv NHC VII,4 p.101,33f. u.ö.

S. 265,21–23: ὅτι Χριστὸς ἑκὼν ἐπὶ τὸ πάθος ἦλθε καὶ θελήματι ἰδίῳ ... ἐν ἡμῖν] Vgl. Epiph., haer. 38,8,1 (GCS Epiphanius 2, 70,25–30 Holl/Dummer); 42,8,7 (ebd., 104,12–18); 69,24,6 (GCS Epiphanius 3, 174,17–23 Holl/Dummer); 69,52,8 (ebd., 199,20–24).

S. 265,5 App.: λέγων U (vgl. Textzeugenapp. S. 231) (Pini).

S. 265,15 App.: τὸ τοιοῦτον < M (Pini).

S. 266,2 App. Z.1 *ersetze*: Mt 20,18f.

S. 266,10 App. Z. 2 *ergänze*: Vgl. hierzu Tert., adv. Iud. 11,9 (CChr.SL 2, 1382,45–53 Kroymann).

S. 267,6: διὰ δὲ τοῦ κέρατος ἐν ἀέρι προκύπτουσα] Vgl. Thdt, Ps. zu Ps 74,11 (PG 80, 1472B); Ael., NA I 57 (BiTeu, 24,6–25,2 Valdés/Fueyo/Guillén); Nic., Ther. 258f.; D.S. III 50,2f.

S. 267,13ff. App. Z. 1–4 *aktualisiere*: Iren., haer. I 26,3 (SC 264, 348,26–33 Rousseau/Doutreleau = FC 8/1, 316,13–19 Brox); Hipp., haer. VII 36,3 (PTS 25, 319,11–320,16 Marcovich); Ps.-Tert., haer. 1,6 (CChr.SL 2, 1402,16–1403,2 Kroymann); Filastr., haer. 33 (CChr.SL 9, 231,1–232,22 Heylen und SASA 2, 52–54 Banterle). | App. Z. 1 *ergänze*: Die Nicolaiten werden auch erwähnt in Tert., pud. 19,4 (CChr.SL 2, 1320,16f. Dekkers), vgl. ferner Clem., str. II 117,5 (GCS Clemens Alexandrinus 2, 176,22–25 Stählin/Früchtel/Treu). Zu Epiph., haer. 25 vgl. Pourkier, 291–341. Eine kommentierte deutsche Übersetzung bietet Wälchli, 226–239.

S. 267,23–268,17 App. Z. 5: vgl. Clemens Al. strom. III 25, 6] *ersetze*: Vgl. Clem., str. III 25,6f. (GCS Clemens Alexandrinus 2, 207,19–25 Stählin/Früchtel/Treu).

S. 267,11f.: ἡ δόξα ... προσκύνησις U (vgl. Textzeugenapp. S. 231) ἡ δόξα τιμὴ κράτος M (Pini).

S. 267,13 App.: τῆς δὲ ἀκολουθίας] ἢ καὶ Pini.

S. 268,18–273,8: In Auszügen übersetzt bei Foerster, 404f.

S. 268,18f.: Καὶ ἐντεῦθεν ... κακῶς] Vgl. Filastr., haer. 33,1 (CChr.SL 9, 231,4f. Heylen und SASA 2, 52 Banterle).

S. 268,6: ... συνέφερεν, εἶ[τα] τοῦ ... Klostermann (Ms.).

S. 268,6 App.: Ergänzung Holls möglich, aber nicht zwingend nötig Wälchli, 233; <μάχεσθαι αὐτὸν> oder <αὐτὸν συνίστασθαι> Pini.

S. 268,18 App.: <ἀρχηγέται> verwirft Wälchli; <πατέρες> Pini.

S. 269,2 App. Z. 1: Filastrius haer. 33,2] *korrigiere*: Filastr., haer. 33,3 (CChr.SL 9, 231,8f. Heylen und SASA 2, 54 Banterle).

S. 269,3 App. Z. 2 *aktualisiere*: Iren., haer. I 30,4 (SC 264, 368,63f. Rousseau/
Doutreleau = FC 8/1, 336,4 Brox). | App. Z. 2 *ergänze*: Vgl. auch Epiph.,
haer. 26,10,4 (GCS Epiphanius 1, 287,9–13 Holl).

S. 269,4 u. 5 App. Z. 3 *ergänze*: Vgl. Epiph., haer. 26,10,3 (GCS Epiphanius 1,
287,7–9 Holl); 45,1,4 (GCS Epiphanius 2, 199,19f. Holl/Dummer). Vgl.
außerdem zu ᾽Ιαλδαβαώθ Iren., haer. I 30,5 (SC 264, 368,67 Rousseau/
Doutreleau = FC 8/1, 336,8 Brox); Filastr., haer. 33,3 (CChr.SL 9, 231,9
Heylen und SASA 2, 54 Banterle) sowie die Nag Hammadi Traktate AJ
NHC II,1 p.10,19; 11,16.35; 14,15; 19,23; 23,35–37; 24,12; HA NHC II,4
p.95,5–13; 96,3–5; UW NHC II,5 p.100,1–26; 102,11–23; 103,1; SJC BG 3
p.119,15f.; Protennoia NHC XIII,1 p.39,26–28; vgl. auch EvJud (CT 3)
p.51,15 (TU 161, 278f. Brankaer/Bethge und AcA 1/2, 1231). Zu Σαβαώθ
vgl. AJ NHC II,1 p.10,33f.; HA NHC II,4 p.95,5–25; UW NHC II,5
p.103,32–104,10; 106,19–26; 113,13; 114,15–17; ÄgEv NHC III,2 p.58,14f.

S. 269,6ff. App. 4 *aktualisiere*: Iren., haer. I 30,6 (SC 264, 370,90–95 Rousseau/
Doutreleau = FC 8/1, 336,30–338,4 Brox).

S. 269,7–9: καὶ πλὴν ἐμοῦ οὐκ ἔστιν ἕτερος θεός«. τὴν δὲ Βαρβηλὼ ἀκηκοέναι
τὸν λόγον τοῦτον καὶ κλαῦσαι] Vgl. AJ NHC II,1 p.13,30–14,1: „(…) als er
aber die Schöpfung um sich sah und die Schar der Engel um sich, die aus
ihm entstanden waren, sprach er zu ihnen: ‚Ich bin ein eifersüchtiger
Gott, und es gibt keinen anderen Gott außer mir.' (…) Er war nämlich
unwissend und dachte, daß es niemanden gäbe außer seiner Mutter. Als
er aber die Menge der Engel sah, die er erschaffen hatte, erhob er sich
über sie. Als die Mutter erkannte, daß das Gewand der Finsternis nicht
vollkommen war, wußte sie, daß ihr Gatte nicht mit ihr übereingestimmt
hatte. Sie kehrte mit viel Weinen um" (Übersetzung von M. Waldstein,
in: GCS Nag Hammadi Deutsch 1, 120–122).

S. 269,7 App. Z. 8 *ergänze*: Vgl. auch Jes 44,6 und 46,9. Zur Auslegung des Zitats
Jes 45,5 in den Nag Hammadi Traktaten vgl. AJ NHC II,1 p.11,18–22;
13,5–9; HA NHC II,4 p.86,27–32; 94,19–23; UW NHC II,5 p.103,1–13;
ferner p.100,29–33; ÄgEv NHC III,2 p.58,23–59,1; 2ApcJac NHC V,4
p.56,23–57,1; 2LogSeth NHC VII,2 p.53,27–31; 64,18–31; Protennoia NHC
XIII,1 p.43,31–44,2; auch TractTrip NHC I,5 p.79,12–19; 84,3–6; 100,36–
101,5; ParSem NHC VII,1 p.2,15–17.

S. 269,11: τὴν αὐτῆς δύναμιν] Vgl. die Anm. zu S. 241,9f.

S. 270,8 App. Z. 1 *aktualisiere*: Filastr., haer. 33,3 (CChr.SL 9, 231,9f. Heylen und
SASA 2, 54 Banterle).

S. 270,9 App. Z. 2f. *aktualisiere*: Iren., haer. I 30,5 (SC 264, 368,67 Rousseau/
Doutreleau = FC 8/1, 336,8 Brox [mit leicht verändertem Text]).

S. 270,12ff. App. Z. 5 *aktualisiere*: Iren., haer. I 24,5f. (SC 264, 330,97–107 Rousseau/Doutreleau = FC 8/1, 302,9–19 Brox [mit leicht verändertem Text]).

S. 270,15f. App. Z. 10–17 *aktualisiere*: Filastr., haer. 33,3 (CChr.SL 9, 231,10 Heylen und SASA 2, 54 Banterle); Iren., haer. 1,24,5f. (SC 264, 330,101–107 Rousseau/Doutreleau = FC 8/1, 302,13–19 Brox); Hipp., haer. V 8,4 (PTS 25, 155,17–19 Marcovich [mit leicht verändertem Text]).

S. 270,2 App.: <δοκοῦσι συλλέγειν> übernimmt Wälchli.

S. 271,5 App.: <ἀν>εχέγγυα] <καὶ> ἐχέγγυα übernimmt Pini aus U (vgl. Textzeugenapp. S. 231).

S. 271,14 App.: <εἰσέτι> übernimmt Pini nicht. | Ἑλληνιστὶ V M Pini.

S. 271,25: κίσσησ//ις V (Pini).

S. 272,6f.: πνεῦμα γάρ ... τῆς ἀληθείας] Vgl. Athenag., leg. 9,1 (PTS 31, 38,6f. Marcovich).

S. 272,18–273,8 App. Z. 1–13 *aktualisiere*: Ps.-Tert., haer. 1,6 (CChr.SL 2, 1402,18–1403,24 Kroymann [mit leicht verändertem Text]); Filastr., haer. 33,3–5 (CChr.SL 9, 231,10–232,18 Heylen und SASA 2, 54 Banterle).

S. 272,19f.: σκότος ἦν ... τὸ δὲ πνεῦμα ἀνὰ μέσον τούτων διορισμὸν ἐποιήσατο αὐτῶν] Vgl. Gen 1,1; hierzu ParSem NHC VII,1 p.1,25–28: „Es gab Licht und Finsternis; und es gab Geist zwischen ihnen" (Übersetzung von H.-M. Schenke, in: GCS Nag Hammadi Deutsch 2, 551); Dial NHC III,5 p.127,22–128,1.

S. 272,20f.: τὸ δὲ σκότος ἦν χαλεπαίνόν τε καὶ ἐγκοτοῦν τῷ πνεύματι] Vgl. ParSem NHC VII,1 p.3,4–29; 4,27–31.

S. 272,2: εἰ in Rasur bei V (Pini).

S. 273,1: Μήτραν] Die Entstehung der Gebärmutter bei ParSem NHC VII,1 p.3,30–4,27. Eine Gebärmutter wird auch erwähnt bei AJ NHC II,1 p.5,5; PrecHerm NHC VI,7 p.64,25–28; Inter NHC XI,1 p.3,26–32.

S. 273,2f.: ἐκ δὲ τῆς Μήτρας προεβλήθησάν τινες τέσσαρες αἰῶνες] Vgl. ParSem NHC VII,1 p.5,6–21.

S. 273,4: δεξιά τε καὶ ἀριστερά, φῶς καὶ σκότος] Vgl. EvPhil NHC II,3
p.53,14f.: „Das Licht und die Finsternis, das Leben und der Tod, die
Rechten und die Linken sind Brüder voneinander" (Übersetzung von H.-
M. Schenke, in: GCS Nag Hammadi Deutsch 1, 192).

S. 273,12 App.: <συμφώνου> nach Pet. Holl (Pini), Ergänzung sinnvoll Williams,
Wälchli (aber eventuell auch unnötig).

S. 274,10–13: Προϊὼν ... ὑποδείξω] P. Wälchli erwägt, ob z.B. Ps 118,12, Jes 47,14
oder Mt 13,30 Epiphanius zu diesen Vergleichen angeregt haben könnten
(vgl. Wälchli, 239, Anm. 77). G. Pini schlägt Prov 24,31 vor.

S. 274,22: ὕδρωπος] P. Wälchli vermutet, dass Epiphanius die Ringelnatter
meint, im Griechischen mit ὕδρος wiedergegeben. ὕδρωψ hingegen steht
für Wassersucht/Wassersüchtiger. Vermutlich kam es zu einer Verwechslung, entweder bei Epiphanius selbst oder beim Abschreiben nach Diktat
(vgl. Wälchli, 239, Anm. 81).

S. 274,1 App.: Wälchli folgt Holl.

S. 274,14 App.: <γὰρ> übernimmt Pini nicht.

S. 274,15: Punkt und Absatz (7.2) nach παραφθείρεσθαι Pini.

S. 274,22 App.: ἐλθόντος V M (Pini).

S. 275,1ff. App. Z. 1–4 *aktualisiere*: Iren., haer. I 30,1–14 (SC 264, 364,1–384,276
Rousseau/Doutreleau = FC 8/1, 332,1–350,2 Brox); Hipp., haer. VII 36,2
(PTS 25, 319,8–11 Marcovich); Filastr., haer. 33,2 (CChr.SL 9, 231,7 Heylen
und SASA 2, 54 Banterle); Ps.-Tert., haer. 2 (CChr.SL 2, 1403,3–1405,22
Kroymann). | App. Z. 1 *ergänze*: J. Dummer betont, dass Epiphanius für
die Darstellung in haer. 26 vermutlich keine sekundären Quellen benutzt
habe, sondern aus eigener Erfahrung und gnostischer Originalliteratur
berichtete (vgl. Dummer, Angaben, 193); genauere Angaben im Vergleich
mit den Textfunden aus Nag Hammadi bleiben jedoch auch bei Dummer
aus: „Betrachtet man die Darstellung jener gnostischen Gemeinschaft,
die Epiphanius in haer. 26 seines Panarions auf Grund eigenen Erlebens
gibt, als Ganzes, so ist der Gewinn, den man für die reale Kenntnis der
gnostischen Literatur daraus ziehen kann, nicht übermäßig groß. Wir
erfahren zwar eine Reihe von Titeln, aber sehr wenig über den Inhalt der
Schriften" (ebd., 209). Zu haer. 26 und den Phibioniten vgl. Benko, 103–
119. Eine französischsprachige Übersetzung bietet Tardieu, Gnostiques.

S. 275,12–293,21: In Auszügen übersetzt bei Foerster, 405–415.

S. 275,15: Νωρίαν τινὰ βίβλον] NHC IX,2 ist betitelt mit „Die Ode über Norea", bietet die hier angedeuteten Inhalte jedoch nicht. UW NHC II,5 p.102,10–22 bezieht sich auf ein „erstes Buch der Noraia" und p.102,24f. auf einen „Ersten Logos der (N)Oraia". Die beiden letzten Titel wurden bisweilen mit NHC II,4 HA identifiziert, doch laut U.U. Kaiser „gibt es für eine solche Zuweisung kaum genügend Gründe, denn über die Sachverhalte, für deren nähere Erklärung UW die Konsultation des ersten Buches bzw. Logos der Norea empfiehlt, bietet die HA keine über UW hinausreichenden Informationen" (GCS Nag Hammadi Deutsch 1, 216). Aus ähnlichen Gründen verwirft Kaiser eine Identifikation zwischen dem bei Epiphanius erwähnten Buch Noria und HA NHC II,4.

S. 275,18 App. Z. 4–8 *ersetze*: Vgl. Iren., haer. I 30,9 (SC 264, 376,166–168 Rousseau/Doutreleau = FC 8/1, 342,13–16 Brox): *Post quos secundum providentiam Prunici dicunt generatum Seth, post Noream: ex quibus reliquiam multitudinem hominum generatam dicunt*; Filastr., haer. 33,3 (CChr.SL 9, 231,8f. Heylen und SASA 2, 54 Banterle): *Isti Barbelo venerantur et Noram quandam mulierem (...)*; Epiph., haer. 39,5,2f. (GCS Epiphanius 2, 75,14f. Holl/Dummer). Norea bzw. Orea ist Seths Schwester und repräsentiert die ideale Gnostikerin in HA NHC II,4 p.91,34–92,3; 92,19–93,13. In Rechter Ginza 49 (46,4f. Lidzbarski) ist sie Noahs Frau, in Rechter Ginza 212 (ebd., 211,36.39) die Frau des Dinanukht. Die Namensform Norea entspricht u.a. dem hebräischen Naamah (vgl. Gen 4,22); damit kann in der rabbinischen und pseudepigraphischen Literatur sowohl Noahs Frau als auch eine der Menschentöchter aus Gen 6,2 gemeint sein. Zu Norea vgl. Pearson, 143–152 sowie Casadio, 316–320.

S. 275,21f. App.: καθ᾽ κτλ. V M Pini.

S. 276,6f. App. Z. 1 *ergänze*: Vgl. 1QapGen 2,3.8.12. Bitenosh begegnet auch dort als Frau Lamechs.

S. 276,7 App. Z. 3 *ersetze*: Die Gleichsetzung Noah = Deukalion findet sich bei Thphl. Ant., Autol. III 19,2f. (PTS 44, 119,5–9 Marcovich) und in ApcAd NHC V,5 p.70,16–19; vgl. auch Hom. Clem. II 16,4 (GCS Pseudoklementinen 1, 41,21f. Rehm/Strecker). Apollod., bibl. I 46–48 (I 7,2) (Bi-Teu, 19,12–20,4 Wagner) gibt den Sintflut-Mythos wieder, jedoch begegnen hier ausschließlich Deukalion, ohne die explizite Gleichsetzung mit Noah, sowie Pyrrha als Frau Deukalions.

S. 276,8–14: Vgl. HA NHC II,4 p.92,14–18: „Orea aber kam zu ihm (und) wollte die Arche besteigen, doch er ließ sie nicht. (Da) blies sie in die Arche hinein (und) verbrannte sie. Wieder baute er die Arche – zum zweiten Mal" (Übersetzung von U.U. Kaiser, in: GCS Nag Hammadi Deutsch 1, 229).

S. 276,14: ἔτη πολλὰ] Die Herstellungszeit der Arche beträgt 100 Jahre in ApcPl 50 (68 Tischendorf und COr 21, 167,24f. Silverstein/Hilhorst) und 300 Jahre in Rechter Ginza 380 (409,4f. Lidzbarski). In BerR 30,7 zu Gen 6,9 pflanzt Noah 120 Jahre vor der Sintflut Zedern für den Bau der Arche an.

S. 276,16: ἦν γάρ, φησίν, ὁ Νῶε πειθόμενος τῷ ἄρχοντι] Vgl. ApcAd NHC V,5 p.69,1–75,14.

S. 276,19: δεῖ] δὴ V (Pini).

S. 276,25 App.: γενομένην < M (Pini) Verwechselung von Holl oder Pini?

S. 277,3 App. Z. 5 *aktualisiere*: Filastr., haer. 33,6 (CChr.SL 9, 232,19f. Heylen und SASA 2, 54 Banterle).

S. 277,5f. App. Z. 7 *aktualisiere*: Epiph., mens. 25 (62a–62b [syrisch] bzw. 46 [englisch] Dean / 177,729f. Moutsoulas).

S. 277,13ff. App. Z. 8 *aktualisiere*: Filastr., haer. 33,7 (CChr.SL 232,20–22 Heylen und SASA 2, 54–56 Banterle). | App. Z. 8 *ergänze*: Vgl. hierzu Ch. Markschies, Das Evangelium der Vollendung, in: AcA 1/1, 432f.

S. 277,17 App. Z. 10f. *aktualisiere*: Vgl. Iren., haer. I 30,7 (SC 264, 372,118–124 Rousseau/Doutreleau = FC 8/1, 338,25–340,5 Brox). | App. Z. 10 *ergänze*: Vgl. hierzu Ch. Markschies, Das Evangelium der Eva, in: AcA 1/1, 402–409.

S. 278,1f.: εὑρούσης τὸ βρῶμα τῆς γνώσεως ἐξ ἀποκαλύψεως τοῦ λαλήσαντος αὐτῇ ὄφεως] Vgl. HA NHC II,4 p.89,31–90,11; UW NHC II,5 p.118,24–119,18; Iren., haer. I 30,15 (SC 264, 384,279–283 Rousseau/Doutreleau = FC 8/1, 350,6–8 Brox); Ps.-Tert., haer. 2,4 (CChr.SL 2, 1404,6–9 Kroymann); Filastr., haer. 1 (CChr.SL 9, 218,1–10 Heylen und SASA 2, 26 Banterle); Epiph., haer. 37,3,1 (GCS Epiphanius 2, 53,13–17 Holl/Dummer); 37,5,3–5 (ebd., 57,3–12); Hipp., haer. V 16,8 (PTS 25, 183,39–45 Marcovich). Zur Hochschätzung Evas vgl. auch Epiph., haer. 49,2,2 (GCS Epiphanius 2, 242,15–17 Holl/Dummer).

S. 278,8f.: ἔστην ἐπὶ ὄρους ὑψηλοῦ] Die Lokalisierung einer solchen Szene auf einem Berg findet sich auch bei Hes 40,2; TestLev 2,5; Mt 17,1; 28,16; Apk 21,10; 1ApcJac NHC V,3 p.30,19; EpPt NHC VIII,2 p.133,14; AJ BG 2 p.20,5; SJC BG 3 p.77,16.

S. 278,8ff. App. Z. 1–8 *ersetze*: Vgl. Epiph., haer. 26,10,4 (GCS Epiphanius 1, 287,10f. Holl); dazu Hipp., haer. V 6,4 (PTS 25, 142,4f. Marcovich); AJ BG 2 p.29,18–30,8: „Barbelo schaute inständig in ihn, das reine Licht hinein. Sie wandte sich ihm zu und gebar einen Funken von seligem Licht, aber er ist ihr nicht gleich an Größe. Das ist der Einziggeborene (Monogenes), der aus dem Vater in Erscheinung trat, der göttliche Selbsterzeugte (Autogenes), der erstgeborene Sohn des Alls des Geistes des reinen Lichtes" (Übersetzung von M. Waldstein, in: GCS Nag Hammadi Deutsch 1, 109); AJ BG2 p.34,9–11: „die zwölf Äonen, die dem Kind zu Diensten stehen, dem großen Selbsterzeuger (Autogenetor)" (ebd., 113); auch Dial NHC III,5 p.136,17–23: „Während sie (so da)standen, sah er zwei Geister, die nahmen eine einzige Seele mit sich in einem gewaltigen Blitz. Und ein Wort kam vom Sohn des Menschen, das sagte: Gebt ihnen ihr Kleid! [Und] der Kleine wurde wie der Große. Sie [glichen] denen, die angenommen waren" (ebd., 393). Nach E. Hennecke handelt es sich bei den beiden von Epiphanius genannten Gestalten um „den Urmenschen und sein verkürztes irdisches Abbild" (NTApo², 69). H. Leisegang vermutet hinter ihnen „Gottvater und Barbelo, die verkümmert ist, weil ihr die Kraft entzogen wurde" (Leisegang, 190); vgl. hierzu auch AcA 1/1, 405f. Ch. Markschies erwägt die Möglichkeit, ob es sich hierbei um ein und dieselbe Person handelt, „die in zwei Gestalten erscheint und dann mit einer Stimme spricht" (Ch. Markschies, in: AcA 1/1, 405; vgl. auch Bertrand, 479.481). So liege es nahe, an den Urmenschen zu denken, der in der jüdischen Tradition seine Riesengröße verliert und auf irdische Größe schrumpft, vgl. San 38b; BerR 8 (6a) zu Gen 1,26; 19 (13a) zu 3,9; TanB תזריע 19a; PesR 46 (187b). Weitere Spuren dieser Vorstellung finden sich in der gnostischen Literatur bei ApcAd NHC V,5 p.64,15f.; 65,21–23; 67,10–12. Eine weitere Möglichkeit wäre, mit Ch. Markschies anzunehmen, dass mit den beiden Gestalten Barbelo in ihrer himmlischen und ihrer beschädigten irdischen Gestalt gemeint sind (vgl. Ch. Markschies, in: AcA 1/1, 406), vgl. hierzu die möglichen Anklänge in Brontê NHC VI,2 p.13,17; 14,27f.; 16,18f.; 17,15–18 sowie AJ BG 2 p.27,19f. und NHC III,1 p.7,23f.

S. 278,10: φωνὴν βροντῆς] Vgl. auch Ps 18,4 (LXX); 29,3; Hi 37,4f.; Joh 12,28f.; Sir 43,17; 46,17; ApcAbr 17,12; Brontê NHC VI,2 p.14,11f.

S. 278,11f. App. Z. 8 *ersetze*: Möglicherweise hat diese Identitäts- bzw. Konsubstantialitätsformel ihren Ursprung im ägyptischen Raum, vgl. hierzu Hornung, Re 1, 74.175 und ders., Re 2, 101–175; P.Lond. 1, 122,37 (Kenyon, 117); PGrM VIII, 36f. 49f. (II, 47 Preisendanz); XIII 795 (ebd., 123); CH V 11 (1, 65,1–4 Nock/Festugière); Dieterich, Abraxas, 196, Z. 17; ders., Mithrasliturgie, 97.240; Reitzenstein, 236–244; vgl. auch A. Jo. 100 (CChr.SA 1, 211,1–213,12 Junod/Kaestli); Iren., haer. I 13,3 (SC 264, 195, 36 Rousseau/Doutreleau = FC 8/1, 220,6f. Brox); PS 96 (GCS Koptisch-Gnostische Schriften 1, 147,31f. Schmidt/Till); EvThom 30 (NHC II,2 p.39,2–5; vgl. P.Oxy. I 1,23–30); 108 (NHC II,2 p.50,28–30); EpJac NHC I,2 p.9,1–4; EV NHC I,3 p.18,30f. Ch. Markschies benennt zwar als ein allgemeines Charakteristikum der sogenannten Gnosis, dass zwischen der

Person des Offenbarers und ihrem Gesprächspartner eine Art von Konsubstantialität bestehe, aber in diesem bei Epiphanius überlieferten Fragment aus dem Evangelium der Eva werde nicht nur eine Identität zwischen Offenbarer und Gesprächspartner behauptet, sondern „Samen der offenbarenden Figur finden sich viel mehr in allem" (Ch. Markschies, Das Evangelium der Eva, in: AcA 1/1, 407); vgl. hierzu auch EvThom 77 (NHC II,2 p.46,22–28): Jesus spricht: „Ich bin das Licht, das über allem ist. Ich bin das All. Aus mir ist das All hervorgegangen. Und zu mir ist das All gelangt. Spaltet ein Stück Holz – ich bin da. Hebt den Stein auf, und ihr werdet mich dort finden" (Übersetzung von J. Schröter / H.-G. Bethge u.a., in: GCS Nag Hammadi Deutsch 1, 177); TractTrip NHC I,5 p.66,24f.; Brontê NHC VI,2 p.16,18f.

S. 278,2 App.: <αὐτῶν> Pini.

S. 279,17–27: Vgl. zum Aufbau dieses Abschnitts Dummer, Angaben, 193–195.

S. 279,18: Βορβοριανοὶ] Vgl. auch Epiph., haer. 25,2,1 (GCS Epiphanius 1, 268,21 Holl) sowie insb. Philost., h.e. III 15 (GCS Philostorgius, 46,16 Bidez/ Winkelmann); Thdt., haer. I 13 (PG 83, 361C–364C); Areth., Apoc. 5 (PG 106, 536D).

S. 279,19f.: κοδδὰ ... τρυβλίον] Zur Stelle vgl. Pourkier, 304.

S. 279,24f. App. Z.1 ergänze: Vgl. Epiph., haer. 25,2,1 (GCS Epiphanius 1, 268,18– 21 Holl).

S. 279,6 App.: ὡς V M Pini.

S. 280,1 App. Z. 1 ergänze: Die Herkunft des Zitats ist weiterhin unklar. M. Tardieu schlägt Lev 5,1 vor.

S. 280,5 App. Z.1 ergänze: Vgl. Ps 54,24.

S. 280,10–281,2: Vgl. die Anschuldigungen gegen die Christen in Minuc. 9,2 (CSEL 2, 13,2–7 Martin); 9,6f. (ebd., 13,23–14,7). Zum Thema s. auch Speyer, 129–135.

S. 280,13ff. App. Z. 2 aktualisiere: Firm., err. 18 (115 Turcan = Das Wort der Antike 3, 62,1–5 Ziegler).

S. 280,22ff. App. Z. 2f. aktualisiere: Hipp., haer. VI 19,5 (PTS 25, 227,23–26 Marcovich [mit leicht verändertem Text]).

S. 280,7: μηδὲ/] ν ausradiert in V (Pini).

S. 280,8: τόλμαν M (Pini).

S. 281,3ff. App. Z. 2 *ergänze*: Christen werden ähnlicher Praxis von den Mandäern beschuldigt in Rechter Ginza 228 (229,20–22 Lidzbarski): „Weiber und Männer liegen beieinander, nehmen den Samen, tun ihn in Wein, geben ihn den Seelen zu trinken und sagen, er sei rein."

S. 281,17 App. Z. 6: sondern meint die Johannesapokalypse] *ergänze*: F. Williams äußert sich dementgegen: „Holl argues that Epiphanius here means the Book of Revelation, but Epiphanius does not elsewhere call this an apocryphon. He might, of course, have misunderstood the source of the quotation" (Williams, 86, Anm. 17). In der zweiten Auflage seiner Übersetzung des Panarions vermerkt Williams abgeschwächt: „Epiph might have mistaken the source of the quotation, or indeed seen it so worded in some apocryphon" (Williams[2], 94, Anm. 25). | App. Z. 9: vgl. Apok. 22,2] *ergänze*: Vgl. hierzu Ch. Markschies, Das Evangelium der Eva, in: AcA 1/1,404.

S. 281,21: τεκνοποιίαν ἀπαγορεύουσιν] Vgl. TestVer NHC IX,3 p.30,2–17.

S. 281,8 App.: φασὶν V Pini.

S. 281,24f.: ἀποτελοῦσι M (Pini).

S. 282,4–10: κατασπάσαντες γὰρ τὸ ἔμβρυον ... μεταλαμβάνουσιν ἕκαστος ... ἀπὸ τοῦ κατακοπέντος παιδίου] Die Mandäer schreiben den Christen ähnliche Riten in Rechter Ginza 227 (228,15–27 Lidzbarski) zu: „(...) dann nehmen sie den Fötus mit der Nachgeburt, dem Blut, dem Kot und der Menstruation und bereiten aus dem Mark das Öl der Benediktion (...) und es wird das Sakrament der Hostie genannt, das in den Herzen und Sinnen brennt (...)".

S. 282,10: ἀπὸ τοῦ κατακοπέντος παιδίου] Vgl. Epiph., haer. 48,14,6 (GCS Epiphanius 2, 240,2–4 Holl/Dummer).

S. 282,17: γυμνοὶ ὅλῳ τῷ σώματι] Epiph., haer. 52,2,2 (GCS Epiphanius 2, 313,2f. Holl/Dummer).

S. 282,21: καὶ καταρῶνται τὸν νηστεύοντα, λέγοντες, οὐ δεῖ νηστεύειν] Polemik gegen die christliche Fastenpraxis ist zu finden in Rechter Ginza 121 (136,10–13 Lidzbarski): „Täglich sitzen sie fastend da und bringen Lügenpropheten hervor. Sie wurden Faster und Fasterinnen, die über Lügen sitzen"; vgl. auch EvThom 14 (NHC II,2 p.35,15–26); 104 (NHC II,2 p.50,10–16).

S. 282,23f. App. Z. 2 *ergänze*: Vgl. auch Mt 21,41.

S. 282,25f.: ἀπαγορεύουσι δὲ τὸν λαλήσαντα ἐν τῇ παλαιᾷ διαθήκῃ] Der alt-
testamentliche Gott wird kritisiert in TestVer NHC IX,3 p.45,23–48,26.

S. 282,19 App.: τημελοῦσι V^{corr.} aus τημελλοῦσι (Pini).

S. 283,18f.: »τί (...) ἠμφιεσμένον;«] Mt 11,8.

S. 283 Textzeugenapp. *korrigiere* Sigel G zu V.

S. 284,1 App. Z. 1 *ergänze*: Vgl. Epiph., haer. 42,11,17 (GCS Epiphanius 2,
127,8f. Holl/Dummer).

S. 284,11ff. App. Z. 1 *ergänze*: Vgl. auch Ch. Markschies, Die Fragen Marias, in:
AcA 1/1, 410–415. | App. Z. 4: Σὴθ] *ergänze*: Vgl. die Titel der beiden
NHC Traktate 2LogSeth NHC VII,2 (Der zweite Logos des Seth); StelSeth
NHC VII,5 (Die drei Stelen des Seth).

S. 284,17–24: Eine Identität zwischen den „Kleinen Fragen Marias" und der
Pistis Sophia bei bestehender Quellenlage sicher zu beweisen, hält Ch.
Markschies für ausgeschlossen, vgl. hierzu ausführlich Ch. Markschies,
Die Fragen Marias, in: AcA 1/1, 414f.; ebenso H.-C. Puech / G. Wurst, Die
Pistis Sophia, in: AcA 1/2, 1292. Eine Übersetzung des Textabschnittes in
ebd., 412.

S. 284,20: ἐκβαλόντα ἐκ τῆς πλευρᾶς αὐτοῦ γυναῖκα] Vgl. Gen 2,22.

S. 284,24 App. Z. 8 *ersetze*: Vgl. Mt 14,31; AJ BG 2 p.21,14–18: „Johannes, [wa-
rum] wunderst und [fürchtest] du dich? (...) Sei nicht kleinmütig" (Übersetzung von M. Waldstein, in: GCS Nag Hammadi Deutsch 1, 103).

S. 284,13 App.: δὲ V M Pini.

S. 284,14: δὲ] τε V (Pini).

S. 285,2: App. Z. 1: Joh. 6,62] *ergänze*: Eus., Marcell. II 4,51 (GCS Eusebius 4,
53,22f. Klostermann/Hansen) liest ebenso ἴδητε anstatt des θεωρῆτε im
kanonischen Text. Vgl. hierzu Mees, Interpretation, 360f.

S. 285,5 App. Z. 1: Joh. 6,53] *ergänze*: Zum Zitat vgl. auch Epiph., haer. 51,6,11
(GCS Epiphanius 2, 256,7 Holl/Dummer); die Form des Verses weicht an
diesen beiden Stellen von der biblischen Überlieferung ab. M. Mees
versteht Joh 6,53 hier als Zitat aus einer gnostischen Schrift; nur der
Halbvers wird zitiert. Bei Epiph., haer. 51,6,11 vermutet er hingegen ein
Zitat des Epiphanius selbst. Vgl. hierzu Mees, Interpretation, 357.

S. 285,6 App. Z. 1: Joh. 6,60] *ergänze*: Zur Form des Zitats vgl. Mees, Interpretation, 359f.

S. 285,19 App. Z. 3 *aktualisiere*: Just., dial. 111,4 (PTS 47, 261,26–31 Marcovich).

S. 285,21: τὸ κόκκινον αἷμα τῶν καταμηνίων λέγει] Vgl. ferner 1Clem 12,7.

S. 285,22f.: εἶναι τὴν σάρκα ἀπολλυμένην καὶ μὴ ἐγειρομένην] Vgl. Epiph., haer. 23,1,9 (GCS Epiphanius 1, 249,13f. Holl).

S. 285,25ff. App. Z. 3 *ergänze*: Vgl. außerdem Keph. 191,16f.; 212,10–22; 236,24–27.

S. 285,22 App.: τούτου V M Pini oder: <τοῦ αὐτοῦ> τούτου Pini.

S. 286,4–7: Vgl. PS 25 (GCS Koptisch-Gnostische Schriften 1, 21,16–40 Schmidt/ Till); Keph. 124,3–6; 210,24f.; CH X 7 (1, 116,12–15 Nock/Festugière).

S. 286,9: τριακοσίοις ἑξήκοντα πέντε] Vgl. Epiph., haer. 24,1,9 (GCS Epiphanius 1, 257,17f. Holl) sowie die Anm. zu S. 257,15–19.

S. 286,12 App. Z. 1–3 *ersetze*: Vgl. den Schlussteil des von Clem., str. III 29,2 (GCS Clemens Alexandrinus 2, 209,21–26 Stählin/Früchtel/Treu) angeführten Apokryphons (ἐπ᾽ ὀνόματος ἰδίου ἑκάστην) sowie Iren., haer. I 31,2 (SC 264, 386,16–19 Rousseau/Doutreleau = FC 8/1, 352,5–8 Brox): *Et in unoquoque peccatorum et turpium operationum angelum adsistere, et operantem audere audaciam et immunditiam inferre, id quod inest ei operationi, angeli nomine dicere (…)*.

S. 286,24–287,9 App. Z. 3f. *aktualisiere*: Iren., haer. I 30,5 (SC 264, 368,66–71 Rousseau/Doutreleau = FC 8/1, 336,7–11 Brox [mit leicht verändertem Text]).

S. 286,17 App.: καθ᾽ ἑκάστην … ἐπικαλεῖται V^corr. < M (Pini).

S. 287 (zu S. 286,24–287,9) App. Z. 2: Zu Σακλᾶς] *ergänze*: Saklas („Dummkopf") ist ein anderer Name für Jaldabaoth in HA NHC II,4 p.95,5–8. Bei ÄgEv NHC III,2 p.57,16–19 ist er ein Engel. In ApcAd NHC V,5 p.74,7–30 ist Saklas der Gott der Äonen. Jaldabaoth und Saklas sind unter den zwölf Engeln, die über die Unterwelt herrschen, in EvJud (CT 3) p.51 (TU 161, 278f. Brankaer/Bethge und AcA 1/2, 1231). | App. Z. 3f.: Zu Δαυίδης u. ῾Ηλιλαῖος] *ergänze*: Vgl. ÄgEv III,2 p.56,19–25. | App. Z. 4–6 *aktualisiere*: AJ NHC II,1 p.8,12–18. | App. Z. 5f.: = Irenaeus adv. haer. I 29, 3] *korrigiere*: = Iren., haer. I 29,2 (SC 264, 360,38f. Rousseau/Doutreleau = FC 8/1, 328,15f. Brox).

S. 287,2: ᾽Ιαώ] Jao ist neben Jeû und Jabe eine der Möglichkeiten, wie der jüdische Gottesname JHWH offenbar ausgesprochen wurde, vgl. Markschies, Gnosis, 46. Die griechischen Zauberpapyri bieten Belege für diese Wortformen; vgl. Register VI zu den griechischen Zauberpapyri, 222f. sowie PGrM XIII 453 (II, 109 Preisendanz). Ein „kleiner Jao" wird erwähnt bei PS 7 (GCS Koptisch-Gnostische Schriften 1, 7,36; 8,11 Schmidt/Till). Bei Epiphanius vgl. außerdem haer. 31,16,4 (GCS Epiphanius 1, 410,8–10 Holl); 31,35,4 (ebd., 437,18). Vgl. aus der Sekundärliteratur u.a. Nautin, 73–78.

S. 287,7–9: Vgl. Epiph., haer. 25,2,2 (GCS Epiphanius 1, 269,4f. Holl); 45,1,4 (GCS Epiphanius 2, 199,19f. Holl/Dummer).

S. 287,9: ἐν δὲ τῷ ὀγδόῳ οὐρανῷ] Vgl. ferner UW NHC II,5 p.121,28–35; Eug NHC III,3 p.89,9.

S. 287,9 App. Z. 8–14 aktualisiere: Iren., haer. I 30,4 (SC 264, 368,63f. Rousseau/ Doutreleau = FC 8/1, 336,4 Brox); I 30,1f. (ebd., 364,12–17 = 332,11–16); I 30,12 (ebd., 380,219–222 = 346,3–7); I 30,14 (ebd., 384,264–268 = 348,16–20 [mit verändertem Text zu Z.13: Iesu statt Christo]).

S. 287,11: Χριστὸν ἄλλον αὐτολόχευτον] Vgl. ferner AJ NHC II,1 p.7,19f.; 9,1f.; ÄgEv NHC III,2 p.50,18f.; 53,13; 55,5; NHC IV,2 p.60,1f.

S. 287,15: μόνον δόκησιν] Vgl. Epiph., haer. 21,1,3 (GCS Epiphanius 1, 236,12 Holl).

S. 287,15 App. 14: Zu ὄνου μορφὴ] ergänze: Vgl. Epiph., haer. 26,12,2 (GCS Epiphanius 1, 291,5 Holl); AJ NHC II,1 p.11,27f.; J., Ap. II 7,30 (§ 80) (5, 64,17–21 Niese); D.S. XXXIV 1,3; Tert., apol. 16,1–5 (CChr.SL 1, 115,1–24 Dekkers); 16,12 (CChr.SL 1, 116,50–55 Dekkers): (…) noxius picturam proposuit cum eiusmodi inscriptione: DEVS CHRISTIANORUM ONO-ΚΟΙΤΗΣ. Is erat auribus asininis, altero pede ungulatus, librum gestans et togatus (…); Minuc. 9,3 (CSEL 2, 13,8–10 Martin). Aus der Sekundärliteratur vgl. u.a. Bickerman, 225–255; Fauth, 79–120.

S. 287,4 App.: Δαυείδην Pini.

S. 288,1 App. Z. 1 ergänze: 2Jeû 43 (GCS Koptisch-Gnostische Schriften 1, 304,25 Schmidt/Till).

S. 288,7f.: δρακοντοειδῆ τὸν ἄρχοντα] Vgl. PS 126 (GCS Koptisch-Gnostische Schriften 1, 207,6–208,28 Schmidt/Till); AJ NHC II,1 p.11,30–32; Keph. 33,33; 77,33; Linker Ginza 14 (433,36 Lidzbarski): „Sie warfen mich in den Drachen hinein, der die ganze Welt umkreist"; Johannesbuch 191,4f.

S. 288,8f.: καταπίνοντα μὲν τὰς ψυχὰς] Vgl. Epiph., haer. 40,2,7 (GCS Epiphanius 2, 83,3–5 Holl/Dummer); PS 26f. (GCS Koptisch-Gnostische
Schriften 1, 22,17–36 Schmidt/Till); ferner Dial NHC III,5 p.122,19.

S. 288,18–26: Vgl. Epiph., haer. 40,5,8–11 (GCS Epiphanius 2, 86,4–20 Holl/
Dummer).

S. 288,18f.: ἔχειν δὲ καὶ τρίχας ὡς γυναικὸς τὸν Σαβαώθ] Vgl. die Darstellung
des langhaarigen Archon Paraplex in PS 139 (GCS Koptisch-Gnostische
Schriften 1, 236,32–238,19 Schmidt/Till).

S. 288,5: τῆς aus τις Vᶜᵒʳʳ· (Pini).

S. 288,11 App.: <μεταβαλλομένας> Pini.

S. 288,17: Βαρβηλὼ M (Pini) | ἤτοι καὶ Βαρβηλώ < M (Pini).

S. 289,6f.: Ἰούδας δέ ἐστιν οὗτος ὁ ἀδελφὸς Ἰακώβου καὶ τοῦ κυρίου λεγό-
μενος] Vgl. Epiph., haer. 28,7,6 (GCS Epiphanius 1, 319,26–320,1 Holl).

S. 289,14 App. Z. 3 *ergänze*: Vgl. hierzu Or., princ. III 2,1 (TzF 24, 560,17–20 Gör-
gemanns/Karpp).

S. 289,21 App. Z. 3f. *aktualisiere*: Clem., str. III 39,1 (GCS Clemens Alexandrinus
2, 213,30–32 Stählin/Früchtel/Treu [mit leicht verändertem Text]).

S. 289,21 App.: <φάναι> Pini, vgl. Röm 3,8. „φασίν τινες. *Quodsi cum Julicher
Holl post* τολμᾶν *ponamus* <βλασφημοῦντας>, τινας *subiectum verbis*
τολμᾶν *videatur, quod contra Pauli sententiam est.*" (Pini).

S. 290,1f. App. Z. 1 *aktualisiere*: Hipp., haer. VI 19,5 (PTS 25, 227,25f. Marcovich).

S. 290,13–15: Vgl. die Anschuldigungen in Epiph., haer. 63 (GCS Epiphanius 2,
398,14–402,28 Holl/Dummer).

S. 290,16ff. App. Z. 3f. *aktualisiere*: Iren., haer. I 30,10f. (SC 264, 378,189–200
Rousseau/Doutreleau = FC 8/1, 344,6–17 Brox [mit verändertem Text]).

S. 290,19–291,13: Eine deutschsprachige Übersetzung des Abschnitts bietet Ch.
Markschies, Die „Geburt Mariens", in: AcA 1/1, 417.

S. 290,20 App. Z. 10 *ergänze*: Zur γέννα Μαρίας vgl. Ch. Markschies, Die
„Geburt Mariens", in: AcA 1/1, 416–419. Auch Augustinus spielt möglicherweise auf eine apokryphe Schrift mit dem Titel *generatio Mariae* an,
vgl. Aug., Faust. 23,9 (CSEL 25/1 715,4f. Zycha).

S. 291,1f. App. Z. 1 *ergänze*: Vgl. außerdem die Gleichsetzung des Zacharias mit dem Vater Johannes des Täufers im Armenischen Kindheitsevangelium, Kapitel 14: „Unable to find an expedient way to deal with the matter, the lawless tyrant then confronted the high priest Zechariah concerning his son, the only child of his mother, for (it was rumored that) he will reign over Israel. He sent soldiers to Zechariah to demand the child John (...)" (Übersetzung nach Terian, 64). | App. Z. 3 *aktualisiere*: Or., comm. ser. 25 in Mt. 23,29–36 (GCS Origenes 11, 42,14–43,18 Klostermann/Benz).

S. 291,5 App. Z. 4 *ergänze*: Zum Gott in Eselsgestalt vgl. Ch. Markschies, Die „Geburt Mariens", in: AcA 1/1, 417f. | App. Z. 5 *aktualisiere*: Tert., apol. 16,1–5.12 (CChr.SL 1, 115,1–24; 116,50–55 Dekkers).

S. 291,10 App. Z. 6 *ersetze*: Vgl. Ex 28,33–35.

S. 291,26 App.: Ergänzung unnötig Pini.

S. 292,13ff. App. Z. 1 *ergänze*: Vgl. außerdem Tim. CP, haer. 13 (PG 86/1, 21C). Das bei Epiphanius folgende Zitat aus dem „fiktiven Evangelium des Philippus" findet sich nicht im EvPhil NHC II,3 wieder. H.-M. Schenke vermerkt jedoch, dass das im Zitat erwähnte Motiv des postmortalen Aufstiegs der Seelen durch die Archontensphären durchaus häufig im EvPhil vorkommt, vgl. EvPhil NHC II,3 p.62,26–35; 64,22–30; 65,27–66,4; 66,7–9; 67,19–22; 70,5–9; 74,24–36; 76,22–31; 76,31–77,1; 86,4–12. Schenke erwägt außerdem die Möglichkeit, ob das EvPhil durch einen dem Zitat bei Epiphanius entsprechenden Passus erweitert wurde, welchen Epiphanius dann anschließend als entlarvendes Zitat gegen die Häretiker herausgriff; vgl. hierzu GCS Nag Hammadi Deutsch 1, 185f. sowie AcA 1/1, 529f.

S. 292,14ff. App. Z. 4 *ergänze*: Vgl. ApcPl NHC V,2 p.23,1–24,1; 1ApcJac NHC V,3 p.33,2–36,1; EvMar BG 1 p.15,1–17,7; 1Jeû 33 (GCS Koptisch-Gnostische Schriften 1, 290,1–11 Schmidt/Till); 2Jeû 52 (ebd., 322,3–329,17); PS 112 (ebd., 185,21–188,12); CH I 18 (1, 13,3–11 sowie dazu 22, Anm. 47 Nock/Festugière). | App. Z. 6 *aktualisiere*: Iren., haer. I 21,5 (SC 264, 306, 103–106 Rousseau/Doutreleau = FC 8/1, 282,18–21 Brox).

S. 292,2 App.: τοῦ < M (Pini) Verwechselung von Holl oder Pini?

S. 293,3f.: ἦλθεν γάρ, φησίν, μία δαίμων καὶ ἐκράτησε] Vgl. EvPhil NHC II,3 p.65,1–66,4. G. Scholem schlägt vor, dass es sich in der bei Epiphanius folgenden Textstelle um die Parodie einer jüdischen Erzählung handelt, in der Eliah die Dämonin Lilith bezwingt, vgl. Scholem, 73f.

S. 293,7–9: ναί ... υἱούς] Dieser Volksglaube wird bezeugt in Rechter Ginza 55 (50,8–11 Lidzbarski): „Man läßt sie einsam dasitzen, dann gehen Liliths zu ihnen, legen sich hin, empfangen Samen von ihnen und werden schwanger; davon entstehen Geister und Schrate, die über die Menschenkinder herfallen." In CH IX 3 (1, 97,7–14 Nock/Festugière) wird diese Vorstellung als ein Bild des Geistes und seiner Gedanken verwendet.

S. 293,11 App.: <ἀπὸ> lehnt Pini ab.

S. 293,13 App.: ἀόρατον V M Pini.

S. 293,20 App.: Vgl. 2Petr 3,1 (Pini).

S. 294,9 App. Z. 1: I Tim. 5, 11] *ersetze*: 1Tim 5,11f.

S. 294,23: μέρη αὐτῆς διηγησάμην] Vgl. Epiph., haer. 26,9,1 (GCS Epiphanius 1, 285,16–19 Holl).

S. 294,12: εἰ ... οἰκοδεσποτεῖν < M (Pini).

S. 294, 26f. ἐξ ... διαβόλου < M (Pini).

S. 295,7: οὔτε ἀνάστασιν ὁμολογοῦσιν] Vgl. Epiph., haer. 23,1,9 (GCS Epiphanius 1, 249,13f. Holl); 26,9,3 (ebd., 285,22f.).

S. 295,11: εἴ τις] ἢ V (Pini).

S. 295,21: προθεσπίζων aus –ον Vᶜᵒʳʳ· (Pini).

S. 295,24: παρακόψῃ + καὶ V (Pini).

S. 295,27: ἀρέσῃ V (Pini), vgl. Epiph., haer. 25,6,7 (GCS Epiphanius 1, 274,5 Holl).

S. 296,10 App. Z. 2: I Tim. 4, 2] *ersetze*: 1Tim 4,2f.

S. 296,20 App. Z. 3 *aktualisiere*: Vgl. Hom. Clem. V 23,4 (GCS Pseudoklementinen 1, 102,5f. Rehm/Strecker); VI 21,2 (ebd. 114,14 Rehm/Strecker).

S. 296,23–297,2 App. Z. 3f. *aktualisiere*: Hom. Clem. IV 16,2 (GCS Pseudoklementinen 1, 89,7f. Rehm/Strecker).

S. 296,15: Lies: ὄφεως.

S. 296,16f. App.: τὰς κεφαλὰς V M Pini.

S. 297,15–21: Zur Rolle der Frau als Verführerin bei Epiphanius vgl. Burrus, 239–243.

S. 297,9 App.: <*body*> Williams[2].

S. 297,18: ἡμῖν aus ἡμῶν V^{corr.} (Pini).

S. 298,21: συγγραμμάτων// V (Pini).

S. 298,26 App.: <ἐγνώκαμεν> verwirft Dummer, Epiphanius-Ausgabe, 26, Anm. 23 als Versuch, „einen der Schulgrammatik entsprechenden Normaltext herzustellen".

S. 299,5 App.: γνόντες] καὶ γνόντες V < M (Pini).

S. 299,6 App.: δὲ V M Pini.

S. 299,7: Auch τού<των> möglich Pini.

S. 299,11: <καὶ> übernimmt Pini nicht.

S. 299,12 App.: λαβὼν V M Pini.

S. 300,3–8: τήν τε τήλειαν ... ἀρρενόθηλυ] Vgl. Hdt. III 109,1f. (BiTeu, 323,3–10 Rosén); Ael., NA I 24 (BiTeu, 13,10–15 Valdés/Fueyo/Guillén) Plin., Nat. X 62; Phys. 10 (46,5–13 Offermanns); Clem., str. IV 100,3 (GCS Clemens Alexandrinus 2, 292,20–24 Stählin/Früchtel/Treu) sowie Nic., Ther. 128–135; zu den Ähnlichkeiten bei Epiphanius und Nicander vgl. Zionts, 81–87.

S. 300,19ff. App. Z. 1 *ergänze*: Über die Karpokratianer und Karpokrates vgl. außerdem Just., dial. 35,6 (PTS 47, 129,28 Marcovich); Thdt., haer. I 5 (PG 83, 349D–352D); Clem., str. III 5,1–3 (GCS Clemens Alexandrinus 2, 197, 16–28 Stählin/Früchtel/Treu). Aus der Sekundärliteratur vgl. insb. Pourkier, 257–289 sowie Kraft, 434–443; Löhr, Karpokratianisches, 23–48. | App. Z. 3–5 *aktualisiere*: Iren., haer. I 25,1–6 (SC 264, 332,1–344,107 Rousseau/Doutreleau = FC 8/1, 306,1–314,19 Brox); Hipp., haer. VII 32 (PTS 25, 314,1–316,44 Marcovich); Tert., an. 23,2 (CChr.SL 2, 815,10–15 Waszink); 35,1f. (ebd., 836,1–837,23 Waszink); Ps.-Tert., haer. 3,1 (CChr.SL 2, 1405,23–9 Kroymann); Filastr., haer. 35 (CChr.SL 9, 232,1–233,12 Heylen und SASA 2, 54–56 Banterle).

S. 300,12: φοβερὰ] φερα M (Pini).

S. 300,19 App.: τῆς δὲ ἀκολουθίας] ἢ καὶ Pini, vgl. Anm. zu S. 256,7 App.

S. 300,23 App.: δὲ liest in M Pini.

S. 301,5–8 App. Z. 1–9 *aktualisiere*: Iren., haer. I 25,1 (SC 264, 332,1–3 Rousseau/ Doutreleau = FC 8/1, 306,1–3 Brox) = Hipp., haer. VII 32,1 (PTS 25, 314,1f. Marcovich [mit leicht verändertem Text]); Ps.-Tert., haer. 3,1 (CChr.SL 2, 1405,23–3 Kroymann); Filastr., haer. 35,1 (CChr.SL 9, 232,1–4 Heylen und SASA 2, 54–56 Banterle).

S. 301,6: ἄγνωστον καὶ ἀκατονόμαστον] Vgl. Const. App. VI 10,1 (SC 329, 320, 1–5 Metzger) u.ö.

S. 301,7f.: τὸν δὲ κόσμον καὶ τὰ ἐν τῷ κόσμῳ ὑπὸ ἀγγέλων γεγενῆσθαι] Vgl. Epiph., haer. 21,2,4 (GCS Epiphanius 1, 240,6f. Holl); 23,1,3 (ebd., 248,3–6); 23,2,6 (ebd., 251,3f.); ferner 28,1,5 (ebd., 314,1f.).

S. 301,10–302,11 App. Z. 9f. *aktualisiere*: Iren., haer. I 25,1 (SC 264, 332,3–10 Rousseau/Doutreleau = FC 8/1, 306,3–10 Brox) = Hipp., haer. VII 32,1f. (PTS 25, 314,2–315,9 Marcovich [mit verändertem Text]).

S. 301,10–12: Vgl. Ps.-Tert., haer. 3,1 (CChr.SL 2, 1405,4f. Kroymann): *Christum non ex virgine Maria natum, sed ex semine Ioseph hominem tantummodo genitum (…)*; Filastr., haer. 35,2 (CChr.SL 9, 232,5–8 Heylen und SASA 2, 56 Banterle): *Christum autem dicit non de Maria virgine et divino spiritu natum, sed de semine Ioseph hominem natum arbitratur, deque eo natum carnaliter, sicut omnes homines, suspicatur.*

S. 301,15f. App. Z. 16f. *ersetze*: Pl., Phdr. 246–248.

S. 302,8–11: Vgl. PS 109 (GCS Koptisch-Gnostische Schriften 1, 179,32–180,12 Schmidt/Till) u.ö.

S. 302,11–19 App. Z. 1f. *aktualisiere*: Iren., haer. I 25,1f. (SC 264, 332,11–334,18 Rousseau/Doutreleau = FC 8/1, 306,10–17 Brox) = Hipp., haer. VII 32,2f. (PTS 25, 315,9–15 Marcovich [mit verändertem Text]). | App. Z. 1 *ergänze*: Vgl. Ps.-Tert., haer. 3,1 (CChr.SL 2, 1405,6–9 Kroymann); auch Epiph., haer. 38,1,6 (GCS Epiphanius 2, 63,14–64,3 Holl/Dummer).

S. 302,19–303, 12 App. Z. 6–15 *aktualisiere*: Iren., haer. I 25,2 (SC 264, 334,18–336,29 Rousseau/Doutreleau = FC 8/1, 306,14–308,9 Brox) = Hipp., haer. VII 32,3f. (PTS 25, 315,15–23 Marcovich [mit verändertem Text]); Tert., an. 23,2 (CChr.SL 2, 815,10–15 Waszink).

S. 302,14 App.: δυνηθεὶς V M Pini | Williams² bevorzugt Holls καταργῆσαι.

S. 302,17: ἐάν <γε> Pini.

S. 302,18 App.: <ἄνω πτήσεται> unnötig Pini.

S. 303,5f.: ἄλλοι δὲ ... Ἰησοῦ Χριστοῦ] Vgl. EpJac NHC I,2 p.4,31–5,3: „Der Herr antwortete und sprach: (…) Wenn ihr aber vom Satan gequält und verfolgt werdet und ihr seinen [des Vaters] Willen tut – ich [sage] (euch): Er wird euch lieben, er wird euch mir gleich machen (…)" (Übersetzung von J. Hartenstein / U.-K. Plisch, in: GCS Nag Hammadi Deutsch 1, 20).

S. 303,6f.: αἱ γὰρ ψυχαὶ ἐκ τῆς αὐτῆς περιφορᾶς εἰσι] Vgl. HA NHC II,4 p.96,19–22; EvThom 49 (NHC II,2 p.41,27–30); 50 (NHC II,2 p.41,30–42,7); ferner Rechter Ginza 172 (176,38–177,2 Lidzbarski); Keph. 63,14f.

S. 303,11f.: Vgl. EpJac NHC I,2 p.6,19f.: „Werdet besser als ich und gleicht (so) dem Sohn des Heiligen Geistes!" (Übersetzung von J. Hartenstein / U.-K. Plisch, in: GCS Nag Hammadi Deutsch 1, 21).

S. 303,13–25 App. Z. 1f. *aktualisiere*: Iren., haer. I 25,3 (SC 264, 336,30–35 Rousseau/Doutreleau = FC 8/1, 308,10–15 Brox) = Hipp., haer. VII 32,5 (PTS 25, 316,24–28 Marcovich [mit verändertem Text]).

S. 303,14f.: μαγεῖαι γὰρ παρ' αὐτοῖς ἐπινενόηνται] Vgl. Epiph., haer. 21,1,2 (GCS Epiphanius 1, 238,8f.); Iren., haer. II 31,2 (SC 294, 328,51 Rousseau/Doutreleau = FC 8/2, 270,2f. Brox): *per magicas elusiones et universa fraude*.

S. 303,25–304,13 App. Z. 5f. *aktualisiere*: Iren., haer. I 25,3 (SC 264, 336,35–43 Rousseau/Doutreleau = FC 8/1, 308,15–22 Brox) = Hipp., haer. VII 32,6 (PTS 25, 316,28–33 Marcovich [mit verändertem Text zu Z. 7: <ὡς ἂν Χριστιανοὶ> nach ὀνόματος]).

S. 303,16: φίλτρον M (Pini).

S. 303,16 App.: <τε> übernimmt Pini nicht.

S. 304,14–305,1 App. Z. 6 *aktualisiere*: Iren., haer. I 25,3 (SC 264, 336,43–338,46 Rousseau/Doutreleau = FC 8/1, 308,22–25 Brox).

S. 304,5 App.: διὰ τῆς V M Pini | ἀνηκέστου V^corr. M Pini.

S. 304,9 App.: δρῶντας V M Pini | <ἡμῶν τοιοῦτος> Pini, wodurch auch Z. 10 <ἡμᾶς> Jül. Holl überflüssig würde.

S. 304,10 App.: <ἡμᾶς> s.o. zu Z. 9 App.

S. 305,1–9 App. Z. 1–10 *aktualisiere*: Iren., haer. I 25,4 (SC 264, 338,47–62 Rousseau/Doutreleau = FC 8/1, 310,1–14 Brox); I 25,5 (SC 264, 342,92–95 Rousseau/Doutreleau = FC 8/1, 312,19–21 Brox); Tert., an. 35,1 (CChr.SL 2, 836, 5–10 Waszink).

S. 305,14f. App. Z. 13f. *aktualisiere*: Iren., haer. I 25,4 (SC 264, 338,53–55 Rousseau/Doutreleau = FC 8/1, 310,7f. Brox).

S. 305,14 App.: <ἤ> Holl Pini.

S. 306,5–9 App. Z. 1–6 *aktualisiere*: Iren., haer. I 25,5 (SC 264, 340,86–342,89 Rousseau/Doutreleau = FC 8/1, 312,13–16 Brox); I 25,4 (ebd., 338,55–57 = 310,8–10).

S. 306,9–18 App. Z. 6–11 *aktualisiere*: Iren., haer. I 25,4 (SC 264, 338,60–66 Rousseau/Doutreleau = FC 8/1, 310,12–19 Brox); Tert., an. 35,1f. (CChr.SL 2, 836,10–14 Waszink).

S. 306,14 App. Z. 14: Matth. 5, 25f] *ergänze*: Zum Gebrauch dieser Verse in der gnostischen Literatur vgl. TestVer NHC IX,3 p.30,15–17; PS 113 (GCS Koptisch-Gnostische Schriften 1, 191,13–33 Schmidt/Till).

S. 307,1–308,1 App. Z. 1–14 *aktualisiere*: Iren., haer. I 25,4 (SC 264, 338,66–340,76 Rousseau/Doutreleau = FC 8/1, 310,19–312,4 Brox [mit leicht verändertem Text]); Hipp., haer. VII 32,7f. (PTS 25, 316,34–41 Marcovich [mit verändertem Text]).

S. 307,6–8: ἄγγελον δὲ ... καὶ εἰς σώματα καταγγίζειν διάφορα] Vgl. die Bestrafung durch Reinkarnation in ApcPl NHC V,2 p.21,19–21.

S. 307,10f.: φασὶ γὰρ εἶναι τὴν φυλακὴν τὸ σῶμα] Vgl. AJ NHC III,1 p.26,32–27,11; UW NHC II,5 p.114,23; Inter NHC XI,1 p.6,30–34; Rechter Ginza 44 (42,18f. Lidzbarski).

S. 307,12 App.: <δὲ> Pini.

S. 308,1–3 App. Z. 1f. *aktualisiere*: Iren., haer. I 25,5 (SC 264, 342,89–95 Rousseau/Doutreleau = FC 8/1, 312,16–21 Brox).

S. 308,3–5 App. Z. 7f. *aktualisiere*: Iren., haer. I 25,6 (SC 264, 342,96–98 Rousseau/Doutreleau = FC 8/1, 312,22f. Brox) = Hipp., haer. VII 32,8 (PTS 25, 316, 42f. Marcovich [mit leicht verändertem Text]).

S. 308,6–8 App. Z. 18 *aktualisiere*: Iren., haer. I 25,6 (SC 264, 342,98f. Rousseau/Doutreleau = FC 8/1, 314,1f. Brox).

S. 308,8–309,2 App. Z. 21 *aktualisiere*: Iren., haer. III 3,3 (SC 211, 32,30–34,35 Rousseau/Doutreleau = FC 8/3, 30,15–32,1 Brox).

S. 309,2f. App. Z. 3 *aktualisiere*: Hier., vir. ill. 15,1 (BPat 12, 104 Ceresa-Gastaldo).

S. 309,7 App. Z. 4 *aktualisiere*: Clem., ep. 2–4 (GCS Pseudoklementinen 1, 6,6–9,3 Rehm/Strecker).

S. 309,10 App. Z. 5 *ergänze*: Vgl. hierzu Pourkier, 275–279.

S. 309,12ff. App. Z. 8 *aktualisiere*: Clem. recogn. prologus 13f. (GCS Pseudoklementinen 2, 4,29–5,6 Rehm/Strecker [mit verändertem Text zu Z. 9 und 11: *Anencletus* statt *Cletus*]).

S. 309,9: εὐσταθήτων V (Pini).

S. 310,1 App. Z. 1 *aktualisiere*: Clem., ep. 3 (GCS Pseudoklementinen 1, 7,9f. Rehm/Strecker).

S. 310,5–8 App. Z. 5f. *aktualisiere*: Iren., haer. III 3,3 (SC 264, 34,32–36,59 Rousseau/Doutreleau = FC 8/3, 30,17–34,1 Brox). | App. Z. 5 *ergänze*: Vgl. auch Eus., h.e. III 4,8f. (GCS Eusebius 2/1, 194,6–11 Schwartz/Mommsen/Winkelmann).

S. 310,14–311,9 App. Z. 9f. *aktualisiere*: Iren., haer. I 25,6 (SC 264, 342,100–344, 107 Rousseau/Doutreleau = FC 8/1, 314,3–10 Brox [mit leicht verändertem Text]); (Hipp., haer. VII 32,8 [PTS 25, 316,43f. Marcovich]).

S. 310,13 App.: ἔνθεν aus ἐν V^corr. (Pini).

S. 311,4: Πλάτωνος] Karpokrates war ein Mann griechischer, insb. platonischer Bildung, vgl. Clem., str. III 5,3 (GCS Clemens Alexandrinus 2, 197,25–28 Stählin/Früchtel/Treu).

S. 311,9f.: ψυχῆς δὲ εἶναι μόνης σωτηρίαν φασὶ καὶ οὐχὶ σωμάτων] Vgl. Epiph., haer. 23,1,9 (GCS Epiphanius 1, 249,13f. Holl) u.ö.

S. 311,12 App.: παρὰ V M Klostermann (Ms.) „allein richtig".

S. 313,6ff. App. Z. 1–3 *aktualisiere*: Iren., haer. I 26,1 (SC 264, 344,1–346,15 Rousseau/Doutreleau = FC 8/1, 314,11–316,3 Brox); Hipp., haer. VII 33 (PTS 25, 317,1–12 Marcovich); Ps.-Tert., haer. 3,2 (CChr.SL 2, 1405,9–14 Kroymann); Filastr., haer. 36 (CChr.SL 9, 233,1–17 Heylen und SASA 2, 56 Banterle). | App. Z. 1 *ergänze*: Zu Kerinth vgl. auch Eus., h.e. III 28 (GCS Eusebius 2/1, 256,23–260,6 Schwartz/Mommsen/Winkelmann).

S. 313,7–13 und 15–18 App. Z. 4 *aktualisiere*: Ps.-Tert., haer. 3,2 (CChr.SL 2, 9–14 Kroymann).

S. 313,10–12: τὰ ἴσα ... τὸν Χριστὸν γεγεννῆσθαι] Vgl. auch die Aussagen über die Herkunft Christi in Epiph., anc. 27,4 (GCS Epiphanius 1, 36,6–12 Holl); Epiph., haer. 27,2,2 (ebd., 301,10–13); 27,8,2 (ebd., 312,23–29); 29,7,6 (ebd., 329,21–330,4); 30,2,2 (ebd., 334,8–10); 30,3,1 (ebd., 335,21f.); 30,14,2 (ebd., 351,11f.); 30,14,4 (ebd., 351,17–21); 30,18,5 (ebd., 358,3–6); 30,26,9 (ebd., 369,23–28); 51,2,3 (GCS Epiphanius 2, 250,3–5 Holl/Dummer); 54,1,8 (ebd., 318,14–16).

S. 313,13: ὑπὸ ἀγγέλων γεγενῆσθαι] Vgl. Epiph., haer. 21,2,4 (GCS Epiphanius 1, 240,3–7 Holl) u.ö.

S. 313,18–314,12 App. Z. 8f. *aktualisiere*: Iren., haer. I 26,1 (SC 264, 344,1–346,15 Rousseau/Doutreleau = FC 8/1, 314,11–316,3 Brox) = Hipp., haer. VII 33 (PTS 25, 317,1–12 Marcovich [mit verändertem Text]).

S. 313,6: τῆς δὲ ἀκολουθίας] ἢ καὶ Pini, vgl. Anm. zu S. 256,7 App.

S. 314,3–7: Bei Epiphanius vgl. haer. 30,3,6 (GCS Epiphanius 1, 337,6–9 Holl); 30,16,3 (ebd., 353,17–354,3); 51,20,3 (GCS Epiphanius 2, 278,2–5 Holl/Dummer) u.ö.; aus den gnostischen Schriften vgl. PS 63 (GCS Koptisch-Gnostische Schriften 1, 83,22–25 Schmidt/Till): „(...) du bist auf das Lichtkleid herabgekommen, das Du von der Hand der Barbelo empfangen hast, welches ist Jesus, unser Erlöser, indem Du auf ihn wie eine Taube herabgekommen bist"; TestVer NHC IX,3 p.30,18–28. Zum Gedanken der Einwohnung in Jesus vgl. ferner TractTrip NHC I,5 p.125,5–9; 2LogSeth NHC VII,2 p.51,20–52,9: „Ich betrat ein leibliches Haus. Ich warf jenen heraus, der vorher in ihm war, und ich ging (selbst) hinein (...) Ich aber bin der, der in ihm war, (und) der doch nicht jenem glich, der vorher in ihm war. Denn jener war ein irdischer Mensch, ich aber, ich war ein (Wesen) aus den Regionen oberhalb der Himmel (...)" (Übersetzung von S. Pellegrini, in: GCS Nag Hammadi Deutsch 2, 581).

S. 314,10f.: πεπονθότα δὲ τὸν Ἰησοῦν καὶ πάλιν ἐγηγερμένον, Χριστὸν δὲ τὸν ἄνωθεν ἐλθόντα εἰς αὐτὸν ἀπαθῆ ἀναπτάντα] Vgl. 1ApcJac NHC V,3 p.31,17–22: „Ich bin jener, der in mir war. Niemals habe ich irgendwie gelitten, noch wurde ich gequält. Und dieses Volk hat mir nichts Böses getan" (Übersetzung von I. Schletterer / U.-K. Plisch, in: GCS Nag Hammadi Deutsch 2, 415); vgl. auch ApcAd NHC V,5 p.77,9–18; 2LogSeth NHC VII,2 p.55,14–56,14; ApcPt NHC VII,3 p.81,7–83,8.

S. 316,1–3: Vgl. Act 10,47.

S. 316,14 App. Z. 1: vgl. Act. 21,28] *ersetze*: Act 21,28 vermischt mit Elementen aus Act 11,3.

S. 316,1 App.: ὁ cat. < V M.

S. 316,20 App.: περιτέμνεσθαι V, τε über αι liest in V[corr.] Pini.

S. 317,10ff. App. Z. 1f. *aktualisiere*: Iren., haer. I 26,2 (SC 264, 346,19f. Rousseau/ Doutreleau = FC 8/1, 316,6–8 Brox).

S. 317,12f. App. Z. 9f. *aktualisiere*: Ps.-Tert., haer. 3,3 (CChr.SL 2, 1405,16–1406,19 Kroymann [mit leicht verändertem Text]).

S. 317,17ff. App. Z. 12 *aktualisiere*: Iren., haer. I 26,2 (SC 264, 346,20f. Rousseau/ Doutreleau = FC 8/1, 316,8f. Brox).

S. 317,13–15: Klostermann (Ms.) ändert Interpunktion wie folgt: τί οὖν; φησί, περιετμήθη ὁ Ἰησοῦς; … ἐπολιτεύσατο; κτλ.

S. 318,1–3: Οὗτος δὲ ὁ Κήρινθος … ἐγηγέρθαι] Vgl. Filastr., haer. 36,2 (CChr.SL 9, 233,6f. Heylen und SASA 2, 56 Banterle).

S. 318,7 App. Z. 1 *ergänze*: Vgl. Jes 22,13.

S. 318,8 App. Z. 1 *ergänze*: Men., Thais fr. 165 Kassel/Austin (PCG VI,2, 124f. mit ausführlichem App.) = fr. 218 Kock und fr. 187 Körte (= Eurip., fr. 1024 Nauck[2]).

S. 318,30: ὅτι ὅλως νεκροὶ οὐκ ἀναστήσονται] Vgl. A. Paul. p. 45,14 (C. Schmidt, Acta Pauli, 73 [deutsch] bzw. 39* [koptisch]).

S. 318,14f.: … κηρυττόντων Χριστὸν ἐγηγέρθαι, τινῶν δὲ αἱρέσεων λεγουσῶν Χριστὸν μὲν κτλ. V M Pini, auch Klostermann (Ms.) vermutet Fehler; Augensprung beim Satz?

S. 319,25: τῷ] Klostermann (Ms.): „von mir! (Holl hatte τῇ ἁ. π. gewollt!!)".

S. 320,3 App. Z. 1 *ergänze*: Vgl. auch Epiph., haer. 29,4,1 (GCS Epiphanius 1, 324,14–16 Holl); 51,10,8 (GCS Epiphanius 2, 262,3–8 Holl/Dummer); 66,19,7f. (GCS Epiphanius 3, 44,2–13 Holl/Dummer).

S. 320,12: Μηρινθιανοί] Dieser Name, der erstmals bei Epiphanius überliefert wird, lässt sich historisch nicht zuordnen. Ch. Markschies äußert die Vermutung, dass die Bezeichnung ein Wortspiel mit μήρινθος (Strick) sei;

vgl. hierzu Markschies, Kerinth, 48–76, insb. 61. A. Schmidtke hingegen nimmt an, dass die Bezeichnung „Merinthianer" und ebenso der Name ihres Gründers Merinthus nur aus einer Verwechslung von K mit M entstanden seien (vgl. Schmidtke, 200, Anm. 1).

S. 320,13–15: εἴτε γὰρ ὁ αὐτὸς Κήρινθος Μήρινθος ... ἔγνωσται] In Epiph., haer. 31,2,1 (GCS Epiphanius 1, 384,1 Holl); 51,6,7 (GCS Epiphanius 2, 255,16–19 Holl/Dummer); 51,7,3 (ebd., 257,7) erscheint Merinthus als eigene Person neben Kerinthus.

S. 320,4f.: Lies: παρεκδρομῇ.

S. 320,9: τοῖς] ταῖς V (Pini).

S. 320,15 App.: τούτω V M τούτῳ Pini.

S. 320,22: ταύτης < V (Pini).

S. 320,25: τοῖς < V (Pini).

S. 321,3: τῇ καλουμένῃ σηπεδόνι ἐχίδνη] Vgl. Nic., Ther. 320–334; Ael., NA XV 18 (BiTeu, 371,20–372,4 Valdés/Fueyo/Guillén).

S. 321,13ff. App. Z. 1–8 *aktualisiere*: Iren., haer. I 26,2 (SC 264, 346,16–25 Rousseau/Doutreleau = FC 8/1, 316,4–12 Brox); Hipp., haer. VII 34 (PTS 25, 317,1–318,11 Marcovich); Ps.-Tert., haer. 3 (CChr.SL 2, 1405,23–1406,19 Kroymann); Filastr., haer. 37 (CChr.SL 9, 233,1–8 Heylen und SASA 2, 56–58 Banterle); Or., comm. in Mt. XVI 12 zu Mt 20,29f. (GCS Origenes 10, 511,25–515,9 Klostermann/Benz); Hier., Is. 2 zu Jes 1,12 (CChr.SL 73, 17,1–10 Adriaen); 1 zu Jes 1,3 (ebd., 9,26–28); 3 zu Jes 8,11–15 (ebd., 116, 41f.); Hier., Ezech. 4 zu Ez 16,16 (CChr.SL 75, 182,1472–1477 Glorie); Hier., vir. ill. 3,2 (BPat 12, 80 Ceresa-Gastaldo). | App. Z. 1 *ergänze*: F. Williams betont, dass der Bericht des Epiphanius über die Nazoräer auf der eigenen Kenntnis des Epiphanius aufbaut, ergänzt um Informationen aus Schriftpassagen und Eusebius. Für J. Frey zeigt dieser Textabschnitt, dass Epiphanius von den Nazoräern kaum eigene Kenntnis besaß, „sondern unterschiedliche Traditionen kombinierte und so zu teilweise widersprüchlichen Angaben gelangte" (J. Frey, Die Fragmente judenchristlicher Evangelien, in: AcA 1/1, 579), sodass nicht der Eindruck erweckt werde, „daß der Autor über die Herkunft und Anfänge dieser Gruppe zuverlässig informiert wäre" (J. Frey, Die Fragmente des Nazoräerevangeliums, in: AcA 1/1, 624). J. Verheyden vermerkt etwas drastischer: „[T]he Nazoraeans of Pan. 29 may well be to a large degree the product of Epiphanius' imagination" (Verheyden, Ebionites, 184). Haer. 29 erscheint ihm gar als „very much a doublet of that on the Ebionites in Pan. 30 (…)" (ebd., 185). Aus den patristischen Quellen über die Nazoräer vgl. auch Aug., Cresc. 1,31 (CSEL 52, 355,27–256,8 Petschenig). Zur Quellenlage über die Nazoräer bei Epiphanius vgl. außerdem Klijn/Reinink, 44–46 sowie J. Frey, Die Fragmente des Nazoräerevangeliums, in: AcA 1/1, 623–648. Zur Darstellung der Nazoräer bei Epiphanius vgl. ausführlich Pourkier, 415–475.

S. 321,13: τῆς δὲ ἀκολουθίας] ἢ καὶ Pini, vgl. Anm. zu S. 256,7 App.

S. 321,19: αὐτῷ M (Pini).

S. 322,1: Ναζωραῖοι] Vgl. Mt 2,23; 26,71 u.ö. Zur Etymologie des Names Nazoräer und dessen Gebrauch vgl. Pourkier, 416f.450–454; Mimouni, Nazoréens sowie Berger, 323–335. Zur Bezeichnung einer juden-christlichen Sekte begegnet der Titel erstmals bei Epiphanius und ist eine Transkription von aramäisch nāṣrayyā, welches wiederum von der Wurzel nṣr (hüten, beachten) + Suffix –ay abgeleitet ist. Bei den Man-däern findet sich analog nāṣôrayyā; vgl. hierzu J. Frey, Die Fragmente des Nazoräerevangeliums, in: AcA 1/1, 623–625.

S. 322,25–27: Im Folgenden liegt kein Einzelzitat, sondern eine Harmonisierung von mindestens drei Schriftstellen vor (Joh 6,15; 12,36; 11,54). Möglich-erweise hat Epiphanius diese Harmonisierung selbst vorgenommen. Ei-ne vergleichbare Parallele findet sich nur im Unbekannten altgnostischen Werk 19: „Und diese Worte sagte der Herr des Alls zu ihnen und ent-wich (ἀναχωρεῖν) von ihnen und verbarg sich vor ihnen" (GCS Koptisch-Gnostische Schriften 1, 360, 36f. Schmidt/Till); vgl. zur Zusammenset-zung der Schriftstellen Mees, Interpretation, 346–350.

S. 322,12: ὅτι] τὸ V (Pini).

S. 322,15: τὸ] ὅτι M (Pini).

S. 323,13: Keine Lücke Diekamp | ἡγοῦντο Diekamp.

S. 323,16: ἀπὸ + αὐτοῦ τε καὶ Vcorr. (Pini).

S. 324,2–4: μεταπεσούσης ... ἀξίωμα] Der Grundgedanke dieser Argumentati-on findet sich auch in Just., 1apol. 32,1–3 (PTS 38, 78,1–13 Marcovich); dial. 120,3–5 (PTS 47, 277,16–278,41 Marcovich); Iren., haer. IV 10,2 (SC 100, 494,27–496,39 Rousseau/Doutreleau = FC 8/4, 78,3–14 Brox); Eus., h.e. I 6,1f. (GCS Eusebius 2/1, 48,2–16 Schwartz/Mommsen/Winkel-mann).

S. 324,5ff. App. Z. 1 *ersetze*: Vgl. Or., hom in Sam. Frg. 10 zu 1Sam 21,5.6 (SC 328, 166,11–14 Nautin = GCS Origenes 3, 298,27–29 Klostermann/Nautin).

S. 324,10–12: κατασταθέντος … ἐπισκόπου πρώτου] Vgl. Eus., h.e. II 1,2f. (GCS Eusebius 2/1, 102,19–104,8 Schwartz/Mommsen/Winkelmann).

S. 324,14 App. Z. 1 *ergänze*: Vgl. Epiph., haer. 28,7,6f. (GCS Epiphanius 1, 319, 26–320,7 Holl); 78,7,7f. (GCS Epiphanius 3, 457,18–458,1 Holl/Dummer). Vgl. auch Hier., vir. ill. 2,1 (BPat 12, 74 Ceresa-Gastaldo): *Iacobus qui appellatur frater Domini, cognomento Iustus, ut nonnulli existimant, Ioseph ex alia uxore, ut autem mihi videtur Mariae, sororis matris Domini (…).*

S. 324,14 App.: <πρώτης> Holl Pini, auch <τῆς ἄλλης> möglich Pini.

S. **325**,24 App. Z. 1f. *ergänze*: Vgl. Eus., d.e. IV 10 (GCS Eusebius 6, 168,26–30 Heikel); auch Ign., Eph. 7,2; Cyr. H., catech. 6,11 (1, 170 Reischl/Rupp); 10,13 (ebd., 278); Or., hom. in Jer. XVIII 5 zu Jer 18,1–16 (GCS Origenes 3, 156,15–17 Klostermann/Nautin).

S. 325,26: ἄνω ἐπεμνήσθημεν] Vgl. Epiph., haer. 29,1,3 (GCS Epiphanius 1, 321,19–322,3 Holl).

S. 325,22: τοῦ ὀνόματος τοῦ κυρίου < M, am Rand nachgetragen V^corr. (Pini).

S. **326**,2ff. App. Z. 2 *ergänze*: Vgl. auch die Invokation *Jesseus Mazareus Jessedekeus* aus ÄgEv NHC III,2 p.64,10f. und Zostr NHC VIII,1 p.47,5f. Zu den Jesseern vgl. Mimouni, Jesséens; Pourkier, 440–447.

S. 326,4: κατὰ τὴν Μάρειαν λίμνην] Vgl. Eus., h.e. II 17,8 (GCS Eusebius 2/1, 144,20 Schwartz/Mommsen/Winkelmann).

S. **327**,9: Ἰησοῦν τὸν Ναζωραῖον] Bei EvPhil NHC II,3 p.62,7–17 wird „Nazoräer/Nazarener" als Jesu zweiter Vorname genannt und als „Mann der Wahrheit" gedeutet. Eine andere Erklärung bietet EvPhil NHC II,3 p.56,12f.: „ ‚Der Nazarener' ist der offenbarte (Name) des (in ihm enthaltenen) verborgenen (Namens)" (Übersetzung von H.-M. Schenke, in: GCS Nag Hammadi Deutsch 1, 194).

S. 327,16 App. Z. 3 *ergänze*: Vgl. Num 6,3.

S. 327,20f.: ἄνθρωποι τοὺς Χριστιανοὺς ἐκάλουν Ναζωραίους] Vgl. Epiph., haer. 29,1,3 (GCS Epiphanius 1, 321,19–322,1 Holl).

S. 327,7f. App.: ἐγκυμονηθέντα liest in am Rand in V^corr· Pini.

S. 327,16: καὶ οἶνον V (Pini).

S. 327,17: γὰρ < V (Pini).

S. 327,23: τῶν am Rand nachgetragen V^corr· (Pini).

S. 328,2 App. Z. 1: Act. 24, 12] *ersetze*: Act 24,12–14.

S. 328,15–17: δοκοῦσι ... τοῖς ἔργοις] Vgl. Epiph., rescr. 4,2 (GCS Epiphanius 1, 157,24–158,1 Holl).

S. 329,7 App. Z. 1 *aktualisiere*: Iren., haer. I 26,2 (SC 264, 346,21f. Rousseau/Doutreleau = FC 8/1, 316,9f. Brox).

S. 329,12 App. Z. 2–4 *aktualisiere*: Iren., haer. I 26,2 (SC 264, 346,16f. Rousseau/Doutreleau = FC 8/1, 316,4f. Brox) = Hipp., haer. VII 34,1 (PTS 25, 317,1f. Marcovich); Ps.-Tert., haer. 3,3 (CChr.SL 2, 1405,16 Kroymann).

S. 329,21 App. Z. 6 *aktualisiere*: Iren., haer. I 26,2 (SC 264, 346,22–25 Rousseau/Doutreleau = FC 8/1, 316,10–12 Brox [mit leicht verändertem Text]).

S. 329,21–330,4 App. Z. 9f. *aktualisiere*: Iren., haer. I 26,2 (SC 264, 346,17–19 Rousseau/Doutreleau = FC 8/1, 316,5f. Brox) = Hipp., haer. VII 34,1 (PTS 25, 317,2f. Marcovich). | App. Z. 9 *ergänze*: Zur Ansicht der Kerinthianer vgl. Epiph., haer. 28,1,5 (GCS Epiphanius 1, 314,1–7 Holl).

S. 329,16 App.: παραλειπόμεναι V M Klostermann (Ms.), vgl. Or., hom. in Jer. X 4 zu Jer 11,18–12,9.

S. 329,17: Ἐσθὴρ] αἰσθὴρ V (Pini).

S. 330 (zu S. 329,21–330,4) App. Z. 2 *aktualisiere*: Or., comm. in Mt. XVI 12 zu Mt 20,29f. (GCS Origenes 10, 511,28–32 Klostermann/Benz [mit leicht verändertem Text]).

S. 330,4f. App. Z. 9f. *aktualisiere*: Hier., vir. ill. 3,2 (BPat 12, 80 Ceresa-Gastaldo).

S. 330,7ff. App. Z. 17f. *aktualisiere*: Epiph., mens. 15 (54d [syrisch] bzw. 31 [englisch] Dean / 159,393–398 Moutsoulas). | App. Z. 17 *ergänze*: Implizite Zeugnisse für die Flucht der Urgemeinde nach Pella vermutet J. Verheyden bei Apk 12,6.13; Mk 13,14–20; Mt 24,15–22; Lk 21,20–24; AscIs 4,13; Clem. recogn. I 39 (GCS Pseudoklementinen 2, 31,8–20 Rehm/Strecker). Zur Flucht nach Pella und deren Bezeugung, insb. durch Eusebius und Epiphanius, vgl. Verheyden, Vlucht (zu Epiphanius insb. 67–152); in dieser Untersuchung kommt Verheyden zur Annahme, dass die Passagen über die Flucht erst zu einem späteren Zeitpunkt von Epiphanius selbst in den hier vorliegenden Text eingefügt worden sind, da sie sich nicht recht in den Kontext (haer. 29 und 30) fügen wollen. Vgl. auch Koester, 90–106; Wehnert, 231–255.

S. 330,15: τρεῖς V (Pini).

S. **331**,3 App. Z. 1 *aktualisiere*: Just., 1apol. 47 (PTS 38, 98,1–16 Marcovich).

S. 331,14: πρότερα] o aus ω V^{corr.} (Pini).

S. **332**,1–5 App. Z. 1–4 *aktualisiere*: Hier., Is. 2 zu Jes 5,18f. (CChr.SL 73, 76,42–45 Adriaen [mit leicht verändertem Text]); 13 zu Jes 49,7 (CChr.SL 73A, 538, 15–18 Adriaen); 14 zu Jes 52,4–6 (ebd., 578,38–41); Just., dial. 16,4 (PTS 47, 96,21f. Marcovich); 47,4 (ebd., 147,36–148,39). | App. Z. 1 *ergänze*: Abwandlungen dieses Gebetes sind zu finden in Texten aus der Kairoer Geniza; vgl. Pourkier, 469–471 sowie Langer/Ehrlich, 63–112. Zur Verfluchung der Christen vgl. u.a. auch Just., dial. 95,4 (PTS 47, 234,22–235, 26 Marcovich); 108,3 (PTS 47, 255,16–18 Marcovich); Or., hom. in Jer. X 8 zu Jer 11,18–12,9 (GCS Origenes 3, 78,1–3 Klostermann/Nautin); Cels. II 29 (GCS Origenes 1, 157,6–14 Koetschau); [Ps.-] Or., sel. in Ps. zu Ps 37,12 (PG 12, 1387C); Hier., ep. 112,13 (CSEL 55, 381,15–382,11 Hilberg).

S. 332,8ff. App. Z. 5f. *aktualisiere*: Iren., haer. I 26,2 (SC 264, 346,19f. Rousseau/Doutreleau = FC 8/1, 316,6–8 Brox).

S. 332,8 App. Z. 11 *ergänze*: Vgl. außerdem Iren., haer. III 1,1 (SC 211, 22,18f. Rousseau/Doutreleau = FC 8/3, 24,1f. Brox); Hier., Matt. XI zu Mt 12,13 (CChr.SL 77, 90,366–371 Hurst/Adriaen): *In evangelio quo utuntur Nazareni et Hebionitae quod nuper in graecum de hebraeo sermone transtulimus et quod vocatur a plerisque Mathei authenticum (...).* | App. Z. 14.17 *aktualisiere*: Hier., vir. ill. 3 (BPat 12, 78–80 Ceresa-Gastaldo); Hier., adv. Pelag. III 2 (CChr.SL 80, 99,1–4 Moreschini) | App. Z. 14f.: Über die Sprache u. Schriftform des von den Nazoräern gebrauchten Evangeliums] *ergänze*: Vgl. hierzu J. Frey, Die Fragmente judenchristlicher Evangelien, in: AcA 1/1, 579f.

S. **333**,1: ὡς βληχρὸν καὶ ὀδύνης ἐμποιητικὸν διὰ τοῦ ἰοῦ σφηκίον] Vgl. Nic., Ther. 738–740; Epiph., haer. 41,3,5 (GCS Epiphanius 2, 93,12–14 Holl/Dummer); 44,7,2f. (ebd., 198,19–27).

S. 333,4ff. App. Z. 1–4 *ersetze*: Zur Darstellung der Ebionäer bei Epiphanius vgl. insb. Iren., haer. I 26,2 (SC 264, 346,16–25 Rousseau/Doutreleau = FC 8/1, 316,4–12 Brox); Or., Cels. V 61 (GCS Origenes 2, 65,8 Koetschau); V 65 (ebd., 68,11f.); Or., comm. in Mt. XVI 12 zu Mt 20,29f. (GCS Origenes 10, 511,25–515,9 Klostermann/Benz); Eus., h.e. III 27,1f. (GCS Eusebius 2/1, 256,2–7 Schwartz/Mommsen/Winkelmann); VI 17 (ebd., 554,18); Hier., Matt. II zu Mt 12,2 (CChr.SL 77, 87,293–295 Hurst/Adriaen); Hier., Is. 1 zu Jes 1,12 (CChr.SL 73, 17,1–10 Adriaen); Hier., ep. 112,13,1f. (CSEL 55, 381,19–382,2 Hilberg). Als weitere Quelle verwendete Epiphanius wohl eine Variante der Pseudoklementinen, welche G. Strecker als pseudoklementinische Grundschrift identifiziert (zur Nutzung der Pseudoklementinen durch Epiphanius vgl. Strecker, 265f.). Ferner vermutet F. Williams, dass Epiphanius, wie auch Ps.-Tert., haer. 3,3 (CChr.SL 2, 1405,14–1406,19 Kroymann) und eventuell Tertullian selbst, seine Informationen aus den zu großen Teilen verlorenen Hipp., Synt. bezog. Origenes als auch Eusebius könnten persönlichen Kontakt zu Judenchristen gehabt haben und über die Ebionäer informiert gewesen sein, aber J. Frey zufolge „lassen sich die bei Irenaeus oder Origenes erwähnten Ebionäer nicht einfach mit den bei Epiphanius beschriebenen identifizieren" (J. Frey, Die Fragmente des Ebionäerevangeliums, in: AcA 1/1, 607). Hingegen wurden über den Quellenwert der Aussagen des Epiphanius in haer. 30 vielmals kritische Äußerungen laut: „Man wird folgern müssen, daß Epiphanius keine klare Vorstellung vom Ebionitismus gehabt hat" (Strecker, 266, Anm. 1; so auch Pummer, 131). Schon E. Schwartz betrachtete die Ebionäer als „Lesefrucht" des Epiphanius, vgl. Schwartz, Beobachtungen, 151–199. Zuletzt sah J. Frey in den Ausführungen des Epiphanius über die Ebionäer eine nicht immer stimmige Zusammenstellung älterer Berichte und verschiedener, teilweise judenchristlich geprägter Quellen; vgl. J. Frey, Die Fragmente judenchristlicher Evangelien, in: AcA 1/1, 580. Zur patristischen Quellenlage über die Ebionäer insgesamt vgl. Klijn/Reinink, 19–43, zu Epiphanius hier insb. 28–38. Für eine weitere englischsprachige Übersetzung und umfangreiche Untersuchung zu den Ebionäern bei Epiphanius vgl. Koch.

S. 333,5 App. Z. 6–9 *aktualisiere*: Hipp., haer. VII 35,1 (PTS 25, 318,1–5 Marcovich); Tert., praescr. 10,8 (FC 42, 252,8–11 Schleyer); 33,5 (ebd., 296,16–18); virg. 6,1 (SC 424, 148,1–7 Schulz–Flügel/Mattei); carn. 14,5 (SC 216, 270,36 Mahé); 18,1 (ebd., 282,4); 24,2 (ebd., 306,12); Ps.-Tert., haer. 3,3 (CChr.SL 2, 1405,14f. Kroymann); Filastr., haer. 37 (CChr.SL 9, 233,1–8 Heylen und SASA 2, 56–58 Banterle); Hier., Lucif. 23 (SC 473, 186,31 Canellis).

S. 333,7: πολυκεφάλου ὕδρας ὀφιώδη μορφὴν] Vgl. Epiph., haer. 30,14,6 (GCS Epiphanius 1, 352,2 Holl); 69,81,1.7 (GCS Epiphanius 3, 228,30; 229,26f. Holl/Dummer); Iren., haer. I 30,15 (SC 264, 384,278 Rousseau/Doutreleau = FC 8/1, 350,4 Brox); Hipp., haer. V 11 (PTS 25, 173,2–5 Marcovich).

S. 333,17: καὶ Χριστιανῶν βούλεται ἔχειν τὸ ἐπώνυμον μόνον] Vgl. Epiph., rescr. 4,2 (GCS Epiphanius 1, 157,24–158,1 Holl).

S. 333,4: τῆς δὲ ἀκολουθίας] ἢ καὶ Pini, vgl. die Anm. zu S. 256,7 App.

S. 334,8ff. App. Z. 1f. *aktualisiere*: Or., comm. in Mt. XVI 12 zu Mt 20,29f. (GCS Origenes 10, 511,28f. Klostermann/Benz). | App. Z. 1 *ergänze*: Iren., haer. III 21,1 (SC 211, 398,7–400,10 Rousseau/Doutreleau = FC 8/3, 254,4–7 Brox): *quos sectati Ebionei ex Ioseph eum generatum dicunt, tantam dispositionem Dei dissolventes quantum ad ipsos est, frustrantes prophetarum testimonium quod operatus est Deus (…)*; Or., Cels. V 61 (GCS Origenes 2, 65,7–9 Koetschau); Tert., carn. 14,5 (SC 216, 270,36–272,38 Mahé).

S. 334,15 App. Z. 3 *aktualisiere*: Hom. Clem. XIII 4,3 (GCS Pseudoklementinen 1, 194,12–14 Rehm/Strecker). | App. Z. 3 *ergänze*: Zum Kontaktverbot vgl. auch CD-A 11,14f.

S. 334,16 App. Z. 6–8 *aktualisiere*: Hom. Clem. VII 8,2 (GCS Pseudoklementinen 1, 120,11 Rehm/Strecker); XI 30,2 (ebd., 169,8).

S. 334,20 App. Z. 8–10 *aktualisiere*: Hipp., haer. IX 15,3 (PTS 25, 361,18f. Marcovich); IX 15,5 (ebd., 361,25f.).

S. 334,20ff. App. Z. 11 *aktualisiere*: Clem., ep. 7,1f. (GCS Pseudoklementinen 2, 10,13–11,1 Rehm/Strecker).

S. 334,5: καὶ τοῦ V (Pini).

S. 334,11: Ἰουδαίων οὐ M (Pini).

S. 334,15 App.: τινῶν V M Pini.

S. 334,17: ἦ] ἢ Koch, 114.

S. 335 (zu S. 334,20ff.) App. Z. 1f. *aktualisiere*: Hom. Clem. III 26,4 (GCS Pseudoklementinen 1, 66,9f. Rehm/Strecker); III 68,1 (ebd., 81,12f.).

S. 335,8 App. Z. 5 *ergänze*: Vgl. Mk 5,20.

S. 335,21–24: Vgl. Or., Cels. V 61 (GCS Origenes 2, 65,7–9 Koetschau).

S. 335,2: ταῖς² < V (Pini).

S. 335,12 App.: Ἀρνὲμ V Καρνὲμ liest in M Pini.

S. 335,22: τουτέστι < M (Pini).

S. 336,1ff. App. Z. 2f. *aktualisiere*: Hipp., haer. IX 14,1 (PTS 25, 359,3–8 Marcovich [mit verändertem Text]).

S. 336,3–337,6: Vgl. die mögliche Paraphrase in Sev. Ant., epistulae tres ad Iulianum (CSCO 244, 276f. [syrisch] bzw. CSCO 245, 212,29–36 [französisch] Hespel).

S. 336,4f. App. Z. 7–17 *aktualisiere*: Hom. Clem. III 20,1 (GCS Pseudoklementinen 1, 64,1f. Rehm/Strecker); III 21,1 (ebd., 64,10f.); VIII 10,1 (ebd., 125,21f.); Clem. recogn. I 45,4f. (GCS Pseudoklementinen 2, 34,23–25 Rehm/Strecker [mit leicht verändertem Text]); I 47,1–4 (ebd., 35,15–24); Hom. Clem. II 52,2 (GCS Pseudoklementinen 1, 55,24f. Rehm/Strecker); Mar.-Vict., Gal. I zu Gal 1,19 (BiTeu, 14,23f. Locher).

S. 336,6–337,1 App. Z. 18–24 *aktualisiere*: Hom. Clem. III 19,2 (GCS Pseudoklementinen 1, 63,16 Rehm/Strecker); III 20,2f. (ebd., 64,6–9 [mit leicht verändertem Text]); XV 7,4 (ebd., 215,10f.); XX 2,6 (ebd., 269,3); Clem. recogn. IX 3,2 (GCS Pseudoklementinen 2, 258,26–259,1 Rehm/Strecker [mit leicht verändertem Text]); II 42,5 (ebd., 77,1–3).

S. 336,3 App.: <ὄντα> Pini.

S. 337,1f. App. Z. 1–6 *aktualisiere*: Hom. Clem. III 20,2 (GCS Pseudoklementinen 1, 64,5–7 Rehm/Strecker [mit leicht verändertem Text]) = Clem. recogn. II 22,4 (GCS Pseudoklementinen 2, 65,20–23 Rehm/Strecker); Clem. recogn. I 52,3 (ebd., 38,3–5 [mit leicht verändertem Text]).

S. 337,3f. App. Z. 6f. *aktualisiere*: Clem. recogn. I 33,1f. (GCS Pseudoklementinen 2, 27,1–10 Rehm/Strecker); II 47,2f. (ebd., 80,5–8 Rehm/Strecker); Hom. Clem. XVII 4,3 (GCS Pseudoklementinen 1, 230,23–26 Rehm/Strecker); XVIII 13,6 (ebd., 247,22–26).

S. 337,6ff. App. Z. 7–10 *aktualisiere*: Clem. recogn. I 43,1 (GCS Pseudoklementinen 2, 33,12f. Rehm/Strecker); I 44,2 (ebd., 33,25); I 50,6 (ebd., 37,10–12 Rehm/Strecker); Hipp., haer. VII 34,2 (PTS 25, 318,5–11 Marcovich).

S. 337,9ff. App. Z. 12.19 *aktualisiere*: Iren., haer. I 26,2 (SC 264, 346,18–20 Rousseau/Doutreleau = FC 8/1, 316,6–8 Brox); Hier., Pelag. 3,2 (CChr.SL 80, 99, 1–5 Moreschini). | App. Z. 14 *ergänze*: Vgl. auch Eus., h.e. IV 22,8 (GCS Eusebius 2/1, 372,14 Schwartz/Mommsen/Winkelmann); Iren., haer. III 11,7 (SC 211, 158,158–161 Rousseau/Doutreleau = FC 8/3, 108,2–4 Brox): *Ebionei etenim eo Evangelio quod est secundum Matthaeum solo utentes, ex illo ipso conuincuntur non recte praesumentes de Domino (...).* | App. Z. 15 *ergänze*: Zu den Fragmenten des Ebionäerevangeliums, die allein Epiphanius überliefert, vgl. J. Frey, Die Fragmente judenchristlicher Evangelien, in: AcA 1/1, 580f. sowie insb. ders., Die Fragmente des Ebionäerevangeliums, in: AcA 1/1, 607–622. Die folgenden Textabschnitte sind als Fragmente des Ebionäerevangeliums zu identifizieren: Epiph., haer. 30,13,2f. (GCS Epiphanius 1, 349,4–350,2 Holl) = fr. 1; 30,13,6 (ebd., 350,8–12) = fr. 2a; 30,14,3 (ebd., 351,14–17) = fr. 2b; 30,13,4f. (ebd., 350,2–6) = fr. 3; 30,14,3f. (ebd., 350,13–351,6) = fr. 4; 30,14,5 (ebd., 351,23–26) = fr. 5; 30,16,4f. (ebd., 354,3–8) = fr. 6; 30,22,4 (ebd., 363,1–12) = fr. 7. Zum Hebräerevangelium vgl. J. Frey, Die Fragmente des Hebräerevangeliums, in: AcA 1/1, 593–606 sowie Kljin/Reinink, Evidence, 30f. Über die judenchristlichen Evangelien insgesamt referiert J. Frey ausführlich in: Die Fragmente judenchristlicher Evangelien, in: AcA 1/1, 560–592 (zur Frage nach Anzahl und Unterscheidung judenchristlicher Evangelien vgl. insb. 569f. sowie 590–592). | App. Z. 23f.: die wilden Aufstellungen von A. Schmidtke TU XXXVII 1 bleiben überall außer Betracht] *ergänze*: A. Schmidtkes Angaben finden an anderer Stelle in dieser neuen Auflage vorsichtig Berücksichtigung, vgl. die Anm. zu S. 215,13ff.; 217,17ff.; 320,12. Jedoch ist zu beachten, dass auch N. Bonwetsch (in DLZ: 18, 1916, 860f.) den Inhalt von Schmidtkes Arbeit als willkürlich und nicht haltbar bezeichnete. In der Folgezeit wurde insb. Schmidtkes Versuch, das griechische Hebräerevangelium mit dem Ebionäerevangelium zu identifizieren, verworfen, wohingegen jedoch dessen Unterscheidung des griechischen Hebräerevangeliums vom Evangelium der Nazoräer in späteren Monographien (vgl. die Dreiteilung bei H. Waitz, Evangelien. Ausser-biblisches über Jesus, in: NTApo[2], 10–17; ders., Untersuchungen) Auf-nahme fand (vgl. AcA 1/1, 570).

S. 338,13f.: Ἰώσηπος ... ἀπὸ Τιβεριάδος] Zu Joseph von Tiberias vgl. Goranson, Episode; ders., Revisited, 335–343; Thornton, 54–63; Rubin, 105–116; Pritz, 47–54; Perkams, 23–32; Manns, 553–560.

S. 338,21f. App. Z. 2f. *aktualisiere*: Eus., comm. in Jes. 73 zu Jes 18,1f. (GCS Eusebius 9, 119,6–120,30 Ziegler); Hier., Gal. 1 zu Gal 1,1 (CChr.SL 77A, 10,1–2,30 Raspanti).

S. 338,12 App.: ἀφηγησάμενος liest in M Pini.

S. 338,15 App.: <γενόμενος> übernimmt Goranson, Episode, 45 nicht.

S. 338,21 App.: Ergänzung Holls übernimmt Pini nicht.

S. 339,22 App. Z. 3–7 *aktualisiere*: Hier., vir. ill. 96 (BPat 12, 200 Ceresa-Gastaldo); Eusebius Vercellensis, ep. 2,1,1–3,4;6,1–11,3 (CChr.SL 9, 104,1–106,80; 107,125–109,229 Bulhart); ep. 2,4,1–5,3 (ebd., 106,81–107,124).

S. 339,2: γένος V (Pini).

S. 339,14: προφασισάμενος setzt Klostermann (Ms.) in Kommata.

S. 339,17: αὐτῷ <τοῦτο>] αὐτὸ ? Klostermann (Ms.).

S. 340,14 App. Z. 1f. *aktualisiere*: Eusebius Vercellensis, ep. 2 (CChr.SL 9, 104,1–109,229 Bulhart).

S. 340,18 App.: <ἡμῖν συγγενέσθαι> oder <ἐπισκέπτεσθαι> Pini | κρυφέως V κρυφαίως V^corr. (Pini).

S. 340,19: <ἀ>πίθανον Klostermann (Ms.).

S. 340,20: Ergänzung zweifelhaft Klostermann (Ms.) Pini.

S. 341,22: βίβλους τὰς ὑπὲρ χρήματα] Klostermann (Ms.) vermerkt: „Sprichwort?"

S. 342,2f.: προσεφθείροντο αὐτῷ τινες ἥλικες ἀργοὶ καὶ ἐθάδες κακῶν] Vgl. Clem., q.d.s. 42,5 (GCS Clemens Alexandrinus 3, 188,19f. Stählin/Früchtel/Treu): προσφθείρονταί τινες ἥλικες ἀργοὶ καὶ ἀπερρωγότες, ἐθάδες κακῶν.

S. 342,20 App. Z. 3–5 *aktualisiere*: Didasc. 2 (CSCO 401, 14,12f.; 19,12–16 [syrisch] bzw. CSCO 402, 12,13f.; 16,6–11 [englisch] Vööbus); Const. App. I 9,1 (SC 320, 130,1–6 Metzger); Kanon Laodicea 30 (SQS 12, 75,22–24 Lauchert = 143,1–8 Joannou); C Trull., can. 77 (FC 82, 266,21–27 Ohme).

S. 342,27 App.: ἀσφαλιζομένοις ? Klostermann (Ms.).

S. 343,3 App.: αὐτὴν V Pini.

S. 343,26 App.: ἐπιτηδέματα[1] liest in M Pini.

S. 343,27: προσκενούσαντες M (Pini).

S. 344,3: Rasur nach τρισὶ V (Pini).

S. 344,29: ἐρωτῶντος + αὐτὸν V (Pini).

S. 345,6: τὸν ἄλλον M (Pini).

S. 345,24 App.: πρόσωπον V M Pini.

S. 346,20: μικρῶς V (Pini).

S. 346,24: τοιχούσας V (Pini).

S. 347,3: καθ᾽ (...) Klostermann (Ms.) zweifelt am Text. | Rasur nach ἀξίας V (Pini).

S. 347,10: πάλιν] πᾶν Klostermann (Ms.).

S. 347,26: τετραπέδων V (Pini).

S. 348,9: ὕδωρ] Aufgrund des im Folgenden beschriebenen Vorgangs bezeichnet ὕδωρ nicht etwa Wasser, sondern Naphta, ein Erdöldestillat. Vgl. 2Macc 1,20–23.31–36, wo eindeutig Naphta gemeint ist und dafür der Begriff ὕδωρ verwendet wird.

S. 348,7 App.: Lies: εἴτ᾽ οὖν.

S. 348,8 App.: φρέναν M φραιναν V φρένα V$^{corr.}$ Holl Pini.

S. 348,11 App.: Ergänzung Holls übernimmt Pini nicht.

S. 349,1–350,2: Zur Zusammensetzung des Fragments vgl. Verheyden, Ebionites, 194, Anm. 57. Eine deutschsprachige Übersetzung bietet J. Frey, Die Fragmente des Ebionäerevangeliums, in: AcA 1/1, 617.

S. 349,1–4 App. Z. 4f.: hom. I in Luc.] *ergänze:* = Or., hom. in Lc. I (GCS Origenes 9, 5,3f. Rauer). | App. Z. 6.9 *aktualisiere:* Hier., adv. Pelag. III 2 (CChr.SL 80, 99,3f. Moreschini); vir. ill. 3,2 (BPat 12, 78 Ceresa-Gastaldo). | App. Z. 8 *ergänze:* Zu Unterscheidung und Inhalt der beiden Evangelien vgl. J. Frey, Die Fragmente des Hebräerevangeliums, in: AcA 1/1, 593–606 sowie ders., Die Fragmente des Ebionäerevangeliums, in: AcA 1/1, 607–622.

S. 349,4: ἐγένετό τις ἀνὴρ ὀνόματι Ἰησοῦς] Vgl. die ähnlichen Formulierungen in Jdc 13,2; 17,1; 19,1; Lk 1,5; Joh 1,6.

S. 349,5: ὃς ἐξελέξατο ἡμᾶς] Vgl. Lk 6,13; auch Joh 6,70; 13,18; 15,16.19; Act 1,2; Barn. 5,9 (SUC 2, 150f. Wengst).

S. 349,5f.: καὶ ἐλθὼν εἰς Καφαρναοὺμ εἰσῆλθεν εἰς τὴν οἰκίαν Σίμωνος] Vgl. Lk 4,31a.38a; Mk 1,21.29.

S. 349,6: τοῦ ἐπικληθέντος Πέτρου] Vgl. Act 10,5.18.32; 11,13.

S. 349,8ff. App. Z. 17 *ergänze*: Vgl. auch Lk 6,14–16.

S. 349,10 App. Z. 18 *aktualisiere*: Clem. recogn. I 55,4–74,6 (GCS Pseudoklementinen 2, 40,7–50,25 Rehm/Strecker).

S. 350,1f.: εἰς μαρτύριον τοῦ Ἰσραήλ] Vgl. Dtn 31,19; Ps 121,4; Barn. 8,3 (SUC 2, 160f. Wengst) sowie Mt 19,28.

S. 350,1 App. Z. 1 *ersetze*: Vgl. Mt 10,2.5; Mk 3,14; Lk 6,13; Clem. recogn. I 40,4 (GCS Pseudoklementinen 2, 32,2–6 Rehm/Strecker); Clem., str. VI 48,2 (GCS Clemens Alexandrinus 2, 456,5–8 Stählin/Früchtel/Treu).

S. 350,2–7: Zur Gestalt und Zusammensetzung dieses Fragments vgl. Verheyden, Ebionites, 189, Anm. 34. Eine deutschsprachige Übersetzung des Fragments bietet J. Frey, Die Fragmente des Ebionäerevangeliums, in: AcA 1/1, 618.

S. 350,2: ἐγένετο Ἰωάννης βαπτίζων] Vgl. Mk 1,4.

S. 350,2f.: καὶ ἐξῆλθον πρὸς αὐτὸν Φαρισαῖοι] Vgl. Mt 3,7. Gemäß Lk 3,12 taufte Johannes Zöllner, laut Lk 7,29f. jedoch keine Pharisäer.

S. 350,5f. App. Z. 7 *aktualisiere*: Clem. recogn. I 35,3 (GCS Pseudoklementinen 2, 29,2–4 Rehm/Strecker).

S. 350,7–12: Eine deutschsprachige Übersetzung dieses Textabschnitts bietet J. Frey, Die Fragmente des Ebionäerevangeliums, in: AcA 1/1, 617f.

S. 350,8f. App. Z. 9 *ergänze*: In Lk 1,5 ist Herodes der Große gemeint. Im Fragment des Ebionäerevangeliums hingegen wird auf Herodes Antipas Bezug genommen. | App. Z. 11 *aktualisiere*: Clem. recogn. I 44,2 (GCS Pseudoklementinen 2, 33,23f. Rehm/Strecker); I 53,3–62,1 (ebd., 38,27–43,15); I 68,1 (ebd., 46,20); I 71,3 (ebd., 48,20).

S. 350,9f. App. Z. 11 *ergänze*: Vgl. Mk 1,4f.

S. 350,11 App. Z. 11 *ersetze*: Vgl. Lk 1,5–18; 3,2.

S. 350,12–351,6: Zur Zusammensetzung des Evangelienfragments vgl. Verheyden, Ebionites, 197, Anm. 64. Eine deutschsprachige Übersetzung bietet J. Frey, Die Fragmente des Ebionäerevangeliums, in: AcA 1/1, 618f.

S. 350,13 App. Z. 12 *ergänze*: Vgl. Lk 3,21; Mk 1,9.

S. 350,14ff. App. Z. 12 *ergänze*: Vgl. Mk 1,10; Joh 1,33.

S. 350,17 App. Z. 13 *ersetze*: Vgl. Ps 2,7; Mk 1,11; Lk 3,22 (nach cod. D); Hebr 1,5; Just., dial. 88,8 (PTS 47, 224,46 Marcovich).

S. 350,17f. App. Z. 14 *aktualisiere*: Just., dial. 88,3 (PTS 47, 223,13f. Marcovich).

S. 351,2: σὺ τίς εἶ, κύριε;] Act 9,5.

S. 351,12–17: Eine deutschsprachige Übersetzung bietet J. Frey, Die Fragmente des Ebionäerevangeliums, in: AcA 1/1, 618.

S. 351,13: Ματθαίῳ γενεαλογίας] Vgl. Mt 1,1–17. Gemeint ist vermutlich aber die gesamte Vorgeschichte Mt 1–2.

S. 351,21–26: Eine deutschsprachige Übersetzung bietet J. Frey, Die Fragmente des Ebionäerevangeliums, in: AcA 1/1, 619.

S. 351,23 App. Z. 4 *ersetze*: Vgl. Mt 12,47–50; Mk 3,31–35; Lk 8,19–21; vgl. auch EvThom 99 (NHC II,2 p.49,21–26); 2Clem 9,11 (SUC 2, 250f. Wengst).

S. 351,10 App.: Ergänzung Holls unnötig Pini.

S. 351,20 App.: εὑρίσκομεν V M Pini | <ἐκ τοῦ ἄνω θεοῦ, τὸν δὲ Ἰησοῦν> Holl Verheyden, Ebionites, 193 <ἐκεῖνον δὲ> oder <τὸν δ᾽ ἕτερον> Pini.

S. 352,11 App. Z. 9 *aktualisiere*: Hom. Clem. III 25,4 (GCS Pseudoklementinen 1, 65,25–27 Rehm/Strecker).

S. 352,12 App. Z. 11–15 *aktualisiere*: Hom. Clem. III 53,2 (GCS Pseudoklementinen 1, 76,13–16 Rehm/Strecker); Clem. recogn. I 38f. (GCS Pseudoklementinen 2, 30,18–31,20 Rehm/Strecker).

S. 352,14 App. 17f. *aktualisiere*: Hom. Clem. VIII 2,5 (GCS Pseudoklementinen 1, 122,19f. Rehm/Strecker); X 1,1f. (ebd., 142,3f.); XI 1,1 (ebd., 154,1–3); Clem. recogn. IV 3,1 (GCS Pseudoklementinen 2, 147,11–13 Rehm/ Strecker); V 36,3 (ebd., 186,5f.); VIII 1,1 (ebd., 217,2f.).

S. 352,15ff. App. Z. 18–22 *aktualisiere*: Hom. Clem. VIII 15,3f. (GCS Pseudoklementinen 1, 128,2–7 Rehm/Strecker); XII 6,4 (ebd., 176,16f.) = Clem. recogn. VII 6,4 (GCS Pseudoklementinen 2, 199,28f. Rehm/Strecker). | App. Z. 18 *ergänze*: Zur Ablehnung des Fleischverzehrs vgl. auch Epiph., haer. 13,1,1 (GCS Epiphanius 1, 205,15f. Holl); 18,1,4 (ebd., 216,4); 53,1,4 (GCS Epiphanius 2, 315,14 Holl/Dummer).

S. 353,11 App. Z. 1f. *aktualisiere*: Clem. contest. 4,3 (GCS Pseudoklementinen 1, 4,16f. Rehm/Strecker); Hom. Clem. XIV 1,4 (GCS Pseudoklementinen 1, 204,14f. Rehm/Strecker). | App. Z. 2 *ergänze*: Zur Eucharistie mit Brot und Wasser vgl. Iren., haer. V 1,3 (SC 153, 26,71–73 Rousseau/Doutreleau = FC 8/5, 28,22–30,3 Brox): *Reprobant itaque hi commixtionem vini caelestis et sola aqua saecularis volunt esse, non recipientes Deum ad commixtionem suam (...)*; Thdt., haer. I 20 (PG 83, 369D); A. Thom. 120f. (AAAp 2, 230,14–231,16 Bonnet); A. Petr. 2 (AAAp 1, 46,12 Lipsius); Cypr., ep. 63 (CSEL

3C, 389,1–417,365 Hartel); Clem., str. I 96,1 (GCS Clemens Alexandrinus 2, 61,26–62,1 Stählin/Früchtel/Treu); Hier., Am. 1 zu Am 2,12 (CChr.SL 76, 239,347–357 Adriaen); C Trull., can. 32 (FC 82, 220,16–28 Ohme); ferner Bas., ep. 188,1 (2, 122,50 Courtonne).

S. 353,12ff. App. Z. 4f.11f. *aktualisiere*: Hom. Clem. XX 2,1–6 (GCS Pseudoklementinen 1, 268,13–269,4 Rehm/Strecker); III 19,2 (ebd., 63,16f.); VIII 21,2–4 (ebd., 130,2–11); XV 7,4f. (ebd., 8–15); Clem. recogn. I 24 (GCS Pseudoklementinen 2, 21,18–22,8 Rehm/Strecker); IX 3f. (ebd., 258,20–259,19). | App. Z. 4 *ergänze*: Vgl. Barn. 18,2 (SUC 2, 186f. Wengst); ferner in Qumran 1QS 3,25 und in der manichäischen Literatur Hom. 41,18–20.

S. 353,17–354,5 App. Z. 12f. *aktualisiere*: Clem. recogn. I 45,1–5 (GCS Pseudoklementinen 2, 34,12–25 Rehm/Strecker [mit leicht verändertem Text]).

S. 354 (zu S. 353,17–354,5) App. Z. 2f. *aktualisiere*: Hipp., haer. VII 34,1f. (PTS 25, 318,5f. Marcovich).

S. 354,3–8: Eine deutschsprachige Übersetzung bietet J. Frey, Die Fragmente des Ebionäerevangeliums, in: AcA 1/1, 619f.

S. 354,3–5: ἀλλὰ κεκτίσθαι ... πεποιημένων] Vgl. Clem., recogn. II 42,5 (GCS Pseudoklementinen 2, 77,1–3 Rehm/Strecker.

S. 354,6f. App. Z. 4–8 *aktualisiere*: Clem. recogn. I 37,3 (GCS Pseudoklementinen 2, 30,8f. Rehm/Strecker); I 39,1 (ebd., 31,9f.); Hom. Clem. III 56,4 (GCS Pseudoklementinen 1, 77,17f. Rehm/Strecker); III 24,1 (ebd., 65,9f.); III 26,3 (ebd., 66,7); III 51,2 (ebd., 75,24–26). | App. Z. 4 *ergänze*: Vgl. außerdem Clem. recogn. IV 36,4 (GCS Pseudoklementinen 2, 164,27–165,1 Rehm/Strecker); Hom. Clem. II 44,2 (GCS Pseudoklementinen 1, 53,10–13 Rehm/Strecker); III 45,1f. (ebd., 73,26–74,3). Opfer werden abgelehnt in Epiph., haer. 18,1,4 (GCS Epiphanius 1, 216,4f. Holl); 19,3,6 (ebd., 220,19–24). In der mandäischen Literatur werden Tieropfer missbilligt, vgl. Rechter Ginza 6 (9,33 Lidzbarski); 45 (ebd., 43,8–10).

S. 354,12ff. App. Z. 15–20 *aktualisiere*: Clem. recogn. IV 36,5 (GCS Pseudoklementinen 2, 165,1–4 Rehm/Strecker); I 36f. (ebd., 29,15–30,18 Rehm/Strecker); I 64 (ebd., 44,19–30); I 48,5 (ebd., 36,9f.); I 69 (ebd., 46,28–47,21).

S. 354,12–355,3: Vgl. Clem. recogn. I 39,1 (GCS Pseudoklementinen 2, 31,8–10 Rehm/Strecker); Hom. Clem. III 52,1 (GCS Pseudoklementinen 1, 76,2–5 Rehm/Strecker). Vgl. auch Strecker, 251–253.

S. 354,6 App.: <ταῦτα>, sc. (Z. 7) ὅτι „ἦλθον κτλ. Pini.

S. 355,3ff. App. Z. 1 *aktualisiere*: Clem. recogn. I 70f. (GCS Pseudoklementinen 2, 47,21–49,4 Rehm/Strecker); Iren., haer. I 26,2 (SC 264, 346,20f. Rousseau/Doutreleau = FC 8/1, 316,8f. Brox).

S. 355,5: Ταρσέα] H. Hirschberger bemerkt zur Stelle, Epiphanius habe offenbar nicht gewusst, dass die judenchristlichen Gegner des Paulus den Ausdruck „Tarsea" in einem anderen Sinne verwendeten. Im Aramäischen bedeute Tarsai oder Tarsa'a auch „Weber" und ist ein Synonym für „Gardi". Hirschberger kommt zu dem Schluss, dass u.a. daher der in vier Midrash-Stellen genannte Abnimos ha-Gardi ein Deckname für Paulus sei; vgl. Hirschberger, 252–256.

S. 355,16 App. Z. 8f. *aktualisiere*: Or., princ. IV 3,8 (TzF 24, 752,1–3 Görgemanns/ Karpp [mit leicht verändertem Text]).

S. 355,13: κορ//ην aus παρθένον V^corr. (Pini).

S. 356,10ff. App. Z. 1f.10f. *aktualisiere*: Hipp., haer. IX 15,4f. (PTS 25, 361,21–30 Marcovich [mit leicht verändertem Text]); Clem. contest. 2,1 (GCS Pseudoklementinen 1, 3,10–12 Rehm/Strecker); 4,1 (ebd., 4,6–8).

S. 356,18 App. Z.14 *ergänze*: Vgl. Epiph., haer. 53,1,9 (GCS Epiphanius 2, 316,3–7 Holl/Dummer).

S. 356,13 App.: <ῶς> übernimmt Luttikhuizen, 108 nicht.

S. 356,15f.: προδεδήλωτε V προδεδήλωται V^corr. (Pini).

S. 357,7f.: ἤδη δέ μοι περὶ τούτων εἴρηται ἐν τῇ κατὰ Ὀσσαίων αἱρέσει] Vgl. Epiph., haer. 19,4,1f. (GCS Epiphanius 1, 221,6–13 Holl/Dummer).

S. 357,16f.: ἀναγκάζουσι δὲ ... διδασκάλων] Vgl. Hom. Clem. III 68,1 (GCS Pseudoklementinen 1, 81,12f. Rehm/Strecker); Clem., ep. 7,1 (ebd., 10,13–15).

S. 357,19: τῷ Χριστοῦ δὲ ὀνόματι μόνον] Vgl. Epiph., rescr. 4,2 (GCS Epiphanius 1, 157,24f. Holl).

S. 357,1: μηλίων M (Pini).

S. 357,12: ἔσχεν] εἶχε V (Pini).

S. 357,19: Χριστῶ V (Pini).

S. 358,4 App. Z. 1 *ergänze*: Vgl. u.a. Clem. recogn. VIII 59–62 (GCS Pseudoklementinen 2, 254,16–256,28 Rehm/Strecker).

S. 358,6 App. Z. 2f. *aktualisiere*: Hom. Clem. III 52,1 (GCS Pseudoklementinen 1, 76,3 Rehm/Strecker); Meth., symp. 8,10 (GCS Methodius Olympius, 93,5f. Bonwetsch).

S. 358,7ff. App. Z. 4 *ergänze*: Vgl. Tert., carn. 14 (SC 216, 268,1–272,45 Mahé). | App. Z. 5–13 *aktualisiere*: Hom. Clem. XVI 15,2 (GCS Pseudoklementinen 1, 225,12–15 Rehm/Strecker); III 20,2 (ebd., 64,6f.); Hipp., haer. VII 34,1f. (PTS 25, 318,5–11 Marcovich): καὶ <γὰρ> τὸν Ἰησοῦν λέγουσι δεδικαιῶσθαι ποιήσαντα τὸν νόμον· διὸ καὶ Χριστὸν αὐτὸν <καὶ υἱὸν> [τοῦ] θεοῦ ὠνομάσθαι [καὶ Ἰησοῦν], ἐπεὶ μηδεὶς τῶν <προφητῶν> ἐτέλεσε τὸν νόμον· εἰ γὰρ καὶ ἕτερός τις πεποιήκει τὰ ἐν <τῷ> νόμῳ προστεταγμένα, ἦν ἂν ἐκεῖνος [ὁ] Χριστός (...) καὶ γὰρ καὶ αὐτὸν ὁμοίως ἄνθρωπον εἶναι <κοινὸν> πᾶσι λέγουσιν.

S. 358,10ff. App. Z. 13–17 *aktualisiere*: Hom. Clem. II 41,4 (GCS Pseudoklementinen 1, 52,16f. Rehm/Strecker); II 51,1 (ebd., 55,15–18); III 18 (ebd., 62,29–63,12); III 50 (ebd., 75,15–19); XVIII 19f. (ebd., 249,24–250,14); Clem. recogn. I 21 (GCS Pseudoklementinen 2, 19,13–20,9 Rehm/Strecker). | App. Z. 13 *ergänze*: Vgl. Hom. Clem. II 38,1 (GCS Pseudoklementinen 1, 51,1–8 Rehm/Strecker).

S. 358,6 App.: <ἀνθρώπων> auch möglich Pini.

S. 358,11 App.: περὶ ἐμψύχων βρώσεως] V^corr. < V M (Pini).

S. 359,5 App. Z. 1f. *aktualisiere*: Hom. Clem. XVII 17f. (GCS Pseudoklementinen 1, 238,21–239,24 Rehm/Strecker); XVIII 6 (ebd., 244,5–19).

S. 359,10 App. Z. 3 *aktualisiere*: Clem. recogn. I 40,2 (GCS Pseudoklementinen 2, 31,24f. Rehm/Strecker).

S. 359,18: ἀκρίδων μόνον ὁ Ἰωάννης καὶ μέλιτος] Vgl. Epiph., haer. 30,13,4f. (GCS Epiphanius 1, 350,2–7 Holl).

S. 359,22f. App. Z. 4 *ergänze*: Vgl. Joh 21,1.

S. 359,4: εἶναι <καὶ> Pini.

S. 359,23 App.: διαδούς V Klostermann (Ms.).

S. 360,1 App.: ἐθέσπιζε liest in M Pini.

S. 360,11 App.: ἡ γῆ] ἡ < V; ἣ ohne γῆ M (Pini).

S. 360,15: δι' αὐτὸν τὸν Pini.

S. 360,16 App.: <γεννηθῆναι> Pini.

S. 360,30: πλανημένων M (Pini).

S. **361**,10 App.: <σημαίνων> nicht nötig Klostermann (Ms.).

S. 361,26: ἐξενεχθῆναι] ἐξιέναι V (Pini) | πόδας + μου M (Pini).

S. **362**,5 App. Z. 1: Matth. 15, 8] *ersetze*: Mt 15,8f.

S. 362 Textzeugenapp. Z. 1f. (zu Z. 14 – S. 363,14): Mansi XIII 303 B] *korrigiere*: Concilium Nymphaeae (Mansi XXIII 303 B).

S. **363**,1–12: Eine deutschsprachige Übersetzung bietet J. Frey, Die Fragmente des Ebionäerevangeliums, in: AcA 1/1, 620.

S. 363,4f.: »ποῦ θέλεις ἑτοιμάσωμέν σοι τὸ Πάσχα φαγεῖν«] Mk 14,12; Mt 26,17.

S. 363,5f.: Vgl. Lk 22,15. Die Negation und das Wort Fleisch sind im Fragment des Ebionäerevangeliums hinzugefügt.

S. 363,17f. App. Z. 1 *ergänze*: Act 11,7f.

S. 363,19 App. Z. 1 *ergänze*: Act 11,9.

S. 363,25f. App. Z. 2f. *ergänze*: Vgl. NTApo[6] 2, 256–258.

S. 363 Textzeugenapp. *ergänze*: S. 362,14 – Z. 14 Concilium Nymphaeae (Mansi XXIII 303 B).

S. 363,21: <τὸν> λόγον] λόγῳ Klostermann (Ms.).

S. 363,21f. App.: τὸν ... λέγειν V M cat. Pini.

S. **365**,9ff. App. Z. 2 *aktualisiere*: Iren., haer. III 3,4 (SC 211, 40,83–42,87 Rousseau/Doutreleau = FC 8/3, 36,4–8 Brox).

S. 365,5 App.: ποιεῖτε V Pini.

S. 365,13: προσελθεῖν M (Pini).

S. **366**,2f. App. Z. 1 *ersetze*: Vgl. Iren., haer. III 3,4 (SC 211, 44,100–102 Rousseau/Doutreleau = FC 8/3, 38,2–4 Brox): *Iohanne autem permanente apud eos usque ad Traiani tempora, testis est verus apostolorum traditionis (…)*; II 22,5 (SC 294, 224,140–142 Rousseau/Doutreleau = FC 8/2, 188,6–9 Brox): (…)

*qui in Asia apud Iohannem discipulum domini convenerunt id ipsum tradidisse
eis Iohannem: permansit enim cum eis usque ad Traiani tempora.*

S. 366,22: στῦλοι] ἀποστôλοι (sic) liest in V Pini.

S. 366,25 App.: <αὐτοῖς ταῦτα ὡς αὐτοί φασι> Pini.

S. 367,3–7: Vgl. Epiph., haer. 51,9,7 (GCS Epiphanius 2, 260,2–5 Holl/Dummer).

S. 367,16: τῶν Κιτιέων] Vgl. Gen 10,4.

S. 367,16–18: ἀλλὰ γενόμενος πάλιν ... ἱστορίαν] Vgl. Epiph., haer. 30,25,2 (GCS
Epiphanius 1, 366,9–12 Holl).

S. 367,27–368,3: τίς δὲ οὐκ ... Ἀβραάμ] Vgl. Ex 6,16–20.

S. 367,5: † von Holl lehnt Pini ab, vgl. zu Z. 6.

S. 367,6: † nach αἰχμάλωτοι Pini | ἀρθέντες] ἀχθέντες Holl Pini oder
αἱρηθέντες Pini, vgl. zu Z. 5.

S. 367,9: τοῦτο αὐτὸ] τὸ αὐτῶ M (Pini).

S. 368,8ff. App. Z. 1–8 *aktualisiere*: Iren., haer. I 26,2 (SC 264, 346,22–24 Rous-
seau/Doutreleau = FC 8/1, 316,10f. Brox); Hipp., haer. VII 34,1f. (PTS 25,
317,3–318,11 Marcovich): ἔθεσιν Ἰουδαϊκοῖς <δὲ προσέξουσι καὶ> ζῶσι
<τὰ πάντα> κατὰ <τὸν> νόμον, <οὕτω> φάσκοντες δικαιοῦσθαι. καὶ
<γὰρ> τὸν Ἰησοῦν λέγουσι δεδικαιῶσθαι ποιήσαντα τὸν νόμον· διὸ καὶ
Χριστὸν αὐτὸν <καὶ υἱὸν> [τοῦ] θεοῦ ὠνομάσθαι [καὶ Ἰησοῦν], ἐπεὶ
μηδεὶς τῶν <προφητῶν> ἐτέλεσε τὸν νόμον· εἰ γὰρ καὶ ἕτερός τις
πεποιήκει τὰ ἐν <τῷ> νόμῳ προστεταγμένα, ἦν ἂν ἐκεῖνος [ὁ] Χριστός
(...) καὶ γὰρ καὶ αὐτὸν ὁμοίως ἄνθρωπον εἶναι <κοινὸν> πᾶσι λέγουσιν.

S. 368,11ff. App. Z. 9 *aktualisiere*: Ps.-Tert., haer. 3,3 (CChr.SL 2, 1405,16–1406,18
Kroymann [mit leicht verändertem Text]).

S. 369,17: ἀσπιδογοργόνα] Diese Bezeichnung bezieht sich möglicherweise auf
den Gorgonenkopf, der Athenas Rüstungsbrustplatte ziert, vgl.
Aristoph., Ach. 1124 (56 Olson). Epiphanius könnte laut J. Verheyden jedoch auch an das Adjektiv γοργός gedacht haben, das insb. bei der
Beschreibung von Tieren Verwendung fand.

S. 369,6: τὰ <τε> σχέτλια Pini.

S. 369,7: αὐτῆς] αὐτοῖς V (Pini).

S. 369,8 App.: <τε> übernimmt Pini nicht. | διαλύει V M Pini διαλύειν Klostermann (Ms.).

S. 369,13: Satzzeichen nach μεμενηκέναι entfällt Klostermann (Ms.) Pini | <δὲ> unnötig Klostermann (Ms.) Pini.

S. **370**,18 App. Z. 1 *ersetze*: Ex 4,25f.

S. 370,16f.: ἕως ... μεθιστάμενον < M (Pini).

S. 370,22f.: ὅσπερ ... ἀπέστη] Koch, 169 ergänzt und übersetzt: „(…) which when [the angel] had heard [Sepphora's comment] and had administered [the circumcision] he withdrew."

S. 370,29: τὰ ἀμφότερα V (Pini).

S. **371**,9: πῶς οὖν Χριστὸς περιετμήθη] Zur Beschneidung Christi und der Widerlegung der Ebionäer durch Epiphanius vgl. Jacobs, 100–118.

S. 371,14f.: ἀλλ᾽ οὔτε ἄνωθεν αὐτὸ κατενήνοχεν, ὡς λέγει Οὐαλεντῖνος] Vgl. Epiph., haer. 31,7,4 (GCS Epiphanius 1, 396,11f. Holl); 77,2,4 (GCS Epiphanius 3, 417,9f. Holl/Dummer).

S. **372**,6 App.: αὐτῶ V M < Anast. Sin. (Pini) αὐτὸ Holl.

S. 372,9 App.: αὐτῷ καὶ < V M, am Rande ergänzt V^corr. (Pini).

S. 372,16 App.: ὄντες V M Pini.

S. **373**,21f.: Vgl. die Querverweise in der Anm. zu S. 70,18–71,3.

S. **374**,3–9: Vgl. die Querverweise in der Anm. zu S. 70,18–71,3.

S. 374,14 App. Z. 1 *ergänze*: Zur Auslegung von Jes 7,14 vgl. auch Iren., haer. III 21,1 (SC 211, 398,1–400,2 Rousseau/Doutreleau = FC 8/3, 252,18–254,7 Brox); Eus., h.e. V 8,10 (GCS Eusebius 2/1, 446,21–448,2 Schwartz/ Mommsen/Winkelmann).

S. 374,16 App. Z. 2 *ergänze*: Vgl. hierzu insb. Tert., carn. 23,6 (SC 216, 304,32f. Mahé): *Legimus quidem apud Ezechielem de vacca illa quae peperit et non peperit.* Vgl. auch Clem., str. VII 94,2 (GCS Clemens Alexandrinus 3, 66,25f. Stählin/Früchtel/Treu); A. Petr. 24 (AAAp 1, 72,4 Lipsius).

S. 376,25 App. Z. 8 *aktualisiere*: Hier., Is. 3 zu Jes 7,14 (CChr.SL 73, 105,78–90 Adriaen).

S. 376,4 App.: οὐκ ἠδύναντο auch in M (Pini).

S. 376,14f.: ἑπτακοσίων πεντήκοντα τριῶν] ἑξακοσίων liest in M Pini.

S. 376,17 App.: γενόμενον liest in M Pini.

S. 377,1 App. Z. 1f. *aktualisiere*: Hier., Is. 3 zu Jes 7,14 (CChr.SL 73, 105,84 Adriaen).

S. 377,12 App. Z. 6f. *aktualisiere*: Hier., Is. 3 zu Jes 8,1–4 (CChr.SL 73, 111,52–112, 54 Adriaen).

S. 377,22 App. Z. 7 *ergänze*: Der Hinweis auf den Sabbat stammt möglicherweise aus Joh 5,10, vgl. Mees, Varianten, 261.

S. 377,27: σάββατον δευτερόπρωτον] Vgl. insb. Epiph., haer. 51,31,1 (GCS Epiphanius 2, 304,5 Holl/Dummer) sowie Isid. Ant., epp. III 110 (PG 78, 816B); Chron. Pasch. 211 (PG 92, 516C).

S. 377,23: ἐπέθετο M (Pini).

S. 378,16–20: Vgl. Proc. G., Gen. zu Gen 5,29 (PG 87/1, 265B/C); vgl. hierzu auch Cat. Gen. ad Gen 5,29, fr. 606 Petit (TEG II 70).

S. 378,19f. App. Z. 2 *aktualisiere*: Thphl. Ant., Autol. III 19,2 (PTS 44, 119,5f. Marcovich).

S. 379,10–12: Vgl. Gen 17,10–12.

S. 379,25ff. App. Z. 1–3 *aktualisiere*: Clem. recogn. I 33 (GCS Pseudoklementinen 2, 27,1–19 Rehm/Strecker); VIII 53,2 (ebd., 250,12f.); Eus., p.e. VI 11,69 (GCS Eusebius 8/1, 357,24–258,1 Mras/des Places). | App. Z. 1 *ergänze*: Vgl. Hdt. II 104,2–4 (BiTeu, 200,12–201,9 Rosén).

S. 379,5: καὶ] ἢ Klostermann (Ms.).

S. 379,25: ὁ Ἐβίων M (Pini).

S. 379,26: Nach Σαρακηνοὶ drei Buchstaben ausradiert V (Pini).

S. 380,17–19 App. Z. 2: Matth. 10, 25] *ersetze*: Mt 10,24f.

S. 381,22 App. Z. 1 *ergänze*: Mk 2,11.

S. 381,5: [καὶ¹] Pini.

S. 381,6: Nach ἀφθόνως keine Lücke Pini.

S. 381,16 App.: <οὐδέπω> Klostermann (Ms.).

S. 381,22 App.: <δύνηται> abgelehnt von Pini.

S. 382,4 App. Z. 1 *aktualisiere*: Ael., NA II 50 (BiTeu, 51,4–13 Valdés/Fueyo/ Guillén). | App. Z. 1 *ergänze*: Vgl. Plin., Nat. IX 48 u.ö.; Nic., Ther. 821– 830.

S. 382,11ff. App. Z. 1 *ergänze*: Vgl. auch die kurzen biographischen Angaben in Eus., h.e. IV 11,1 (GCS Eusebius 2/1, 452,6–8 Schwartz/Mommsen/ Winkelmann) sowie Iren., haer. III 4,3 (SC 211, 50,45–52,65 Rousseau/ Doutreleau = FC 8/3, 42,1–20 Brox). Unabhängig von uns bekannten Quellen über die Valentinianer sind TractTrip NHC I,5 und ExpVal NHC XI,2. Epiphanius wird wohl keine dieser letztgenannten Texte genutzt haben, dennoch finden sich eine Reihe von Berührungspunkten. Aus der Sekundärliteratur zu Valentinus und den Valentinianern vgl. Mark- schies, Valentinus, zu Epiphanius als Quelle über Valentinus insb. 311– 318.331–334. | App. Z. 2–5 *aktualisiere*: Just., dial. 35,6 (PTS 47, 129,29 Marcovich); Iren., haer. praef.–I 11,1 (SC 264, 18,1–170,38 Rousseau/ Doutreleau = FC 8/1, 122,1–208,12 Brox); Hipp., haer. VI 3.21–37 (PTS 25, 211,5f.; 229,1–254,46 Marcovich); Ps.-Tert., haer. 4,1–6 (CChr.SL 2, 1406, 20–1407,12 Kroymann); Filastr., haer. 38 (CChr.SL 9, 234,1–23 Heylen und SASA 2, 58 Banterle).

S. 382,18f.: τῶν δὴ καὶ Γνωστικῶν ἑαυτοῖς ἐπιθέντων ὄνομα] Vgl. Hipp., haer. V 6,4 (PTS 25, 141,16–18 Marcovich): Ναασσηνοί (...) μετὰ δὲ ταῦτα ἐπεκάλεσαν ἑαυτοὺς γνωστικούς (...); V 11,1 (PTS 25, 173,1f. Marcovich).

S. 382,3f. App.: τοῖς ... μετιοῦσι V M Pini.

S. 382,11: τῆς δὲ ἀκολουθίας] ἢ καὶ Pini, vgl. die Anm. zu S. 256,7 App.

S. 382,13 App.: Keine Lücke im Text, man kann auch διοδεύειν oder διοδεύσειν heraushören (Pini).

S. 383,4ff. App. Z. 1 *aktualisiere*: Iren., haer. I 29,1 (SC 264, 358,1–3 Rousseau/ Doutreleau = FC 8/1, 326,4–6 Brox).

S. 383,9f.: σύγχρονοι γὰρ γεγόνασιν οὗτοι πάντες] Epiphanius schwankt in seinen Aussagen zur Chronologie der Häresien. Hier betont er die zeitgleiche Entstehung aller Häresien, an anderer Stelle will er seine vorangehende chronologische Ordnung doch nicht aufgeben und kennt neben Valentinus dann doch οἱ πρὸ αὐτοῦ Γνωστικοί, vgl. Epiph., haer. 31,15 (GCS Epiphanius 1, 383,13f. Holl); vgl. auch Epiph., haer. 31,2,1 (ebd., 383,23–384,4); vgl. hierzu Markschies, Valentinus, 313f.

S. 383,23–384,4: „Die ungeschickte Ausdrucksweise verschleiert etwas, daß Epiphanius sich offenbar nicht ganz sicher ist, ob Valentin ungefähr zur selben Zeit wie Basilides und Satornil lebte oder diese doch im zeitlichen Sinne ‚Gnostiker vor Valentin' waren" (Markschies, Valentinus, 313).

S. 383,1f.: <κατ'> verwirft Diekamp, übernimmt Pini. | ἄλλην ἄλλης Holl ἄλλης ἄλλως Diekamp ἄλλην ἄλλως V M Pini.

S. 383,11: ἔτι περισσότερον <τι>] τι περισσότερον Diekamp | περισσότερος M (Pini).

S. 383,11f.: περισσοτέραν βουλόμενος ἐπιδείξεως κτλ. (ohne Lücken) Pini.

S. 384,10: Φρεβωνίτην] Φρεβωνίτης gibt wahrscheinlich einen relativ unbekannten Ort namens „Phrebonis" an, vgl. Markschies, Valentinus, 315f. | Παραλιώτην] „Soll mit dem Wort ‚παραλιώτης' Valentins Herkunft aus irgendeinem Ort der ägyptischen Mittelmeerküste, die Region Paralios / Paralia (= Burulus) oder schließlich gar ein Ort dieses Namens bezeichnet werden?" (Markschies, Valentinus, 315).

S. 384,11–22: Zum Vergleich der Lehre Valentins mit der Theogonie Hesiods vgl. Iren., haer. II 14,1 (SC 294, 130,1–132,24 Rousseau/Doutreleau = FC 8/2, 106,15–108,20 Brox); Irenaeus referiert dort jedoch die Abhängigkeit der Valentinianer von Antiphanes (gemeint ist der Komiker Aristophanes). Vgl. ferner die Theogonie bei UW NHC II,5 p.98,11–108,2.

S. 384,20 App. Z. 1f. *aktualisiere*: Thphl. Ant., Autol. II 6,1 (PTS 44, 45,2 Marcovich); Hom. Clem. VI 3,3 (GCS Pseudoklementinen 1, 107,5f. Rehm/Strecker).

S. 384,12 App.: καὶ τὸ V M Pini.

S. 385,2 App. Z. 1 *ergänze*: W.R. Newbold zufolge handelt es sich bei diesem Textabschnitt um das Fragment eines syrischen Gedichts, bestehend aus Strophen zu je acht Versen, die jeweils aus fünf oder sechs Silben zusammengesetzt sind (vgl. Newbold, 4). Eine Strophe sowie sieben Verse einer zweiten sind erhalten geblieben. Das Gedicht ist laut Newbold wohl ein Valentinianischer Hymnus: Die erste Strophe verherrlicht die Taten des himmlischen Lichts, die zweite die Taten des himmlischen Firmaments. Newbold bietet den rekonstruierten syrischen Wortlaut, neben der griechischen Tradition, die er als „surprisingly accurate" (Newbold, 4) bezeichnet. Ergänzt wird die Zusammenstellung Newbolds durch eine Übersetzung (ebd.): „That Celestial Light ¦ Came to be in every Place, ¦ And in every Place in which he was diffused, ¦ From the Head he proclaimed tidings about the Father, ¦ and he showed kindness ¦ to the Aeons, contending, ¦ and mercies to the Lady ¦ Who came from Rejected Ones. ¦ The Celestrial Firmament ¦ Restrained strife ¦ Among the Ages, quarreling; ¦ That which was going out he expelled; ¦ The Sprays bringing forth first fruits ¦ He healed, and [any?] corrupted ones ¦ Which were beginning to wither (...)." Textkorruptionen könnten „as due to resemblances between the letters of the uncial script" (Newbold, 5) erklärt werden. Für textkritische Vermerke vgl. die textkritischen Addenda zu S. 385,2–6 sowie die ausführlichen Erörterungen bei Newbold, 4–14.

S. 385,2–6: Im Folgenden geben wir die Wörter wieder, die Newbold als syr. Vorbild für diese Epiphaniuspassage ausgemacht hat, vgl. die Anm. zum Sachapp. S. 385,2.

S. 385,2: Ἀμψίου Αὐραὰν] αλλώιο νούρα αυ Newbold | Βουκοῦα Θαρδουοῦ] βουκούλθαρ αουό ου Newbold | Οὐβουκοῦα Θαρδεδδεὶν] ουβουκούλθαρ δέδδερη Newbold.

S. 385,3: Μερεξὰ Ἀτὰρ Βαρβὰ] μερέξα αταβ βάββα Newbold | Ουδουὰκ Ἐστὴν] ουάουουα χέσδην Newbold.

S. 385,3 App.: [Οὐδουουὰκ Ἐσλὴν] Näher am ursprünglichen Text Newbold.

S. 385,3f.: [Ἀμφαὶν Ἐσουμὲν]] λαδώνη έσσουμεν Newbold.

S. 385,3f. App.: [Ἀμφαὶν Ἐσουμὲν] Nicht zu tilgen Newbold.

S. 385,4: Οὐανανὶν Λαμερτάρδε] ουανάνιν λαμέρτα Newbold | Ἀθαμὲς Σουμὶν] δεάθα μεσσουλάϊν Newbold | Ἀλλωρὰ Κουβιαθὰ] αλλώιο αρουκία Newbold.

S. 385,5: Δαναδαρία] θάαμ λαάριαν Newbold | Δαμμὼ Ὠρὴν] λαάλμω ώρην Newbold | Λαναφὲκ Οὐδινφὲκ] δανάφεκ ουα άνφεκ Newbold | Ἐμφιβοχὲ Βάρρα] ένφει βοχεράθα Newbold.

S. 385,5f.: Ἀσσίου Ἀχὲ Βελὶμ] άσσι ουαχεβέλιμ Newbold.

S. 385,6: Δεξαριχὲ Μασεμών] δεξάρι χέμμασειν Newbold.

S. 385,12: ὧν < V M (Pini).

S. 386,1ff. App. Z. 1–12 *aktualisiere*: Iren., haer. I 1,1–3 (SC 264, 28,1–34,49 Rousseau/Doutreleau = FC 8/1, 128,1–130,25 Brox); Tert., Val. 8,1f. (SC 280, 96, 1–15 Fredouille und CChr.SL 2, 759,19–6 Kroymann); Hipp., haer. VI 30, 4f. (PTS 25, 239,12–240,20 Marcovich).

S. 386,15 App. Z. 12f. *aktualisiere*: Iren., haer. I 1,3 (SC 264, 32,47f. Rousseau/Doutreleau = FC 8/1, 130,23f. Brox).

S. 386,16 App. Z. 14 *aktualisiere*: Hom. Clem. VI 3,4 (GCS Pseudoklementinen 1, 107,8–10 Rehm/Strecker); Clem. recogn. X 30 (GCS Pseudoklementinen 2, 246,17–347,8 Rehm/Strecker).

S. 387,2ff. App. Z. 1 *ersetze*: Vgl. Hes., Th. 116–125.

S. 387,25–388,2 App. Z. 2–7 *aktualisiere*: Iren., haer. I 5,1 (SC 264, 76,14–16 Rousseau/Doutreleau = FC 8/1, 154,25–28 Brox); Tert., Val. 18,3 (SC 280, 122, 14–21 Fredouille und CChr.SL 2, 768,15–20 Kroymann); Iren., haer. I 16,3 (SC 264, 262,74–77 Rousseau/Doutreleau = FC 8/1, 256,15–19 Brox). | App. Z. 9: Hippolyt refut. VI 30, 6f] *korrigiere*: Hipp., haer. VI 31,6 (PTS 25, 242,1–3 Marcovich).

S. 387,12: τὸν αὐτὸν δὲ Pini.

S. 387,22 App.: <εἰς> übernimmt Pini nicht.

S. 388,2–4 App. Z. 1–7 *aktualisiere*: Iren., haer. II praef. 1 (SC 294, 22,13f. Rousseau/Doutreleau = FC 8/2, 16,12–14 Brox); I 5,2 (SC 264, 80,33f. Rousseau/Doutreleau = FC 8/1, 156,16f. Brox); I 5,4 (ebd., 84,77–80 = 158,28–32); Tert., Val. 20,1f. (SC 280, 124,7–10 Fredouille und CChr.SL 2, 769,18–21 Kroymann); Hipp., haer. VI 32,8f. (PTS 25, 244,46–245,52 Marcovich); VI 36,1 (ebd., 250,2–5). | App. Z. 1 *ergänze*: Vgl. ApcPl NHC V,2 p.23,30–24,1; vgl. auch Epiph., haer. 31,19,6 (GCS Epiphanius 1, 415,5–8 Holl).

S. 388,5–8 App. Z. 8–11 *aktualisiere*: Iren., haer. I 2,4 (SC 264, 42,56–58 Rousseau/Doutreleau = FC 8/1, 136,5–7 Brox); I 8,4 (ebd., 124,96f. = 180,19–21); Tert., Val. 10,3 (SC 280, 100,1–104,34 Fredouille und CChr.SL 2, 761,3–762,10 Kroymann); Hipp., haer. VI 32,4f. (PTS 25, 243,18–27 Marcovich).

S. 388,9–11 App. Z. 12–18 *aktualisiere*: Iren., haer. I 2,4 (SC 264, 42,60f. Rousseau/Doutreleau = FC 8/1, 136,9f. Brox); I 3,1 (ebd., 48,4f. = FC 8/1, 140,6f.); Tert., Val. 10,3 (SC 280, 104,24f. Fredouille und CChr.SL 2, 761,4f. Kroymann); Iren., haer. I 2,6 (SC 264, 48,101f. Rousseau/Doutreleau = FC 8/1, 138,30f. Brox); I 11,1 (ebd., 170,35–38 = 208,9–13); Tert., Val. 12,4 (SC 280, 108,25f. Fredouille und CChr.SL 2, 764,21f. Kroymann). | App. Z. 14: Hippolyt refut. 30, 5 f] *korrigiere*: Hipp., haer. VI 31,5f. (PTS 25, 241,22–

242,30 Marcovich). | App. Z. 17: Hippolyt refut. VI 32, 6] *korrigiere*: Hipp., haer. VI 32,2 (PTS 25, 242,9f. Marcovich). | App. Z. 18f. *ersetze*: Zu διὰ σωλῆνος vgl. Iren., haer. I 7,2 (SC 264, 102,22 Rousseau/Doutreleau = FC 8/1, 168,28 Brox), vgl. dazu Epiph., haer. 31,22,1 (GCS Epiphanius 1, 419,24f. Holl); Ps.-Tert., haer. 4,5 (CChr.SL 2, 1407,7f. Kroymann): (...) *quasi aquam per fistulam, sic per Mariam virginem transmeasse (...)*; auch TestVer NHC IX,3 p.45,12–15: „Was ist das für ein Geheimnis, daß Johannes durch einen Mutterleib geboren wurde, der alt und verbraucht war, Christus aber durch einen jungfräulichen Mutterleib hindurchging?" (Übersetzung von U.-K. Plisch, in: GCS Nag Hammadi Deutsch 2, 706).

S. 388,9: Ὅρον] Zu Horos vgl. ExpVal NHC XI,2 p.25,22–33: „Und der Horos [...trennte] das All ab, [...] den [Sohn]. Er ist gänzlich unbeschreiblich für das All, und (er ist) die Befestigung und [die] Hypostase des Alls, der Vorhang von Schweigen, der wahre Hohepriester [ist er] (...)" (Übersetzung von W.-P. Funk, in: GCS Nag Hammadi Deutsch 2, 754); vgl. auch TractTrip NHC I,5 p.75,10–17; p.76,31–34; p.82,10–15. Horos steigt in keinem der bekannten gnostischen Werke auf die Erde herab.

S. 388,11–389,3 App. Z. 20f. *aktualisiere*: Iren., haer. I 2,6 (SC 264, 48,101f. Rousseau/Doutreleau = FC 8/1, 138,31f. Brox); I 7,2 (ebd., 104,39–106,42 = 170,15–18).

S. 388,7f. App.: ἦ δὴ Diekamp.

S. 388,8f.: ὃν δὴ] Νοῦν δὲ Diekamp, Lücke in Z. 9 dann unnötig, vgl. Epiph., haer. 31,4,4 (GCS Epiphanius 1, 389,2 Holl).

S. 388,9 App.: Lücke unnötig Diekamp, vgl. Anm. zu Z. 8f.; <θέλουσι> oder <βούλονται> Pini.

S. 389 (zu S. 388,11–388,3) App. Z. 2f. *aktualisiere*: Iren., haer. I 11,1 (SC 264, 168, 20–22 Rousseau/Doutreleau = FC 8/1, 206,20–23 Brox); Tert., Val. 12,4 (SC 280, 108,25f. Fredouille und CChr.SL 2, 764,21f. Kroymann); Hipp., haer. VI 36,3 (PTS 25, 250,16–251,21 Marcovich).

S. 389,15f.: τριακοσίων ἐξήκοντα πέντε ἀριθμὸν] Vgl. Epiph., haer. 24,1,9 (GCS Epiphanius 1, 257,17f. Holl).

S. 389,18 App. Z. 5f. *aktualisiere*: Hom. Clem. VI 3,3–10,3 (GCS Pseudoklementinen 1, 107,5–110,18 Rehm/Strecker); Clem. recogn. X 30–34 (GCS Pseudoklementinen 2, 346,17–349,24 Rehm/Strecker).

S. 389,5: ὦ < M (Pini).

S. 389,26 App.: γελοῖον V Pini.

S. 390,5ff. App. Z. 1f.: Im Unterschied von Dibelius halte ich das Stück für eine der ältesten Urkunden des Valentinianismus] *ergänze*: Zur Frage nach einer zeitlichen Einordnung des valentinianischen Lehrbriefes, die Holl hier so entschieden vornimmt, äußert sich Ch. Markschies wie folgt: „Die Antwort auf die Frage hängt unmittelbar mit der Auffassung zusammen, ob man die Anfänge der valentinianischen Gnosis für mythologisch hält oder mit einer zunehmenden mythologischen Verwilderung des Systems rechnet (...)" (Markschies, Valentinus, 45, Anm. 217). Zum valentinianischen Lehrbrief vgl. auch Casey, 34–40 und Tardieu, Écrits, 60.65.363f. Eine deutschsprachige Übersetzung von Epiph., haer. 31,5,1–8,3 in Auszügen bietet Foerster, 303–308. | App. Z. 4f.: Hippolyt refut. VI 36, 7] *korrigiere*: Hipp., haer. VI 37,7 (PTS 25, 253,31–38 Marcovich). | App. Z. 8–13 *aktualisiere*: Hipp., haer. VI 42,2 (PTS 25, 259,11f. Marcovich); Iren., haer. I 14,1–16,2 (SC 264, 206,1–260,59 Rousseau/Doutreleau = FC 8/1, 226,7–254,30 Brox); I 14,6 (ebd., 224,150–226,154 = 236,10–13) = Hipp., haer. VI 47,4 (PTS 25, 266,12–15 Marcovich [mit verändertem Text]); Tert., Val. 4,4 (SC 280, 88,24–26 Fredouille und CChr.SL 2, 756,17–19 Kroymann).

S. 390,6 App. Z. 14 *ergänze*: Μέγεθος begegnet als gängiger gnostischer Ausdruck für das höchste Sein, vgl. EpJac NHC I,2 p.15,25f.; ParSem NHC VII,1 p.1,6; 2LogSeth NHC VII,2 p.57,8 u.ö. | App. Z. 16–18 *aktualisiere*: Iren., haer. I 1,1 (SC 264, 30,15 Rousseau/Doutreleau = FC 8/1, 128,14 Brox); I 2,1 (ebd., 36,5 = 132,19); I 2,2 (ebd., 38,25–40,24 = 134,5–13); I 13,3 (ebd., 194,41 = 220,3); I 13,6 (ebd., 202,105.107.115 = 224,6.8.16); I 14,7 (ebd., 226,159 = 236,17f.); I 21,4 (ebd., 302,77 = 280,22).

S. 390,10f.: ὅτε γὰρ <ἐπ᾿> ἀρχῆς ὁ Αὐτοπάτωρ αὐτὸς ἐν ἑαυτῷ περιεῖχε τὰ πάντα, ὄντα ἐν ἑαυτῷ ἐν ἀγνωσίᾳ] Vgl. EV NHC I,3 p.22,27–33; TractTrip NHC I,5 p.60,1–34: „(...) Der Vater ist wie ein Gedanke für sie und (wie) <ein> Raum (...) Solange sie in dem Gedanken des Vaters sind, das heißt: (solange) sie in der verborgenen Tiefe sind, kannte die Tiefe zwar sie, vermochten sie aber nicht, die Tiefe, in der sie waren, zu erkennen (...)" (Übersetzung von H.-M. Schenke, in: GCS Nag Hammadi Deutsch 1, 61); p.72,19–24.

S. 390,12f.: ὃς πάντοτε περιέχει τὰ πάντα καὶ οὐκ ἐνπεριέχεται] Vgl. Eug NHC III,3 p.73,3–8: „Bevor etwas erschien unter den Erschienenen, sind die Größe und die Mächte in ihm, weil er alles vollständig umfaßt, und nichts ihn umfaßt" (Übersetzung von J. Hartenstein, in: GCS Nag Hammadi Deutsch 1, 340); SJC NHC III,4 p.96,1–3.

S. 390,12 App. Z. 18 *aktualisiere*: Iren., haer. I 11,5 (SC 264, 178,97–180,101 Rousseau/Doutreleau = FC 8/1, 212,11–15 Brox [mit leicht verändertem Text]).

S. 390,2: πρὸς ἔπος] προσέξω Diekamp.

S. 391,1ff. App. Z. 1–4 *aktualisiere*: Iren., haer. I 1,1 (SC 264, 28,7–9 Rousseau/ Doutreleau = FC 8/1, 128,6f. Brox); I 13,2 (ebd., 190,12–192,32 = 218,3–24); I 13,3 (ebd., 192,33–194,46 = 220,1–10).

S. 391,3f.: Σιγὴν προσηγόρευσαν, ὅτι δι' ἐνθυμήσεως χωρὶς λόγου τὰ ἅπαντα τὸ Μέγεθος ἐτελείωσεν] Vgl. Eug NHC III,3 p.88,8–11: „‚Schweigen' wurde sie genannt, weil sie in einem Nachdenken ohne Worte ihre Größe als Unvergänglichkeit vollendete" (Übersetzung von J. Hartenstein, in: GCS Nag Hammadi Deutsch 1, 368); SJC NHC III,4 p.112,8–10. Zu Σιγή in den Nag Hammadi Traktaten vgl. u.a. auch ÄgEv NHC III,2 p.40,18; 41,10; Protennoia NHC XIII,1 p.46,13.

S. 391,6f. App. Z. 9–14 *aktualisiere*: Iren., haer. I 11,1 (SC 264, 168,10 Rousseau/ Doutreleau = FC 8/1, 206,9f. Brox); I 15,1 (ebd., 234,13 = 240,17); I 12,4 (ebd., 188,55–57 = 216,12–14); I 14,3 (ebd., 216,84–87 = 232,4–7).

S. 391,9 App. Z. 15f. *aktualisiere*: Iren., haer. I 12,1 (SC 264, 182,9–13 Rousseau/ Doutreleau = FC 8/1, 212,26–30 Brox [mit verändertem Text]).

S. 392,4 App. Z. 3 *aktualisiere*: Iren., haer. I 1,1 (SC 264, 30,17–20 Rousseau/Doutreleau = FC 8/1, 128,16–19 Brox).

S. 392,5f.: ἡ ἐκ τοῦ Πατρὸς καὶ τῆς Ἀληθείας τετράς· Ἄνθρωπος Ἐκκλησία Λόγος Ζωή] Vgl. Hipp., haer. VI 29,6f. (PTS 25, 238,28–34 Marcovich).

S. 392,7f.: ὁ Ἄνθρωπος καὶ ἡ Ἐκκλησία ... συνῄεσαν ἑαυτοῖς καὶ ἀναδεικνύουσι δωδεκάδα] Vgl. ExpVal NHC XI,2 p.30,18f.: „(...) und die [Zwölfheit, nämlich die von] Anthropos und [Ekklesia] (...)" (Übersetzung und Ergänzungen von W.-P. Funk, in: GCS Nag Hammadi Deutsch 2, 756); p.30,33–36: „Und die Zwölfheit – jene aus Mensch und Ekklesia (...)" (ebd.).

S. 392,11–14: Vgl. Iren., haer. I 1,2 (SC 264, 32,34–41 Rousseau/Doutreleau = FC 8/1, 130,8–16 Brox); Hipp., haer. VI 30,1–5 (PTS 25, 239,1–240,20 Marcovich); ExpVal NHC XI,2 p.30,16–20.

S. 392,19–21: ἦν οἱ ἐπίγειοι ... ἀριθμοῦντες αὐτήν] Zum Gedanken vgl. 1ApcJac NHC V,3 p.27,1–5: „Wenn du sie jetzt zählen willst, wirst du es nicht vermögen – bis du den blinden Verstand von dir abwirfst, diese dich umgebende Fessel des Fleisches" (Übersetzung von I. Schletterer / U.-K. Plisch, in: GCS Nag Hammadi Deutsch 2, 413).

S. 392,4: προσούσης V (Pini).

S. 393,3 App. Z. 2–6 *aktualisiere*: Iren., haer. I 3,4 (SC 264, 56,57f. Rousseau/Doutreleau = FC 8/1, 144,5f. Brox); I 5,2 (ebd., 80,35–37 = 156,18–21); I 5,3 (ebd., 82,54–56 = ebd., 158,4–7); Hipp., haer. VI 31,7 (PTS 25, 242,31f. Marcovich).

S. 393,6 App. Z. 7f. *aktualisiere*: Iren., haer. I 5,2 (SC 264, 80,33–42 Rousseau/Doutreleau = FC 8/1, 156,16–21 Brox).

S. 393,10–394,2: Vgl. hierzu TractTrip NHC I,5 p.68,22–28: „Deswegen sind sie beim Gesang zum Lobpreisen und in der Kraft der Einzigkeit dessen, aus dem sie hervorgegangen waren, eine Verbindung, eine Einmütigkeit und Einzigkeit miteinander eingegangen" (Übersetzung von H.-M. Schenke, in: GCS Nag Hammadi Deutsch 1, 64).

S. 393,7: Ὀγδοάς] ὀγδάς U (vgl. Textzeugenapp. S. 231) δυ//ας V δυὰς M (Pini).

S. 393,10: προσοῦσα M (Pini).

S. 393,12 App.: Τριακάδι· † ἡ αὐτὴ ἦν τῇ γὰρ †Ἀληθείᾳ Pini.

S. 393,15 App.: Der Name eines Äonen ausgefallen Pini.

S. 394,3ff. App. Z. 1–11 *aktualisiere*: Hipp., haer. VI 34,2f. (PTS 25, 246,7–16 Marcovich [mit leicht verändertem Text]); Iren., haer. I 2,6 (SC 264, 48,103–105 Rousseau/Doutreleau = FC 8/1, 140,1f. Brox); I 4,5 (ebd., 74,110–115 = 154,6–12 [mit leicht verändertem Text]).

S. 394,4 App. Z. 11–14 *ersetze*: Zu Μεσότης vgl. Iren., haer. I 5,3 (SC 264, 82,57 Rousseau/Doutreleau = FC 8/1, 158,7 Brox); I 6,4 (ebd., 100,82 = 166,29f.); I 7,5 (ebd., 110,87 = 174,3); I 8,4 (ebd., 126,120 = 182,13); ParSem NHC VII,1 p.13,16; EvPhil NHC II,3 p.66,8–16; 76,33–36, PS 84 (GCS Koptisch-Gnostische Schriften 1, 121,20–36 Schmidt/Till); 86 (ebd., 126,14–128,8).

S. 394,12 App. Z. 14–16 *aktualisiere*: Iren., haer. I 2,5 (SC 264, 46,86f. Rousseau/Doutreleau = FC 8/1, 138,13–15 Brox [mit verändertem Text]); I 11,1 (ebd., 170,35–28 = 208,9–12).

S. 394,4 App.: ἑνότη(το)ς V M (Pini), Μεσότητος verwirft Casey.

S. 395 (zu S. 394,12) App. Z. 3–6 *aktualisiere*: Hipp., haer. VI 31,4 (PTS 25, 243, 18–21 Marcovich); Iren., haer. I 4,1 (SC 264, 64,16–19 Rousseau/Doutreleau = FC 8/1, 148,8–11 Brox); I 4,5 (ebd., 72,89–94 = 152,16–22 [mit leicht verändertem Text]).

S. 396,1 App. Z. 1–3 *aktualisiere*: Iren., haer. III 4,3 (SC 211, 50,49–51 Rousseau/ Doutreleau = FC 8/3, 42,5–7 Brox); Tert., praescr. 30,1f. (FC 42, 288,5f. Schleyer); Tert., Val. 4,1 (SC 280, 86,5f. Fredouille und CChr.SL 2, 755,25f. Kroymann).

S. 396,1ff. App. Z. 3–6 *aktualisiere*: Filastr., haer. 38,2 (CChr.SL 9, 234,7 Heylen und SASA 2, 58 Banterle); Iren., haer. II 22,5 (SC 294, 224,142 Rousseau/ Doutreleau = FC 8/2, 188,8 Brox); III 3,4 (ebd., 40,72 = 38,2f.). | App. Z. 3– 7: die Nachricht (…) Valentin in Rom gestorben ist.] *ergänze*: „Damit wird Irenaeus aber [von Holl] wohl überinterpretiert, sein Bericht enthält weder Informationen über Valentins Leben *vor* noch *nach* dem Auf enthalt in Rom" (Markschies, Valentinus, 333; Hervorhebungen vom Autor).

S. 396,9ff. App. Z. 10–18 *aktualisiere*: Ps.-Tert., haer. 4,5 (CChr.SL 2, 1407,5–8 Kroymann); Iren., haer. I 7,2 (SC 264, 102,19–22 Rousseau/Doutreleau = FC 8/1, 168,25–28 Brox); Hipp., haer. VI 35,7 (PTS 25, 249,35–250,40 Marcovich). | App. Z. 10 *ergänze*: Vgl. auch Filastr., haer. 38,6 (CChr.SL 9, 234,20f. Heylen und SASA 2, 58 Banterle).

S. 396,13ff. App. Z. 14–18 *aktualisiere*: Hipp., haer. VI 36,3 (PTS 25, 250,16–251,19 Marcovich [mit leicht verändertem Text]); Iren., haer. I 3,1 (SC 264, 48,1– 50,9 Rousseau/Doutreleau = FC 8/1, 140,3–12 Brox).

S. 396,16 App. Z. 18f. *ersetze*: Ps.-Tert., haer. 4,5 (CChr.SL 2, 1407,8f. Kroymann); Iren., haer. I 6,1 (SC 264, 90,1–8 Rousseau/Doutreleau = FC 8/1, 162,6–13 Brox); vgl. auch den Einwand gegen die Negation der Auferstehung des Fleisches bei EvPhil NHC II,3 p.57,9–19.

S. 396,2 App.: ναυάγιον <τε> Holl (mit weiteren Vorschlägen im App.) Williams² | ὑποστὰς + † Pini | σωματικῶς tilgt als Glosse Markschies, Valentinus 331, Anm. 275 (dort die gesamte Stelle ausführlich erörtert). | σωματικῶς <*> Pini.

S. 396,12: [δὲ] Pini.

S. 397,2ff. App. Z. 1–12 *aktualisiere*: Iren., haer. I 6,1f. (SC 264, 92,21–94,37 Rous seau/Doutreleau = FC 8/1, 162,27–164,12 Brox [mit leicht verändertem Text]); I 7,5 (ebd., 110,76–81 = 172,24–29 [mit leicht verändertem Text]).

S. 397,6f.: χωρεῖν δὲ ἑκάστην οὐσίαν πρὸς τοὺς ἰδίους αὐτῆς προβολέας] Vgl. EvPhil NHC II,3 p.53,20f.

S. 397,8f.: τρία γὰρ τάγματα βούλονται εἶναι ἀνθρώπων, πνευματικῶν ψυχικῶν σαρκικῶν] Vgl. Keph. 120,31–33; 269,17–25.

S. 397,21ff. App. Z. 12 *aktualisiere*: Iren., haer. I 7,5 (SC 264, 110,82–112,92 Rousseau/Doutreleau = FC 8/1, 172,30–174,8 Brox [mit verändertem Text]).

S. 398 Textzeugenapp. Z. 1: von 19ff an Irenaeus adv. haer. I, I 1ff Harvey] *ersetze*: Der Abschnitt S. 398,19–435, 8 ist wörtlich aus Iren., haer. I praef. – I 11,1 (SC 264, 18,1–170,38 Rousseau/Doutreleau = FC 8/1, 122,1–208,12 Brox) übernommen worden. | Z. 2: Hippolyt refut. VI 29ff.] *ersetze*: Hipp., haer. VI 29–37 (PTS 25, 237,1–254,46 Marcovic).

S. 398,8: † abgelehnt Diekamp Pini.

S. 398,19 App.: ἐπὶ V (Pini).

S. 399,6 App.: κεκοσμικότος M (Pini).

S. 399,14: παρέχειν V (Pini).

S. 400,9: τεχνῶν M (Pini).

S. 400,20: σπέρματα] *semen* lat. (Lietzmann).

S. 400,25 App.: δὴ Lietzmann (δὲ musste der Lateiner nicht übersetzen) δὴ ? Klostermann (Ms.).

S. 401,2–4: Vgl. Eug NHC III,3 p.74,20–75,3: „Der Herr des Alls wird in Wahrheit nicht „Vater" genannt, sondern ‚Vorvater', denn der Vater ist der Anfang dessen, was erscheint. Jener ist folglich der anfangslose Vorvater" (Übersetzung von J. Hartenstein, in: GCS Nag Hammadi Deutsch 1, 344). Bei Hipp., haer. VI 30,7 (PTS 25, 240,29 Marcovich) ist der Vater ῥίζα καὶ βάθος καὶ βύθος.

S. 401,3–5: Vgl. Hipp., haer. VI 29,5 (PTS 25, 238,21–24 Marcovich).

S. 401,6–402,11: Vgl. Ps.-Tert., haer. 4,1 (CChr.SL 2, 1406,20–8 Kroymann); Filastr., haer. 38,3f. (CChr.SL 9, 234,7–17 Heylen und SASA 2, 58 Banterle). Bis Z. 7 vgl. auch Tert., praescr. 33,8 (FC 42, 298,3–10 Schleyer).

S. 401,9f.: ταύτην δὲ ὑποδεξαμένην τὸ σπέρμα τοῦτο καὶ ἐγκύμονα γενομένην ἀποκυῆσαι Νοῦν] Vgl. ExpVal NHC XI,2 p.22,31–36; 23,31–37; 24,19–22.

S. 401,13f.: εἶναι ταύτην πρώτην καὶ ἀρχέγονον Πυθαγορικὴν τετρακτύν, ἣν καὶ ῥίζαν τῶν πάντων καλοῦσιν] Die Tetrade auch bei Aëtius, Placit. I 3,8 (Doxographi Graeci, 281,17–282,16 Diels) (= Ps.-Plu., Placit. I 3; 876 F – 877 A [BiTeu, Moralia V/2,1, 56,10–25 Mau]); Ph., plant. 123 (28) (Opera 2,

157,17–19 Wendland): Καλεῖται δ᾽ ἡ τετρὰς καὶ »πᾶς«, ὅτι τοὺς ἄχρι δεκάδος καὶ αὐτὴν δεκάδα περιέχει δυνάμει; Iren., haer. II 14,6 (SC 294, 138, 101–140,122 Rousseau/Doutreleau = FC 8/2, 114,11–116,4 Brox); ExpVal NHC XI,2 p.29,26–37.

S. 401,18f.: ἐκ δὲ τοῦ Λόγου καὶ τῆς Ζωῆς προβεβλῆσθαι κατὰ συζυγίαν Ἄνθρωπον καὶ Ἐκκλησίαν] Vgl. ExpVal NHC XI,2 p.29,25–28: „Jene Vier-[heit brachte nun noch eine andere Vierheit] hervor, [nämlich die] von Logos und Leben [und Anthropos und] Ekklesia" (Übersetzung und Ergänzungen von W.-P. Funk, in: GCS Nag Hammadi Deutsch 2, 755).

S. 402,1f.: Τούτους δὲ ... τὸν Πατέρα] Vgl. TractTrip NHC I,5 p.67,37–68,5: „Alle also, die aus ihm hervorgegangen sind, <das> sind die Äonen der Äonen, [als] Hervorbringungen, (als) die ihrer Natur zeugungsfähigen Erzeugnisse, auch sie <gaben> in ihrer zeugungsfähigen Natur dem Vater Lobpreis (...)" (Übersetzung von H.-M. Schenke, in: GCS Nag Hammadi Deutsch 1, 64).

S. 402,6f.: οὗτοι ... προβεβλῆσθαι] Vgl. ExpVal NHC XI,2 p.30,16f.

S. 402,7f.: τὸν δὲ Ἄνθρωπον ... δώδεκα] Vgl. ExpVal NHC XI,2 p.30,18f.

S. 402,17ff. App. Z. 1 *ersetze*: Vgl. Mt 20,1–16. Zur Erwähnung dieses Gleichnisses in einer gnostischen Schrift vgl. EpJac NHC I,2 p.8,7f.

S. 402,27f.: Τὸν μὲν ... τῷ Νῷ] Vgl. AJ NHC II,1 p.4,19–26.

S. 402,28f.: τοῖς δὲ λοιποῖς πᾶσιν ἀόρατον καὶ ἀκατάληπτον ὑπάρχειν] Vgl. TractTrip NHC I,5 p.60,16–29.

S. 403,3–7: Vgl. TractTrip NHC I,5 p.65,11–17; 71,35–72,10. Zur Suche der Äonen nach ihrem Ursprung vgl. auch TractTrip NHC I,5 p.61,24–28; 71,8–11: „Die ganze Einrichtung der Äonen hat also Liebe und Streben zu dem ganzen und vollkommenen Finden des Vaters" (Übersetzung von H.-M. Schenke, in: GCS Nag Hammadi Deutsch 1, 65). Im Unbekannten altgnostischen Werk 12 (GCS Koptisch-Gnostische Schriften 1, 337,29–338,9 Schmidt/Till) begehren die κόσμοι, den Vater, ihren Ursprung, zu sehen.

S. 403,7–14: Zu Varianten des Falls bzw. Abstiegs der Sophia vgl. AJ NHC III,1 p.14,9–15,22; HA NHC II,4 p.94,1–18; UW NHC II,5 p.98,11–99,2; 2Log-Seth NHC VII,2 p.50,25–51,19. Bei den Mandäern vgl. ferner Rechter Ginza 79 (78,25–28 Lidzbarski).

S. 403,10: ἄνευ τῆς ἐπιπλοκῆς τοῦ <συ>ζύγου] Vgl. Hipp., haer. VI 30,6f. (PTS 25, 240,24–28 Marcovich).

S. 403,25–404,1: ἀδυνάτῳ καὶ ἀκαταλήπτῳ πράγματι αὐτὴν ἐπιχειρήσασαν τεκεῖν οὐσίαν ἄμορφον] Vgl. ferner UW NHC II,5 p.99,3–100,28; Zostr NHC VIII,1 p.9,16f.

S. 403,5: αὐτὸν M (Pini).

S. 403,7 App.: πολὺ ὁ V M Pini.

S. 403,9 App.: προβεβλημένος V M (Pini) emissa lat. Pini.

S. 403,10: τοῦ²] τούτου M (Pini).

S. 403,11f. App.: παρατραπέντα + Aeonem id est Sophiam lat. (Lietzmann).

S. 403,12 App.: † übernimmt Pini nicht. | τόλμης] ς darübergeschrieben Vᶜᵒʳʳ· (Pini).

S. 403,25: αὐτὴν] τὴν M (Pini).

S. 404,1: οὐσίαν ἄμορφον, οἵαν φύσιν εἶχεν θήλεια τεκεῖν] Der weibliche Elternteil trägt zum Nachkommen nur die Materie bei, der Vater die Form, vgl. Hipp., haer. VI 30,8 (PTS 25, 240,32–34 Marcovich).

S. 404,2: λυπηθῆναι διὰ τὸ ἀτελὲς τῆς γενέσεως] In der mandäischen Literatur beklagt Rucha dˈQudsha den unvollendeten Charakter ihres Nachwuchses, vgl. Rechter Ginza 95 (100,37–101,5 Lidzbarski); auch Rechter Ginza 94 (ebd., 99,23–28); 170 (ebd., 175,19–27).

S. 404,5–7: Vgl. Hipp., haer. VI 31,1f. (PTS 25, 241,1–12 Marcovich); AJ NHC II,1 p.14,1–5; ferner TractTrip NHC I,5 p.81,8–82,9; Zostr NHC VIII,1 p.10,8f. Sophias Gebet der Reue in ExpVal NHC XI,2 p.34,25–31.

S. 404,7f.: συνδεηθῆναι δὲ αὐτῇ καὶ τοὺς λοιποὺς Αἰῶνας] Vgl. TractTrip NHC I,5 p.86,4–15.29–32; auch AJ NHC II,1 p.14,1–6.

S. 404,9f.: ἐκ τῆς ἀγνοίας καὶ τῆς λύπης καὶ τοῦ φόβου καὶ τῆς ἐκπλήξεως] Vgl. Epiph., haer. 31,16,7 (GCS Epiphanius 1, 410,20–23 Holl); 31,19,7 (ebd. 415,8–13).

S. 404,13: ὑπὲρ ἄρρεν καὶ ὑπὲρ θῆλυ] Vgl. Iren., haer. I 11,5 (SC 264, 180,2 Rousseau/Doutreleau = FC 8/1, 212,13f. Brox): μήτε ἄρρενα μήτε θῆλυν (...); Epiph., haer. 32,7,4 (GCS Epiphanius 1, 447,4 Holl); 34,4,3 (GCS Epiphanius 2, 10,13f. Holl/Dummer): μήτε ἄρρεν μήτε θῆλυ.

S. 404,14f.: τὸν δὲ Ὅρον τοῦτον καὶ Σταυρὸν καὶ Λυτρωτὴν καὶ Καρπιστὴν καὶ Ὁροθέτην καὶ Μεταγωγέα καλοῦσι] Vgl. die Auflistung der Bezeichnungen für das Lichtkreuz bei A. Jo. 98 (CChr.SA 1, 209,1–12 Junod/Kaestli).

S. 404,15–17: διὰ δὲ … τῇ συζυγίᾳ] Vgl. ferner PS 74 (GCS Koptisch-Gnostische Schriften 1, 106,34–107,25 Schmidt/Till); Rechter Ginza 311 (311,37–312,9 Lidzbarski); Keph. 72,3–6.

S. 404,18f.: τὴν δὲ ἐνθύμησιν … ἀποσταυρωθῆναι] Vgl. TestVer NHC IX,3 p.40,25–29.

S. 404,4 App.: ἀποκρύψῃ aus ἀποκρύψει V^corr. (Pini).

S. 404,16: καθάρθαι M (Pini).

S. 404,20 App.: Eventuell auch <ἅτε> Pini.

S. 405,3f.: ὑφ’ ὧν καταρτισθῆναί <φασιν> τοὺς Αἰῶνας] Vgl. EV NHC I,3 p.24,9–20; vgl. ferner TractTrip NHC I,5 p.73,1–8.

S. 405,12f.: Τὸ δὲ … ἀνάπαυσιν <εἰσ>ηγήσατο] Vgl. TractTrip NHC I,5 p.70,18.

S. 405,17–19: Vgl. Tert., Val. 12,2 (SC 280, 108,6–8 Fredouille und CChr.SL 2, 763, 4–6 Kroymann): *Exinde refecti sunt et constabiliti sunt et in requiem ex veritate compositi magno cum gaudii fructu hymnis patrem concinunt.*

S. 405,19–406,6: Zum Ganzen vgl. TractTrip NHC I,5 p.86,4–87,17; vgl. auch TractTrip NHC I,5 p.65,23–25: „(…) das ist der, der ‚der Sohn‘ genannt wird und es auch ist, der das All ist (…)" (Übersetzung von H.-M. Schenke, in: GCS Nag Hammadi Deutsch 1, 63); p.87,17–31; Silv NHC VII,4 p.101,22–26; 102,5; EvThom 77 (NHC II,2 p.46,22–28); A. Petr. 39 (AAAp 1, 98,4 Lipsius); CH XIII 2 (2, 201,4–6 Nock/Festugière): Ἄλλος ἔσται ὁ γεννώμενος θεοῦ θεὸς παῖς, τὸ πᾶν ἐν παντί, ἐκ πασῶν δυνάμεων συνεστώς.

S. 405,5: <μὴ> ἀγεννήτου Pini | ἀγενήτου M (Pini) | κατάληψιν γιγνώσκοντες V M (Pini).

S. 405,7: ἢ] *nisi* lat.

S. 405,10: υἱός] ἴσος V M (Pini).

S. 405,19: Hinter γνώμη ist μιᾷ ausradiert V (Pini).

S. 406,15–408,2: Vgl. Epiph., haer. 31,10,13–15 (GCS Epiphanius 1, 402,12–24 Holl).

S. 406,17f.: Vgl. Epiph., haer. 51,28,1 (GCS Epiphanius 2, 299,3–6 Holl/Dummer).

S. 406,23: εἰς τοὺς αἰῶνας τῶν αἰώνων] Vgl. TractTrip NHC I,5 p.67,38–68,2.

S. 406,7 App.: αὐτοῦ bevorzugt Pini.

S. 406,10 App.: <ἐγένετο> nötige Ergänzung Klostermann (Ms.).

S. 406,12 App.: ἐξάγωνος Rousseau/Doutreleau.

S. 407,5: δεκαοκτὼ μησὶν] So auch Iren., haer. I 30,14 (SC 264, 382,259f. Rousseau/Doutreleau = FC 8/1, 348,12f. Brox); anders Act 1,3 (40 Tage); AscIs 9,16 (545 Tage).

S. 407,13: Ἰούδα, ὃς δωδέκατος ἦν τῶν ἀποστόλων] Vgl. Mt 26,14.

S. 407,14: ἐνιαυτῷ γὰρ ἑνὶ] Vgl. Clem., str. I 145,3 (GCS Clemens Alexandrinus 2, 90,9–12 Stählin/Früchtel/Treu); Or., princ. IV 1,5 (TzF 24, 682,9f. Görgemanns/Karpp); Iren., haer. II 22,2 (SC 294, 214,27–30 Rousseau/Doutreleau = FC 8/2, 180,14–17 Brox).

S. 407,13 App.: γενομένης ... λέγουσιν < lat., tilgt Pini.

S. 407,21: λέγουσιν· <καὶ> εἰ κτλ. Pini mit Rousseau/Doutreleau nach lat.

S. 407,24 App.: τοῦ υἱοῦ] αὐτοῦ liest in V M Pini.

S. 408,13–15: Ἔπειτα ... τὴν μεριστικήν] Vgl. ExpVal NHC XI,2 p.25,22–24; 26,31–34; 27,30–37.

S. 408,19 App. Z. 2: vgl. Mark. 10,21] *ersetze*: Mt 16,24; vgl. Mk 10,21.

S. 408,1 App.: ἐχώρησεν V M *speravit* lat.

S. 408,3f.: τοῦ λόγου τοῦ] *per hoc responsum* lat. | τοῦ (Z. 4)] τουτοῦ Rousseau/Doutreleau.

S. 408,13: Ἔπειτα] *Adhuc etiam* lat. Ἔτι τε Rousseau/Doutreleau.

S. 408,15: καθὰ] καθὸ Rousseau/Doutreleau.

S. 408,19 App.: [αὐτοῦ] Pini.

S. 409,13: τὸ ἀμφίβολον διὰ τῆς ἐξηγήσεως] Vgl. Clem., str. VII 96,2 (GCS Clemens Alexandrinus 3, 68,7–13 Stählin/Früchtel/Treu).

S. 409,18: Ἀχαμώθ] Achamoth umschreibt den aramäischen Begriff für Sophia. Vgl. 1ApcJac NHC V,3 p.34,3; 35,5–13; 36,5; EvPhil NHC II,3 p.60,10–15 unterscheidet zwischen Echamoth und Echmoth.

S. 409,19f.: λέγουσιν ἐν σκιᾶς καὶ κενώματος τόποις ἐκβεβράσθαι κατὰ ἀνάγκην] Vgl. die Schilderung des Chaos in UW NHC II,5 p.98,23–99,22.

S. 409,13 App.: † übernimmt Pini nicht.

S. 409,16: κύριον < lat. Rousseau/Doutreleau.

S. 410,7f.: μὴ δυνηθῆναι καταλαβεῖν αὐτὸ διὰ τὸ κωλυθῆναι ὑπὸ τοῦ ῞Ορου] Vgl. ExpVal NHC XI,2 p.33,25–32.

S. 410,17: τῆς ἐπιστροφῆς] Zur Umkehr der Sophia vgl. Hipp., haer. VI 32,2–5 (PTS 25, 243,11–33 Marcovich); bei TractTrip NHC I,5 p.81,8–82,9 kehrt sich der Logos vom Bösen ab und wendet sich dem Guten zu. Vgl. auch Sophias Gebet in PS 32 (GCS Koptisch-Gnostische Schriften 1, 28,25–32,4 Schmidt/Till).

S. 410,18–23: Vgl. Hipp., haer. VI 32,6f. (PTS 25, 243,27–244,37 Marcovich).

S. 410,24: ἔκλαιε] Zum Lachen der Sophia vgl. ExpVal NHC XI,2 p.34,34–39.

S. 410,5 App.: τε V M Pini.

S. 410,25: καταλιπόντος aus καταλείποντος V^corr. (Pini).

S. 411,23–25: ἀπὸ τῶν δακρύων ... τινὰ ὕδατά ἐστιν ἐν τῷ κόσμῳ] Vgl. Pythagoreische Schule fr. 58 C 2 Diels/Kranz (= Arist., fr. 196 Rose); Plu., Is. et Os. 32 (364 A) (= BiTeu, Moralia II/3, 32,17f. [Nachstädt], Sieveking, [Titchener]); Clem., str. V 50,1 (GCS Clemens Alexandrinus 2, 360,20f. Stählin/Früchtel/Treu).

S. 411,17: τῇ ποιότητι < lat. (Pini).

S. 411,23: τὰ μὲν εἶναι] μεῖναι M (Pini).

S. 412,2: τὸν Παράκλητον δὲ ἐξέπεμψεν <πρὸς> αὐτὴν] Vgl. ExAn NHC II,6 p.132,6–16; PS 52 (GCS Koptisch-Gnostische Schriften 1, 63,4–30 Schmidt/Till).

S. 412,3f.: ἐνδόντος ... παραδόντος] Vgl. Mt 28,18; auch Joh 13,3.

S. 412,5f.: ἐκπέμπεται ... ἀγγέλων] Vgl. ferner Hipp., haer. VI 32,4 (PTS 25, 243,18–20 Marcovich).

S. 412,13f.: ἀλλ᾽ ἀποκρίναντα χωρίσει συγχέαι καὶ πῆξαι καὶ ἐξ ἀσωμάτου πάθους εἰς ἀσώματον [τὴν] ὕλην μεταβαλεῖν αὐτά] Vgl. ExpVal NHC XI,2 p.35,30–37.

S. 412,17f.: καὶ διὰ τοῦτο δυνάμει τὸν Σωτῆρα δεδημιουργηκέναι φάσκουσι]
Vgl. TractTrip NHC I,5 p.96,35–97,5; Ps.-Tert., haer. 4,4 (CChr.SL 2,
1406,22f. Kroymann): *Horon tamen instituisse istum mundum ex his materiis*
(…).

S. 412,11 App.: δυνατὰ V M Pini.

S. 412,12 App.: <αὐτὰ> Klostermann (Ms.) bezweifelt Notwendigkeit, Pini lehnt
die Ergänzung ab.

S. 412,13 App.: χωρὶς Pini nach Rousseau/Doutreleau.

S. 412,20: κεκυηκέναι] καὶ κυηκέναι M (Pini).

S. 412,21 App.: τὴν <ἐκείνων> εἰκόνα Rousseau/Doutreleau.

S. 413,5f.: καὶ πρῶτον … τὸν Πατέρα καὶ βασιλέα πάντων] Bei TractTrip NHC
I,5 p.100,19–30 setzt der Logos einen obersten Archonten ein, der Vater,
Gott, König und Demiurg ist.

S. 413,28–414,1: ὡς καὶ τὸν παράδεισον, ὑπὲρ τρίτον οὐρανὸν ὄντα] Vgl. Clem.,
exc. Thdot. 51,1 (GCS Clemens Alexandrinus 3, 123,18f. Stählin/Früchtel/
Treu): ὅθεν ἐν τῷ παραδείσῳ, τῷ τετάρτῳ οὐρανῷ; ferner UW NHC II,5
p.110,2–6: „Dann schuf die Gerechtigkeit das schöne Paradies. Es liegt
außerhalb des Kreises des Mondes und des Kreises der Sonne in dem
üppigen Land, das im Osten inmitten der Felsen liegt" (Übersetzung von
H.-G. Bethge, in: GCS Nag Hammadi Deutsch 1, 250); vgl. auch 2Kor
12,2f.; 2Hen 8,1.

S. 413,6 App.: <θεὸν καὶ> Holl übernimmt Pini.

S. 413,11: τῶν²] τὸν V (Pini).

S. 413,15 App.: ἐν εἰκόνι V M τὴν εἰκόνα Holl Rousseau/Doutreleau Pini.

S. 413,27: νοητούς V M Holl νοερούς Rousseau/Doutreleau.

S. 413,27 App.: [οὐκ] auch Pini.

S. 414,3–7: Vgl. Hipp., haer. VI 33,1 (PTS 25, 245,6–10 Marcovich): οὐδὲν <γὰρ>
οἶδεν, λέγουσιν, ὁ δημιουργὸς ὅλως, ἀλλ᾽ ἔστιν ἄνους καὶ μωρὸς κατ᾽
αὐτούς, καὶ τί πράσσει ἢ ἐργάζεται οὐκ οἶδεν. ἀγνοοῦντι δὲ αὐτῷ ὅ τι
δὴ ποιεῖ, ἡ Σοφία ἐγήγρησε πάντα καὶ ἐνίσχυσε, καὶ ἐκείνης
ἐνεργούσης αὐτὸς ᾤετο ἀφ᾽ ἑαυτοῦ ποιεῖν τὴν κτίσιν τοῦ κόσμου;
Clem., exc. Thdot. 49,1 (GCS Clemens Alexandrinus 3, 123,3f. Stählin/
Früchtel/Treu); TractTrip NHC I,5 p.100,36–101,5; 101,20–25; 105,29–35;
UW NHC II,5 p.100,19–21, ferner AJ NHC II,1 p.19,15–33.

S. 414,5–7: πεποιηκέναι μὴ εἰδότα οὐρανόν· καὶ ἄνθρωπον πεπλακέναι, ἀγνοοῦντα [τὸν] ἄνθρωπον ... γῆν] Gegen die Vorstellung eines unwissenden Schöpfers polemisiert Silv NHC VII,4 p.116,5–9: „Niemand soll je behaupten, Gott sei unwissend! Denn es ist unangemessen, den Schöpfer aller Geschöpfe in Unwissenheit zu versetzen" (Übersetzung von H.-M. Schenke / W.-P. Funk, in: GCS Nag Hammadi Deutsch 2, 623).

S. 414,9 App.: οἰήσεως V M Rousseau/Doutreleau ποιήσεως Holl Pini.

S. 414,19 App.: λοιπὴν aus λύπην V^corr. (Pini).

S. 414,21 App.: τινὰ V M τίνα <τὰ> Klostermann (Ms.).

S. **415**,14–21: Vgl. Clem., exc. Thdot. 50,1–3 (GCS Clemens Alexandrinus 3, 123, 9–16 Stählin/Früchtel/Treu).

S. 415,17f.: τὸν κατ᾽ εἰκόνα καὶ ὁμοίωσιν γεγονότα] Vgl. Gen 1,26.

S. 415,20: Vgl. Gen 2,7.

S. 415,1: τὴν ergänzt V^corr. (Pini).

S. 415,8 App.: ἀπορίας Klostermann (Ms.).

S. 415,24 App.: τὸν σωτῆρα] τῶν αέρα liest in M Pini.

S. **416**,9–12: Vergleichbare Zeugnisse über die Zusammensetzung des Menschen finden sich beispielsweise in Silv NHC VII,4 p.92,10–29; ferner A. Thom. 165 (AAAp 2, 279,5–10 Bonnet).

S. 416,9: τὸν ἐν αὐτοῖς ἄνθρωπον] Vgl. EpPt NHC VIII,2 p.137,18–22.

S. 416,13–15: Zu den drei Existenzformen vgl. ausführlich TractTrip NHC I,5 p.103,13–104,3; 106,7–18; 118,14–124,25. Ferner findet sich ein erster (pneumatischer), zweiter (psychischer) und dritter (irdischer) Adam bei UW NHC II,5 p.117,28–118,2; 122,7–9. Zur materiellen Klasse vgl. insb. TractTrip NHC I,5 p.119,8–20: „Die materielle Gattung aber ist in jeder Hinsicht etwas Fremdes, da sie Finsternis ist, die sich vom Schein des Lichtes abwendet, weil seine Erscheinung sie auflöst; da sie seine <...> nicht annahm, ist sie vielmehr <...> und Haß gegenüber dem Herrn, der sich (als solcher) entlarven sollte. Die geistige Gattung wird die Erlösung gänzlich (und) in jeder Hinsicht empfangen. Die materielle (Gattung) aber wird das Verderben in jeder Hinsicht empfangen (und zwar) wie einer, der sich ihm (dem Verderben) widersetzt" (Übersetzung von H.-M. Schenke, in: GCS Nag Hammadi Deutsch 1, 86).

S. 416,15–17: Vgl. TractTrip NHC I,5 p.119,20–24: „Die seelische Gattung aber, da sie etwas in der Mitte Befindliches ist, (sowohl) hinsichtlich ihrer Entstehung als auch (hinsichtlich) ihrer Existenz, ist von doppelter Beschaffenheit entsprechend ihrer Bestimmung zum Guten und Bösen" (Übersetzung von H.-M. Schenke, in: GCS Nag Hammadi Deutsch 1, 86).

S. 416,17f.: τὸ δὲ πνευματικὸν ἐκπεπέμφθαι, ὅπως ἐνθάδε τῷ ψυχικῷ συζυγὲν μορφωθῇ] Geist und Seele werden zusammen errettet bei EpJac NHC I,2 p.11,39–12,5; Linker Ginza 117f. (566,18–567,23 Lidzbarski); 128 (ebd., 583,2); 131 (ebd., 587,22) u.ö.

S. 416,18: συμπαιδευθὲν αὐτῷ ἐν τῇ ἀναστροφῇ] Vgl. TractTrip NHC I,5 p.123, 3–22.

S. 416,22f.: ὧν γὰρ ἤμελλε σώζειν, τὰς ἀπαρχὰς αὐτὸν εἰληφέναι φάσκουσιν] Vgl. TestVer NHC IX,3 p.32,22–24.

S. 416,19 App.: τῶν ψυχικῶν V M Pini τῷ ψυχικῷ Harvey Holl Rousseau/ Doutreleau.

S. 416,21 App.: [καὶ] Pini.

S. 416,26: ψηλαφητὸν] ἀψηλάφητον V^corr. (Pini).

S. 417,2f.: τὴν δὲ συντέλειαν ἔσεσθαι, ὅταν μορφωθῇ καὶ τελειωθῇ γνώσει πᾶν τὸ πνευματικόν] Vgl. hierzu ausführlich TractTrip NHC I,5 p.123,12–124,3.

S. 417,5–7: οἱ ψυχικοὶ ... γνῶσιν ἔχοντες] Vgl. TractTrip NHC I,5 p.118,37–119,8: „[Die] seelische Gattung aber, da sie (nur) Licht von Feuer ist, ließ sich Zeit mit der Erkenntnis dessen, der sich ihr offenbarte, erst recht (...) damit, im Glauben zu ihm zu eilen. Obgleich sie vielmehr durch eine Stimme belehrt wurde, <war> sie damit zufrieden, gemäß der Verheißung nicht weit von der Hoffnung entfernt zu sein, nachdem sie gewissermaßen wie ein Angeld die Gewißheit des Zukünftigen empfangen hatte" (Übersetzung von H.-M. Schenke, in: GCS Nag Hammadi Deutsch 1, 86).

S. 417,9–11: αὐτοὺς δὲ ... δογματίζουσιν] Vgl. ferner TractTrip NHC I,5 p.119,16–18; EvJud (CT 3) p.43,15–44,4 (TU 161, 272f. Brankaer/Bethge und AcA 1/2, 1229).

S. 417,14–18: Vgl. 1ApcJac NHC V,3 p.28,16f.: „Du bist in Schlamm gewandelt, und deine Kleider wurden nicht befleckt (...)" (Übersetzung von I. Schletterer / U.-K. Plisch, in: GCS Nag Hammadi Deutsch 2, 413). Das Prinzip wird mittels einer Perle dargelegt in EvPhil NHC II,3 p.62,17–26.

S. 417,7: Hinter ἡμᾶς Rasur V (Pini).

S. 417,7 App.: <τοὺς> auch Klostermann (Ms.).

S. 417,10 App.: παντὶ M (Pini).

S. 417,16 App.: δὴ Jül. Klostermann (Ms.).

S. **418**,2f.: [τῆς] τῶν θηριομάχων καὶ μονομαχίας ἀνδροφόνου θέας ἀπέχεσθαι]
Vgl. Lucianus, Anach. 37 (SCBO 2, 257,29–258,12 Macleod) u.ö.

S. 418,18: αὐτῆς] αὐτήν Rousseau/Doutreleau.

S. **419**,1–3: διὰ τοῦτο … τῆς Μεσότητος τόπον] Vgl. PS 111 (GCS Koptisch-
Gnostische Schriften 1, 183,2–8 Schmidt/Till).

S. 419,7–14: Vgl. ExpVal NHC XI,2 p.39,28–35.

S. 419,11: νυμφίον καὶ νύμφην, νυμφῶνα] „Der (…) Begriff [Brautgemach] spielt
auf ein Detail der urbildlichen himmlischen Erlösung im System der
‚Valentinianer' an, nämlich die endgültige Rückkehr der gefallenen
göttlichen Ewigkeit ‚Weisheit' in die göttliche Fülle" (Markschies,
Gnosis, 113). Die Gestalt und Funktion des Valentinianischen Sakra-
ments des Brautgemachs ist bislang unklar, vgl. hierzu auch die Deu-
tungen bei H.-M. Schenke in GCS Nag Hammadi Deutsch 1, 190f. Zum
Brautgemach in den Nag Hammadi Traktaten vgl. 2LogSeth NHC VII,2
p.57,17f.; TractTrip NHC I,5 p.122,12–24: „Die Erwählung aber ist ein
Leib und eine Substanz mit dem Erlöser, und sie ist wie (bestimmt für)
ein Brautgemach, wegen ihrer Einzigkeit und ihrer Zuneigung zu ihm.
Denn vor allen (anderen) Wegen kam Christus um ihretwillen. Die
Berufung aber nimmt den Platz derer ein, die sich <vor> dem Brautgemach freuen und die glücklich sind und frohlocken über die Vereinigung des Bräutigams mit der Braut" (Übersetzung von H.-M.
Schenke, in: GCS Nag Hammadi Deutsch 1, 87); EvPhil NHC II,3 p.65,1–
12; 67,2–9; 67,14–18; 67,27–30; 69,1–71,13; 72,17–29; 74,13–24; 76,4–6;
82,23–29; 86,4–12; ExAn NHC II,6 p.132,12–26.

S. 419,13f.: Πληρώματος εἰσελθόντας] Vgl. Rheg NHC I,4 p.44,13–33; TractTrip
NHC I,5 p.123,22f.

S. 419,16: ἐν τῇ Μεσότητι] Vgl. die Anm. zu S. 394,4.

S. 419,18f.: τούτων δὲ … πᾶσαν ὕλην] Vgl. Noema NHC VI,4 p.40,9–23; 45,24–
47,7.

S. 419,19f.: συναναλωτήσεσθαι αὐτῇ] Das Feuer verzehrt sich selbst in Noema
NHC VI,4 p.40,21–23; 46,29–33.

S. 419,22: Εἰσὶ δὲ οἱ λέγοντες προβαλέσθαι αὐτὸν καὶ Χριστόν] In UW NHC
II,5 p.105,20–29 erschafft Sabaoth einen Christus.

S. 419,24f.: καθάπερ ὕδωρ διὰ σωλῆνος ὁδεύει] Vgl. Epiph., haer. 31,7,4 (GCS
Epiphanius 1, 396,10 Holl).

S. 419,23f.: λελαληκέναι] λη in V^corr. darübergeschrieben (Pini).

S. 420,21–23: καὶ λοιπὸν ... ἀπὸ τοῦ Δημιουργοῦ] Bei Hipp., haer. VI 35,1 (PTS
25, 248,1 Marcovich) sprechen alle Propheten durch den Demiurgen.

S. 420,8 App.: Keine † Pini | τὸ] ἅτε Pini.

S. 420,15: διὸ] δύο M (Pini).

S. 420,17 App.: ἔτασσεν αὐτὰς] ἔτασεν αὐτοὺς M (Pini).

S. 420,21 App.: Lücke übernimmt Pini nicht.

S. 421,12–14: Vgl. Clem., exc. Thdot. 54,1f. (GCS Clemens Alexandrinus 3,
124,28–125,2 Stählin/Früchtel/Treu).

S. 421,14–16: Vgl. ferner CH I 19 (1, 13,14–17 Nock/Festugière): ὁ ἀναγνωρίσας
ἑαυτὸν ἐλήλυθεν εἰς τὸ περιούσιον ἀγαθόν, ὁ δὲ ἀγαπήσας τὸ ἐκ
πλάνης ἔρωτος σῶμα, οὗτος μένει ἐν τῷ σκότει πλανώμενος, αἰσθητῶς
πάσχων τὰ τοῦ θανάτου.

S. 421,1: ἢ τὸ] ἤτοι M (Pini).

S. 421,13 App.: <ἵνα δείξωσι> Holl Pini oder <ὡς ἐπιδεῖξαι> Pini.

S. 421,15: χωρεῖν· interpungiert Klostermann (Ms.).

S. 421,21: ἀναπαυσαμένων] refrigeraturis lat. ἀναπαυσομένων Rousseau/Doutre-
leau.

S. 422,2f. App.: περὶ τῶν ὅλων V M Ephr. (Pini).

S. 422,18: καὶ] ἢ ? Klostermann (Ms.).

S. 423,8: ἐν ἐκτρώματος μοίρᾳ] Vgl. HA NHC II,4 p.94,13–15; UW NHC II,5
p.99,9–11.23–26.

S. 423,14 App. Z. 1 ergänze: Vgl. Ex 34,33.

S. 423,8: πρῶτι M (Pini).

S. 423,15 App.: Keine Lücke Rousseau/Doutreleau Pini.

S. 423,22: τὸ] τὸν V (Pini).

S. 424,18: "<ὁ δὲ> πνευματικὸς Klostermann (Ms.).

S. 425,7f.: τὴν δὲ γυναῖκα τὴν σαροῦσαν τὴν οἰκίαν καὶ εὑρίσκουσαν τὴν δραχμὴν] Vgl. EpJac NHC I,2 p.8,9.

S. 425,12 App. Z. 2 *ersetze*: Lk 2,29.

S. 425,20: ἐν τῇ Μεσότητι προσεδέχετο αὐτόν] Vgl. ExAn NHC II,6 p.132,16–21.

S. 425,18 App.: μενῦσθαι liest in M Pini.

S. 425,25 App.: ἐπὶ ἑνὸς aus εἰκῶς V^corr. (Pini).

S. 426,17 App.: <ἦν πρὸς τὸν θεὸν> Pini, vgl. Joh 1,1.

S. 426,23: αὕτη] αὐτὴ M (Pini).

S. 427,1:˝Ανθρωπον] *Homines* lat. Rousseau/Doutreleau.

S. 427,3 App.: ὀνομασίαν über ὀνομασ liest Pini κοινων in V^corr..

S. 427,23: ὅλων] ἄλλων M (Pini) | πατέρα γὰρ εἴρηκε < M (Pini).

S. 427,25: Ἐκκλησίαν. + *Et Ptolomaeus quidem ita.* lat. Pini; Markschies, Valentinus, 365, Anm. 219 dagegen: „Diese Worte gehören (…) sicher zum originalen Irenäus-Text; Epiphanius strich sie, weil er erst in Cap. 33 Ptolemäus darstellte."

S. 428,18: φῶς ἀληθινὸν φωτίζον πάντα ἄνθρωπον] Vgl. Joh 1,9.

S. 428,19: εἰς τὰ ἴδια ἐληλυθότα] Vgl. Joh 1,11.

S. 428,19f.: τοῦτον αὐτὸν σάρκα γεγονότα] Vgl. Joh 1,14.

S. 428,17: υἱὸν] *verbum* lat. Rousseau/Doutreleau.

S. 429,14f. App. Z. 1 *ergänze*: Vgl. Joh 3,13.

S. 429,21: καὶ V^corr. (Pini).

S. 429,22: Vor πλάσις zwei Buchstaben ausradiert V (Pini).

S. 430,13 App.: <τῆς> nötig ? Klostermann (Ms.).

S. 430,16: Περσηιδάο V (Pini).

S. 431,12: λείπη M (Pini).

S. 431,20 App.: διεσπαρμένης] ς ausradiert V^corr. (Pini).

S. 432,4 App. Z. 1 *ergänze*: Vgl. Jes 45,23; Röm 14,11.

S. 432,11: μετανοίας) Klammer erst hinter χαρισάμενος Klostermann (Ms.) |
    δωρήσεται M (Pini).

S. 432,12: περιποιήσει M (Pini).

S. 432,22: ἐν ὅλῳ] ἐννολω V (Pini).

S. 432,23 App.: * übernimmt Pini nicht.

S. 432,28: ὁ <τὸ> πολὺ Klostermann (Ms.) Rousseau/Doutreleau, vgl. 2Kor 8,15.

S. 433,22 App. Z. 2: Hos. 2, 23] *ersetze*: Hos 2,25; Röm 9,25.

S. 433,15: ὁ Λόγος τοῦ θεοῦ σὰρξ ἐγένετο] Vgl. Joh 1,14.

S. 433,23 App. Z. 2: Jes. 54, 1] *ergänze*: Gal 4,27.

S. 433,5: τῆς πίστεως] *veritatis* lat. Rousseau/Doutreleau.

S. 434,18–20: Ὅρους τε ... Πατρός] Vgl. ExpVal NHC XI,2 p.27,29–38.

S. 434,21–23: Zum Schatten vgl. UW NHC II,5 p.97,29–98,7; 98,23–99,2.

S. 434,2 App.: † übernimmt Pini nicht.

S. 435,15 App. Z. 1 *ersetze*: Vgl. die Widerlegung der Lehre der Valentinianer in
    Iren., haer. II 1–30 (SC 294, 26,1–322,253 Rousseau/Doutreleau = FC 8/2,
    20,1–266,4 Brox).

S. 435,4 App.: <ἀπὸ> übernimmt Pini nicht.

S. 435,10 App.: * übernimmt Pini nicht.

S. 435,13: χρίσμασι Klostermann (Ms.), vgl. Epiph., anc. 9,1 (GCS Epiphanius 1, 16,8 Holl).

S. 435,15 App.: λόγον V M Pini.

S. **436**,5: ποῦ M (Pini).

S. 436,11: Lies: δειλιάσαντες.

S. **437**,10–14: Vgl. Iren., haer. I 3,3 (SC 264, 52,34–54,52 Rousseau/Doutreleau = FC 8/1, 142,10–28 Brox); I 8,4 (ebd., 126,104–109 = 180,26–182,1), vgl. hierzu Lk 15,8f.

S. 437,14f. δείκνυται δὲ ... Εἰρηναίῳ προείρηται]: Vgl. Iren., haer. II 20,2–5 (SC 294, 202,17–208,102 Rousseau/Doutreleau = FC 8/2, 168,15–174,12 Brox).

S. 437,18: ὁ Ὁροθέτης, φήσας πρὸς αὐτὸν Ἰαώ] Vgl. Iren., haer. I 4,1 (SC 264, 64,19–25 Rousseau/Doutreleau = FC 8/1, 148,12–18 Brox).

S. 437,19–23: Vgl. Iren., haer. II 23,1 (SC 294, 228,1–230,25 Rousseau/Doutreleau = FC 8/2, 190,18–192,7 Brox).

S. 437,11 App.: γεγενῆσθαι] μεμηνῦσθαι Klostermann (Ms.).

S. **438**,23–447,21: Die Aussagen in Epiph., haer. 32 beruhen auf Iren., haer. I 11,2–5 (SC 264, 170,13–180,103 Rousseau/Doutreleau = FC 8/1, 208,14–212,17 Brox); weitere Informationen bezog Epiphanius aus Clem., str. III 5,1–3 (GCS Clemens Alexandrinus 2, 197,16–28 Stählin/Früchtel/Treu) und zitierte diesen teilweise. F. Williams zufolge geben die Zeugnisse bei Hipp., haer. VI 38,1f. (PTS 25, 254,1–10 Marcovich) und Ps.-Tert., haer. 4,7 (CChr.SL 2, 1407,12–20 Kroymann) die zu großen Teilen verlorenen Hipp., Synt. wieder. Tert., Val. 37f. (SC 280, 152,1–6 Fredouille und CChr. SL 2, 777,24–778,15 Kroymann) wiederum basiere auf Irenaeus; Filastr., haer. 40 (CChr.SL 9, 234,1–235,4 Heylen und SASA 2, 60 Banterle) vermutlich auf Irenaeus, Epiphanius oder beiden Genannten.

S. 438,9: συνέδεισεν mit η darüber Vᶜᵒʳʳ· (Pini).

S. 438,26 App.: <διαβεβηκότες> unnötig Klostermann (Ms.).

S. **439** Textzeugenapp. Z. 1f. (zu Z. 11–15) *aktualisiere*: Iren., haer I 11,2 (SC 264, 170,39–172,43 Rousseau/Doutreleau = FC 8/1, 208,14–18 Brox); Hipp., haer. VI 38,1 (PTS 25, 254,1–4 Marcovich); Tert., Val. XXXVIII (SC 280,

152,1–6 Fredouille und CChr.SL 2, 778,11–15 Kroymann). | Z. 1 (zu Z. 11–15) *ergänze*: Vgl. hierzu auch Ps.-Tert., haer. IV 7 (CChr.SL 2, 1407,15–20 Kroymann).

S. 439,1f. App.: ἐπισπάσαι U (vgl. Textzeugenapp. S. 231) (Pini).

S. 439,5: ἕτερα M (Pini).

S. 439,15 App.: <καρπῶν αὐτῶν τῶν> unnötig Newbold, 28, Anm. 11.

S. 440,9 App.: εὖ tilgt Pini nicht.

S. 441,19ff. App. Z. 1 *ersetze*: Zu Epiphanes vgl. Clem., str. III 5,1–3 (GCS Clemens Alexandrinus 2, 197,16–28 Stählin/Früchtel/Treu). | App. Z. 3–5 *aktualisiere*: Iren., haer. I 11,3 (SC 264, 172,44 Rousseau/Doutreleau = FC 8/1, 208,19 Brox) = Hipp., haer. VI 38,2 (PTS 25, 254,5 Marcovich); Tert., Val. XXXVII (SC 280, 152,1–14 Fredouille und CChr.SL 2, 777,23–778,10 Kroymann).

S. 441,3 App.: <ἀναφύσασαν>] <γεγενημένη> Pini.

S. 441,6: Lücke übernimmt Pini nicht.

S. 442,4–8 App. Z. 1 *aktualisiere*: Clem., str. III 5,2 (GCS Clemens Alexandrinus 2, 197,19–21 Stählin/Früchtel/Treu [mit leicht verändertem Text]).

S. 442,17f. App. Z. 8: Clemens Al. a.a.O.] *ersetze*: Clem., str. III 5,3 (GCS Clemens Alexandrinus 2, 197,25f. Stählin/Früchtel/Treu).

S. 442,4: κενοφωνίας aus καινοφωνίας V$^{corr.}$ (Pini), vgl. Epiph., haer. 31,36,3 (GCS Epiphanius 1, 438,7 Holl).

S. 442,5: Hinter τούτοις einige Buchstaben ausradiert in V (Pini) | ὡς] οὓς ? Klostermann (Ms.).

S. 443,1 App. Z. 1f. *ersetze*: Zu Isidor vgl. Clem., str. II 113,3–114,2 (GCS Clemens Alexandrinus 2, 174,21–31 Stählin/Früchtel/Treu); III 2,2–5 (ebd., 196,1–11); VI 53,2–5 (ebd., 458,19–459,5); Hipp., haer. VII 20 (PTS 25, 286,1–6 Marcovich).

S. 443,7–11 App. Z. 1f. *ersetze*: Vgl. Clem., str. III 5,1 (GCS Clemens Alexandrinus 2, 197,16–18 Stählin/Früchtel/Treu); III 8,1f. (ebd., 199,4–9); Thphl. Ant., Autol. III 6,2 (PTS 44, 104,2–5 Marcovich).

S. 443,15–454,5 App. Z. 4f. *korrigiere* die Seitenangabe und *ersetze* den folgenden Stellenbeleg: S. 443,15–445,5: Wörtlich zitiert aus Clem., str. III 1,4–3,3 (GCS Clemens Alexandrinus 2, 195,14–196,21 Stählin/Früchtel/Treu).

S. **444**,16f.: ἀναγκαῖον καὶ φυσικόν, φυσικὸν δὲ καὶ τὸ τῶν ἀφροδισίων, <οὐκ> ἀναγκαῖον δέ«] Vgl. fr. 456 Usener (fr. fehlt bei Arrighetti).

S. 444,4f. App.: Pini übernimmt Text von Clem., str.

S. 444,14: ἐλλογηθή V (Pini).

S. **445**,3: ἢ πάντως γε σωθησομένων φύσει] Vgl. Iren., haer. I 6,2 (SC 264, 94,1f. Rousseau/Doutreleau = FC 8/1, 164,7f. Brox): διὰ τὸ φύσει πνευματικοὺς εἶναι πάντῃ τε καὶ πάντως σωθήσεσθαι (...); Epiph., haer. 31,20,7 (GCS Epiphanius 1, 417,10 Holl).

S. 445 Textzeugenapp.(zu Z. 6 – S. 447,7) *ersetze*: Iren., haer. I 11,3–5 (SC 264, 172,47–180,103 Rousseau/Doutreleau = FC 8/1, 208,21–212,17 Brox) (=lat.); bis Z. 15 außerdem Hipp., haer. VI 38,2f. (PTS 25, 254,5–12 Marcovich), vgl. Tert., Val. XXXVII (SC 280, 152,1–14 Fredouille und CChr.SL 2, 777,24–778,10 Kroymann).

S. **446**,11–16 App. Z. 1 *aktualisiere*: Iren., haer. I 11,4 (SC 264, 174,57–84 Rousseau/Doutreleau = FC 8/1, 210,3–30 Brox).

S. 446 Textzeugenapp. *ergänze*: S. 445,6–447,7 Iren., haer. I 11,3–5 (SC 264, 172, 47–180,103 Rousseau/Doutreleau = FC 8/1, 208,21–212,17 Brox) (=lat.) | von Z. 17 an auch Hipp.] *ersetze*: Z. 17 – S. 447,7 Hipp., haer. VI 38,3–5 (PTS 25, 255,13–24 Marcovich).

S. 446,15: † übernimmt Pini nicht, <the aptness of which> Williams[2].

S. **447**,19: ὡς μύαγρον] Vgl. Nic., Ther. 490.

S. 447 Textzeugenapp. *ergänze*: S. 445,6 – Z. 7 Iren., haer. I 11,3–5 (SC 264, 172, 47–180,103 Rousseau/Doutreleau = FC 8/1, 208,21–212,17 Brox) (=lat.);

S. 447,14: καινοῖς] ε über αι V[corr.] (Pini).

S. 447,15 App.: Ergänzungen Holls übernimmt Pini nicht.

S. 448,2–7: Ps.-Tert., haer. 4,7 (CChr.SL 2, 1407,12f. Kroymann) erwähnt Ptolemäus neben Sekundus.

S. 448 Textzeugenapp. Z. 1f. (zu Z. 8 – S. 450,6) *aktualisiere*: Iren., haer. I 12,1f. (SC 264, 180,1–184,26 Rousseau/Doutreleau = FC 8/1, 212,18–214,13 Brox); Hipp., haer. VI 38,5–7 (PTS 25, 255,24–256,36 Marcovich).

S. 448,1: τῆς δὲ ἀκολουθίας] ἢ καὶ Pini, vgl. Anm. zu S. 256,7 App.

S. 448,3 App.: παραίνεσιν V M Pini | ἑαυτῶν V M Pini.

S. 448,6: ὑποτιθεμένους] υ der Endung ausradiert V^corr. (Pini).

S. 448,17: συγκριθεισῶν M (Pini).

S. 449 Textzeugenapp. *ergänze*: S. 448,8–450,6 Iren., haer. I 12,1f. (SC 264, 180, 1–184,26 Rousseau/Doutreleau = FC 8/1, 212,18–214,13 Brox); Hipp., haer. VI 38,5–7 (PTS 25, 255,24–256,36 Marcovich).

S. 449,19: Hinter Ἀχαιῶν einige Buchstaben ausradiert in V (Pini).

S. 449,19 App.: εἰκότως liest in M Pini.

S. 450,5: ὅλος νοῦς ... ὅλος ἀκοή] Vgl. auch Xenoph., 21 B 24 Diels/Kranz: οὖλος ὁρᾶι, οὖλος δὲ νοεῖ, οὖλος δέ τ᾽ ἀκούει.

S. 450,17ff. App. Z. 1 *ergänze*: Eine Übersetzung ins Deutsche bietet Foerster, 204–213. Aus der Sekundärliteratur vgl. Markschies, Research, 225–254, insb. 228–246 (gegen Ch. Markschies These zum Verhältnis von Demiurg und Soter im Brief vgl. Schmidt, 249–271). Vgl. auch Löhr, Doctrine, 177–191; ders., Auslegung, 77–95; Rütten, 53–74.

S. 450 Textzeugenapp. *ergänze*: S. 448,8 – Z. 6 Iren., haer. I 12,1f. (SC 264, 180,1–184,26 Rousseau/Doutreleau = FC 8/1, 212,18–214,13 Brox); Hipp., haer. VI 38,5–7 (PTS 25, 255,24–256,36 Marcovich).

S. 450,6 App.: περιέχεται] V M Klostermann (Ms.).

S. 450,18 App.: θεμέλιον αὐτὸν liest in V M Quispel.

S. 450,19: μαθούσῃ M Pet. Pini μαθούσης aus μαθούσῃ V^corr., μαθούσης im Text Quispel.

S. 451,5: πατέρα καὶ ποιητὴν τοῦτον λέγοντες εἶναι τοῦδε τοῦ παντός] Anspielung auf Pl., Ti. 28c. Vgl. auch Epiph., haer. 33,7,4 (GCS Epiphanius 1, 456,19 Holl). „When studying the interpretations of Plato's phrase in Ptolemy's times, the description of the ποιητῆς τοῦδε τοῦ παντός as δημιουργός definitely is a possible exegesis of this widespread phrase" (Markschies, Research, 235). Vgl. dazu auch den δημιουργὸς ἀγαθός in Pl., Ti. 29a; vgl. Pl., Ti. 28a; 31a; 41a; 69c.

S. 451,14–20: Zur Interpretation dieser Textstelle vgl. Schmidt, 256–262.

S. 451,14 App. Z. 1: Joh. 1. 11. 3] *korrigiere*: Joh 1,1.3. | App. Z. 3 *aktualisiere*: Iren., haer. I 8,5 (SC 264, 130,147–132,159 Rousseau/Doutreleau = FC 8/1, 184,2–21 Brox).

S. 451,17–20: Vgl. u.a. Thphl. Ant., Autol. I 5,1 (PTS 44, 20,1–4 Marcovich); Minuc. 17,3 (CSEL 2, 21,26–30 Martin): *quo magis mihi videntur qui hunc mundi totius ornatum non divina ratione perfectum volunt, sed frustis quibusdam temere cohaerentibus conglobatum, mentem, sensum, oculos denique ipsos non habere.*

S. 451,2 App.: τοῦτον Dind. (nicht Öh. laut Quispel) τούτοις V τούτοις liest in M Quispel.

S. 451,6 App.: διήμαρτον οὕτως Öh. (Quispel).

S. 451,7: σφίσιν M] σφήσιν V, korrigiert V^corr. (Quispel).

S. 451,9 App.: ὑφ' φετέρου V, σφετέρου liest in V^corr. Quispel.

S. 451,10: τῇ¹ V τῆς M (Quispel) | οὔτ' V M τὸ τ' v.Wilamowitz (Quispel).

S. 451,11: ἀδικίᾳ M ἀδικείᾳ V, korrigiert V^corr. (Quispel) | προσάπτειν M ν hinzugefügt V^corr. προσαπτέον Stieren.

S. 451,11 App.: <ἔστι> Pini.

S. 451,11f. App.: τῶν τε ἑξῆς τι V M τῶν δὲ ἐξ ἴσου Öh. τῶν τε ἑξῆς· ἔστι Hilgenfeld τῶν τε ἑξῆς ἐστι Quispel.

S. 451,12 (bei Holl zu Z. 11f. App): <κατὰ> übernimmt Quispel nicht.

S. 451,14 App.: <αὐτοῦ> lehnt Löhr, 181 ab, unnötige Ergänzung Markschies, Research, 240, Anm. 65.

S. 451,15: χωρὶς] ι in Rasur V^corr. (Quispel).

S. 451,16: προσαποστερήσας Hilgenfeld (Quispel).

S. 451,19: ὄμμα] σῶμα V, korrigiert V^corr. (Quispel).

S. 451,20: πεπληρωμένων V, korrigiert V^corr. (Quispel).

S. 452,3f.: οἱ δὲ διὰ τὸ ἀγνοεῖν τὸν τῶν ὅλων πατέρα, ὅν μόνος ἐλθὼν ὁ μόνος εἰδὼς ἐφανέρωσε] Vgl. die Anspielung in EV NHC I,3 p.39,16f.; SJC NHC III,4 p.94,9–12.

S. 452,10–18: Vgl. Hom. Clem. II 38 (GCS Pseudoklementinen 1, 51,1–13 Rehm/ Strecker).

S. 452,2 App.: ἑκάτεροι nicht Harnack, sondern Stieren (Quispel).

S. 452,5: γε] τὰ τῶν Öh. (Quispel) | hinter τούτων vermutet Harnack Lücke (Quispel).

S. 452,7 App.: <τὰς> ῥηθησομένας Stieren (Quispel).

S. 452,10: μαθητέον M μαθηταίον V^corr. vor Korrektur (Quispel).

S. 452,12 App.: Nicht Dind. Öh., sondern Stieren (Quispel).

S. 452,15 App.: καθὰ αὐτὸς Pet. Quispel.

S. 452,16: ἐνομοθέτησέν V^corr. Quispel.

S. 452,17: τινας V (Quispel).

S. 452,17 App.: πρῶτοι liest in V^corr. M Quispel, übernimmt Pini im Text πρῶτον V Quispel.

S. 452,19: δἂν] δ' ἂν V M ἂν Pet. (Quispel).

S. 452,22: Einige Buchstaben hinter ἐπέτρεψεν ausradiert (Pini); 4 Buchstaben, vermutlich τοὺς (Quispel).

S. 452,26: τὸν τοῦ] τὸ V^corr. vor Korrektur (Quispel).

S. 452,28: νομωθετεῖ V (Quispel) | * schon vor τῷ Quispel Pini.

S. 452,28 App.: <τὸ διαζευγνύναι> Hilgenfeld Quispel Pini.

S. 453,16f.: ὅτι δὲ ... ὁ σωτήρ] Vgl. Epiph., haer. 33,9,2–5 (GCS Epiphanius 1, 459,19–460,4 Holl).

S. 453,17ff. App. Z. 1 *ergänze*: Mit Zitaten aus Ex 20,12 und Jes 29,13.

S. 453,2: προέρεσιν M (Quispel).

S. 453,3 App.: κατὰ ἀνάγκην auch M (Quispel).

S. 453,4: εξ/ει/ναι jeweils ein Buchstabe ausradiert V (Pini).

S. 453,5 App.: αἵτινες αὐτοῖς Grabe (Quispel).

S. 453,8 App.: ἀπώλλεσθαι V ἀπόλλεσθαι V^corr. ἀπόλλυσθαι Klostermann (Ms.).

S. 453,14: νόμος Klostermann (Ms.) | ἀμφισβήτόν V^corr. (Quispel).

S. 453,21: ἀπεπεχει V^corr. vor Korrektur (Quispel).

S. 453,23: διδασκαλείας V^corr. vor Korrektur (Quispel) διδασκαλίαις M (Quispel).

S. 453,24: Hinter τρία einige Buchstaben ausradiert V (Quispel).

S. 453,25: ηὕρομεν Dind.

S. 454,25 App. Z. 1: Matth. 15, 4] *ergänze*: Vgl. Ex 21,16.

S. 454,1 App.: Ergänzung übernimmt Quispel.

S. 454,4: τυπηκὸν V^corr. vor Korrektur (Quispel).

S. 454,9: ἀναίρεσιν M Holl ἀγώρευσιν V, hinter dem α Buchstaben ausradiert und dort ναι eingesetzt, hinter dem ε ein Buchstabe ausradiert V^corr. (Quispel).

S. 454,9 App.: ἀφεκτέων Quispel.

S. 454,12 App.: ἐστιν V Quispel ἐστι M Holl.

S. 454,14: ἐκκόπτεσ M (Quispel).

S. 454,19: ἐπάναγκαις] ε über Endung V^corr. (Quispel).

S. 454,24: <ὥσπερ> übernimmt Quispel nicht.

S. 454, 25: εἰπῶν V M εἶπεν Quispel.

S. 454,25 App.: καταριθμεῖσθαι Öh. καταρυθμεῖται Quispel <συγ>καταριθμεῖ-ται Pini.

S. 455,1: [ἐστι] Stieren.

S. 455,2 App.: τὰ M τὸ liest in V Quispel.

S. 455,8: ἀλλὰ οὐχὶ V M Quispel.

S. 455,9: Vor τούτων fügt Stieren διὰ ein (Quispel). | αἴ/νων ein Buchstabe ausradiert V^corr., vorher αἰῶνων ? (Quispel).

S. 455,10: εὐποιείας V^corr. vor Korrektur (Quispel).

S. 455,12 App.: <δὲ> nötig ? Klostermann (Ms.).

S. 455,16: κατὰ] τὰ oben eingefügt V^corr. (Quispel).

S. 455,20: νηστείας M νηστίας V (Quispel).

S. 455,22: εἶσαν V^corr. vor Korrektur (Quispel).

S. 455,25 App.: οὕτως V Pet. οὗτος liest in V^{corr.} M Quispel.

S. 455,28: ὀμῶσαι V^{corr.} vor Korrektur (Quispel).

S. 455,30: ἀναιρέθη V^{corr.} vor Korrektur (Quispel).

S. 456,19: οὗτος δὲ δημιουργὸς καὶ ποιητὴς τοῦδε τοῦ παντός ἐστι] Vgl. Pl., Ti. 28c; Epiph., haer. 33,3,2 (GCS Epiphanius 1, 451,5 Holl).

S. 456,23 App. Z. 1: vgl. Matth. 19, 17] *ergänze*: W.-D. Köhler betrachtet diese Stelle als „mögliches, aber nicht zwingendes Zitat" (Köhler, 560).

S. 456,2: σωματικοῦ] unter ικ ist οσ ausradiert V^{corr.} (Quispel).

S. 456,8: δείξας δι᾽ ἡμᾶς V M πάσχα δι᾽ ἡμᾶς Quispel | δείξας] διδάξας Lietzmann.

S. 456,9: τῇ ἀδικίᾳ V^{corr.} M (Quispel) τὴν ἀδικίαν V (Quispel) | δόγμασι M Holl δόγμασιν V Quispel | κατηργεῖσθαι V^{corr.} vor Korrektur (Quispel).

S. 456, 14 App.: ἡμῖν τι// V ohne Rasur M (Pini) | <εἰπεῖν> ἡμῖν τίς Quispel.

S. 456,19: ἐστι M Holl ἐστιν V Quispel.

S. 456,20: ἕτερος <δὲ> ? Klostermann (Ms.).

S. 456,22: ἐστι Holl ἐστιν V M Quispel.

S. 456,25: χαρακτηριαζόμενος V Pini.

S. 456,25 App.: φύσεως liest Quispel im Text, aber nichts am Rand.

S. 457,7 App.: Keine Lücke Quispel.

S. 457,13: μαθήσει V^{corr.} vor Korrektur (Pini).

S. 457,17 App.: ἐφθόνησα Pet. Williams[2].

S. 458,1f.: πλάσματα] τα in Rasur V^{corr.} (Pini).

S. 459,6: προπατό//ρων, ο aus ω V^{corr.} (Pini).

S. 459,9: ἔθνη V^{corr.} vor Korrektur (Pini).

S. 459,24 App.: Statt ἀλλοιῶν Holl auch möglich ἀναιρῶν Pini.

S. 460,15: τούτου] τού drüber V^corr. (Pini).

S. 460,18 App.: ὃ οὖν liest in M Pini.

S. 461,11–20: Vgl. Epiph., haer. 42,6,4–7 (GCS Epiphanius 2, 101,20–31 Holl/
Dummer); Iren., haer. III 25,3 (SC 211, 482,26–484,45 Rousseau/Doutre-
leau = FC 8/3, 302,10–27 Brox).

S. 461,16: ᾗ aus ἦν V^corr. (Pini).

S. 461,20: δείξει] η über Endung V^corr. (Pini).

S. 462,1f.: »ἐάν τίς σε τυπτήσῃ εἰς τὴν δεξιὰν σιαγόνα, στρέψον αὐτῷ καὶ
τὴν ἄλλην«] Mt 5,39.

S. 462,20 App. Z. 1: I Kor. 3, 2f] *ersetze*: 1Kor 3,2.

S. 462,26: ἐκβαλλόντος V^corr. vor Korrektur (Pini).

S. 463,29f. App. Z. 1: vgl. Matth. 13, 51ff] *ersetze*: Vgl. Mt 13,47f.

S. 463,10: πατέρα; interpungiert Klostermann (Ms.).

S. 463,13: διαιρῶν; interpungiert Klostermann (Ms.).

S. 464,5: θεὸν M (Pini).

REGISTER

Stellenregister

Das Stellenregister versteht sich als Ergänzung zum Registerband Epiphanius IV (= GCS.NF 13). Die erste Angabe bezieht sich auf die Stelle in der angegebenen Schrift, die zweite auf die korrespondierende Seiten und Zeilen im Band Epiphanius I/1, wie sie in den Addenda & Corrigenda nachgereicht wurden. Wo möglich, werden latinisierte Titel geboten, ansonsten deutsche Bezeichnungen gewählt. Die Handschriften sind nach ihren Aufbewahrungsorten sortiert.

I. Biblica

Vetus Testamentum

Genesis

1,1	272,19f.
1,26	249,5f.; 415,17f.
2,7	415,20
2,22	284,20
4,10	199,17–19
4,22	275,18
6,2	275,18
7,3	173,11
8,3f.	174,2f.
10,2.4	164,6
10,4	367,16
11,2–9	176,2
15,13	189,10f.
17,10–14	179,17
17,10–12	379,10–12
18,1.7f.	216,23f.
21,10	180,8
27,42–45	181,3
29,31–30,24	181,5ff.
32,23–31	181,7ff.
32,25	181,11
32,29	181,16
32,31	181,14f.
35,22–26	181,5ff.

Exodus

4,25f.	370,18
6,6	259,10
6,16–20	367,27–368,3

1,3	407,5	4,30	180,8
4,10	51,12		
9,5	351,2	**Ad Ephesios**	
10,5.18.32	349,6	6,14–17	242,5
10,47	316,1–3		
11,3	316,14	**Ad Philippenses**	
11,7f.	363,17f.	3,13	6,4
11,9	363,19		
11,13	349,6	**Ad Thessalonicenses II**	
24,12–14	328,2	2,16	59,17
27,37	69,17		

Ad Romanos		**Ad Timotheum I**	
3,8	289,21	4,2f.	296,10
8,9	78,5	5,11f.	294,9
9,25	433,22		
14,11	432,4	**Ad Titum**	
		2,11f.	86,23f.

Ad Corinthios I		**Ad Hebraeos**	
2,4.12f.	88,9–11	1,5	350,17
3,2	462,20	3,1f.	51,11

Ad Corinthios II		**Epistula Iacobi**	
8,15	432,28	3,15	169,16f.
10,13	6,4		
12,2f.	413,28–414,1	**Epistula Petri II**	
12,3f.	63,19	3,1	293,20

Ad Galatas		**Apocalypsis Iohannis**	
1,15f.	84,21f.	12,6.13	330,7ff.
3,28	188,15f.	21,10	278,8f.
4,27	433,23		

II. Pseudepigrapha, Apocrypha

Pseudepigrapha et Apocrypha Veteris Testamenti		9,16	407,5
		Henoch (sl.)	
Apocalypsis Abraham		8,1	413,28–414,1
17,12	278,10		
		Liber Iubilaeorum	
Ascensio Isaiae		10,15	174,3f.
4,13	330,7ff.		

III. Iudaica

Kil'ayim
9,7   209,14f.

Ohaloth
3,6   202,8
7,3   202,8

Pe'a
2,6   209,29–210,3

Sanhedrin
3,4   209,29–210,3

Yadayim
4,3   209,29–210,3

Talmud Bavli
Menahot
42b   209,23f.

Sanhedrin
38b   278,8ff.
90b   198,22–199,1

Shabbat
156a   211,13–20

Midrashim
Bereshit Rabba
8 (6a) ad Gen 1,26   278,8ff.

10,4 ad Gen 2,1   211,18
19 (13a) ad Gen 3,9   278,8ff.
30,7 ad Gen 6,9   276,14

Midrash Tanna'im
ad Gen 36   197,17

Pesqita Rabbati
46 (187b)   278,8ff.

Pirqe de Rabbi Eli'ezer
38   197,17; 205,13

Sifre Bamidbar
112 ad Num 15,31   198,22–199,1

Tanchuma Buber
תזריע 19a   278,8ff.

Yalqut Shim'oni
42,17   205,13

Qumran
1QapGen 2,3.8.12   276,6f.
1QS 1,14f.   205,5f.
1QS 3,25   353,12ff.

Damaskusschrift (CD-A)
11,14f.   33

IV. Auctores Samaritani

Abu 'l-Fath
Kitāb al-tarīkh (ed. Stenhouse)
p. 164–170   205,13
p. 164f.   206,6f.
p. 171–176   205,13

Al-'Askari
Kitāb al-kāfi (ed. 'Abd al-'Āl)
f. 110   200,14f.

Tulida (ed. Florentin)
10 א 139   206,6f.

V. Auctores christiani

Catena in Acta Apostolorum
(Katenen Kramer)

Catenae in Genesim (ed. Petit
[TEG])

Clemens Alexandrinus
Excerpta ex Theodoto
49,1   414,3–7
50,1–3   415,14–21
51,1   413,28–414,1
54,1f.   421,12–14

Protrepticus
II 24,3f.   124,12–21
V 64,5   178,16

Quis dives salvetur
42,5   342,2f.

Stromata
I 96,1   353,11
I 101,5–102,4   182,7
I 145,3   407,14
II 113,3–114,2 443,1
II 117,5   267,13ff.
III 1,4–3,3   443,15–445,5
III 2,2–5   433,1
III 5,1–3   300,19ff.; 438,23–
                447,21, 441,19ff.
III 5,1   443,7–11
III 5,3   311,4
III 25,6f.   267,23–268,17
III 29,2   286,12
IV 100,3   300,3–8
V 50,1   411,23–25
VI 53,2–5   443,1
VI 146,3–147,1 178,12
VII 6,5   252,10
VII 94,2   374,16
VII 96,2   409,13
VII 106,4   256,7ff.
Pseudo-Clementina
Contestatio pro iis qui librum
accipiunt
2,1   356,10ff.
4,1   218,10ff.; 356,10ff.
4,3   353,11

Epistula Clementis ad Iacobum
2–4   309,7
7,1f.   334,20ff.; 357,16f.

Homiliae Clementinae
I 15,2   238,6f.
II 16,4   276,7
II 22,2   238,6f.
II 23,1   214,3ff.
II 23,3   239,21ff.
II 25,2–4   240,5
II 38   452,10–18
II 38,1   358,10ff.
II 41,4   358,10ff.
II 44,2   354,6f.
II 51,1   358,10ff.
II 52,2   336,4f.
III 2,2f.   243,15ff.
III 19,2   336,6–337,1; 353,12ff.
III 20,1   336,4f.
III 20,2f.   336,6–337,1
III 20,2   337,1; 358,7ff.
III 21,1   336,4f.
III 24,1   354,6f.
III 25,4   352,11
III 26,3   354,6f.
III 26,4   334,20ff.
III 45,1f.   354,6f.
III 51,2   354,6f.
III 52,1   354,12–355,3; 358,6
III 53,2   352,12
III 56,4   354,6f.
III 68,1   334,20ff.; 357,16f.
IV 16,2   128,13; 296,23–297,2
V 12,2–17,5   127,12–128,6
V 23,1   128,13
V 23,4   296,20
VI 2,4   127,8
VI 3,3–10,3   389,18
VI 3,3   384,20
VI 3,4   386,16
VI 21,1   128,9; 128,13
VI 21,2   296,20
VI 23,1   123,28ff.

62,4,6	25,33ff.	69,55,6	228,1f.
62,4,7	18,18–23	69,62,5	47,13
62,6,1–3	102,6–12	69,70,2–4	60,30–61,23
62,6,6f.	26,13–15	69,81,1.7	333,7
63	290,13–15	70,2,7	64,17ff.
64,63,10	107,19–108,4	71,1,6	247,17
64,64,1	119,8f.	74,6,7	34,21–30
64,64,3f.	230,23–231,6	74,10,9	34,21–30
64,65,1–4	113,9ff.	74,11,5	8,4–10
64,65,23	132,3–133,28	74,11,6–12,8	13,8–14,22
64,66,1–5	74,15–75,18	74,12,1	13,22f.
64,71,12f.	109,18–110,4	74,12,6f.	15,14
64,71,15	121,2–9	74,12,7	14,12
66,9,1f.	205,15f.	74,13,7–9	19,5–24,24
66,19,7f.	70,18–71,3; 320,3	76,3,3	15,14
66,20,5	170,10f.	76,6,7	56,21–25
66,55,1	183,17	76,19,6f.	36,31–37,11
66,83,2	198,2f.	76,21	191,9–192,9
66,83,6	138,9f.	76,22,5	192,4–7
67,2,8	107,19–108,4	76,27,1	240,10ff.
69,3,1	209,14f.	76,39,13	15,14
69,12,3	143,24–145,27	77,1,4	76,15f.
69,14	51,9–52,2	77,2,4	371,14f.
69,15,3	56,12–15	77,27,2	98,5
69,18,6	14,23–25	77,27,4	96,22f.
69,19,1–8	39,31ff.	77,28,5	99,15
69,20,5	53,16f.	77,29	113,9ff.
69,21,5	54,3	77,29,2	230,8–12
69,24,6	265,21-23	78,7,7f.	324,14
69,26,5f.	60,30–61,23	78,24,5f.	100,22–28
69,27,7	86,13	80,11,6	147,22
69,31–33	7,16–11,2		
69,31,4	59,23f.; 87,16f.		
69,34,3	56,6f.		

Rescriptum ad Acacium et Paulum

4,2	328,15–17; 333,17; 357,19
5,2	157,2–4

69,36,2	87,16f.
69,36,4f.	58,8ff.
69,43–47	30,17–19
69,49,1	228,1f.
69,50,1	61,24–62,1
69,51,6	228,1f.
69,52,2	143,24–145,27
69,52,7	212,26f.
69,52,8	265,21–23
69,53,3–8	26,5–9

Eusebius Caesariensis
Contra Marcellum

II 4,51	285,2

Demonstratio evangelica

IV 10	325,24

VI 37,7   390,5ff.
VI 38,1f.   438,23–447,21
VI 38,2f.   445,6–447,7
VI 38,3–5   446,17–447,7
VI 38,5–7   448,8–450,6
VII 2.20–27   256,7ff.
VII 20   443,1
VII 28,1f.   248,1–5
VII 28,1   247,15–248,1
VII 28,3f.   249,6–17
VII 32,1f.   301,10–302,11
VII 32,7f.   307,1–308,1
VII 34,2   337,6ff.
IX 13,1   218,4
IX 13,2–6   218,2ff.
IX 15,4f.   356,10ff.
IX 15,5   218,10ff.
IX 28,3–5   210,7ff.
IX 28,5   211,13
X 30,3f.   134,11ff.
X 30,6   174,6–11
X 30,7   217,6f.
X 31,4   164,5.6

Ioannes Damascenus
De hymno trisagio ad Jordanem
3   18,4–8; 34,21–30
25   17,27–18,8
25,4   17,29

Expositio fidei
8   61,7–16
76   60,7–29
90   191,9–192,9

Liber de haeresibus
1–20   162,3–168,13
3   164,2–9
4   157,10–14; 164,16–
               165,3
20–33   234,1–237,14

Ioannes Veccus
Adversus Andronicum Camaterum
123   8,5–9
124   13,5–8
125f.   19,6–9
125   13,8–15

Epigraphae
1   13,8–10; 14,19–21;
               15,3–5; 15,14; 88,19f.;
               91,19–24; 94,16f.
6   13,8–10; 15,3–5; 81,12–
               16

*De unione Ecclesiarum veteris et
novae Romae*
28   13,8–10; 14,19–21;
               15,3–5; 15,14; 81,12–16;
               88,19f.; 91,19–24;
               94,16f.; 102,4–12

Irenaeus Lugdunensis
Adversus haereses
praef.–I 11,1   382,11ff.; 398,19ff.
I 1,1–3   386,1ff.
I 1,2   392,11–14
I 3,3   437,10–14
I 4,1   437,18
I 6,1f.   397,2ff.
I 6,2   445,3
I 7,5   394,4
I 8,4   394,4; 437,10–14
I 11,2–5   438,23–447,21
I 11,3–5   445,6–447,7
I 11,5   404,13
I 12,1f.   448,8–450,6
I 14,1–16,2   390,5ff.
I 23,1–4   238,1ff.
I 23,1   239,5ff.
I 23,2   248,1–5
I 23,4   242,20; 243,14f.
I 24,1f.   247,13ff.
I 24,3–7   256,7ff.

I 25,1–6	300,19ff.
I 27,3	171,24f.
I 27,4	171,24f.
I 29,2	286,24–287,9
I 30,1–14	275,1ff.
I 30,5	269,4f.; 278,1f.
I 30,6	249,6–17
I 30,11	243,15ff.
I 30,12	240,3
I 30,14	407,5
I 30,15	333,7
II 1–30	435,15
II 2,3	251,7–21
II 5,3f.	251,21–253,1
II 14,1	384,11–22
II 14,6	401,13f.
II 20,2–5	437,14f.
II 22,2	407,14
II 22,5	366,2f.
II 23,1	437,19–23
II 31,2	303,14f.
II 35,1	264,19
III 1,1	332,8
III 2,3	171,24f.
III 4,3	382,11ff.
III 11,7	337,9ff.
III 21,1	334,8ff.; 374,14
III 25,3	461,11–20
IV 10,2	324,2–4
V 1,3	353,11

Isidorius Pelusiota
Epistularum libri quinque
III 110   377,27

Iulius Africanus (ed. Wallraff)
Chronographiae
F16b   173,16
F16c   142,7
F23,19   175,17–19
F31   180,19–181,1
F34   182,7

F50	182,7
F87a/b	224,17–225,13
T22a	173,16
T28b	134,11ff.
T47	182,7
T48a	182,7
T48b	182,7

Iustinus Martyr
Apologia prima
32,1–3   324,2–4

Dialogus cum Tryphone Iudaeo
16,4	332,1–5
35,6	247,13ff.; 256,7ff.; 300,19ff.; 382,11ff.
46,5	209,10f.
47,4	332,1–5
64,5	209,14f.
80,4	207,13; 210,7ff.; 214,3ff.
88,3	350,17f.
88,8	350,17
95,4	332,1–5
108,3	332,1–5
111,4	285,19
120,3–5	324,2–4
120,6	238,1ff.
128,3f.	56,29–57,16

Lactantius
De ira Dei
13,19f.   252,10

Nicephorus Blemmydes
De processione Spiritus Sancti orationes duae
I 11   16,9–12; 88,17–21

Nicephorus patriarchus
Constantinopolitanus
Refutatio et eversio definitionis
synodalis 815
42,4–6　　　　249,17–250,2
62,9–13　　　　95,8–12
134,6–16　　　60,18–29
176,8–15　　　41,7–13
176,25–30　　 41,19–23
177,2–8　　　 42,13–43,5
177,10–15　　 95,8–12
194,14–19　　 155,18–22

Origenes
Commentarii in Iohannem
II 13,93 ad Joh 1,3　　　263,5–9
XIX 17,108 ad Joh 8,22　　9,2
XX 35,311 ad Joh 8,48　198,22–199,1
XX 35,320f. ad Joh 8,48　　　197,17

Commentarii in Matthaeum
Mt. XVII 29 ad Mt
22,23–33　　　198,22–199,1

Commentariorum series in Matthaeum
11　　　　　　209,10f.
33 ad
Mt 24,4f.　　 205,13
38 ad
Mt 24,7f.　　 261,13–262,4

Contra Celsum
I 57　　　　　205,13
II 29　　　　　332,1–5
V 61　　　　　334,8ff.; 335,21–24
V 62　　　　　238,1ff.
VI 11　　　　　205,13

De principiis
I 1,8　　　　　76,3–7
III 2,1　　　　289,14
IV 1,5　　　　407,14

Homiliae in I Regnum librum
Frg. 10　　　324,5ff.

Homiliae in Ezechiel
IX 1　　　　　197,17

Homiliae in Ieremiam
X 8 in Jer 11,18–12,9　332,1–5
XVIII 5 in Jer 18,1–16　325,24

Homiliae in Lucam
I　　　　　　　349,1–4

Homiliae in Numeros
XXV 1,3　　　198,22–199,1

Selecta in Psalmos
ad Ps 37,12　332,1–5

Patres Apostolici
Barnabae Epistula
5,9　　　　　 349,5
8,3　　　　　 350,1f.
18,2　　　　　353,12ff.

Epistula prima Clementis ad
Corinthios
12,7　　　　　285,21

Epistula secunda Clementis ad
Corinthios
9,11　　　　　351,23

Ignatius Antiochenus
Epistula ad Ephesios
7,2　　　　　 325,24

Pelagius diaconi ecclesiae Romanae
In defensione trium capitulorum
5　　　　　　 100,24f.

Philostorgius
Historia ecclesiastica
III 15   279,18

Physiologus
10   300,3–8

Procopius Gazaeus
*Eclogarum epitome ("catena in
Octateuchum")*
ad Gen 5,29   378,16–20
ad Gen 11,2   177,4–11
ad Gen 11,26   177,19–178,10

Severus Antiochenus
Censura tomi Iuliani
          100,21–101,1; 111,21–
          113,8

Contra additiones Iuliani
38   112,10–19
39   100,21–101,1

Epistulae tres ad Iulianum
          100,21–101,1; 112,10–
          19; 336,3–337,6

Liber contra impium Grammaticum
III   96,15–19

Tatianus
Oratio ad Graecos
39,2   182,7

Tertullianus
Adversus Hermogenem
10,3   252,10

Adversus Iudaeos
11,9   266,10

Adversus Marcionem
II 20   135,22–31
III 8,1   255,21

Adversus Valentinianos
4,1   396,1
4,4   390,5ff.
8,1f.   386,1ff.
10,3   388,5–8; 388,9–11
12,2   405,17–19
12,4   388,9–11; 388,11–389,3
18,3   387,25–388,2
20,1f.   388,2–4
37f.   438,23–447,21

Apologeticum
16,1–5   287,15; 291,5
16,12   287,15; 291,5

De anima
23   249,6–17
23,2   300,19ff.; 302,19–
          303,12
33,1   247,13ff.
34,2   239,5ff.; 239,21ff.
34,3   239,25ff.
34,4   238,9ff.; 240,3; 240,7ff.;
          241,6; 242,15
35,1f.   300,19ff.; 306,9–18
35,1   305,1–9
50, 2   246,6

De carne Christi
14   358,7ff.
14,5   333,5; 334,8ff.
18,1   333,5
23,6   374,16
24,2   333,5

De praescriptione haereticorum
7,5   263,1f.
10,8   333,5
30,1f.   396,1
33,5   333,5
33,8   401,6–402,7

De pudicitia
19,4   267,13ff.

De virginibus velandis
6,1   333,5

Pseudo-Tertullianus
Adversus omnes haereses
1,1   205,13; 207,13; 210,7ff.;
               211,7ff.; 224,7ff.
1,2   238,1ff.; 238,9ff.;
               239,5ff.; 239,25ff.;
               240,2; 240,6f.
1,3   246,1ff.
1,4   247,13ff.; 248,4f.;
               249,17–250,2
1,5   256,7ff.; 257,8–19;
               258,10–14; 259,1ff.;
               259,7–21; 260,2f.;
               260,5–14; 261,13–262,4;
               263,20–264,12
1,6   267,13ff.; 272,18–273,8
2,4   278,1f.
3,1   300,19ff.; 301,5–8;
               301,10–12; 302, 11–19
3,2   313,6ff.; 313,7–13.15–
               18
3,3   317,12f.; 329,12; 333,5;
               368,11ff.
4,1–6   382,11ff.
4,1   401,6–402,11
4,4   412,17f.
4,5   388,9–11; 396,9ff.;
               396,16
4,7   438,23–447,21; 439,11–
               15; 448,2–7

6,5   240,3

Theodoretus Cyrrhensis
Commentarii in Psalmos
ad Ps 74,11   267,6

Haereticarum fabularum compendium
I 1   238,1ff.
I 2   246,1ff.
I 3   247,13ff.; 249,1
I 5   300,19ff.
I 13   279,18
I 20   353,11

Theophilus Antiochenus
Ad Autolycum
I 1,1   171,3
I 5,1   451,17–20
I 10,1   123,28ff.
I 10,3   128,10
II 3,8   128,9
II 6,1   384,20
II 8,7   169,14
II 31,1   176,20ff.
III 6,2   443,7–11
III 7,10   125,1f.
III 8,3   128,13; 128,14
III 19,2f.   276,7
III 19,2   378,19f.
III 19,7   217,6f.

Timotheus Constantinopolitanus
Presbyter
De receptione haereticorum
8   260,14–261,2
13   292,13ff.
18   238,1ff.

VI. Auctores classici

Aelianus
De natura animalium
I 24   300,3–8
I 57   267,6
XV 18   321,3

Aeschylus
Fragmenta
455 (Mette) / 207 (Radt)   128,14–
                            129,3

Aëtius
Placita philosophorum
I 3,8   401,13f.

Apollodorus
Bibliotheca
I 46–48 (I 7,2)   276,7
I 49f. (I 7,2f.)   164,3

Aristophanes
Achanenses
1124   369,17

Aristoteles
Fragmenta
196   411,23–25

Corpus Hermeticum
I 14   248,14
I 18   292,14ff.
I 19   421,14–16
V 11   278,11f.
IX 3   293,7–9
X 7   286,4–7
XIII 2   405,19–406,6

Diodorus Siculus
III 50,2f.   267,6
XXXIV 1,3   287,15

Epicurus
fr. 456 Usener   444,16f.

Euripides
Fragmenta (ed. Nauck²)
1024   318,8

Herodotus
II 104,2–4   379,25ff.
III 109,1f.   300,3–8

Hesiodus
Theogonia
116–125   387,2ff.

Iosephus
Antiquitates Iudaicae
III 7,4   209,23f.
VIII 12,5   197,19ff.
XIII 3,4   204,14ff.
XIII 5,9   207,13

Bellum Iudaicum
II 8,4 (§ 124)   203,16ff.

Contra Apionem
II 7,30   287,15

Lucianus
Anacharsis
37   418,2f.

Menander Comicus
Thaïs
fr. 165 Kassel/Austin
(= fr. 218 Kock)   318,8

Minucius Felix
Octavius
9,2   280,10–281,2
9,3   287,15
9,6f.   280,10–281,2
17,3   451,17–20

Nicander
Theriaca
128–135   300,3–8
258f.   267,6
320–334   321,3
490   447,19
738–740   333,1
821–830   382,4

Orphica
fr. 168 Kern 186,8–10

Philemo Comicus
Fragmenta
fr. 197 Kassel/Austin
(= fr. 181 Kock)   125,1f.

Philo Alexandrinus
De plantatione
123 (28)   401,13f.

De vita Moysis
II 118–121   209,23f.

Plato
Phaedrus
246–248   301,15f.

Res publica
533 d   98,3

Timaeus
28a   451,5
28c   451,5; 456,19
29a   451,5
31a   451,5
41a   451,5
69c   451,5

Plinius maior
Naturalis historia
IX 48   382,4
X 62   300,3–8

Plutarchus
De capienda ex inimicis utilitate
2 (86 E)   128,15ff.

De Iside et Osiride
32 (364 A)   411,23–25

Pseudo-Plutarchus
Placita philosophorum
I 3 (876 F – 877 A)   401,13f.

Pythagorei
58 C 2 Diels/Kranz   411,23–25

Tacitus
Annales
II 83,2   247,17

Xenophanes
21 B 24 Diels/Kranz   450,5

VII. Gnostica

Apocalypsis Adae (NHC V,5)
p. 64,15f.   278,8ff.
p. 65,21–23   278,8ff.
p. 67,10–12   278,8ff.
p. 69,1–75,14   276,16
p. 70,16–19   276,8–14
p. 74,7–30   286,24–287,9
p. 77,9–18   314,10f.

Apocalypsis Iacobi prima (NHC
V,3/CT 2)
NHC V,3
p. 27,1–5   392,19–21
p. 28,16f.   417,14–18
p. 30,19   278,8f.
p. 31,14–22   249,17–250,2
p. 31,17–22   314,10f.
p. 33,2–36,1   292,14ff.
p. 34,3   409,18
p. 35,5–13   409,18
p. 36,5   409,18

Apocalypsis Iacobi secunda (NHC
V,4)
p. 50   70,19ff.
p. 56,23–57,1   269,7
p. 57,10–19   249,17–250,2

Apocalypsis Pauli (NHC V,2)
p. 21,19–21   307,6–8
p. 23,1–24,1   292,14ff.
p. 23,30–24,1   388,2–4

Apocalypsis Petri (NHC VII,3)
p. 74,28–34   238,1ff. , 240,10ff.
p. 81,7–83,8   314,10f.
p. 81,7–21   260,5–14
p. 82,4–16   260,5–14

Apocryphon Iohannis (NHC
II,1/NHC III,1/ Berolinensis
Gnosticus 2)
NHC II,1
p. 4,19–26   402,27f.
p. 5,5   273,1
p. 7,19f.   287,11
p. 7,23f.   278,8ff.
p. 8,12–18   286,24–287,9
p. 9,1f.   287,11
p. 10,19   269,4f.
p. 10,33f.   269,4f.
p. 11,16.35   269,4f.
p. 11,18–22   269,7
p. 11,23–25   257,15–19
p. 11,27f.   287,15
p. 11,30–32   288,7f.
p. 13,5–9   269,7
p. 13,26–28   259,10
p. 13,30–14,1   269,7–9
p. 14,1–5   404,5–7
p. 14,1–6   404,7f.
p. 14,15   269,4f.
p. 14,24–15,6   249,1
p. 19,2–6   264,14–16
p. 19,15–33   414,3–7
p. 19,15–18   241,9f.
p. 19,18–20,5   249,6–17
p. 19,23   269,4f.
p. 23,35–37   269,4f.
p. 24,12   269,4f.

Epistula Petri ad Philippum (NHC VIII,2/CT 1)

NHC VIII,2

p. 133,14   278,8f.
p. 135,15–20   265,1
p. 135,16–26   259,10
p. 136,5–15 259,10
p. 136,7–10 249,1
p. 137,18–22   416,9

Epistula ad Rheginum (NHC I,4)

p. 44,13–33 419,13f.

Evangelium Iudae (CT 3)

p. 43,15–44,4   417,9–11
p. 49,9–50,2   257,15–19
p. 51   286,24–287,9
p. 51,15   269,4f.
p. 52,15   249,1

Evangelium Philippi (NHC II,3)

p. 53,14f.   243,15f.; 273,4
p. 53,20f.   397,6f.
p. 56,12f.   327,9
p. 57,9–19 396,16
p. 57,28–58,2   240,3
p. 60,10–15 409,18
p. 60,26–32 243,15f.
p. 62,7–17 327,9
p. 62,26–35 292,13ff.
p. 64,22–30 292,13ff.
p. 65,1–66,4 293,3f.
p. 65,1–12 419,11
p. 65,27–66,4   292,13ff.
p. 66,7–9   292,13ff.
p. 66,8–16 394,4
p. 67,2–9 419,11
p. 67,14–18 419,11
p. 67,19–22 292,13ff.
p. 67,27–30 419,11
p. 69,1–71,13   419,11

p. 70,5–9   292,13ff.
p. 72,17–29 419,11
p. 74,13–24 419,11
p. 74,24–36 292,13ff.
p. 76,4–6   419,11
p. 76,22–31 292,13ff.
p. 76,31–77,1   292,13ff.
p. 76,33–36 394,4
p. 80,23–81,14 262,8–10
p. 82,23–29 419,11
p. 86,4–12   292,13ff.; 419,11

Evangelium Veritatis (NHC I,3/NHC XII,2)

NHC I,3

p. 18,30f.   278,11f.
p. 22,27–33 390,10f.
p. 24,9–20   405,3f.
p. 24,20–25,3   265,1
p. 31,36–32,14 243,15f.
p. 39,16f.   452,3f.

Evangelium Thomae (NHC II,2/P.Oxy. IV 654)

NHC II,2

14   282,21
23   262,15–17
30   278,11f.
49   303,6f.
50   303,6f.
77   278,11f.; 405,19–406,6
99   351,23
104   282,21
108   278,11f.

Exegesis de anima (NHC II,6)

p. 127,25–128,1   241,4f.
p. 132,6–16   412,2
p. 132,12–26   419,11
p. 132,16–21   425,20

VIII. Mandaica et Manichaica

Mandaica

Johannesbuch (ed. Lidzbarski)
49,5f.	262,15–17
103,2–5	262,15–17
191,4f.	288,7f.

Linker Ginza
10	249,14–17
14	288,7f.
38	249,6–17
46f.	249,6–17
47	240,3
74–77	249,6–17
105	262,15–17
117f.	416,17f.
128	416,17f.
131	416,17f.

Rechter Ginza
6	354,6f.
27	211,13–20
44	307,10f.
45	354,6f.
49	275,18
55	293,7–9
79	403,7–14
94	404,2
95	404,2
100	248,5f.
101	249,6–17
121	282,21
159	249,6–17
168	248,6–10
170	404,2
171	211,13–20
172	303,6f.

212	275,18
227	282,4–10
228	281,3ff.
241	249,6–17
244	249,6–17
305	262,15–17
307	262,15–17
311	404,15–17
379	248,5f.
380	276,14

Manichaica

Homiliae
41,18–20	353,12ff.

Kephalaia
33,33	288,7f.
35,15–17	240,10ff.
61,22f.	240,3
63,14f.	303,6f.
72,3–6	404,15–17
80,25–29	240,10ff.
71,19–23	240,9f.
77,33	288,7f.
120,31–33	397,8f.
124,3–6	286,4–7
133,12–15	248,6–10
133,31–134,4	248,6–10; 248,14
136,1–11	248,6–10; 248,14
168,1–16	211,13–20
191,16f.	285, 25ff.
210,24f.	286,4–7
212,10–22	285, 25ff.
236,24–27	285, 25ff.
269,17–25	397,8f.

IX. Auctores Arabici

X. Papyri

XI. Codices

London
BL, Add. 12156
f. 73^r 94,21–27
f. 73$^{r/v}$ 94,30–95,12
ff. 130^{v}ff.   162,3–168,13
f. 132^r, Kol. 2,20–28   227,12–15
f. 132^r, Kol. 2,28–38   233,9–12

BL, Add. 14601
ff. 68a–69b   227,10–233,12

BL, Or. 3581A
f. 142   116,15–117,17
f. 153   65,5–66,14

Milano
Ambr. I 009 suppl. (Martini-Bassi 452)
f. 171^v 103,14–105,3

Moskau
Pushkin Museum, cod. I.1.b.668 (4774, Copt. 26)
pp. 245f.   148,22–149,20

Napoli
BN, I B 14
f. 41   117,15–118,18
f. 42   119,11–120,10

New York
Pierpont Morgan Library, cod. M706b
pp. 93f.   53,24–54,28

Oxford
Bodleian Library, Cod. Brucianus
   s. Unbekanntes altgnostisches Werk

Bodleian Library, Clarendon Press b.4
f. 63   59,26–61,1

Paris
BnF, copt. 131^3
f. 18   132,3–133,12
ff. 19–21   38,15–41,25
ff. 22–24   43,16–46,28

BnF, copt. 131^5
f. 36   146,2–147,19

BnF, suppl. gr. 1232
ff. 99–110^v 13,2–9

Tiflis
National Center of Manuscripts, A-64
91–98   155,4–161,22

Città del Vaticano
BAV, Vat. ar. 101
ff. 98^{v}f.   38,27–39,27
ff. 99^r–100^r 40,23–41,23
ff. 100^r–104^r 42,16–47,22
ff. 104^r–105^r 50,29–52,12
f. 105^r 53,15–54,3
f. 105^v 56,9–11
f. 106^r 79,26–80,14; 94,23–95,5
ff. 106^v–107^v 100,7–101,17
ff. 107^v–109^r 113,9–115,16
f. 109^r 142,24–143,7
ff. 110^r–119^v 102,22–122,20

BAV, Vat. gr. 1431 (ed. Schwartz)
fr. 17   54,29–55,9
fr. 25   42,27–43,3
fr. 26   46,28–31

Wien
ÖNB, Suppl. gr. 91
ff. 65^r–66^r 153,1–154,33
ff. 66^r–74^r 155,1–168,16
ff. 74^r–91^v 169,1–197,4
ff. 92^r–96^r 227,10–233,15; 233,15

Wortregister

Im Folgenden werden nur die Wörter aufgeführt, die in den *Addenda & Corrigenda* gegenüber dem bisherigen Text- und Apparatbestand der Edition Holls neu hinzugekommen sind. Es wird auch nur genannt, was zur Textkonstitution heranzuziehen ist oder dazu herangezogen werden könnte. In Klammern werden deshalb die Namen derer gegeben, von denen das betreffende Wort konjiziert worden ist respektive auf welchen Autor oder Codex es zurückgeht.

Nicht aufgenommen sind Artikel, Pronomina, Präpositionen, Konjunktionen und Partikeln.

Im Übrigen wird auf das Register in Band IV verwiesen bzw. die dort enthaltene CD-ROM.

ἀγορεύω	454,9 (cod. V laut Quispel)	ἀποτελέω	281,24f. (cod. M laut Pini)
ἀιδιότης	14,12 (Hübner)	ἀρνίον	27,25 (Riedinger)
αἱρέομαι	367,6 (Pini)	ἄσαρκος	27,15 (arm. laut Lebon)
ἄκακος	27,25 (Riedinger)		
ἀνάγω	253,5f. (Pourkier)	αὖθις	64,6 (Katenenüberlieferung)
ἀναιρέω	459,24 (Pini)		
ἄνεμος	3,12 (Ps.-Caes.)	βαπτίζομαι	231,14 (Pini)
ἄνθρωπος	358,6 (Pini)	βούλομαι	388,9 (Pini)
ἀντιπνέω	3,12 (Ps.-Caes.)	Γαλάτη	139,6 (Piilonen)
ἀπίθανον	340,19 (Klostermann)	γεννήτωρ	26,11 (Ps.-Caes.)
ἀποθνήσκω	98,27 (Diekamp)	γίγνομαι	441,3 (Pini)
ἀπορία	415,8 (Klostermann)	γιγνώσκω	51,3 (Klostermann)

γυνή (μυριάδες
<γ-κῶν>)   58,30 (Riedinger)

δεξιός   27,17f. (syr. laut
                Lebon)

δηλόω   38,2 (Klostermann)

διαρκέω   225,14f. (Diekamp)

διδάσκω   456,8 (Lietzmann)

διοδεύειν   382,13 (Pini)

ἐγκυμονέομαι   327,7f. (cod. V laut
                Pini)

ἐλλάσσων   184,8 (Pini)

ἐνανθρωπέω   46,3 (Klostermann)

ἐνοικέω   148,15 (Weischer)

ἐπεξήγησις   170,4 (Pini)

ἐπιδείκνυμι   421,12 (Pini)

ἐπιζητέομαι   230,17 (Pini)

ἐπισκέπτομαι   340,18 (Pini)

ἔχω   41,6 (Klostermann)

ζάω   27,20 (arm., syr.
                laut Lebon)

ζωή   27,18 (arm., syr.
                laut Lebon, Ps.-
                Caes.)

θαρρῶ   19,7 (Joh. Vecc.)

θεῖος   27,24 (Ps.-Caes.)

θεός   426,17 (Pini)

ἰδίωμα   95,5 (Florileg.
                Edess.)

ἴσος   405,10 (codd. V M
                laut Pini)

κάθαρμα   209,7 (Pini)

καλέω   51,3 (Klostermann)

καταπτήσσω   64,6 (Ps.-Caes.)

καταρυθμέομαι (sic)   454,25
                (Quispel)

κεῖμαι   3,14 (Ps.-Caes.)

κόσμος   129,13 (sahid. laut
                Leipoldt)

λαμβάνω   102,9 (Joh. Vecc.)

λέγω   200,8 (Pini); 456,14
                (Quispel)

λέξις   41,6 (Klostermann)

λόγος   17,2 (Dummer)

μέρος   155,22 (anaceph.)

μεταβάλλομαι   288,11 (Pini)

μηνύομαι	437,11 (Kloster-mann)	σαρκόομαι	148,13 (Weischer)
		σάρξ	149,9f. (Weischer)
μιμέομαι	125,5f. (Kloster-mann)	σπουδάζω	3,22 (Ps.-Caes.)
μόνος	24,24 (Ps.-Caes.); 28,10 (Diekamp)	συγκαταριθμέομαι	454,25 (Pi-ni)
		συγκρίνομαι	448,17 (Pini)
νοερός	413,27 (Rousseau/ Doutreleau)	συντίθημι	170,23 (Pini)
		σῶμα	102,9f. (Joh. Vecc.); 149,9f. (Weischer)
ὁράω	23,1f. (Ps.-Caes.)		
οὐρανός	64,6 (Katenenüber-lieferung)	τάξις	4,2 (Ps.-Caes.)
		ταφή	40,7 (Ps.-Caes.)
πάθος	42,29 (Schwartz)	τοίνυν	3,19 (Ps.-Caes.)
παιδίον	51,3 (Klostermann)	τόπος	175,19 (Pini); 180,9 (Pini)
παρείσδυσις	207,2 (Pini)	τρισαρίθμιον	18,6 (Jo. D.)
πάσχα	456,8 (Quispel)	τριττός	17,27 (Kloster-mann)
πατήρ	28,10 (Diekamp)		
πρόσειμι (< εἰμί)	392,4 (cod.V laut Pini)	τύπος	102,9f. (Joh. Vecc.)
		υἱός	28,10 (Diekamp)
προσέρχομαι	365,13 (cod. M laut Pini)	ὑφήγησις	170,4 (Pini)
προσέχω	390,2 (Diekamp)	φημί	289,21 (Pini)
Σαμάρται	140,5 (Piilonen)	φυλάττω	154, 32 (Pini)

| φῶς | 27,18 (Ps.-Caes.) | χρῖσμα | 435,13 (Kloster-mann) |
| χρῆσις | 55,11 (Kloster-mann) | ψιλός | 55,3 (Schwartz) |

ANHANG

Die handschriftliche Überlieferung des
Epiphanius (Ancoratus und Panarion)
von Karl Holl (†)

Einleitung.

Auf der Rückreise vom Marburger Religionsgespräch fand
Melanchthon — es wird am 10. Oktober 1529 gewesen sein —
unter den Büchern von Johann Lang in Erfurt[1] eine mehr-
bändige Handschrift des Epiphanius. Er nahm sie mit sich nach
Wittenberg, um sie dort in Muße zu lesen. Zunächst fesselte
ihn ihr Inhalt mächtig: fast eine vollständige Geschichte der
alten Kirche ließe sich aus Epiphanius entnehmen, schrieb er
beglückt an Camerarius. Sofort stand der Entschluß bei ihm
fest, einen Auszug aus dem codex anzufertigen[2]. Vierzehn Tage
später war freilich seine Begeisterung schon etwas abgekühlt.
Er hatte in der Zwischenzeit den Dogmatiker Epiphanius näher
kennen gelernt, der es ihm begreiflicherweise weniger antat[3].
Aber wenn er den Schriftsteller Epiphanius jetzt nur noch mäßig
bewunderte, so schätzte er den bei ihm aufgehäuften geschicht-
lichen Stoff andauernd hoch. Die Aufgabe, diesen zu sammeln,
dünkte ihm auch späterhin so wichtig, daß er noch im Jahre
1537 wünschte, ein Fürst möchte ihr Beachtung schenken[4].

---

1) Langs Bibliothek war in Humanistenkreisen berühmt, vgl. die an
ihn gerichteten Briefe von Mosellanus, Mutianus Rufus und Eoban Hesse:
C. Krause, epistolae selectae virorum doctorum Luthero aequalium (Zerb-
ster Programm 1883) S. 5 u. 15; Gillert, Briefwechsel des Conrad Mutianus
(Geschichtsquellen der Provinz Sachsen Bd. 18) II 244. 251. 265; Helii
Eobani Hessi poëtae excellentissimi et amicorum eius epistolarum famili-
arium ll. XII. S. 75. 79. 80.
  2) CR I 1110 n. 643. Daß die Handschrift aus mehreren Bänden bestand, geht aus CR II 877 n. 1276 hervor.
  3) CR I 1112 n. 646.
  4) CR III 442 n. 1626 sagt er in der Vorrede zu Jovius, Turcicarum
rerum commentarii: nec habemus uberiorem historiam illarum veterum
rerum quam Epiphanii scriptum, in quo cum haeresium confutatio instituta sit, historica multa inserta sunt. ex eo autore propemodum continua
historia veteris ecclesiae excerpi posset, si quis prudenter ipsius narrationes contexeret eamque rem optarem alicui principi curae esse.

Der Seufzer, den Melanchthon bei dieser Gelegenheit aus-
stößt, verrät zugleich den Grund, warum er nicht daran dachte,
eine Textausgabe des Epiphanius zu veranstalten oder andere
dazu anzuregen. Ohne einen Gönner, der die Mittel hergab,
schien ihm ein derartiges Unternehmen unmöglich. Daß ein
Buchhändler auf eigene Gefahr hin sich dazu herbeiließe, hielt
Melanchthon offenbar für ausgeschlossen.

Andere, die durch seinen Hinweis auf Langs Handschrift
aufmerksam geworden waren, waren jedoch mutiger als er.
Johann Pistorius gab sich Mühe, wenigstens eine lateinische
Übersetzung zustande zu bringen. Er bearbeitete im Jahr 1538
Bullinger zu diesem Zweck[1]. Allerdings ohne Erfolg. Dagegen
gelang es Camerarius, in der Zeit des Wormser Religions-
gesprächs die Sache durchzusetzen[2]. Sein Verdienst ist es allem
nach gewesen, daß Oporinus und Winter in Basel sich bereit
fanden, die Herausgabe zu übernehmen. Auch Oporinus zog es
aber vor, zuerst nur eine lateinische Übersetzung vorzulegen.
Mit ihrer Herstellung beauftragte er den auf diesem Feld bereits
erprobten Janus Cornarius[3], der damals als Stadtphysikus in Frank-

---

1) Johann Pistorius an Bullinger 1538 Sept. 6 bei Walther Köhler,
Hessen u. die Schweiz nach Zwinglis Tode im Spiegel gleichzeitiger
Korrespondenzen (Separatabdruck aus »Philipp der Großmütige« Fest-
schrift des hist. Vereins f. d. Großherzogtum Hessen) S. 467: id autem
facies, si procures per te aut Bibliandrum, uti Epiphanius, historiarum
primitivae ecclesiae diligens et fidus scriptor, e graeco in latinam linguam
non solum syncere vertatur, verum etiam scholiis illustretur.

2) Daß Camerarius in der ganzen Angelegenheit der Treibende war,
bezeugt Melanchthon selbst CR V 518 n. 3065. Aus dieser Stelle ersieht
man zugleich, daß Camerarius den Verkehr mit Oporinus vermittelte.
Sonst hätte Melanchthon nicht voraussetzen können, daß die Handschrift
nach der Erledigung des Drucks zunächst an Camerarius zurückgeschickt
würde. Ort und Zeit der entscheidenden Abmachungen ergeben sich daraus,
daß unmittelbar nach dem Besuch des Camerarius bei Melanchthon in
Worms (CR III 1214 n. 2085) die Handschrift an Oporinus abgegangen
ist. Denn Oporinus hat sie laut der Vorrede zur griechischen Ausgabe
(datiert vom 14. März 1544) ante triennium et amplius erhalten. Im Zusammenhang damit ist auch bemerkenswert, daß Melanchthon auf dem
Heimweg von Worms bei Cornarius vorgesprochen hat.

3) Janus Cornarius wäre einer eigenen Abhandlung nicht unwert.
Als jungen Mann lernt man ihn gut kennen aus seinen Briefen an Zwingli
(opp. edd. Schuler-Schultheß VIII 228. 229. 236. 248). Seine Übersetzer-

furt a. M. lebte. Cornarius arbeitete rasch. Er brauchte kaum
ein Jahr, um den dicken Kirchenvater zu bewältigen. Die Druck-
legung erlitt indes eine Unterbrechung durch die Schwierigkeiten, in die Oporinus wegen seiner Koranausgabe geriet. So
wurde der lateinische Epiphanius erst im September 1543 [1] fertig.
Die Ausgabe umfaßte das Panarion, den Ancoratus, die Anakephalaiosis und de mensuris ac ponderibus. Der Vollständigkeit
halber waren noch zwei in Langs Handschrift fehlende Stücke
beigegeben: die schon früher ans Licht gezogene Schrift de pro-
phetarum vita et interitu und der von Hieronymus übertragene
Brief des Epiphanius an Johannes von Jerusalem.

Der Erfolg der lateinischen Übersetzung [2] ermutigte Oporinus,
nun auch den griechischen Text folgen zu lassen. Er erschien
bereits im nächsten Jahr: Oporins Vorrede trägt das Datum des
14. März 1544; der Druck war beendigt μουννυχιῶνος ἑπτακαι-
δεκάτῃ d. h. am 17. Oktober. Inhaltlich unterschied sich die
griechische Ausgabe von der lateinischen nur dadurch, daß hier
die beiden angehängten Stücke weggelassen waren.

Die von Cornarius und Oporinus zugrunde gelegte Handschrift wird heute in Jena als mscr. Bose 1 verwahrt. Auf
f. 1ʳ des codex liest man noch den Eintrag: »Ex [3] bibliotheca
Johannis Langi Erphurdie͞n.«. Doch besitzt Jena nur noch den
zweiten Band der Handschrift; der erste ist in der Zwischenzeit
verloren gegangen. Der Weg, auf dem der codex nach Jena
gelangt ist, läßt sich nur zum Teil feststellen. Die Jenaische

---

kunst hat er ebenso an medizinischen, wie an theologischen Schriften be-
tätigt. Vor Epiphanius hatte er eben den Basilius für Oporinus übertragen.

1) Gesners irrtümliche, von Maithaire und Panzer übernommene Angabe, daß der lateinische Epiphanius 1533 erschienen sei, ist schon durch
Sagittarius (introductio in hist. eccles. S. 794) richtig gestellt worden.

2) Welchen Eindruck Epiphanius damals machte, sieht man aus
Spalatins Brief an Camerarius vom 5. März 1544 (Camerarius, narratio de
Helio Eobano Hesso. Lipsiae 1561. tertius libellus): his diebus pellegi
Epiphanium a doctore Cornario latine versum. Jesu bone quantum au-
torem! utinam etiam aliquando Graece excusus prodeat, saltem in bibli-
othecis emendus!

3) Ex steht auf Rasur von späterer Hand; das letzte Wort heißt
Erphurdie͞n. (= Erphurdiensis), nicht wie überall angegeben Erphurdani
oder Erphordani.

Bibliothek erwarb ihn im Jahr 1676 aus dem Nachlaß von Johann
Andreas Bose († 1674). Vor Bose hat ihn wahrscheinlich Kaspar
von Barth († in Leipzig 1658)[1] gehabt. Denn dieser Gelehrte
rühmt sich im Jahr 1612, daß er eben ein elegant geschriebenes
Manuscript des Panarion in seinen Besitz gebracht hätte[2]. Nun
reicht freilich die kurze Andeutung, die er über den codex
macht (panarium ... manuscriptum elegantissimis characteribus),
zu einem strengen Beweis nicht aus. Allein überlegt man sich,
daß Langs Epiphaniuscodex der einzige war, der in Deutschland
in den Handel kommen konnte[3], und weiter, daß Barth und Bose
nicht nur Jahrelang in Leipzig zusammenlebten, sondern auch im
Paulinum mit einander verbunden waren, so liegt es am nächsten
anzunehmen, daß Bose seinen codex von Barth bekommen hat.
Nur eins könnte davon abhalten, die Gleichung ohne weiteres zu
vollziehen. Barth spricht bloß vom Panarion als dem Inhalt seiner
Handschrift[4]. Da nun, wie jetzt aus dem Jenensis ersichtlich,
Langs codex aus zwei Bänden bestand, von denen der erste das
Panarion bis zur 64. Häresie umfaßte, so könnte man Barths
Aussage in dem Sinn deuten, daß er nur die erste Hälfte der
Handschrift besaß. Diese Vorsicht scheint sich darum noch
besonders zu empfehlen, weil bei dieser Annahme der Verlust
des ersten Bandes sich sehr einleuchtend erklären läßt. Barth
hat nämlich im Jahr 1636 das Unglück gehabt, bei einem Brand
auf seinem Gut Sellerhausen seine dort liegenden Bücher und
Manuscripte einzubüßen. Trotzdem ist dieser Lösungsversuch
wohl abzuweisen. Die Bemerkung in der Claudianausgabe beweist nicht, daß Barths Handschrift sich nicht über das Panarion

---

1) Vgl. über ihn den Artikel von Eckstein in der Allgemeinen Deutschen Biographie.

2) Claudi Claudiani poëtae praegloriosissimi quae exstant Caspar
Barthius recensuit et animadversionum librum adiecit. Hanoviae 1612,
p. 243 n. 104: vide Epiphanium, cuius nos Panarium his diebus MStum
elegantissimis characteribus nacti sumus.

3) An den Rehdigeranus, auf den Öhler (I 2 p. IX seiner Ausgabe)
Barths Bemerkung beziehen wollte, ist nicht zu denken. Der Rehdigeranus
war damals schon längst in Breslau und hat Breslau nie verlassen.

4) Barth verweist in seinen verschiedenen Werken nicht selten auf
Epiphanius. Aber ich habe keine Stelle finden können, an der er (außer
in den Anmerkungen zu Claudian) ausdrücklich sagte, daß er aus einer
Handschrift schöpfe.

hinaus erstreckte; er hatte dort, wo er auf die Marcioniten hinweisen wollte, keinen Anlaß von den übrigen Werken des Epiphanius zu sprechen. Weiter aber müßte man in diesem Fall glauben, daß Barth und Bose in derselben Stadt nacheinander je eine Hälfte von Langs codex erworben hätten, was doch nicht leicht vorzustellen ist. Es bleibt das Wahrscheinlichste, daß Barth den ganzen codex gehabt hat und daß der heute vermißte Teil erst in der Zeit zwischen 1612 und 1676 abhanden gekommen ist.

Die Ausgabe des Cornarius-Oporinus ist im 16. Jahrhundert mehrfach wieder gedruckt und nachgedruckt worden. Ein wissenschaftlicher Fortschritt über sie hinaus ist jedoch erst zu Anfang des 17. Jahrhunderts erfolgt. Den Anstoß gab wiederum der konfessionelle Wettbewerb, der schon beim Zustandekommen der editio princeps so stark mitgewirkt hatte. Man ertrug es auf katholischer Seite schwer, gerade diesen Kirchenvater aus den Händen der Häretiker entgegenzunehmen, und wie die Protestanten gehofft hatten, das aus Epiphanius zu erhebende Geschichtsbild gegen die katholische Kirche verwerten zu können, so meinten ihre Gegner erst recht, daß der alte Ketzerbestreiter ihnen Waffen gegen die Häretiker ihrer Tage liefern müßte. Aus solcher Stimmung ist die Ausgabe des Dionysius Petavius hervorgegangen [1].

Um den Vorsprung vor Cornarius-Oporinus zu gewinnen, bemühte sich Petavius zuvörderst darum, die handschriftliche Grundlage zu verbreitern. In der richtigen Vermutung, daß die Vaticana noch ungehobene Schätze bergen müßte, wandte er sich darüber nach Rom [2]. Zwei Briefe, die er in dieser Angelegen-

---

1) Vgl. die Vorrede des Petavius an den Leser: nam et tua et ecclesiae communis interest, opus illud quod ad diluendas haereses a gravissimo et sanctissimo patre Graecis est editum, quemlibet potius interpretem habere quam Haereticum.

2) Daß in der vatikanischen Bibliothek ein Epiphaniuscodex liege, hat bereits C. Gesner gewußt, vgl. bibliotheca universalis. Zürich 1545 S. 221: Romae in bibliotheca pontificia servantur Epiphanii Panaria. Vielleicht war es Johann Faber, der ihn zuerst entdeckte. Denn er schreibt am 7. April 1522 an Beatus Rhenanus (Briefwechsel des Beatus Rhenanus hrsg. von Horawitz u. Hartfelder S. 306): selectissimos ac vetustissimos viginti quatuor authores e secretissimis armoriis bybliotecae secretioris exscribendos obtinui. Darunter befinden sich Hyppolitus The-

heit geschrieben hat, sind, worauf mich Giovanni Mercati aufmerksam machte, im Vat. lat. Reg. 2023 noch erhalten. Sie sind es wohl wert, hier mitgeteilt zu werden.

Der erste steht f. 265. Er trägt außen die Adresse: V. C. D. Ansidaeo [1] Vaticanae Bibliothecae Custodi Pontificio. Romam.

Der Brief selbst lautet:

V. C. D. Ansidaeo Vaticanae Bibliothecae Custodi Pontificio Dionysius Petavius e societate Jesu s.

Ne me in asciscendis amicitiis quam retinendis diligentiorem existimes nova hac scribendi occasione perficiendum putavi: cum peraeque atque illo tempore aliud ad te munus haberem, quod literis nostris prosequendum ac commendandum esse statuerim. Hoc vero ut denuo te interpellarem eo feci libentius quod ex tuis, quae mihi aliquot abhinc mensibus sunt redditae cognovi quantopere superioribus meis ad id quod maxime cupiebam a me profectum fuerit. Nihil enim profecto vel de me honorificentius vel humanitate tua dignius vel spe atque expectatione nostra maius obtineri potuit quam quod est a te mihi tuis illis literis concessum, ut me ad amicitias familiaritatemque tuam non adiungeres modo sed ad eorum numerum aggregares, quos tu propter excellentem ingenii doctrinaeque praestantiam carissimos olim ac coniunctissimos habuisses. Magna quidem tua illa de me significatio eaque non ex merito nostro, sed ex eo comprobanda maxime quod tantum de me iudicium nonnisi a singulari quodam amore ac voluntate proficisci potuerit. Neque enim ita insaniam, ut me cum illis viris ulla ex parte comparandum existimem. Ac inde quantum subito fiduciae mihi istud ipsum attulerit ut ad honoris huius ac gloriae fructum etiam utilitatis spem aliquam auderem adiungere. Ea porro cuiusmodi sit, nisi id molestum tibi est, breviter exponam. Me et amicorum assiduae preces adducunt et ipsa

      Aliquid iamdudum invadere magnum

      Mens agitat mihi, nec placida contenta quiete est [2].

---

banus, Epiphanius, Esichius. — Petavius hat jedoch, wie sein Brief zeigt, hiervon keine Kunde gehabt.

1) Balthasar Ansideus war vom 23. Nov. 1606—†5. Dez. 1614 custos primarius der vatikanischen Bibliothek.

2) Vergil, Aen. 9, 186. Den Nachweis der Stelle verdanke ich Hermann Diels.

Quare utrorumque impulsu et hortatu de Epiphanio castigando ac recensendo cogitabam[1]. Quem quidem laborem, ut in hoc praesertim Galliae regno, in quo ex haeretica contagione nonnihil ecclesiae metuendum est, non inutilem fore confido. Hoc vero totum negotium, quia in corruptis vitiosisque locis emendandis fere positum est, sine veterum exemplarium fide atque authoritate labari necesse est. Quorum quia nulla hic apud nos, apud vos autem festiva copia est, summo id abs te opere contendo, ut si quia in scriniis vestris Epiphanii codex Graecus est a Librariis exaratus, des operam, ut cum eo Basileensis editio (quae omnium, ut opinor, vulgatissima est) diligentissime conferatur. Quod idem et in Ammiani historia fieri vehementer cuperem. Utrumque vero et tuo commodo et per idoneum aliquem praestari convenit. Qua de ⟨re⟩ ad R. P. Richeomum[2] literas dedi, ut si qua in re potest suam ad id opem atque authoritatem accommodet. Quod si mea haec petitio paulo audacior ac difficilior videbitur meum fuit quid a[3] te potissimum impetrare vellem exponere, tuum erit quatenus ||||||[4] concedere liceat pro humanitate tua ac prudentia statuere. D. Cobellucium[5] velim a me plurimum salutes; ad quem poematis huius, quod tibi offerendum misi[6] exemplar alterum dedi[7]. Deus et te et hunc salvum atque incolumem conservet. Fixae Andeg. VI Id. Jan. MDCXV.

(Nachschrift.) Contra Graecorum haereses Graece[8] aliquid scribere nostrorum Constantinopolitanorum hortatu iampridem meditor. Quare siquid est insuper argumenti huius aut ab illis contra Latinos, aut ab his contra Graecos scriptum, quod nondum exstat, pergratum faceres, si quod nulla tua molestia fiat eius mihi copiam permitteres.

Als dieser Brief in Rom anlangte, war Ansideus eben ver-

---

1) Von Petavius unterstrichen.

2) Louis Richeome S. J. Vgl. über ihn Sommervogel, bibliothèque de la Compagnie de Jésus. Nouv. édit. Bibliographie t. VI S. 1815 ff.

3) vor a ist abs von Petavius durchstrichen.

4) Nach quatenus folgt ein durchstrichenes, jetzt unleserliches Wort.

5) Kardinal Scipione Cobelluzio, seit 1619 Präfekt der Vaticana, † 1627.

6) Die gesperrten Worte von Petavius unterstrichen.

7) vor dedi ist misi von Petavius durchgestrichen.

8) Von Petavius unterstrichen.

storben. Der neue Custos zeigte dies Petavius an und erklärte
sich zugleich bereit, ihn seinerseits nach Kräften zu unterstützen.
Trotzdem sah sich Petavius genötigt, im Herbst 1615 seine Bitte
zu wiederholen.

f. 285: äußere Adresse Cl. V. D. Nicolao Alemano [1] Vaticanae bibliothecae Custodi pontificio. Romam.

Der Brief selbst lautet:

Clarissimo V. D. Nicolao Alemano Vaticanae bibliothecae
praeposito Dionysius Petavius S.

Gravi et acerbo moerore confectus sum (Alemane V. C.)
audita Ansidei nostri morte, de qua diu etiam ante cognoram,
quam ad me literae tuae pervenirent. Eae porro tam amanter,
tam de me honorifice scriptae plurimum de dolore illo meo et
acerbitate minuerunt. Magnum te esse hominem oportet
qui ea [2] animi moderatione sis, ut obscurum homuncionem [3]
nullisque praecipuis meritis tibi commendatum a quo ne litera
quidem appellatus esses tam officiose complecti non dubitaveris.
Equidem quod de me scriptisque meis iudicium tulisti, etsi ab
amore potius benevolentiaque tua, quam a rei veritate profectum
sit, eo tamen iucundissimum fuit, quod tibi utcunque probari
non minus honestum mihi, quam fructuosum fore confidam. Quis-
nam vero ex ea re consuetudineque nostra fructus expectari
possit, trite ipse literis tuis significasti, cum mihi id quod ego
vehementer optabam, Vaticanos tuos illos thesauros sponte de-
tulisti. Quae res magno nobis usui ad eam Epiphanii Editionem
erit, quam et adornare iamdudum instituimus et sine vetustorum
authoritate codicum ac fide ne attingere quidem decrevimus.
quod si immortali tuo beneficio aliquid illius praesidii atque opis
comparatum fuerit, dabimus operam ut non frustra nos ad eam operam ac laborem cohortatus fueris. R. P. Jacobus Sirmondus Romam
e Gallia superiori mense profectus est. Ad eum itaque scripsi,
ut cum Vaticanis membranis Epiphanii atque Ammiani Marcel-
lini vulgatam editionem conferret, aut si minus ipse posset, rem

---

1) Nicolaus Alemannus, ein geborener Grieche, war als Nachfolger
des Ansideus vom 15. Dez. 1614—†4. Juli 1626 custos primarius der Vaticana.

2) nach ea ist hac von Petavius durchgestrichen.

3) hominem von Petavius durchgestrichen und homuncionem drüber
geschrieben.

idoneis hominibus ac minime imperitis committeret. Ἀλλ’ ὅπως σύ γε μὴ φθονήσειας ἡμῖν καὶ τὰ ἐπηγγελμένα ἐκτελῆ ποιήσειας. Vale, V. C. meque uti facis ama. Ego vicissim quae in rem tuam fore perspexero, praesertim orationibus apud deum meis, omni ope ac contentione perficiam. Lutetiae Parisiorum III Non. Oct. MDCXV.

Es scheint jedoch, daß weder Alemannus noch Sirmond die Versprechungen einhielten, die sie Petavius gegeben hatten. Man glaubt eine Spitze gegen sie beide durchzufühlen, wenn Petavius nachher in seiner Ausgabe, ohne sie zu erwähnen, schreibt, daß Andreas Schott ihm aus freien Stücken sein vorlängst[1] angefertigtes Verzeichnis der Varianten des Vaticanus zugesandt habe. Immerhin ist also Petavius in den Besitz einer Vergleichung der vatikanischen Handschrift gelangt, und man sieht aus Öhler, daß sie für die damalige Zeit sehr sorgfältig gemacht war.

Außer diesem codex hat Petavius noch eine Pariser Handschrift beigezogen. Sie hat er laut der Vorrede selbst eingesehen.

Nach achtjähriger Vorbereitung erschien Ende 1622 die Ausgabe samt Übersetzung. Wie es üblich war, suchte Petavius seine Verdienste durch Lästerung seiner Vorgänger, vor allem des Cornarius, ins rechte Licht zu rücken. Er forderte es damit heraus, daß ihm nun vorgerechnet wurde, wie viel seine angeblich neue Übersetzung und auch seine Textherstellung dem Cornarius verdankte.

Die Handschriften, die Petavius neben Oporins Ausgabe verwertete, sind unschwer wieder aufzufinden. Sein Pariser codex ist der heutige 833/835. Das bezeugt ein Eintrag auf dem ersten Vorsatzblatt des Paris. 833: eo codice usus est ad suam editionem Dyonysius Petavius, und bestätigt die Übereinstimmung der Lesarten.

Es genügt, die ersten Beispiele vorzuführen:

I 6 (= I 284, 29 Dindorf) notiert Petavius neben dem Text κατὰ διαδοχὴν τῶν παίδων παῖδες am Rand: Reg. διαδοχὴν παίδων παῖδες = P.

I 47 (= I 333, 7 Dindorf) neben ἀλήθεια [πρόσωπον] ἡ μία am Rand: Reg. ἀλήθεια ἡ μία = P.

---

1) Durch Franz Öhler, dem ein glücklicher Zufall das Exemplar des Andreas Schott in die Hände spielte, erfährt man (I 2 p. XIII seiner Ausgabe), daß die Vergleichung im Jahre 1597 angefertigt war.

I 223 (= II 208, 6 Dindorf) neben *κακίας γονὰς* am Rand:
Reg. *κακίας μονάς* = P.

Auch der Vaticanus ist ohne viel Umstände zu bestimmen.
Die vatikanische Bibliothek besitzt heute zwei Epiphaniuscodices:
den Vat. gr. 503 und den Urbinas 17/18. Von diesen scheidet
jedoch der zweite sofort aus. Denn die urbinatische Sammlung
ist erst nach der Zeit des Petavius, im Jahre 1657, der Vaticana
einverleibt worden. Der positive Beweis, daß Petavius oder vielmehr Andreas Schott, aus dem Vat. 503 schöpfte, ergibt sich
zwingend aus folgenden Stellen:

I 283 (= II 280, 7 Dindorf) neben *διδάγματα* am Rand:
Vet. (so ist hier wie oft statt Vat. verdruckt) *δήγματα*.
Nur der Vat. 503 liest so und zwar ist auch in ihm
δήγματα erst von einem Korrektor durch Rasur aus dem
überlieferten *διδάγματα* hergestellt worden.

I 291 (= II 289, 15 f. Dindorf) neben *καβαρβαριχὰ τὴν πόλιν*
am Rand: Vet. *καὶ Βαρβαριχὰ τὴν κώμην*. Diese Angabe scheint zunächst nicht ganz zu stimmen. Denn der
Vat. hat wie alle alten Handschriften *καφαρβαριχὰ τὴν
κώμην*. Aber hinter *κα* befindet sich eine kleine Rasur,
unter der man immer noch ein *ι* wahrnimmt. So erklärt
sich Schotts Lesung.

I 294 (= II 293, 25 Dindorf) neben *δέδεικται* am Rand:
Vet. *δέδεικται γάρ*. Nur der Vat. bietet dieses *γάρ*; es
ist dort von einem späteren Leser am Zeilenende hinzu-
geschrieben worden.

Auffallend ist nun aber, daß Petavius Lesarten des Vat. auch
da verzeichnet, wo er, wenigstens in seiner heutigen Beschaffenheit, versagt. Der Vat. 503 ist am Anfang verstümmelt und
reicht nur bis zum Schluß der haer. 46. Die Angaben des
Petavius überschreiten jedoch diese Grenzen nach beiden Seiten
hin. Es handelt sich um folgende Fälle:

I 1 (= I 279, 6 Dindorf) zu *τῆς ἑαυτοῦ δυνάμεως* am Rand:
Vet. *ἐμαυτοῦ*.

I 3 (= I 281, 10 Dindorf) zu *Ταραντινὸς* am Rand: V.
Ταραιγινός.

I 448 (= II 491, 22 Dindorf) zu *τρίτῃ ἑσπέρας* und *πέμπτῃ
ἑσπέρας* am Rand: Vet. *τρίτῃ ἑσπέρᾳ* und *πέμπτῃ ἑσπέρᾳ*.

I 641 (= III 44, 15 Dindorf) zu εἴληφα am Rand: V.
εἴληφαν.

I 877 (= III 322, 3 Dindorf) zu ἐπὶ σχήματος am Rand:
Vet. Reg. ἐπισχήματος.

I 971 (= III 429, 3 Dindorf) zu στερισχομένη am Rand:
Vet. περιεσχωμένη.

Die für einen Augenblick aufsteigende Hoffnung, daß Schott
den codex noch vollständiger gehabt hätte, als er jetzt vorliegt,
löst sich freilich rasch wieder auf. Die ganze Sache beruht
nur auf einer Verwechslung. Die Lesarten, die Petavius hier
dem Vaticanus zuschreibt, gehen in Wirklichkeit alle auf den
Parisinus zurück. Besonders belastend sind die Stellen I 3 und
I 971. Denn hier kommen Verderbnisse in Betracht, die der
Pariser Handschrift innerhalb der ganzen Überlieferung eigentümlich sind.

Man darf dieses Versehen wohl nicht nur dem Drucker in
die Schuhe schieben. Denn Petavius hat auch im übrigen Schotts
Vergleichung so nachlässig, so gedankenlos benutzt, daß die
Vorzüge des Vaticanus in keiner Weise zur Geltung kamen.
An der Hand von Öhlers Ausgabe mag man nachprüfen, welch'
jämmerliche Kleinigkeiten Petavius allein erwähnenswert gefunden
hat. — Auch mit seiner zweiten Handschrift hatte Petavius kein
Glück. Denn mit dem Parisinus 833/35 ist er gerade an den
allerminderwertigsten codex geraten. Was er aus ihm einsetzte,
ist abgesehen von den seltenen Fällen, in denen er Lese- oder
Druckfehler des Oporinus berichtigen konnte, nur Verschlechterung des Textes.

Aus den neuen Handschriften, die er heranzog, hat Petavius
also nicht viel Vorteil zu schöpfen vermocht. Wertvoll ist seine
Ausgabe nur durch die eigene Arbeit, die er in sie hineingesteckt
hat. Tatsächlich bleibt, auch wenn man alles abzieht, was er
stillschweigend von Cornarius und Oporinus übernahm, noch
ein redliches Teil für ihn übrig. Er hat auf eine Reihe von
Anstößen und Lücken im Text richtig aufmerksam gemacht
und mitunter auch einen brauchbaren Heilungsversuch vor-
getragen.

Nach Petavius kam lange keine neue Ausgabe zustande,
obwohl in der Folgezeit weitere Epiphaniuscodices bekannt
wurden. Dann brachte das 19. Jahrhundert gleich zwei auf

einmal, die von Franz Öhler 1859—61 und die von Wilhelm Dindorf 1859—62. Die handschriftliche Grundlage, auf der sie fußten, war bei beiden fast dieselbe. Dindorf wie Öhler stellten an die Spitze der Überlieferung den jetzt zum ersten Mal verwerteten Marcianus 125, der dem Text des Panarion in seiner vorderen Hälfte ein ganz neues Aussehen gab. Nur hatte Öhler, wohl um dem Nebenbuhler zuvorzukommen, das Eintreffen einer genauen Vergleichung des codex vor dem Druck nicht abgewartet und war darum genötigt, den wichtigsten Stoff in den Addenda nachzutragen. Dem Jenensis und dem Parisinus trat bei ihnen noch ein Rehdigeranus zur Seite, den beide jedoch mit Recht geringer als den Jenensis einschätzten. Um den Vaticanus sich zu bemühen, hielten sie offenbar für aussichtslos. Immerhin war Öhler in der Lage, aus Schotts Exemplar die Angaben des Petavius zu vervollständigen.

Das Verwandtschaftsverhältnis der Handschriften haben beide nur in den allgemeinsten Umrissen festgestellt. Daß der Jenensis, der Rehdigeranus und der Parisinus zusammen eine Gruppe bilden, innerhalb deren dem Jenensis der höchste Wert zukommt, ist ihnen nicht entgangen. Wie jedoch die einzelnen codices des Näheren zu einander stünden, darüber begnügen sie sich mit Vermutungen. Beide halten es für höchst wahrscheinlich, daß der Rehdigeranus aus dem Jenensis herstamme (Öhler I 2 p. XI, Dindorf III p. IX); Dindorf wagt einmal noch die weitere Behauptung, daß der Parisinus wieder aus dem Rehdigeranus geflossen sei (III p. IX); aber einen strengen Beweis dafür zu erbringen, hielten sie nicht für der Mühe wert. Es beleuchtete die ganze Unsicherheit ihrer Aufstellungen, daß Wendland in seiner Aristeasausgabe (p. 88 n. 3) wieder daran irre werden konnte, ob der Rehdigeranus wirklich auf den Jenensis zurückgehe. Hinsichtlich der älteren Handschriften hat Öhler bemerkt, daß der Marcianus mit dem Vaticanus verwandt sei (I 2 p. X), jedoch keine genauere Untersuchung angestellt und die dringlichste Frage, ob etwa ein Zusammenhang zwischen den älteren und den jüngeren codices bestünde, hat er ebenso wie Dindorf völlig unangerührt gelassen.

Ist demnach schon bei den früher bekannten Handschriften die Arbeit nicht erledigt, so erschöpft auch ihre Zahl das in Betracht kommende Material nicht vollständig. Vier neue co-

dices, die entweder den Ancoratus oder das Panarion oder beides
enthalten [1], waren noch aufzufinden:

Urbinas 17/18,

Angelicus 94,

Genuensis [2] 4,

Laurentianus plut. VI n. 12 (zu ihm gehört als Anhängsel
der Laurentianus plut. LIX n. 21).

Die Gesamtzahl der Handschriften, soweit sie die ketzer-
bestreitenden Werke des Epiphanius bringen, ist somit auf 9 ge-
stiegen. Sie lassen sich zunächst rein äußerlich in eine ältere
(Vaticanus 503, Genuensis 4, Marcianus 125, Urbinas 17/18) und
in eine jüngere (Jenensis, Rehdigeranus 240, Angelicus 94, Parisinus 833/35, Laurentianus plut. VI n. 12) Gruppe scheiden. Ob
dieser Einteilung auch eine sachliche Gliederung entspricht, muß
erst die nachfolgende Untersuchung lehren.

I. Die Gruppe der älteren Handschriften.

1. Der Vaticanus 503.

Der Vaticanus 503 (= V) ist der älteste Epiphaniuscodex,
den wir besitzen. Eine Pergamenthandschrift, wohl noch aus
dem Anfange des 9. Jahrhunderts, die auf 269 gezählten Blätter
das erste Buch des Panarion (bis zum Schluß der h. 46) überliefert.

Die Maße sind: 32,7 × 23,4; Schreibraum 25 × 16. Der
Text ist in zwei Kolumnen geteilt; jede 6,2 breit; 27—30 Linien
auf der Seite, zu 17—19 Buchstaben. Liniert ist auf der Fleischseite; die Striche sind jedoch nicht herübergezogen. Randlinien
sind oben und links an der Seite vor jeder Kolumne angebracht.

Die Schrift ist prachtvolle alte Minuskel. Majuskel ist nur
bei den Über- und Unterschriften verwendet. Die Verzierungen
(Leisten einfacher Art, Initialen) sind nur mit Tinte ausgeführt.
Spiritus und Accente fehlten im ursprünglichen Text fast durch-

---

1) Die Handschriften, die nur Bruchstücke überliefern, lasse ich außer
einigen besonders wichtigen vorläufig bei Seite.

2) Ich muß die schlechtere Form wählen, da J für den Jenensis unentbehrlich ist.

gängig. Erst ein Korrektor hat sie aufgesetzt. Dieselbe Hand hat auch gelegentlich ein Jota beigeschrieben und die sehr zahlreichen Itazismen verbessert.

Die 269 Blätter zerfallen in 34 Lagen; davon sind die 33 ersten Quaternionen; die letzte ist ein Ternio; doch ist hier das erste Blatt (zwischen 264 und 265) verloren gegangen. Die Quaternionen sind regelrecht geschichtet, Fleischseite außen und innen.

Aus der Wahl eines Ternio für die letzte Lage sieht man bereits, daß die Handschrift wirklich da endigen sollte, wo sie heute aufhört. Dagegen ist sie am Anfang stark verstümmelt. Der Text auf f. 1ʳ beginnt mit den Worten: σατε τὰ ἔθνη (= I 336, 18 [1]). Wie viel ursprünglich voranging, läßt sich vermöge der Quaternionenzahlen genau berechnen. Die Nummern finden sich auf der ersten Seite rechts oben. Außerdem ist der Beginn einer neuen Lage jedesmal noch dadurch gekennzeichnet, daß auf der ersten Seite, im Schnittpunkt der obersten wagrechten und der 4 senkrechten Linien, 4 Kreuze gemalt sind. Abgesehen von der letzten Lage, deren erstes Blatt heute fehlt, sind die Ziffern überall erhalten. Sie gehen von ζ̄ bis λη̄. Fünf Quaternionen sind also verloren gegangen. Da nun ein Quaternio von V im gewöhnlichen Text etwa 12, wo viele Überschriften vorkommen, etwa 15 Dindorfseiten entspricht, so reicht der Raum von 5 Quaternionen gerade aus für den mangelnden Anfang des Panarion (= 73 Dindorfseiten). Dadurch ist sichergestellt, daß unsere Handschrift mit dem Panarion und nicht etwa mit dem Ancoratus einsetzte.

Von den vermißten 40 Blättern hat sich jedoch ein Teil anderweitig erhalten. Dem Spürsinn G. Mercatis ist es gelungen, 8 davon in dem cod. Vat. lat. 128 wieder aufzufinden. Sie waren dort als Schutzblätter verwendet. Heute sind sie an ihrer richtigen Stelle, vorn im Vat. 503, eingeklebt und mit den Buchstaben A—H bezeichnet. A gibt den Text I 297, 23—299, 21 (Ἰσαὰκ καὶ Ἰακὼβ — τετάρτην ἀριθμοὺς), B von I 303, 8—305, 4 (ἀγνοίᾳ φερόμενοι — τὰ τῶν πέλας ἄπο), C—H schließen sich an einander an; sie enthalten zusammen das Stück I 310, 17—320, 13 (ἐκοινώθησαν οἱ ἄγγελοι — ἐν τῷ οὐρανῷ). Der Text ist freilich nicht überall lesbar. Einzelne Seiten (Dʳ und E) sind

---

1) Die Nachweise sind überall nach Dindorf gegeben.

so kräftig geschabt worden, daß kaum eine Spur der Buchstaben
übrig geblieben ist.

Über seine Herkunft und Geschichte gibt der Vaticanus
keinerlei Auskunft. Etwaige Einträge, die sich auf den ersten
Blättern befanden, sind mit diesen dahingegangen[1]. Am Schluß
der Handschrift ist vielleicht ein wertvoller Vermerk beseitigt
worden. Der codex endigt auf f. 269ᵛ folgendermaßen. Nach den
letzten Worten des Textes (τοῦ θεοῦ δυνάμει σπεύσωμεν) kommt
zunächst eine Leiste, dann ist eine ganze Zeile ausradiert. Darunter hat in einem Abstand von 6 Linien eine moderne Hand
geschrieben: finis codicis cum pagina CCCXCV. Daß hier radiert
ist, macht die Sache verdächtig. Eine harmlose Jahreszahl oder
der Name eines Schreibers wäre wohl nicht getilgt worden.
Man vermutet daher zuerst, daß der Name eines früheren
Besitzers entfernt wurde. Indes ist es nicht nur ebensogut
möglich, sondern nach Maßgabe der mit V verwandten Handschriften sogar wahrscheinlicher, daß auf der beseitigten Linie
eine — vielleicht irrtümliche — Angabe über den Inhalt des
codex stand. Im Marcianus 125 liest man nämlich an der entsprechenden Stelle: τέλος εἴληφεν πανάριον βιβλίον, obwohl
auch dieser codex nicht das ganze Panarion enthält. Wenn die
Unterschrift im Vat. ähnlich lautete, so kann sie in bester Absicht gelöscht worden sein.

An dem Text der Handschrift ist mehrfach gebessert worden.
Zuvörderst kam ein mit dem Schreiber gleichzeitiger Leser —
ich nenne ihn im folgenden schlechtweg den Korrektor — darüber,
der den ganzen codex aufs gründlichste durchnahm. Seine Hand
ist, obwohl der ersten sehr ähnlich, doch in den meisten Fällen
sicher zu erkennen. Schon die hellere Farbe der Tinte läßt
den Unterschied hervortreten. Von seiner Bearbeitung muß
nachher eingehend die Rede sein.

Auf ihn folgte, aber in ziemlichem zeitlichem Abstand ein
Leser, der im kleinen allerlei gefeilt hat. So stellt er z. B. I 311, 3
ἠσαίου aus ἠσαία her, I 337, 19 εὑρίσκει τε aus εὑρίσκεται,
II 62, 5 ἀπειρώδινον aus ἀπειρώδυνον, II 119, 33 λεξιθηροῦσι

---

1) Man lasse sich nicht täuschen durch die alten Nummern, die auf
den Blättern A—H stehen. Sie gehören nicht zur Geschichte unseres
codex, sondern zu der des Vat. lat. 128.

aus λέξεσι θηροῦσι. Etwas weiter geht es, wenn er II 292, 29 γαλήνης ausradiert und dafür λαγνείας einsetzt oder II 78, 19 ein den Sinn wesentlich veränderndes καὶ γὰρ vor μετὰ τὸ γεγεννηκέναι hineinflickt.

Vielleicht ist es dieselbe Hand, wahrscheinlicher jedoch eine dritte, die eine Anzahl von Bemerkungen an den Rand ge-schrieben hat, meist nur in der Absicht, gewisse Dinge in der Erzählung des Epiphanius noch besonders hervorzuheben: II 25, 2 unten ὁ Βασιλείδης τὸν Σίμωνα τὸν Κυρηναῖον λέγει ἀντὶ Χριστοῦ ἐσταυρῶσθαι οὗ τὴν πλάνην ἔσχεν τὸ γένος τοῦ Ἰσμαήλ; II 34, 19 ℮ τί τὸ προυνεικεῦσαι; II 275, 18 ὁ Ἰούδας διάβολος, ὁ Κάϊν πατὴρ καὶ ψεύστης, ὁ διάβολος τούτου πατὴρ καὶ ψεύστης; II 290, 29 περὶ βίβλων ἀλλογενῶν usw.

Nicht erst diese Leser haben jedoch in die durch den Vaticanus laufende Epiphaniusüberlieferung eingegriffen. Schon die vom Schreiber übernommene Textform trägt deutliche Spuren einer früheren Bearbeitung an sich. Dem ist zuerst nachzu-gehen.

Den besten Einblick in die Vorgeschichte unserer Hand-schrift eröffnet der kleine Abschnitt über die Nazoräer (I 338, 10—17), der in den Ausgaben an den Schluß der Einleitung des Panarion angehängt ist. Das Stück nimmt sich im Vaticanus (f. 2ʳ erste Kolumne) seltsam genug aus. Der vorangehende Absatz endigt mit den glatt geschriebenen Worten: προϊὼν δὲ ἐφεξῆς τὰς μετέπειτα τῷ βίῳ ἐπιφυείσας . . δόξας ὁμοίως διαγορεύσω, ἤδη τὰς . . . . . γενομέας πρὸ τῆς τοῦ κυρίου παρουσίας καὶ ἕως αὐτοῦ τοῦ χρόνου μετρίως ἀπαριθμησά-μενος: ταῦτα ἔν τισιν οὐκ ἔγκειται.

Dann folgt, nach oben und unten durch ein Band abge-grenzt, der in Majuskel geschriebene Text (die bei Dindorf und Öhler gedruckte Überschrift περὶ Ναζωραίων ἤτοι Χρι-στιανῶν fehlt in V):

Ναζωραίων ὅ ἐστιν Χριστιανισμὸς ἐν ὀλίγῳ χρόνῳ κληθεὶς ὑπὸ τῶν Ἰουδαίων καὶ ὑπ᾽ αὐτῶν τῶν ἀποστόλων λέγοντος Πέτρου Ἰησοῦν τὸν Ναζωραίων ἄνδρα ἀποδεδειγμένον καὶ τὰ ἑξῆς ὕστερον δὲ ἀπὸ Ἀντιοχείας ἀρξάμενος καλεῖσθαι Χριστια-νισμός. ἔστιν δὲ φύσει αἵρεσις Ναζωραίων περὶ ὧν καθεξῆς λέξωμεν κατὰ τὸν καιρὸν τῆς ἀκολουθ‖ίας.

Das Schlußwort ἀκολουθίας steht auf der vorletzten Linie

der Kolumne; die letzte ist durch die untere Grenzleiste ausgefüllt. Auf der zweiten Kolumne oben geht, unter einer etwas
kunstreicheren Verzierung, der Text sofort weiter mit *Τάδε ἔνεστιν*
καὶ ἐν τούτω τῷ δευτέρω τόμω κτέ.

Die hier gegebene Auseinandersetzung über die Nazoräer
berührt sich sachlich und z. T. auch dem Wortlaut nach mit
Bemerkungen, die Epiphanius in seine ausführliche Darstellung
(h. 29) eingeflochten hat (vgl. II 80, 9 ff., 84, 3 ff., 85, 10 ff.).
Dennoch ist kein Zweifel, daß unser Stück nicht von Epiphanius
selbst herrührt. Es unterbricht vor allem den Zusammenhang
in der störendsten Weise. Im vorausgehenden Satz hat Epiphanius mit der bei ihm stehenden Wendung angekündigt, daß
er jetzt zu den nach Christus aufgetretenen Sekten übergehen
wolle (1 338, 4 *προιὼν δὲ ἐφεξῆς τὰς μετέπειτα τῷ βίῳ ἐπι-*
φυείσας ἐπὶ κακῇ προφάσει δόξας ὁμοίως διαγορεύσω). Zwischen
dieser Überleitung und dem nachfolgenden zweiten Tomos hat
keine weitere Erörterung Platz. Aber auch die sprachliche Form
beweist die Unechtheit. Der Stil dieser Sätze ist ein hilfloses
Gestammel, wie es auch Epiphanius sich nie erlaubte. Man
überlege sich nur den Bau des ersten Satzes. So schreibt ein
Leser, der ohne viel Achtsamkeit auf den Ausdruck eine Anmerkung an den Rand kritzelt, aber nicht der Verfasser eines
Buchs. Diejenigen Handschriften, in denen der Absatz fehlte
(*ταῦτα ἔν τισιν οὐκ ἔγκειται*), vertraten darum sicher die richtige
Überlieferung.

Auf Grund dieser Feststellung lassen sich nun aus dem angegebenen Tatbestand zwei Vorstufen unserer Handschrift ablesen: eine, auf der der unechte Zusatz in den Text herein-
kam, und eine andere, auf der ein kundiger Mann den Versuch
machte, ihn wieder auszumerzen.

Die Art, wie unser Schreiber (oder einer seiner Vorgänger)
diesen Versuch behandelt hat, verdient noch eine besondere
Beleuchtung. Er wählt für das Stück Majuskel. Das heißt, er
betrachtet es als eine Über- oder Unterschrift. Wie er zu dieser
merkwürdigen Auffassung kam, läßt sich noch erraten. In seiner
Vorlage war der Absatz als unecht eingeklammert. Der Schreiber
verstand die Klammer falsch, er hielt sie für eine Umrahmung,
für ein Zeichen der Hervorhebung. Dann gehörte allerdings die
Majuskel her. Auch das beigeschriebene: *ταῦτα ἔν τισιν οὐκ*

ἔγκειται hat dem Blinden die Augen nicht geöffnet. Er fügte es harmlos dem Text bei.

Zunächst vor unserem codex — ich sehe von den Zwischengliedern ab, die bloße Abschriften sind — liegt also ein Exemplar, das ein gebildeter Leser in Händen gehabt hat. Die Nazoräerstelle ist jedoch nicht die einzige, an der er einen Eingriff unternommen hat. Durch den ganzen Vaticanus hindurch findet man nämlich doppelte Lesarten im glatten Text geschrieben, deren eine immer auf unseren Gelehrten zurückweist.

Die beiden schlagendsten Beispiele seien vorangestellt.

f. 150ʳ (= II 224, 8 ff.) liest man den Satz: τὸ μέντοι γράμμα αὐτὸ τὸ ἦχος τῶ ἤχει, οὗ ὁ ἦχος ἦν συνεπακολουθῶν τῶ ἤχω καὶ τῶ (lies κάτω), ὑπὸ τῆς συλλαβῆς τῆς ἑαυτοῦ ἀνειλῆφθαι ἄνω λέγειν (lies λέγει). Wie das zu verstehen ist, ist ohne weiteres deutlich. Die Worte τὸ ἦχος τῶ ἤχει sind eine Randglosse eines Attizisten, dem der Wechsel des Genus in dem nachfolgenden Satz ὁ ἦχος — τῶ ἤχει aufgestoßen war.

Ganz derselben Art ist der zweite Fall.

f. 246ʳ (= II 376, 18 ff.) heißt es: ἀνατρεπόμενοι διὰ τῆς λογίως παρ' αὐτοῦ ἀναγνωσθείσης τοῦ βωμοῦ ἐπιγραφῆς τῆς ἀντὶ ἀγνώστω ἐπιγεγραμμένης τῶ θεῶ ἀγνώστως. Auch hier ist offenkundig, daß eine Randbemerkung in den Text geraten ist. Der Satz hatte einmal gelautet: . . . τῆς ἐπιγεγραμμένης τῶ θεῶ ἀγνώστως. Das war in der Form verbessert worden: ⌁ ἀγνώστω ἀντὶ ἀγνώστως. Der Abschreiber fand es jedoch richtig, den Fleck neben das Loch zu setzen.

Dazu nehme man noch folgende Stellen[1]; sie sind nur Proben aus einem reicheren Stoff:

f. 166ᵛ (= II 249, 28 f.) δῆθεν μείζονα φαντασίαν ἐμπειρίαν, ὡς ἄνωθεν ἤκων, μηχανώμενος.

f. 178ʳ (= II 266, 23 f.) ἕκαστος ἀσπάζεται τὸν ὄφιν ἐκ στόματος ἤτοι εἴτε γοητεία τινὶ ἐπασθέντος τοῦ ὄφεως.

f. 182ʳ (= II 273, 22 f.) ἵνα ἐν αὐτῶ ἐπιτελεσθῆ ἐνεργηθῆ δύναμις ἰσχυρά.

---

1) In den meisten dieser Fälle hat der »Korrektor« — geschickt und ungeschickt — eingegriffen. Ich gebe überall den ursprünglichen Text.

f. 186^r (= II 280, 2) *τόπος ὁ τῆς ἀπωλείας, οὗ ἔνθα ἔσχεν ἀντὶ μερίδος μερίδα.*

f. 186^v (= II 281, 12f.) *οὕτω τε πεποιηκέναι ἀποκτανθῆναι τὸν Ἄβελ ὑπὸ τοῦ Κάϊν ἀποκτανθῆναι τὸν Κάϊν μόνον.*

f. 191^r (= II 287, 11f.) *ἐτόλμησεν εἰς τὸν ἑαυτοῦ δεσπότην φθέγξασθαι ἐρίσαι βλάσφημον τινὰ λόγον.*

f. 196^v (= II 296, 7f.) *τὸ γλωσσόκομον αὐτοῦ ἐβάσταζεν εἶχεν.*

f. 202^r (= II 304, 16f.) *οὐκ ἐδέξατο τοῦ καινοῦ καὶ ἁγίου καὶ ἐπουρανίου μυστηρίου τὸ τῆς ἐλπίδος κήρυγμα χώρημα.*

f. 208^v (= II 314, 25f.) *ὡς δὲ ἠκρωτηρίασται περιέσπασται μήτε ἀρχὴν ἔχον μήτε μέσα μήτε τέλος.*

f. 238^r (= II 363, 5f.) *τῶν μὴ παραιτησαμένων φιλονικησάντων καταδέξασθαι τὴν διὰ τῆς χάριτος αὐτοῦ ... σωτηρίαν.*

f. 242^r (= II 369, 29f.) *τίς δέδωκεν τίς δεδωκέναι κόρακι βοράν.*

f. 248^v (= II 380, 20f.) *τοῦ θνητοῦ ἐνδυομένου ἀθανασίαν καὶ τοῦ φθαρτοῦ ἀφθάρτου ἀφθαρσίαν.*

Eine Besprechung des Einzelnen ist wohl nicht nötig. Es leuchtet von selbst ein, daß überall eine verderbte (oder für verderbt gehaltene) und eine berichtigte Lesart neben einander stehen.

So führen diese Stellen gleichermaßen die frühzeitige Verschlechterung des Epiphaniustextes vor Augen, wie sie den Umfang der Bemühungen unseres Gelehrten erkennen lassen. Denn man darf die Herstellungsversuche unbedenklich auf denselben Mann zurückführen, der im Nazoräerabschnitt das *ταῦτα ἔν τισιν οὐκ ἔγκειται* an den Rand gesetzt hat. Das bestätigt auch das Verhalten des Abschreibers. Er ist in den eben vorgeführten Fällen genau so gedankenlos verfahren, wie bei der Bemerkung zum Nazoräerabsatz. Dann wird er auch wohl das eine wie das andere von derselben Hand geschrieben in seiner Vorlage vorgefunden haben.

In ihrer Gesamtheit stellen diese fortgehenden Verbesserungen eine regelrechte Bearbeitung des Textes dar. Schon der erste Text, den wir jetzt in V lesen, ist also nicht ein natürlich gewachsener, sondern bereits ein attizistisch gereinigter. Ob der Gelehrte, der ihn herstellte, dabei eine Handschrift verwertete — eine Annahme, zu der das ταῦτα ἔν τισιν οὐκ ἔγκειται Anlaß geben könnte —, wird man allerdings billigerweise bezweifeln. Es findet sich kein Fall weder unter den aufgeführten noch sonst im Vaticanus, wo der Änderungsvorschlag sich nicht als bloße Vermutung begreifen ließe.

Der schon einmal durchgenommene Text ist nun aber in unserer Handschrift selbst durch den »Korrektor« einer erneuten Bearbeitung unterworfen worden. Sie war noch viel gründlicher als die frühere. Fast auf jeder Seite im Vaticanus trifft man ihre Spuren und häufig handelt es sich um Eingriffe der schwersten Art.

Der Korrektor hat zunächst Schreibfehler, Itazismen und vulgäre Formen mit peinlicher Sorgfalt ausgemerzt. Er verbessert durchgängig Dinge wie χυδέον, καταλελύπαται, γονημοτάτην, ἀκρεφνὲς, προκριταῖοι, ἐπιμιξείας, ἑρμηνία, Σαμάριαν. Gelegentlich schießt dabei sein Eifer über das Ziel hinaus: so ändert er II 187, 29 καταληφθήσεται in καταλειφθήσεται, wo die ursprüngliche Lesart die richtige war. Er tilgt aber auch regelmäßig das μ in ἀνελήμφθη, κατάλημψιν, ἀκατάλημπτος, das ν in συνζυγία; er schreibt ἀνονόμαστος statt ἀνωνόμαστος; er beseitigt Formen wie ἄνδρεσιν, Δίαν, εἴωθαν, ἀπαρτηθῆναι. Selbst auf die Art des Absetzens hat er geachtet: f. 266ᵛ will er anstatt συν-ακμάσας vielmehr συ-νακμάσας getrennt haben.

Man merkt schon daraus, daß der Korrektor strenger Attizist ist. Es erregt daher keine Verwunderung, daß er auch den Stil des Epiphanius allenthalben schulmeistert, unpassend scheinende oder gemeine Worte durch gewähltere ersetzt, abgerissene Sätze glättet, Undeutlichkeiten behebt u. ä. Dabei fällt aber eine merkwürdige Abstufung in der Einführung dieser Änderungen auf. Einen Teil seiner Verbesserungen trägt der Korrektor ohne weiteres in den Text ein oder er schreibt sie mit dem gewöhnlichen Verweisungszeichen an den Rand, die andern kennzeichnet er durch ein vorgesetztes ⸓. Der Zahl nach stehen sich die Fälle der einen und der andern Art ziemlich gleich.

Beispiele, in denen ⸓ steht, sind:
f. 15ᵛ (= II 26, 20f.) ἀποκαλύπτει δὲ τῇ ἑαυτοῦ σχολῇ; dazu am Rand ⸓ φατρία.

f. 17ʳ (= II 29, 13) βιασάμενος εἰς φόνον, a. R. ℔ θάνατον.

f. 23ᵛ (= II 39, 20) zu καὶ πρῶτον καὶ δεύτερον καὶ τρίτον, unten a. R. ℔ οὐχ ἅπαξ οὐδὲ δὶς ἀλλὰ πολλάκις.

f. 26ᵛ (= II 43, 25) μεταλαμβάνοντες τὴν ἑαυτῶν αἰσχρό- τητα, a. R. ℔ ἀκαθαρσίαν.

f. 28ʳ (= II 46, 13 f.) ὡς δονούμενος κάλαμος ὑπὸ ἑκάστης ἀνθρώπων ἐξουσίας, a. R. ℔ ὑποκρίσεως καὶ ἀπάτης.

f. 52ᵛ (= II 83, 10 f.) τοῦ δὲ σπέρματος Δαβὶδ κατὰ τὴν Μαριὰμ καθεζομένου ἐν θρόνω, a. R. ℔ διά.

f. 60ʳ (= II 94, 4) ἀποσχέσθαι τῆς κατὰ τῶν ἀποστόλων ἐπηρείας, a. R. ℔ ἐπιβουλῆς.

f. 66ᵛ (= II 103, 11) ἴσχυσεν προστήσασθαι ἐκκλησίας, a. R. ℔ οἰκοδομῆσαι.

f. 70ʳ (= II 108, 18) ὡς ἕνα τῶν ἀρχαγγέλων καὶ ἔτι περισ- σοτέρως, a. R. ℔ μείζονα δὲ αὐτῶν ὄντα.

f. 80ᵛ (= II 122, 29) ἐκεῖνοι γὰρ ἀδαεῖς ὄντες, a. R. ℔ βραχεῖς.

Ohne weiteres ist dagegen die Verbesserung in den Text)der an den Rand gesetzt in:

f. Cʳ (= I 311, 4) παραδόσει τῇ προαχθείσῃ παρ᾽ αὐτοῖς, dazu a. R. φθασάσ⟨η⟩ αὐτούς.

f. Gʳ (= I 317, 15 f.) hinter κλαπῆναι δι᾽ὀνειράτων ein κλο- πὴν angeflickt.

f. Hʳ (= I 318, 12) μετονομασταῖον geändert zu μετωνόμα- σται οἷον.

f. 9ᵛ (= II 16, 19) ὡς προεῖπον ausradiert, dafür φησιν geschrieben.

f. 12ᵛ (= II 21, 22) ἐκ ταύτης δὲ παρελθὼν geändert zu ταύτην δὲ παρελθών.

f. 13ᵛ (= II 22, 26) διηγούμενος geändert zu ὑφηγούμενος.

f. 16ʳ (= II 27, 16) ἐξ ὑπαρχῆς geändert zu ἐξ ἀρχῆς.

f. 22ᵛ (= II 37, 18) ἐκ δύο geändert zu διὰ τῶν δύο.

f. 25ᵛ (= II 42, 13) in dem Satz ὅμως οὐδὲ παρελθεῖν δυ- νήσομαι, ἀλλὰ ἀναγκάζομαι ἐξειπεῖν hinter ὅμως ein ἐπεὶ drüber geflickt und ἀλλὰ zu ὅλα geändert.

f. 28ʳ (= II 46, 3 ff.) in dem Satz ἀλλὰ ἐπὶ τοὺς οὕτως εὑρήσειν τὸν Ἰωάννην νομίσαντας... ἡ ἀναγωγὴ das ἡ ἀναγωγὴ durchgestrichen.

f. 31ᵛ (= II 51, 31) τάγμα geändert zu πρᾶγμα.

f. 33ᵛ (= II 54, 14) *καὶ ἀναστρέψαι εἰς αὐτήν*, dazu a. R. *ἀνελκύσαι.*

f. 42ᵛ (= II 68, 22) in *ἐπὶ τὸ τοῦ Χριστοῦ κήρυγμα* das *ἐπὶ* durch *διά* ersetzt.

f. 80ʳ (= II 122, 3) *βιβρῶσκον* getilgt und dafür *κατεσθίον* an den Rand geschrieben.

f. 97ʳ (= II 147, 11 f.) *ἕως δὲ ἐνταῦθα* geändert zu *ἕως δὲ· τούτου.*

Die Frage, was dieser Unterschied etwa bedeuten mag, kann erst gestellt werden, wenn man die ganze Arbeit des Korrektors übersieht. Denn der Korrektor hat sich nicht mit Änderungen der vorgeführten Art begnügt, wie sie jeder Attizist anzubringen für Pflicht hielt, sondern dazu noch den in der Handschrift überlieferten Text fortwährend durch größere und kleinere Nachträge bereichert. Dafür vorläufig nur ein paar Proben.

f. Hᵛ (= I 320, 3) macht er hinter *τὸ φαύλων ἐφίεσθαι πραγμάτων* oben am Rand den Zusatz: *ἆρα τοίνυν ἔσφαλται ἡ διάνοια τῶν γένεσιν εἶναι νομισάντων καὶ μάλιστα φαρισαίων.*

f. 9ᵛ (= II 15, 29 f.) wo der codex hat *τὸ δὲ κάτωθεν καὶ αὐτὸν φάσκει ... ἐληλυθέναι* setzt er hinter *κάτωθεν* a. R. bei: *πᾶν τὸ ὑπὸ τῶν ἀγγέλων πλασθὲν ἐνταῦθα αὐτοῖς καταλιμπάνεσθαι. Χριστὸν δέ.*

f. 14ʳ (= II 24, 12) fügt er in dem Satz *καὶ αὐτὸν ὑπὲρ ἀγγέλων αὐθαδέστερον, ἐξαγαγεῖν δὲ τοὺς υἱοὺς Ἰσραήλ* hinter *ὑπὲρ* ein: *ασπίζειν τούτων, εἶναι δὲ αὐτὸν πάντων τῶν.*

f. 14ᵛ (= II 25, 9) wo der codex hat, *ἐκεῖνον ... μεταμεμορφωκέναι εἰς τὸ ἑαυτοῦ εἶδος καὶ ἑαυτὸν εἰς τὸν Σίμωνα εἰς τὸ σταυρωθῆναι* fügt er hinter *Σίμωνα* ein: *ἀντὶ δὲ ἑαυτοῦ παραδεδωκέναι αὐτόν.*

Wie sind diese Zusätze zu beurteilen? Entstammen sie dem eigenen Kopf unseres Gelehrten oder sind sie aus einer vollständigeren Überlieferung geschöpft? Diese Frage bildet einen Angelpunkt der Textkritik des Epiphanius.

Man kann sie entscheiden, ohne noch andere Handschriften beizuziehen und ohne sich allzu tief auf sachliche Erörterungen einzulassen.

Zuvörderst ist bei einem nicht geringen Teil der Nachträge wahrzunehmen, daß ihr Schlußwort mit der Ansatzstelle des Textes zu einer Gleichendung sich vereinigt.

f. 29ʳ (= II 48, 7) ist *καὶ ἅπερ ἡμεῖς ἐσθίομεν* eingefügt hinter *ἦν συλλέγοντες ἐσθίομεν*.

f. 75ᵛ (= II 115, 22) *πάσχα δὲ τῶν Ἰουδαίων* hinter *τὸ πάσχα τῶν Ἰουδαίων*.

f. 120ᵛ (= II 180, 12) *πεποιηκέναι. ὁ δ'ἔμπειρος τῆς Ὁμηρι- κῆς ὑποθέσεως* hinter *ἐπὶ ταύτης τῆς ὑποθέσεως*.

f. 260ᵛ (= II 400, 28) *τὰ φύσει ἐξ αὐτοῦ εἰρημένα καὶ ποῖά ἐστι* hinter *ποῖά ἐστι*.

Schon aus diesen Fällen ergibt sich, daß der Korrektor nach einer Handschrift arbeitete. Kein byzantinischer Gelehrter wäre imstande gewesen, eine von ihm empfundene Härte des Textes so anmutig zu beseitigen, daß zugleich der Ausfall der einge- setzten Worte als höchst begreiflich erschien. Versuchen es doch auch die Heutigen zumeist vergeblich, ein derartiges Kunst- stück fertig zu bringen.

Ebenso unzweideutig hinsichtlich ihres Ursprungs sind die Nachträge, in denen hebräische Sprachkenntnisse zum Vorschein kommen; z. B.:

f. 24ʳ (= II 40, 8ff.) ist hinter *καββᾶ γὰρ ἑρμηνεύεται πορ- νεία κατὰ τὴν Συριακὴν διάλεκτον* hinzugefügt: *φονο- κτονία δὲ κατὰ τὴν Ἑβραϊκήν*.

f. 86ᵛ (= II 131, 21ff.) hinter *τὸν Νῶε ἑρμηνευόμενον ἐν ἀληθείᾳ* zugesetzt: *Νῶε γὰρ ἀνάπαυσις ἑρμηνεύεται*.

Auch in diesem Fall darf man zuversichtlich aussprechen, daß ein Einschub dieser Art über die Kraft eines Byzantiners gegangen wäre. Es gab ja zahlreiche Wörterbüchlein, in denen hebräisch-biblische Ausdrücke griechisch erklärt wurden. Aber eine Belehrung, wie die an der ersten Stelle vorgetragene, war aus ihnen nicht zu entnehmen. Und beide Mal lag im Zusammen- hang keinerlei Notwendigkeit vor, überhaupt etwas einzuschalten. Wie hätte da ein Späterer darauf verfallen sollen, von sich aus den Text durch solche Zusätze zu erweitern!

Den festesten Boden hat man an denjenigen Stellen unter den Füßen, wo Epiphanius ein Stück aus einem anderen Kirchenvater in seine Darstellung aufgenommen hat. Hier be- währt es sich aber überall, daß die Ergänzungen des Korrektors

durch den von Epiphanius benutzten Text gedeckt werden. Und
doch ist nicht von ferne daran zu denken, daß der Korrektor
für seine Arbeit die betreffenden Schriftsteller selbst nachge-
schlagen hätte. Irenäus eignet sich am besten zur Veranschau-
lichung.

f. 98ᵛ (= II 148, 11) flickt der Korrektor in dem Satz: τίς
εὐκόλως δυνήσεται τοῦτον δοκιμάσαι hinter τοῦτον ein
ἀκεραίως hinein. Der Lateiner bestätigt das Wort (Harvey I 4): quis facile poterit rudis cum sit hoc probare.

f. 106ʳ (= II 159, 12) steht in V der verstümmelte Satz
ταύτην σύστασιν ἐξ ἧς ὅδε ὁ κόσμος συνέστηκεν. Der
Korrektor trägt dazu, als hinter σύστασιν einzusetzen
nach: καὶ οὐσίαν τῆς ὕλης γεγενῆσθαι λέγουσιν. Ebenso
hat der Lateiner (H. I 35): eam collectionem et substantiam
fuisse materiae dicunt ex qua hic mundus constat.

f. 107ʳ (= II 160, 22) hat V ἀπίθανον γὰρ . . . τὰ μὲν
ἁλμυρὰ τὰ δὲ γλυκέα, τὰ μὲν εἶναι ἀπὸ τῶν δακρύων κτέ.
Der Korrektor fügt hinter γλυκέα ein: ὕδατα ἐξ αὐτῶν
προελθεῖν. τοῦτο δὲ πιθανώτερον. Im Lateiner (H. I 37)
liest man damit übereinstimmend: non est enim suadibile . . .
alteras quidem salsas, alteras dulces aquas ex iis exisse.
hoc autem magis suadibile, alteras quidem esse a lacrymis etc.

f. 109ʳ (= II 163, 7) setzt der Korrektor an ein verloren
dastehendes καὶ ἄνθρωπον die Worte an: πεπλακέναι,
μὴ εἰδότα τὸν ἄνθρωπον. Der Lateiner (H. I 45) enthält dasselbe: et hominem plasmasse, ignorantem hominem.

f. 113ᵛ (= II 170, 7) wird vom Korrektor der Satz: ἀγνοοῦντα διατετελεκέναι ἄχρι τῆς παρουσίας τοῦ σωτῆρος
μαθεῖν αὐτόν aufgefüllt durch die hinter τοῦ eingeschalteten Worte: κυρίου· ἐλθόντος δὲ τοῦ. Wiederum tritt
der Lateiner (H. I 64) für die Echtheit ein: sic ignorantem
conservasse usque ad adventum salvatoris. cum venisset
autem salvator didicisse eum.

Demnach darf man den Textergänzungen des Korrektors
durchweg das Vertrauen entgegenbringen, daß sie einer vollständigeren Überlieferung des Epiphanius entnommen sind.
Anders sind selbstverständlich die zuerst vorgeführten Verbesserungen zu beurteilen. Sie sind nichts weiter als freie Vermutungen, attizistische Willkürlichkeiten.

Aber warum unterscheidet der Korrektor nun innerhalb dieser stilistischen Änderungen? Denn nur bei ihnen macht er die erwähnte Abstufung. Den Nachträgen hat er nie ein rⷣ vorgesetzt. Ein innerer Grund, warum er bei seinen eigenmächtigen Verbesserungen dieses Zeichen bald beifügt, bald wegläßt, ist nicht zu entdecken. Es handelt sich beidemal um ganz dieselben Dinge. Man sehe nur die oben vorgelegten Listen darauf hin durch. Der Ersetzung von ἀναστρέψαι durch ἀνελκύσαι, von βιβρῶσκον durch κατεσθίον entspricht auf der anderen Seite die Forderung von ἐπιβουλὴ statt ἐπήρεια, von ἀκαθαρσία statt αἰσχρότης, und die Mißbilligung des adverbialen Gebrauchs von πρῶτον und δεύτερον hat an der Verwerfung des Ausdrucks ἕως ἐνταῦθα ihr Gegenstück. Vergeblich wird man es auch mit der Auskunft versuchen, daß ein verschiedener Grad der Zuversicht angedeutet werden soll. Denn das befehlende γράψον (anstatt des schwächeren ἴσως) setzt auch bloß einer, der meint, seiner Sache gewiß zu sein.

So bleibt nur der Schluß übrig, daß die Kennzeichnung oder Nichtkennzeichnung der Verbesserungen auf eine verschiedene Herkunft hinweist.

Am nächsten liegt es anzunehmen, daß die durch rⷣ hervorgehobenen Vermutungen von dem Korrektor selbst herrühren, während die nichtgestempelten anderswoher, aus einer Überlieferung, entnommen sind. Mit der Tatsache, daß der Korrektor eine Handschrift beizog, ließe sich dies so vereinigen, daß der von ihm benutzte codex bereits attizistisch durchgearbeitet war. Wenn ihm dieser nur in einer Abschrift vorlag, die die Attizismen bereits im fortlaufenden Text enthielt, dann würde es sich sehr gut verstehen, daß er die »Lesarten« dieses codex, Ergänzungen wie Vermutungen, ohne weiteres in V eintrug, während er die eigenen Aufstellungen durch ein rⷣ kenntlich machte.

Aber es ist auch möglich, daß der Korrektor zwei Exemplare benutzte, die beide schon durch ein attizistisches Fegfeuer hindurchgegangen waren. Nur daß im einen die Bearbeitung bereits mit dem Text verschmolzen war, während im andern die Besserungsvorschläge noch mit rⷣ am Rand standen. Der Korrektor müßte dann die verwickelte Aufgabe gelöst haben, aus den drei Zeugen, die er vor sich hatte, etwas Einheitliches zu gestalten.

Allein man darf ihm die Umsicht, die zu einer solchen Arbeit gehörte, wohl zutrauen. Wo man seine Tätigkeit verfolgen kann, sieht man ihn immer gewissenhaft und mit Überlegung vorgehen. Er hat die meisten der doppelten Lesarten, die oben aufgeführt wurden, bemerkt und die eine von ihnen gestrichen. Er war also gewohnt, über seinen Text nachzudenken.

Die Ergebnisse der Untersuchung faßt das folgende Schema zusammen:

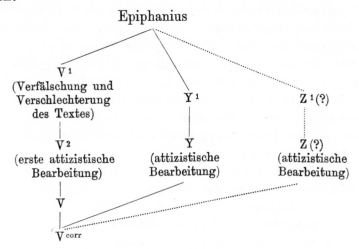

2. Der Genuensis 4.

Dem Alter nach kommt auf den Vaticanus die Panarion-handschrift, die sich heute im Besitz der congregazione della missione urbana in Genua befindet (= G). Sie stammt mittelbar aus dem Nachlaß des angesehenen Humanisten Philippo Sauli (1513 Bischof von Brugnato, † in Genua 1528)[1]. Sauli hatte seine codices — es sollen 300 gewesen sein — dem ospedaletto dei cronici vermacht. Dort sind sie jammervoll behandelt worden. Der größte Teil wurde verschleudert, die anderen achtlos in den Winkel gestoßen. Auch dieser Rest wäre wohl zugrunde gegangen, wenn ihn nicht die Kongregation durch Ankauf im Jahr 1746 gerettet hätte.

Unsere Handschrift, an der die Feinheit des Pergaments

---

1) Banchero, Genova e le due riviere. Genova 1846 S. 497 ff. Atti della società ligure di storia Patria vol. XXV Genova 1892.

auffällt, gehört, wie Ehrhard[2] richtig gesehen hat, gleichfalls noch ins 9. Jahrhundert. Doch ist sie ziemlich jünger, vielleicht 50 Jahre jünger als der Vat. 503.

Größe der Blätter 30 × 22, 8; Schreibraum 23,1 × 15, 1; in zwei Kolumnen geteilt; jede 5,5—6 breit; durchschnittlich 27 Linien auf der Seite, zu 15—18 Buchstaben. Liniert ist auf der Fleischseite, die Linien aber nicht herübergezogen; eine Randlinie vor jeder Kolumne; der Text steht auf der Zeile.

Die Schrift ist der des Vaticanus sehr ähnlich, nur etwas flüssiger. Majuskel ist auch hier ausschließlich für die Überschriften verwendet. Die Accente sind von erster Hand gesetzt. Über ι und v stehen vielfach die zwei Punkte. Itazismen sind selten. Das beigeschriebene Jota findet sich nur vereinzelt. Die zumeist sehr einfachen Verzierungen und ein Teil der Initialen sind schon mit Farbe ausgeführt.

Der codex umfaßt heute 328 gezählte Blätter (nicht 326, wie Ehrhard angibt). Sie zerfallen in 41 regelrecht geschichtete Quaternionen. Die Ziffern stehen rechts oben in der Ecke. Außerdem ist, wie im Vaticanus, der Beginn einer neuen Lage durch 4 Kreuze am obern Rand bezeichnet; aber hier sind die Kreuze mit Gelb ausgefüllt. Die Zahlen sind zum größten Teil beim Einbinden weggeschnitten worden; deutlich sichtbar ist λη̄ auf f. 297ʳ.

Bis zum Blatt 328 ist die Handschrift unversehrt. Dagegen ist am Schluß etwas verloren gegangen. Der codex bricht mit dem Quaternionenende ab, kurz nach dem Anfang des 14. Kapitels der 42. Härese bei den Worten εὔσπλαγχνος καὶ ἐλεήμων (II 393, 30). Wenn G ebenso wie V ursprünglich bis zum Schluß der Härese 46 reichte, so würde höchstens ein Quaternio fehlen.

Einträge finden sich in der Handschrift bloß aus neuerer Zeit. Auf der Innenseite des Deckels steht codice no. 1. Darunter sind eingeklebt zwei gedruckte Zettel. Der erste enthält den Vermerk: Biblioteca della congregazione della missione urbana di S. Carlo in Genova, codice no. 4 (die 4 ist aus I hergestellt), der zweite: Bibliothecae congregat. missionis urbanae S. Caroli Genuae Plut. 31 gradus 6 N. 2 (die 6 und 2 sind durchstrichen und dafür 5 und 10 gesetzt). Von den 3 ungezählten Vorsatz-

---

1) Zentralblatt für Bibliothekswesen 10 (1893) S. 197.

blättern gibt die Vorderseite des zweiten die Beschreibung des codex durch Pietro Maria Ferrari; die übrigen sind leer. Am obern Rand von f. 1ʳ hat eine spätere Hand (s. XII?) notiert: ✝ τὰ λεγόμενα πανάρεια περιέχει ἡ βίβλος ἥδε. Daneben steht 24 (29?), vielleicht die Nummer des Sauli.

Der codex beginnt, ohne eine auf das Ganze sich beziehende Überschrift, mit dem Kopf des Briefs, der die Einleitung des Panarion bildet (Ἐπιστολὴ γραφεῖσα ἐν τῷ ἐνενηκοστῷ δευτέρῳ ἔτει κτἑ). Dann läuft der Inhalt ohne Unterbrechung weiter bis zum Schluß f. 328. Die Handschrift scheint nicht viel gelesen worden zu sein. Nur ganz gelegentlich hat ein Späterer Kleinigkeiten, etwa ein falsches αὐτοῖς (f. 33ʳ = I 318, 3) zu bessern gesucht.

Die Textform, die G bietet, läßt sich sehr kurz beschreiben. Sie entspricht im großen wie im kleinen genau derjenigen, die der »Korrektor« in V hergestellt hat. Selbst eine Anzahl von Lesezeichen (ℭ), die V (von erster Hand geschrieben) enthält, kehren in G wieder.

Demgemäß kommen nur zwei Möglichkeiten in Frage: entweder ist G der codex, nach dem V korrigiert wurde, oder ist G aus V abgeschrieben.

Von vornherein hat das Letztere die größere Wahrscheinlichkeit für sich. Auf die paläographischen Gründe soll zwar kein starkes Gewicht gelegt werden. Denn wenn auch G sicher jünger ist als V, so kann doch nicht mit derselben Bestimmtheit behauptet werden, daß G auch dem Korrektor von V im Alter nachstehe. Aber entscheidend ist, daß das Verhalten des Korrektors von G aus schlechthin unverständlich würde. Wäre G der von ihm benutzte codex, so hätte er dort alle Berichtigungen, die er in V eintrug, im gleichmäßig geschriebenen Text vorgefunden. Warum er dann aber die einen durch ⸓ kennzeichnete und die anderen ohne weiteres einsetzte, bliebe ein unlösbares Rätsel.

Einzelbeobachtungen bestätigen die Annahme, daß vielmehr V die Vorlage für G bildete. Obwohl der Schreiber von G im allgemeinen mit außerordentlicher Sorgfalt zu Werke gegangen ist, so ist es ihm doch je und je begegnet, daß er eine Bemerkung übersah, die in V am Rand steht.

f. 59ᵛ (= II 20, 23 f.) hat G Ἀβραὰμ ὁ πατὴρ ὑμῶν ἐπεθύμησεν ἰδεῖν τὴν ἡμέραν μου. In V hatte jedoch der

Korrektor zu ἐπεθύμησεν an den Rand geschrieben: ἠγαλ-
λιάσατο.

f. 64ʳ (= II 26, 20 f.) hat G: ἀποκαλύπτει δὲ τῇ ἑαυτοῦ σχολῇ.
In V stand zu σχολῇ am Rand ⊓ φατρία.

f. 76ʳ (= II 43, 25) hat G: μεταλαμβάνοντες τὴν ἑαυτῶν
αἰσχρότητα. In V stand zu αἰσχρότητα am Rand ⊓ ἀκαθαρσίαν.

f. 77ᵛ (= II 46, 13) hat G: ὡς δονούμενος κάλαμος ὑπὸ
ἑκάστης ἀνθρώπων ἐξουσίας. In V stand zu ἐξουσίας
am Rand ⊓ ὑποκρίσεως καὶ ἀπάτης.

f. 83ᵛ (= II 54, 13) hat G: ἕως ἂν τὰ ἴδια τέκνα δυνηθῇ
ἀναλαβεῖν καὶ ἀναστρέψαι εἰς ἑαυτήν. In V stand zu
ἀναστρέψαι am Rand ἀνελκύσαι.

Es ist zu beachten, daß in dieser Liste gekennzeichnete und
nicht gekennzeichnete Vermutungen durch einander gehen. Angesichts dieser Tatsache würde nun die Meinung, daß V nach
G korrigiert sei, geradezu zur Ungeheuerlichkeit. Der Korrektor
von V hätte dann nicht nur die von G gelieferten Berichtigungen
noch aus eigenen Kräften vermehrt, sondern er hätte auch seine
eigenen Fündlein nach demselben System abgestuft, das er gegenüber den Lesarten von G anwandte. Das wird niemand für
glaublich halten.

Ganz unzweideutig tritt aber das Verhältnis der beiden
codices da hervor, wo der Schreiber von G eine Bemerkung des
Korrektors von V mißversteht.

I 311, 4 hat V den Text: κατεχόμενοι παραδόσει τῇ προαχθείσῃ παρ᾽ αὐτοῖς. Dazu schreibt der Korrektor an den
Rand φθασάσ⟨η⟩ αὐτούς. Das Verweisungszeichen steht
über dem α von προαχθείσῃ. Die Meinung ist aber offenbar die, daß das ganze Wort προαχθείσῃ durch φθασάσῃ
ersetzt werden sollte. Der Schreiber von G macht jedoch,
als überpeinlicher Mann, daraus (f. 28ᵛ) προφθασάσῃ
αὐτούς.

II 76, 26 schreibt V: ὅτι ἤγειρεν τὸν Χριστόν, εἴπερ οὐκ
ἤγειρεν. Der Korrektor tilgt εἴπερ und setzt an den
Rand ὄν; wiederum sicher in der Absicht, ὄν an die
Stelle von εἴπερ treten zu lassen. In G dagegen liest man
(f. 99ʳ) ganz entsprechend dem ersten Fall ὄνπερ.

II 328, 2 hat V: *μαρτυρίας καινῆς πρὸς παλαιὰν διαθήκην.*
Der Korrektor flickt zwischen *μαρτυρίας* und *καινῆς* ein
τῆς hinein und schreibt an den Rand noch *συμφωνίας.* Das
Verweisungszeichen steht über dem *τ* von *τῆς.* Die Stelle
sollte demnach lauten: *μαρτυρίας τῆς συμφωνίας καινῆς*
πρὸς παλαιὰν διαθήκην. Diesmal hat der Schreiber von
G geschlafen. Er gestaltet das (f. 283 ᵛ) zu: *μαρτυρίας*
τῆς καινῆς συμφωνίας πρὸς παλαιὰν διαθήκην.

Selbstverständlich ist es auch sonst bei aller Pünktlichkeit
des Schreibers von G nicht ohne größere oder kleinere Fehler
abgegangen. Verlesungen, Auslassungen, Verschlimmbesserungen
kann man auf Grund von V in genügender Anzahl bei G feststellen. So sind z. B. II 70, 19—21 die Worte *ἄρα ἔσται*
πλεονεξία ἐν μέσῳ καὶ οὐδὲν ἕτερον, ἁρπαζομένων τῶν ὑπὸ
τῶν ἀγγέλων ἀνθρώπων ὑπὸ τοῦ ἄνωθεν παρὰ τὴν τούτων
βούλησιν in G der Gleichendung wegen ausgefallen; ebenso
II 73, 32 f. *ἐν τοῖς τῆς ἀληθείας,* II 198, 25 *καὶ ἅμα τῷ θελῆσαι*
καὶ ἐννοεῖται τοῦθ' ὅπερ καὶ ἠθέλησε. — I 298, 20 schreibt G
τῇ statt *γῇ,* II 51, 31 *τοῖς αὐτοῖς* statt *τὸ αὐτοῖς,* II 111, 8
δέοντα statt *δὲ ὄντα,* II 349, 3 *τυφλῶ* statt *τύφῳ* usw.

Unter diesen Umständen büßt der schöne codex für uns den
größten Teil seines Wertes ein. Als bloße Abschrift von V hat
er neben diesem keine Bedeutung. Nur da, wo V verstümmelt
ist, tritt er als Stellvertreter in die Lücke. Aber hier leistet er
auch Dank der Treue, mit der er V wiedergibt, ausgezeichnete
Dienste.

3. Der Marcianus 125.

Der Marcianus 125 (= M) steht von V und G der Zeit nach
bereits beträchtlich ab. Laut der Unterschrift am Schluß (f. 394ʳ)
ἐγράφη χειρὶ ἰωάννου πρεσβυτέρου ἐν ἔτει ϛ φ ξ ε ἰν) ι stammt
er aus dem Jahr 1057.

Eine Pergamenthandschrift, bestehend aus 394 gezählten
Blättern; dazu 4 Vorsatzblätter (2 Papier, 2 Pergament) am Anfang und 1 Papierschutzblatt am Schluß.

Größe 32 × 22, Schreibraum 22, 5 × 16; in zwei Kolumnen
geschrieben, jede 6,8 breit. Liniert ist auf der Fleischseite;
29—30 Linien auf der Seite zu durchschnittlich 22 Buchstaben.

Eine Randlinie vor der äußeren Kolumne zur Aufnahme der
großen Buchstaben. Außerdem eine Grenzlinie zwischen der
Schrift und dem äußeren Rand oben, unten und an der Seite.
Die Schrift hängt von der Zeile herab.

Minuskel. Keine Verzierungen. Die Buchstaben, mit denen
ein neuer Absatz beginnt, nur etwas größer als die andern, aber
gleichfalls in Kleinschrift. Auch für Über- und Unterschriften
ist Minuskel verwendet.

Das bewegliche ν steht nach der Schulregel. Die Accente
von erster Hand, aber nachlässig und nicht ganz sicher gesetzt
f. 15^v (= I 290, 31) *Μακέδονα*; zuweilen 2 Accente bei δὲ̈, μὲ̈ν,
μὴ̈ u. a. Das beigeschriebene ι vereinzelt; aber ebenso oft falsch
wie richtig, f. 12^v (= I 286, 3) πρόσωι, f. 185^v (= II 281, 18)
ἄνωι.

Bei der Zählung der Blätter ist zweimal ein Fehler begangen worden: die Ziffern 212 und 367 sind doppelt gesetzt.
So sind es in Wirklichkeit 396 statt 394 Blätter. Sie verteilen
sich auf 50 Lagen; davon sind 49 regelrecht angelegte Quaternionen, die letzte ein Duernio. Kein einzelnes Blatt ist also
verloren gegangen. Die Quaternionenzahlen stehen auf dem
ersten Blatt rechts oben und auf dem letzten rechts unten.
Heute sind freilich nur noch wenige sichtbar; denn die Handschrift ist beim Binden scharf beschnitten worden. Aber der
genaue Anschluß des Textes verbürgt, daß keine Lage ausgefallen ist.

Auch hinten fehlt nichts. Der codex endigt auf f. 394^r
folgendermaßen: Die letzten Linien des Textes οὐρανοῦ καὶ τὰ
ὑποκάτω | τῆς γῆς καὶ οὐκ ἀλη | θεία: ∾ sind zugespitzt.
Dann kommt, unter einem Band, die Unterschrift des Kapitels:
κατὰ ὠριγένους τοῦ καὶ ἀδαμαντίου. Hierauf, wiederum
durch ein Band getrennt, die Unterschrift des Ganzen: τέλος
εἴληφεν πανάριον βιβλίον: ἱερώτατον καὶ ἱεροῦ ποιμαῖνος:
Darunter: ἐγράφη χειρὶ ἰωάννου πρεσβυτέρου ἐν ἔτει ϛ ϕ̄ ξ ε̄ ιῦ) ϊ
und endlich: πάντες δὲ οἱ ἀναγινώσκοντες εὔχεσθε ὑπὲρ ἐμοῦ
διὰ τὸν κύριον: — Die Rückseite von f. 394 ist leer.

Die Vorsatzblätter enthalten nichts von Belang. Auf der
Vorderseite des zweiten Pergamentblattes steht die Schreibübung
dieci, auf der ·Rückseite in der Mitte τὰ πανάρια.

Dagegen findet sich auf dem ersten gezählten Blatt oben

ein wertvoller Eintrag, der Eigentumsvermerk des Bessarion.
Er ist nach dem bekannten Schema abgefaßt.

$\overset{\pi}{\overline{\iota}}$ $\bar{\iota}$. Darunter: τοῦ ἁγίου ἐπιφανίου τὰ πανάρια βίβλος
ἀρίστη: κτῆμα Βησσαρίωνος τοῦ τῶν τούσκλων.

Dann S. Epiphanii panaria B. Cardinalis tusculani. Darunter
Locus 10.

Die Zahlen $\bar{\iota}$ und 10 sind später abgeändert worden. Ob
zu $\overline{\iota\eta}$ und 18?

Wirklich erscheint unser codex auch in dem Verzeichnis,
das Bessarion bei der Übergabe seiner Bücher an die Marciana
(14. Mai 1468) mit beilegte. Dort sind zwei Epiphaniushandschriften aufgeführt (Omont, revue des bibliothèques 1894 p. 152):

n. 85. Item s. Epiphanii panaria i. e. contra omnes haereses. eiusdem anchgirota quasi quaedam anchora fidei et Theodoriti contra haereses quae intitulatur Eranistes aut Polymorphus et de haeretica Kakomythia, in pergameno liber novus
pulcher.

n. 86. item eiusdem Epiphanii panaria, in pergameno.

Von diesen beiden Nummern kann die erste für den
Marcianus 125 nicht in Betracht kommen. Die Bezeichnung als
liber novus und die Inhaltsangabe schließen eine Gleichsetzung
beider codices aus. Hingegen paßt die Beschreibung von n. 86,
so dürftig sie ist, genau auf unsere Handschrift.

Vielleicht ist es möglich, noch weiter nach rückwärts vor-
zudringen und die ursprüngliche Heimat unseres codex genau
zu bestimmen. Vogel-Gardthausen[1] sind geneigt, den in der
Unterschrift des Marcianus genannten Presbyter Johannes mit
dem Schreiber des Parisinus 289 und dem des Parisinus 1598
in eine Person zusammenzuziehen. Dann würde sich mittelst
des Parisinus 1598 ergeben, daß unsere Handschrift aus Palästina, aus der Sabaslaura, stammt. Indes scheint mir die Vermutung gerade am entscheidenden Punkt, hinsichtlich der Herleitung des Parisinus 1598 vom Schreiber der beiden anderen
codices, nicht ausreichend gesichert[2].

---

1) Vogel-Gardthausen, Die griechischen Schreiber des Mittelalters
und der Renaissance (XXXIII. Beiheft des Zentralblattes f. Bibliothekswesen) 1909. S. 206 Anm. 3.

2) Gewiß ist es nur ein zufälliges Zusammentreffen, daß eine genuesi-

Der Marcianus enthält zwar nicht, wie seine Unterschrift glauben machen will, das ganze Panarion. Aber er reicht doch beträchtlich weiter als V und G. Er umfaßt noch die 64. Häresie d. h. er geht bis zum Schluß des ersten Tomos des zweiten Buchs. Ein ganzer Tomos mehr als in V.

Tritt man dem Text des Marcianus näher, so überzeugt man sich bald, daß auch M mit V in enger Beziehung stehen muß. Doch läßt sich das Verhältnis nicht von vornherein auf eine so einfache Formel bringen wie bei G. Es ist nötig, diesmal schrittweise vorzugehen.

Zunächst ist festzustellen, daß M alle die Lesarten teilt, aus denen bei V auf eine frühere Bearbeitung des Textes geschlossen wurde.

M bringt also gleichfalls den Absatz über die Nazoräer, mitsamt der Anmerkung über das Fehlen des Stücks in anderen Handschriften. Nur ist hier der Unterschied zwischen dem Einschub und dem ursprünglichen Text noch mehr verwischt als in V. In M lautet die Stelle (f. 40ᵛ): .... καὶ ἕως αὐτοῦ τοῦ χρόνου μετρίως ἀπαριθμησάμενος· ταῦτα ἔν τισιν οὐκ ἔγκειται· ναζωραίων ὅ ἐστι χριστιανισμὸς ἐν ὀλίγῳ χρόνῳ οὕτω κληθεὶς ὑπὸ τῶν Ἰουδαίων usw. bis καιρὸν τῆς ἀκολουθίας. Das Ganze ist geschrieben, wie wenn es sich um einen fortlaufenden Zusammenhang handelte. Bloß darin, daß das zweite τ von ταῦτα am Zeilenanfang herausgesetzt ist, gibt sich noch zu erkennen, daß hinter ἀπαριθμησάμενος früher einmal ein Einschnitt war.

f. 155ᵛ (= II 224, 8 f.) schreibt M ebenso wie V: τὸ μέντοι γράμμα αὐτὸ τὸ ἦχος τῷ ἤχει, οὗ ὁ ἦχος ἦν συνεπακολουθῶν τῷ ἤχῳ (!) καὶ τῷ κτέ.

sche Handschrift aus demselben Jahr datiert ist, wie der Marc. 125. Die Unterschrift des cod. 7 von Genua lautet (nach Ehrhards Katalog S. 10) —: τέλος τῶν βιβλίων ἐν χριστῷ Ἰησοῦ τῷι κυρίῳι ἡμῶν τοῦ Χρυσοστόμου ἐκ τῆς ἑρμηνείας τοῦ κατὰ ματθαῖον εὐαγγελίου ἔτους ϛφξε, ὁ ἀναγινώσκων εὔχεσθαι ὑπὲρ ἐμοῦ τοῦ ταπεινοῦ διὰ τὸν κύριον. ἀμήν. Ein Name ist also hier nicht genannt und den Schreiber des Marcianus 125 dahinter zu vermuten, verbietet sich aus Gründen, die keiner weiteren Darlegung bedürfen.

Texte u. Untersuchungen etc. 36, 2.   3

f. 231ᵛ (= II 376, 20) hat auch M: *ἐπιγραφῆς τῆς ἀντὶ ἀγνώστω ἐπιγεγραμμένης τῷ θεῷ ἀγνώστως.*

Fast die ganze oben (S. 18 f.) vorgelegte Liste könnte an dieser Stelle wiederholt werden. Denn von einigen wenigen Fällen abgesehen, wo der Schreiber von M (oder einer seiner Vorgänger) etwas gemerkt hat, stimmt M durchweg mit V überein. Die paar Ausnahmen sollen ausdrücklich verzeichnet werden. Sie bestätigen nur die Regel.

II 249, 28 steht in V: *δῆθεν μείζονα φαντασίαν ἐμπειρίαν, ὡς ἄνωθεν ἥκων μηχανώμενος.* Das *ἐμπειρίαν* ist vom Korrektor durchgestrichen worden. M f. 168ᵛ hat nur *φαντασίαν* im Text. Nun ist aber das vom Korrektor verworfene *ἐμπειρίαν* zweifellos die ursprüngliche Lesart. Denn der Inhalt unserer Stelle wird gleich nachher (II 250, 4 f.) von Epiphanius mit den Worten wiederholt: *ὡς δῆθεν μεῖζόν τι καὶ ἐμπειρότερον παρὰ τῶν* (!) *σὺν αὐτῷ καὶ τοὺς πρῶτον δεικνύς.* Darnach muß auch in M einmal *ἐμπειρίαν* neben *φαντασίαν* gestanden haben und erst ein Abschreiber hat es ebenso wie der Korrektor von V beseitigt.

II 280, 2 hat V: *οὗτος γὰρ ἀφωρίσθη αὐτῷ τόπος τῆς ἀπω-λείας, οὗ ἔνθα ἔσχεν ἀντὶ μερίδος μερίδα.* Der Korrektor von V tilgt *οὗ*; in M (f. 184ᵛ) steht nur *ἔνθα.* Wiederum aber ist ohne Frage *οὗ* die Schreibung des Epiphanius und *ἔνθα* die Verbesserung des Attizisten.

Daraus folgt nun zum wenigsten, daß V und M sich in einem Stammvater treffen, der noch diesseits der ersten attizistischen Bearbeitung des V-Textes anzusetzen ist.

Um die Bedeutung dieses Verwandtschaftsverhältnisses zu veranschaulichen, ist es vielleicht nicht überflüssig, noch einige andere Stellen hervorzuheben, an denen V und M gleichfalls in bezeichnenden Fehlern übereinkommen. Der Sicherheit halber sind wieder Beispiele gewählt, bei denen der lateinische Irenäus einen Rückhalt gewährt.

II 180, 13 ff. haben beide codices eine mehrere Zeilen um-fassende Lücke. Der lateinische Text lautet (Harvey I 87): quis non ... putet sic illos (sc. versus) Homerum in hoc argumento fecisse. qui autem scit Homerica, cognoscet quidem versus, argumentum autem non cognoscet, sciens

quoniam aliquid quidem etc. V (f. 120ᵛ) und M (f. 133ʳ)
haben anstatt dessen das sinnlose Wortgefüge: τίς οὐκ
ἂν . . . νομίσειεν οὕτως αὐτὰ Ὅμηρον ἐπὶ ταύτης τῆς
ὑποθέσεως ἐπιγνώσεται (ἐπεὶ γνώσεται Μ), εἰδὼς ὅτι
τὸ μὲν κτἑ. Sie springen also vom einen Satz sofort in
die Mitte des nächsten über. Wie der Ausfall erfolgt ist,
sieht man aus V. Dort hat nämlich der Korrektor einen
Teil des Fehlenden nachgetragen. Er schiebt hinter
ὑποθέσεως ein: πεποιηκέναι· ὁ δ' ἔμπειρος τῆς Ὁμηρικῆς
ὑποθέσεως, was mit dem Lateiner übereinstimmt. Man
lernt aus diesem Wortlaut zugleich, daß das zweimal
wiederkehrende ὑποθέσεως den Verlust verschuldet hat.
Aber auch der Rest des in VM Ausgelassenen muß demselben Umstand zum Opfer gefallen sein. Denn die immer
noch (hinter ἐπιγνώσεται) vermißten Worte können griechisch nur so geheißen haben, wie sie bei Harvey wiedergegeben sind: (ἐπιγνώσεται) μὲν τὰ ἔπη, τὴν δ' ὑπόθεσιν οὐκ ἐπιγνώσεται. Wieder ist der Schreiber, der
sie ausließ, von dem einen ἐπιγνώσεται zum andern ab-
geirrt. Man hat demnach hier die höchst merkwürdige
Tatsache vor sich, daß an einer und derselben Stelle
zweimal zu verschiedener Zeit in der gleichen Weise gefehlt wurde. Ist aber die VM gemeinsame Lücke in zwei
Absätzen entstanden, so beleuchtet dieser Fall aufs deut-
lichste die mehrstufige Vorgeschichte, auf der die beiden
Handschriften mit einander fußen.

Von kleineren auf beiden Seiten sich findenden Versehen
sind etwa noch erwähnenswert:

II 149, 5 Lat. (H. I 6) apud Celtas (= ἐν Κελτοῖς) V f. 99ʳ
ἐν δελφοῖς Μ f. 116ᵛ ἐν ἀδελφοῖς.

II 154, 5 f. Lat. (H. I 21) incomprehensibile (= τὸ ἀκατάληπτον)
V f. 102ᵛ und M f. 119ᵛ τὸ πρῶτον καταληπτόν.

II 169, 26 Lat. (H. I 63) per eas quae ab hoc factae sunt
animae (= διὰ . . . τῶν . . . ψυχῶν) V f. 113ᵛ und M
f. 127ᵛ χῶν.

II 225, 4 Lat. (H. I 134) volo autem tibi (= θέλω δή σοι)
V f. 150ᵛ und M f. 156ʳ θεανδήσοι.

II 230, 19 Lat. (H. I 147) Jesum (= τὸν Ἰησοῦν) V. f. 154ʳ
und M f. 158ᵛ τὸ ε̄ ι η̄.

II 233, 19 Lat. (H. I 155) Daedalus (= Δαίδαλος) V f. 156ʳ
Δαιδαλλος M f. 160ʳ δεδαλλός.

Endlich sei noch darauf hingewiesen, daß V und M auch
eine Anzahl von Lesezeichen mit einander teilen; darunter solche,
bei denen man das Zusammentreffen der beiden Handschriften
unmöglich als zufällig betrachten kann: II 374, 16 ist in V f. 245ʳ
und M f. 230ᵛ von erster Hand an den Rand geschrieben ⓖ ℧;
II 415, 15 = V f. 269ʳ M f. 251ʳ ebenso ⓖ Διόλου.

Aber das Verhältnis der beiden Handschriften läuft nun
doch nicht darauf hinaus, daß M ebenso wie G unmittelbar aus
V selbst herstammte. Denn M hat, obwohl im ganzen V der
bessere Zeuge ist, in nicht seltenen Fällen die vollständigere oder
die reinere Überlieferung gegenüber V bewahrt.

II 25, 9 f. hat V f. 14ᵛ eine Lücke, die der Korrektor erst
ausgefüllt hat. In dem Satz μεταμεμορφωκέναι . . .
ἑαυτὸν εἰς τὸν Σίμωνα εἰς τὸ σταυρωθῆναι hat der
Korrektor hinter Σίμωνα nachgetragen: ἀντὶ δὲ ἑαυτοῦ
παραδεδωκέναι αὐτόν. M f. 52ʳ dagegen bietet das in
V Fehlende im glatt geschriebenen Text: μεταμορφω-
κέναι .. ἑαυτὸν εἰς τὸν Σίμωνα καὶ ἀντὶ ἑαυτοῦ παρα-
δέδωκε (lies παραδεδωκέναι) Σίμωνα εἰς τὸ σταυρωθῆναι.
Der kleine Unterschied zwischen dem Wortlaut beim
Korrektor und dem in M ist dabei nicht zu übersehen.
Ohne Frage verdient die Form von M den Vorzug. Denn
sie erklärt, durch das wiederholte Σίμωνα, zugleich den
Ausfall der Worte in V. Daraus folgt aber auch, daß M
seinen vollständigeren Text nicht etwa der Benutzung
des korrigierten V verdankt.

II 161, 2 hat M f. 123ʳ in dem Satz: καὶ τῶν αἰώνων δὲ
ὁμοίως die durch den Lateiner (H. I 38) et aeonibus autem
similiter gedeckte richtige Lesart δὲ ὁμοίως. In V f. 107ᵛ
dagegen sind die Worte zu δεόμενος verdorben. Der
Korrektor hat hier nichts beanstandet.

II 164, 9 liest M f. 124ᵛ in Übereinstimmung mit dem
Lateiner (H. I 48 Cosmocratorem) κοσμοκράτορα, während
V f. 109ᵛ παντοκράτορα bietet.

II 223, 2 f. fehlten bei V f. 149ʳ in dem Satz: ὁ μήτε ἄρρεν
μήτε θῆλυ ἠθέλησεν αὐτοῦ τὸ ἄρρητον ῥητὸν γενέσθαι
ursprünglich die Worte ἄρρεν μήτε θῆλυ ἠθέλησεν αὐτοῦ.

Erst der Korrektor hat sie nachgetragen. Daß sie kein
Zusatz sind, bestätigt der Lateiner (H. I 129): qui neque
masculus neque foemina est, voluit suum inenarrabile
narrabile fieri. — M f. 155ʳ hat den unverstümmelten Text.
II 230, 11 ff. war in V f. 154ʳ von erster Hand nur geschrieben: ὥστε εἶναι τὸν ἅπαντα τῶν γραμμάτων
ἀριθμὸν ἀπὸ ὀγδοάδος εἰς δεκάδα προελθόντα γράμ-
μασιν ἀριθμόν ἐστιν ὀκτακόσια. Der Korrektor fügt
hinter προελθόντα ein: ἦ καὶ π καὶ ω, ὅ ἐστιν Ἰησοῦς.
τὸ γὰρ Ἰησοῦς ὄνομα κατὰ τὸν ἐν τοῖς. Das stimmt
mit dem Lateiner (H. I 147): ut sit universus literarum
numerus ab octonatione in decadem progrediens octo et
octuaginta et DCCC quod est Jesus. Jesus enim nomen
secundum Graecorum literarum computum DCCC etc. —
Wieder steht bei M f. 158ᵛ das Ausgelassene im fortlaufenden Text.

M ist darnach mit V nur durch seinen Archetypus ver-
wandt. Der gemeinsame Stammvater ist jener unmittelbar vor
V anzusetzende codex, in dem eine vorangegangene attizistische
Bearbeitung unbedacht mit dem Text vermengt worden ist.

Der Archetypus war, wie man jetzt durch M erkennt, im
einzelnen noch vielfach reicher als unser V. Doch muß gleichzeitig betont werden, daß V die Vorlage durchschnittlich viel
getreuer wiedergibt als M. Für die umgekehrte Liste, die die
Verderbnisse in M gegenüber V aufzählte, stünde noch weit mehr
Stoff zur Verfügung als für die eben vorgelegte. Es sei nur
erwähnt, daß M auf der kurzen Strecke von I 281—288 nicht
weniger als drei Auslassungen durch Gleichendung hat: I 281, 25
= M f. 10ᵛ nach προειρημένων < ἑρπετῶν μοχθηρίας, οὕτω
καὶ ἡμῖν τὸ πόνημα διὰ τῆς τῶν προειρημένων; I 284, 22 =
M f. 12ʳ nach εὐσέβεια < τε καὶ ἀσέβεια; I 288, 8 = M f. 14ʳ
nach Ἀβραὰμ < καὶ δεῦρο Ἑλληνισμός· ἀπὸ δὲ Ἀβραάμ. Neben
dieser Probe ist wohl noch die Tatsache einer besonderen Hervorhebung wert, daß M einmal f. 160ʳ (= II 233, 1 ff.) in einem
Irenäusstück, mitten im Zusammenhang des Berichts, nicht weniger
als 12 Linien, von στοιχείων μὲν εἶναι τριάκοντα — ὁμοίως
τῷ ἀλφαβήτῳ καὶ αὐτόν, übersprungen hat. Ein derartiger
Fall kommt in V überhaupt nicht vor.

Wenn der Archetypus auf der Seite von M stärkeren Schaden

erlitten hat als auf der von V, so hängt dies offenbar damit zusammen, daß der Text hier durch mehr Hände hindurchgegangen ist, als dort. Bei V hat man keine Veranlassung zwischen
ihm und $\overline{\text{VM}}$ einen codex einzuschalten. M dagegen steht —
nicht nur der Zeit nach — weiter ab.

Ein Zwischenglied zwischen M und der mit V gemeinsamen
Vorlage wird schon in den gelehrten Randbemerkungen sichtbar,
die von erster Hand geschrieben sich durch den ganzen Marcianus hindurchziehen.

f. 50ᵛ (II 22, 10) ⊕ τί καλοῦσιν οἱ Αἰγύπτιοι νόμον.

f. 87ᵛ (II 93, 26) ὁ καὶ ἐν τοῖς Ἰουδαίοις ἀπόστολοι ἐκα-
λοῦντο.

f. 89ᵛ (II 97, 10) ἐκ τούτου δυνατὸν λαβεῖν, πότε τῷ ἁγίῳ
ἐπιφανίῳ τὰ κατὰ αἱρέσεων συνήχθη. εἰ γε τὸν μὲν
Ἰώσηπον ἐν τῷ κατὰ Κωνστάντιον διωγμῷ τὴν περὶ
τοῦ πατριάρχου ἱστορίαν λέγει αὐτοῖς ἀναθέσθαι, αὐτὸν
δὲ διὰ τὸν χρόνον ἐξ ἐκείνου παραδραμεῖν οὐκ ἔχειν
ἀκριβῶς τὰ ὀνόματα μνημονεύειν.

f. 92ᵛ (= II 102, 6) τίνας ἐκάλουν Ἰουδαῖοι ἀποστόλους
καὶ ὅτι ἀξίωμα ἦν ὑπὸ τὸν πατριάρχην.

f. 256ʳ (= II 428, 4) ⊕ πότε ἔγραψε κατὰ αἱρέσεων.

f. 266ᵛ (= II 447, 27) im Text πρὸ δεκατριῶν καλάνδων
Ἀπριλλίων, dazu a. R. μαρ̌ ιζ̄.

f. 284ᵛ (= II 482, 15 f.) im Text πρὸ ὀκτὼ εἰδῶν ἰαν-
νουαρίων, dazu a. R. ἰαννουαρίῳ ϛ̄.

f. 309ʳ (= II 529, 7) im Text νεὼς, dazu a. R. νηός.

f. 361ʳ (= II 628, 3) zu αὐτόπρεμνον a. R. αὐτόπρεμνον
προθέλυμνον.

Mit demselben Mann, der diese Anmerkungen verfaßt hat,
möchte man auch die kleinen Verbesserungen in Verbindung
bringen, die zuweilen im Text von M neben verderbten Lesarten begegnen. Der Abschreiber hat sich ihnen gegenüber ebenso
klug gestellt, wie der, den wir früher getroffen haben.

f. 26ᵛ (= I 311, 15) Δο̈σιθέων; V Δωσιθέων.

f. 70ᵛ (= II 60, 27) ἀναγνο̈ντες; V urspr. ἀναγνώντες.

f. 171ʳ (= II 253, 21) κε̈νόφωνον; V καινόφωνον.

f. 244ʳ (= II 402, 18) εὑρεθήσεσθαῖ; V urspr. εὑρεθήσεσθαι.

f. 290ʳ (= II 492, 16) τιθέασιν ἐμβόλιμον ἐμβολίμων ἕνα
μῆνα.

Dagegen rühren weitere Eigentümlichkeiten, die in M auffallen, sicher von einer andern Persönlichkeit her:

f. 209ᵛ (= II 330, 7) liest man den glatt geschriebenen Satz: πῶς πάλιν ὁ ἔλεγχος οὕτω εὗρον ἠδύνατο ἅψασθαι κτέ. Ein früherer Schreiber hat, wie man sieht, Anstoß genommen an der falschen Lesart ἔλεγχος — V hat noch das richtige ὄχλος —, jedoch nicht den Mut gehabt, etwas zu ändern. Er deckte sich, indem er das οὕτω εὗρον beischrieb.

Ganz ebenso steht

f. 238ᵛ (= II 390, 6) zu den Worten: ἐν τρισὶ (so liest diesmal auch V statt τισί) δὲ ἀντιγράφοις . . . τέτακται ein von erster Hand geschriebenes οὕτως εὗρον am Rand.

Von all diesen Dingen findet sich in V keine Spur. Sie gehören also der besonderen Geschichte von M an und sie bezeichnen die Stufen, auf denen der Text von M seit dem gemeinsamen Archetypus sich fortentwickelt hat.

Der Leser, der die Randbemerkungen und die kleinen Textverbesserungen in M angebracht hat, ist sicherlich früher anzusetzen, als der Schreiber, von dem das οὕτως εὗρον herstammt. Andernfalls hätte wohl dieses Ausrufungszeichen dem Gelehrten Anlaß zu einer Änderung gegeben.

Somit ist unser M durch mindestens zwei Glieder von dem Archetypus VM getrennt.

Mit der Klarlegung des Verhältnisses zwischen dem ursprünglichen V und M ist nur die eine Hälfte der Frage erledigt. Es steht noch aus, zu untersuchen, ob nicht auch zwischen dem Korrektor und M Beziehungen obwalten.

Schon innerhalb der bisherigen Untersuchung ist die Tatsache berührt worden, daß die Ergänzungen des Korrektors häufig mit M zusammentreffen. Dabei wurde auch bereits festgestellt, daß M nicht aus dem korrigierten V geschöpft haben kann. Aber eine Abhängigkeit muß doch zwischen ihnen bestehen, wenn nicht auf dieser, so auf der anderen Seite. Denn Vᶜᵒʳʳ und M stimmen häufig auch in einer Textform überein, die gegenüber der ursprünglichen Lesart des Vat. nachweisbar minderwertig ist. Bei der Wichtigkeit dieses Punktes ist es nötig, hier tiefer in den Stoff hineinzugreifen.

f. 149ʳ (= II 222, 24f.) las V ursprünglich: οὗτος οὖν . . .

ἐκδοχεῖον τῆς Κολορβάσου σιγῆς αὐτὸν μονώτατον
γεγονέναι λέγων κτέ. Diesen Wortlaut bestätigt der
lateinische Irenäus (Harvey I 127): hic igitur ... suscep-
torium Colorbasi silentii semet solum fuisse dicens. —
Der Korrektor verändert jedoch σιγῆς zu εἰσηγήσατο;
dieselbe Lesart bietet M f. 154ᵛ im glatten Text.

f. 149ʳ (= II 223, 3) stand in V: ἠθέλησεν αὐτοῦ τὸ ἄρ-
ρητον ῥητὸν γενηθῆναι. Ebenso heißt es bei Irenäus
(H. I 129): voluit suum inenarrabile narrabile fieri. — Der
Korrektor radiert ῥητὸν aus; bei M f. 155ʳ fehlt das Wort.

f. 151ᵛ (= II 227, 2) hatte V: ὧν στοιχείων εἰκόνας εἰκό-
νων ... ὑπάρχειν. Ebenso Irenäus (H. I 139) quorum
elementorum imagines imaginum esse. — Der Korrektor verändert εἰκόνας zu εἰκόνες. Denselben Fehler hat Mf. 157ʳ.

f. 154ʳ (= II 230, 25) gab V ursprünglich: ἐπὶ τὸ αὐτὸ
συντεθεῖσαι δέκα γίνονται, ὅ ἐστιν δέκα. Dem Sinne
nach bestätigt das Irenäus (H. I 148): in semetipsa com-
posita X fiunt, quod est I. — Der Korrektor streicht das
ὅ ἐστιν δέκα aus; in M f. 159ʳ fehlen die Worte gleichfalls.

f. 156ʳ⁻ᵛ (= II 234, 2) lautete in V die zweitletzte Zeile
des Spottgedichts auf Markus ursprünglich: δι᾽ ἀγγελικῆς
δυνάμεως Ἀζαζὴλ ποιεῖν, eine Form, die ebenso durch
das Versmaß, wie durch die lateinische Übersetzung
(H. I 156): per angelicam virtutem Azazel facere, gesichert ist. — Der Korrektor setzt ἐγχειρήματα, als
hinter δυνάμεως einzuschieben an den Rand; M f. 160ᵛ hat
die gleiche Verballhornung.

f. 167ʳ (= II 250, 22f.) hieß es in V: διὸ καὶ εὐδοκητὸν
καλεῖσθαι, ὅτι πᾶν τὸ πλήρωμα ηὐδόκησεν δι᾽ αὐτοῦ
δοξάσαι τὸν πατέρα. Der Korrektor tilgt die Worte:
δι᾽ αὐτοῦ δοξάσαι τὸν πατέρα, obwohl sie nicht nur
sinngemäß, sondern schlechthin unentbehrlich sind. In
M f. 169ʳ fehlt dieser Satzteil gleichfalls.

f. 186ᵛ (= II 280, 25f.) hatte V den Satz: καὶ τὰ μὲν κατὰ
ἱστορίαν φύσει αὐτοψία περὶ ταύτης ἔγνωμεν, τὰ δὲ ἐκ
συγγραμμάτων περὶ ταύτης ἐμάθομεν. Der Korrektor
streicht die Worte περὶ ταύτης ἐμάθομεν; er erreicht es
damit, daß der gut gebaute Satz jetzt abklappt. M f. 185ʳ
hat dieselbe Verstümmelung.

f. 217^r (= II 330, 1 f.) war in V geschrieben: *οὐ γὰρ δύνασαι*
φαντασίαν ὁρίζειν τὸν παρὰ σοὶ καὶ ἀκοντὶ ὕστερον
ὑπὸ ἀφὴν πίπτοντα δεικνύμενον. Der Korrektor verwandelt das ausgezeichnet passende *καὶ ἀκοντὶ* in das
völlig sinnlose *κακόν τι.* M f. 209^r liest ebenso.

f. 227^r (= II 346, 7) hieß es in einem Scholion zu Marcion
bei V ursprünglich: *ἐποίησεν δέ· „κρατουμένους ἔξω“.*
Der Korrektor streicht *ἐποίησεν* durch und schreibt dafür an den Rand *προσέθηκεν.* So liest auch M f. 216^v.
Der Sinn wird diesmal nicht angetastet. Und doch läßt
sich beweisen, daß die Änderung falsch ist. Denn dieselbe Stelle ist weiter oben (II 318, 22) schon einmal vorgekommen. Dort aber haben alle Handschriften das von
V vertretene *ἐποίησεν.*

Diese fortgehende Übereinstimmung in falschen Lesarten
setzt den Zusammenhang zwischen V^{corr} und M außer Zweifel.
Da nun eine Abhängigkeit des Marcianus von V^{corr} ausgeschlossen ist, so bleibt nur das andere übrig, daß der Korrektor
einen mit M eng verwandten codex benutzte. Das früher gewonnene Ergebnis, daß V^{corr} auf einer Handschrift fußt, erhält
jetzt seine Bestätigung und Näherbestimmung.

Das Verhältnis, in dem der M-codex des Korrektors zu M
selbst steht, läßt sich genau festlegen. In V^{corr} kommt keine
der Eigentümlichkeiten zum Vorschein, durch die M im Laufe
der Entwicklung von $\overline{VM}$ an bereichert wurde. Darnach muß
die Handschrift des Korrektors ganz nahe bei $\overline{VM}$ von der
M-Linie abgezweigt sein. Dem Korrektor lag jedoch nicht der
älteste Vertreter dieser Sippe vor. Denn wie oben wahrscheinlich gemacht wurde, war sein Exemplar bereits attizistisch
durchgearbeitet. Der M-codex des Korrektors und M sind also
Vettern, nicht Brüder.

Der Korrektor hat diesem codex ein merkwürdiges Vertrauen entgegengebracht. Er muß ihn bedeutend höher ein-
geschätzt haben als V. Sonst hätte er seine Lesarten nicht auch
in solchen Fällen vorgezogen, wo eine kurze Überlegung ihn
eines Besseren belehren konnte.

Aber wenn man nun dieses Ergebnis auf die einzelnen Fälle
anwendet, so macht man die Entdeckung, daß es nicht zureicht.
Es bleibt immer noch eine Anzahl von Stellen im Rest, an

denen der Korrektor richtig ergänzt und an denen doch **M** als Quelle nicht in Betracht kommen kann.

Ein Fall dieser Art ist schon oben (S. 34f.) vorgekommen. Bei der Stelle II 180, 13—15 (= Irenäus-Harvey I 87), wo V und M eine größere Lücke haben, war der Korrektor in der Lage, wenigstens die erste Hälfte des Fehlenden dem Text wieder einzufügen.

Daß dieses Beispiel nicht vereinzelt dasteht, mag die folgende Liste zeigen:

II 159, 12 lassen V f. 106ʳ und M f. 122ʳ in dem Satz ταύτην σύστασιν (σύνταξιν M) καὶ οὐσίαν τῆς ὕλης γεγενῆσθαι λέγουσιν, ἐξ ἧς ὅδε ὁ κόσμος συνέστηκεν, die Worte καὶ οὐσίαν τῆς ὕλης γεγενῆσθαι λέγουσιν aus. Der Korrektor trägt sie nach. Die Richtigkeit der Ergänzung ist durch den lateinischen Irenäus gesichert (H. I 35): eam collectionem et substantiam fuisse materiae dicunt, ex qua hic mundus constat.

II 160, 22 fehlen bei V f. 107ʳ und M f. 123ʳ in dem Doppelsatz: ἀπίθανον γὰρ ... τὰ μὲν ἁλμυρὰ, τὰ δὲ γλυκέα ἐξ αὐτῶν προελθεῖν. τοῦτο δὲ πιθανώτερον, τὰ μὲν εἶναι κτέ die Worte: ἐξ αὐτῶν προελθεῖν. τοῦτο δὲ πιθανώτερον. Der Nachtrag des Korrektors deckt sich wieder mit Irenäus (H. I 37): non est enim suadibile ... alteras quidem salsas, alteras dulces aquas ex iis exisse. hoc autem magis suadibile, alteras quidem esse a lacrimis etc.

II 165, 22 lesen V f. 110ᵛ und M f. 125ᵛ: καὶ τοῦτ' εἶναι θέλουσιν τὸ ἅλας καὶ τὸ φῶς τοῦ κόσμου. Der Korrektor ändert θέλουσιν in λέγουσιν. Vgl. H. I 52: et hoc esse dicunt sal et lumen mundi.

II 168, 19 haben V f. 112ᵛ und M f. 127ʳ: τὸ ἐμφωλεῦον τῷ κόσμῳ πῦρ ἐκάλυψαν (ἐκάλυψε M) καὶ ἐξαφθὲν καὶ κατεργασάμενον πᾶσαν ὕλην συναναλωθήσεσθαι αὐτῇ. Der Korrektor verbessert ἐκάλυψαν zu ἐκλάμψαν. Vgl. H. I 59: is qui latet in mundo ignis exardescens et comprehendens universam materiam consumit.

II 170, 7 sind bei V f. 113ᵛ und M f. 127ᵛ in dem Satzgefüge: διατετελεκέναι ἄχρι τῆς παρουσίας τοῦ κυρίου· ἐλθόντος δὲ τοῦ σωτῆρος μαθεῖν αὐτὸν die Worte: τοῦ κυρίου· ἐλθόντος δὲ übersprungen. Der Nachtrag des

Korrektors entspricht dem lateinischen Text (H. I 64):
conservasse usque ad adventum salvatoris. cum venisset autem salvator etc.

II 175, 6 geben V f. 117ʳ und M f. 130ʳ: *καὶ τὰς συζυ
γίας* ... *τὸν Παῦλον εἰρηκέναι φάσκουσιν ἐπὶ εἰκὸς*
(*ἐπιεικῶς* M) *δείξαντα*. Der Korrektor verbessert *ἐπὶ
εἰκὸς* zu *ἐπὶ ἑνός*. Vgl. H. I 75: et coniugationes...
Paulum dixisse dicunt in uno ostendentem.

II 176, 12 lesen V f. 117ᵛ und M f. 131ʳ: *ὅπως διὰ τοῦ
ἑνὸς ὀνόματος δηλώσῃ τὴν τῆς συζυγίας ὀνομασίαν*. Der
Korrektor ändert *ὀνομασίαν* zu *κοινωνίαν*. Vgl. H. I 78:
ut per unum nomen manifestet syzygiae communionem.

Um dem Einwand zu begegnen, daß der Korrektor vielleicht
auf Irenäus selbst zurückgegangen sei, hebe ich aus dem übrigen
Stoff noch zwei unmittelbar überzeugende Beispiele hervor:

II 131, 5 fügt der Korrektor zu dem in V f. 86ʳ und M f. 107ᵛ
gleichlautenden Satz: *ἔτι δὲ ὅτε τὴν μίαν νηστείαν
νηστεύουσι τοῦ ἔτους* noch die Näherbestimmung hinzu:
τὴν λεγομένην μεγάλην καὶ ἄλλην ἣν λέγουσι μικράν.
Daß dieser Nachtrag echt ist, unterliegt keinem Zweifel.
Ihn als freie Erfindung zu betrachten, ist schon durch
die in ihm sich offenbarende genaue Kenntnis des Judentums ausgeschlossen. — Dasselbe gilt von der andern
schon einmal erwähnten Stelle

II 131, 22, wo der Korrektor die in V f. 86ᵛ und M f. 107ᵛ
fehlende Erklärung des Namens Noahs: *νῶε γὰρ ἀνά
παυσις ἑρμηνεύεται* hinzufügt.

Das Rätsel, das diese Nachträge aufgeben, kann man nicht
durch die Annahme lösen, daß der Korrektor eine vollständigere
Form von M, als die uns erhaltene, zur Verfügung gehabt hätte.
So wahrscheinlich das an und für sich ist, so wenig hilft es
etwas für die jetzt zur Frage stehenden Fälle. Denn die Fehler
und Auslassungen, in denen (das ursprüngliche) V und M übereinstimmen, müssen sich schon in dem gemeinsamen Archetypus
V̄M̄ gefunden haben. Dann kann aber auch der M-codex des
Korrektors an diesen Stellen nicht reicher gewesen sein, als
unser M. Auch die Vermutung befreit nicht aus der Klemme, daß
die dem Korrektor eigentümlichen Ergänzungen im Archetypus
V̄M̄ etwa am Rand standen, wo sie leicht übersehen werden

konnten. Denn auch in diesem Fall müßte man den Zufall setzen, daß die Schreiber von V und M unabhängig von einander in einer Menge von Unachtsamkeiten zusammengetroffen wären, während allein der Zeuge des Korrektors pünktlich gearbeitet hätte.

Man mag die Sache drehen und wenden wie man will, es bleibt kein anderer Ausweg als der, daß der Korrektor neben seinem M-codex noch ein weiteres Exemplar benutzte. Von einer ganz anderen Seite her werden wir also auf denselben Schluß geführt, der oben (S. 25) anläßlich der Abstufung der Verbesserungen als eine Möglichkeit ins Auge gefaßt wurde. Beides stützt sich gegenseitig und liefert zusammen das Ergebnis, daß auch der zweite codex dem Korrektor in bearbeiteter Form vorlag. Jedoch braucht man sich die Sache nicht notwendig so vorzustellen, daß der Korrektor wirklich zwei Handschriften neben V auf seinem Tisch hatte. Denkbar ist auch, daß in seinem M-codex die Vergleichung mit der andern Handschrift bereits eingetragen war.

Zu einer sicheren Erfassung der Eigenart des zweiten codex mangeln die nötigen Handhaben. Wollte man etwa darauf Gewicht legen, daß für ihn nicht ebenso wie für den M-codex Fehler nachgewiesen werden können, die der Korrektor mit seiner Hilfe in V hineinverbesserte, so ließe sich dem sofort die Tatsache entgegensetzen, daß das Zeugnis der zweiten Handschrift den Korrektor auch nicht gehindert hat, jene Fehler auf V zu übertragen. Soll man dann daraufhin noch behaupten, daß auch der zweite codex sie geteilt habe? — Nur einmal wird ein bestimmter Zug erkennbar. An der schon mehrfach verwerteten Stelle II 180, 13—15 (= V f. 120ᵛ M f. 133ʳ = Irenäus-Harvey I 87) hat auch der Korrektor nur die erste Hälfte des in $\overline{VM}$ Ausgefallenen zu ergänzen vermocht. Der Rest, der Satz: (ἐπιγνώσεται) μὲν τὰ ἔπη, τὴν δὲ ὑπόθεσιν οὐκ ἐπιγνώσεται muß demnach auch in seinem zweiten Exemplar gefehlt haben. Mit andern Worten, der codex hat hier dieselbe durch Gleichendung entstandene Lücke wie $\overline{VM}$. Daraus folgt, daß auch die zweite Handschrift mit $\overline{VM}$ unter einem, vor $\overline{VM}$ liegenden Archetypus zusammengehört. Ganz ins Freie, auf den Boden einer von $\overline{VM}$ völlig unabhängigen Epiphaniusüberlieferung gelangt man also auch durch diese Handschrift nicht. Mit dieser Feststellung muß man sich begnügen.

Der Rahmen, der am Schluß der Untersuchung von V ge-
zeichnet wurde, läßt sich nunmehr folgendermaßen ausfüllen.

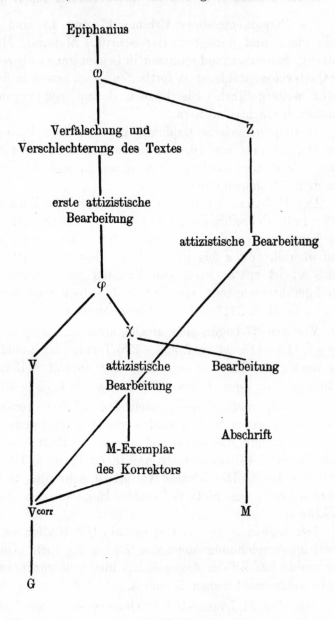

4. Der Urbinas 17/18 und der Vindobonensis suppl. gr. 91.

Die Pergamentcodices Urbinas 17 und 18 sind nur zwei Teile einer und derselben Handschrift. Material, Maße, Ausstattung, Schreiberhand stimmen in beiden genau überein. Selbst die Quaternionenzählung ist fortlaufend vom ersten in den zweiten codex weitergeführt. Sie können darum von vornherein zusammen betrachtet werden.

Stornajolo (codices Urbinates graeci. Rom 1895 p. 26) hat den Doppelcodex ins 10. Jahrhundert gesetzt. Das ist viel zu früh. Er stammt höchstens aus dem 12., wahrscheinlicher erst aus dem 13. Jahrhundert.

Der Urbinas 17 (= U) besteht aus 358 Blättern (Größe 29,7×18,6; Schreibraum 22×13,2) = 47 Lagen. Die Nummern der Lagen finden sich auf dem ersten Blatt rechts unten; sie sind überall, von $\overline{\alpha}$ bis $\overline{\mu\zeta}$ erhalten. Ihnen zur Seite, nach der Ecke zu, ist später noch eine Zählung mit arabischen Ziffern durchgeführt worden; von ihr sind jedoch nur noch wenige Spuren (z. B. f. 291ᵣ unten) übrig geblieben.

Von den 47 Lagen sind 40 Quaternionen; 3 ($\overline{\iota\gamma}$ = f. 90—95, $\overline{\iota\varsigma}$ = f. 113—118, $\overline{\mu\zeta}$ = f. 353—358) Ternionen; 4 sind ganz unregelmäßig gebildet: $\overline{\iota\varepsilon}$ = f. 104—112 enthält 9 Blätter, $\overline{\lambda\varepsilon}$ = f. 263—267 5, $\overline{\lambda\eta}$ = f. 284—290 und $\overline{\mu\delta}$ = f. 331—337 je 7.

Darnach müßten im ganzen 366 Blätter herauskommen. Aber an mehreren Stellen sind Verluste eingetreten. Von Quaternio $\overline{\alpha}$ ist nur das erste und das achte Blatt erhalten; in $\overline{\varsigma}$ fehlt hinter f. 40 das siebente und in $\overline{\mu\varsigma}$ hinter f. 349 das fünfte Blatt der Lage. Der letztere Ausfall ist sehr alt. Denn f. 349ᵛ unten schreibt eine nicht viel spätere Hand an den Rand: λείπει φύλλον α´.

Der Urbinas 18 (= U¹) enthält 168 Blätter = 22 Lagen. Die Lagenbezeichnung geht von $\overline{\mu\eta}$ zu $\overline{\xi\vartheta}$ fort. Die Zählung mit arabischen Ziffern dagegen hat hier von vorne angefangen: f. 17ᵣ unten steht neben $\overline{\nu}$ eine 3.

Von den 22 Lagen sind 19 Quaternionen; die 7. (f. 49—55) besteht nur aus 7, die 13. (f. 96—100) nur aus 5 Blättern; die letzte (f. 163—168) ist ein Ternio.

Jedoch sind auch hier einzelne Blätter ausgefallen. Im

19. Quaternio fehlt hinter f. 145 ein Blatt, das sechste, ebenso im 21. hinter f. 161 das siebente der Lage.

Die Handschrift muß sich früher einmal in großer Verwirrung befunden haben. Mehrfach steht am Schluß oder am Anfang einer Lage ein Vermerk, der darauf Bezug nimmt, z. B. f. 63^v unten: ζήτει τὸ λῖπον ἔμπροσϑεν μετὰ φύλλων ζ und f. 64^r oben: τοῦτο ἀπὸ τῶν μελχισεδεκιανῶν. In den meisten Fällen ist heute die richtige Ordnung hergestellt. Nur ein Quaternio, der 18. (f. 133—140) ist immer noch falsch eingereiht. Er gehört eigentlich hinter den 15., nach f. 116^v.

Trotz ihrer engen Zusammengehörigkeit sind die beiden Handschriften niemals in einem Band vereinigt gewesen. Die Bräunung der letzten Seite des Urbinas 17 zeigt deutlich, daß hier der codex von jeher endigte.

Die Schrift ist die noch etwas steife Minuskel des 12/13. Jahrhunderts. Rubriziert sind die Überschriften und die Initialen. Das bewegliche ν ist nach der Schulregel gesetzt. Zuweilen steht das Hyphen. Das beigeschriebene ι (das untergeschriebene fehlt) ist noch gelegentlich, aber zuweilen auch falsch verwendet: ἄνωι, βραδύνωι, δοκῶι. Vereinzelt findet sich υ statt β: ἐνασίλευον.

Über ihre Herkunft erfährt man aus beiden Handschriften nichts. Im Urbinas 17 ist f. 1^r unten der bekannte Krebs, jedoch in verderbter Form eingeschrieben: νίψαι τὰ ἀνομήματα μὴ μόνον ὄψιν; auf der ersten Seite des zweiten Quaternio oben stand einmal der Name eines früheren Besitzers: ✝ |||||| βίβλος ἥδε ||||||||| ||||||: ∿ μ̅: ∿. Sonst ist nur noch das Wappen des Herzogs von Urbino (mit dem Reichsadler und dem päpstlichen Schlüssel) in ihnen angebracht.

Den Inhalt des Urbinas 17 bildet das erste Buch des Panarion (bis Schluß der haer. 46). Bemerkenswert ist, daß hier — im Unterschied von G und M — zu Anfang ein Gesamttitel steht: βιβλίον ᾱ τῶν παναρίων τοῦ ἁγίου ἐπιφανίου τόμος πρῶτος. Dann erst kommt die Überschrift, mit der die älteren codices sofort einsetzen: ἐπιστολὴ γραφεῖσα κτἑ. Der Text endigt f. 358^v in der Mitte der Seite; die beiden letzten Linien sind zugespitzt. — Der Urbinas 18 fährt fort mit dem ersten Tomos des zweiten Buchs (h. 47—64). Die Schlußworte der haer. 64 sind wieder zugespitzt; rechts und links zur Seite der drei letzten Zeilen steht die Unterschrift des Kapitels: κατὰ ὠριγένους τοῦ ἀδαμαντίου. Dann folgt die Unterschrift des Ganzen: τέλος σὺν θεῶ τοῦ ὅλου πρώτου βιβλίου τῶν παναρείων εἰς τρεῖς βίβλους διαιρούμενον ἐν ᾧ περιέχονται αἱρέσεις ἐν κεφαλαίοις (die Zahlen fehlen).

Der Urbinas 17 reicht also genau soweit, wie der Vat. 503; der Urbinas 18 bis dahin, wo der Marc. 125 endigt.

Im Text der beiden Handschriften sind zuweilen von erster Hand kleine Verbesserungen über verderbten Lesarten oder an den Rand geschrieben z. B. U¹ f. 53ʳ = II 505, 9 ὑπάρχεῖ; U¹ f. 71ᵛ = II 536, 22 ἡγήσονται, dazu am Rand σοιντο; U¹ f. 131ᵛ = II 640, 15 βιάζεσθαι, dazu am Rand ζεται. — Einige Male ist eine derartige Glosse auch schon in den Text hineingeraten z. B. U f. 53ᵛ = II 4, 12 καὶ εἶναί φησι τοῦτο ἅγιον πνεῦμα: ὄνομα; U f. 177ᵛ = II 161, 11 χωρίσαντα δ᾽ αὐτῆς χωρίσαντα δ᾽ αὖ τὰ αὐτῆς.

Gleichfalls noch von erster Hand geschrieben sind die kurzen Hinweise am Rand, die auch in diesem codex auf besonders merkwürdige Stellen aufmerksam machen: U f. 3ᵛ = I 273, 17 (rot) ὅτι διὰ χρωμάτων ἡ ἀρχὴ τῆς εἰδωλολατρίας ἐν τῷ ἑλληνισμῷ; U¹ f. 143ᵛ = II 645, 31 (schwarz) περὶ ἀβραὰμ und darunter περὶ τοῦ ἰώβ.

Endlich hat sich aber auch in unserer Handschrift selbst ein Leser am Text zu schaffen gemacht, ohne freilich tiefer einzugreifen. Er ändert z. B. U f. 105ᵛ = II 68, 24 Σπανίαν zu Ἰσπανίαν; er radiert U f. 115ᵛ = II 81, 29 γὰρ hinter ἕως aus; er verwandelt U f. 118ᵛ = II 85, 22 ἀλλὰ οὐδὲ in ἄλλοι δὲ; er flickt U f. 164ʳ = II 144, 1 ein ἥτις vor ἡνώθη hinein usw.

Der Text, den U und U¹ darbieten, macht anfänglich keinen üblen Eindruck. Er ist zwar durch eine Menge von Auslassungen und absichtlichen Kürzungen entstellt; letzteres gilt namentlich von dem Kapitel gegen die Aloger und dem gegen Origenes. Aber andererseits überrascht U nicht selten an solchen Stellen, wo die Lesart der älteren Handschriften offenbar verderbt ist, durch eine glattere, ansprechendere Form, so daß man geneigt sein könnte, auf eine selbständige, bessere Überlieferung zu schließen.

Indes dieses günstige Urteil hält nicht lange vor. Man gewahrt sehr bald, daß U und U[1] auf derselben Grundlage stehen, wie die bisher besprochenen Handschriften.

Es kehren in ihnen zunächst alle diejenigen Fehler, doppelten Lesarten, Verschlimmbesserungen wieder, die V und M miteinander gemeinsam haben. Um langatmige Wiederholungen zu vermeiden, seien nur ein paar kürzere Stellen aus dem bereits behandelten Stoff noch einmal vorgeführt:

II 143, 23 hat U (f. 163^v) ebenso wie VM ὀλογενής statt μονογενής.

II 225, 4 hat auch U (f. 224^r) ϑεανδήσοι statt ϑέλω δή σοι.

II 247, 24 U (f. 240^r) ebenso μωσέως statt γνώσεως.

II 376, 20 liest auch U f. 331^v τῆς ἀντὶ ἀγνώστω ἐπιγεγραμμένης τῶ ϑεῶ ἀγνώστως.

II 381, 20 steht auch in U f. 335^r διὰ γὰρ τὸ ἐν αὐτῶ τὰς ἐπαγγελϑείσας ὑποσχέσεις εἶναι γίνεσϑαι.

Aber noch mehr. Es zeigt sich, daß U überall den vom »Korrektor« — die späteren Verbesserungen in V sind nicht mehr berücksichtigt — hergestellten Text des Vaticanus voraussetzt.

II 39, 20 f. liest man in U f. 81^v οὐχ ἄπαξ οὐδὲ δὶς ἀλλὰ πολλάκις καὶ πρῶτον καὶ δεύτερον καὶ τρίτον. Der Korrektor hatte hier zu — will sagen an Stelle von — καὶ πρῶτον καὶ δεύτερον καὶ τρίτον an den Rand geschrieben: ⳨ οὐχ ἄπαξ οὐδὲ δὶς ἀλλὰ πολλάκις. U hat unüberlegt beides vereinigt.

II 40, 21 f. hat U f. 82^v οὐκ εὐαγγέλιον τοῦτο, ἀλλὰ πένϑους τελείωσις. πένϑους τελείωσις ist eine vermeintliche Besserung des Korrektors anstatt πένϑος τῆς τελειώσεως.

II 42, 13 f. gibt U f. 84^r ὅμως ἐπεὶ οὐδὲ παρελϑεῖν δυνήσομαι, ὅλα ἀναγκάζομαι ἐξειπεῖν. In V hatte der Satz ursprünglich gelautet: ὅμως οὐδὲ παρελϑεῖν δυνήσομαι, ἀλλὰ ἀναγκάζομαι ἐξειπεῖν. Der Korrektor glaubte ihm aufhelfen zu müssen, indem er ἐπεὶ hinzusetzte und ἀλλὰ in ὅλα veränderte.

II 46, 13 f. hat U f. 87^v ὡς δονούμενος κάλαμος ὑπὸ ἑκάστης ἀνϑρώπων ὑποκρίσεως καὶ ἀπάτης. Dabei ist wieder der Korrektor benützt, der zu einem im Text stehenden

ἐξουσίας an den Rand geschrieben hatte ⌐ ὑποκρίσεως
καὶ ἀπάτης.

II 54, 13f. liest U f. 94ʳ ἕως ἂν τὰ ἴδια τέκνα δυνηϑῆ ἀναλαβεῖν καὶ ἀνελκύσαι εἰς ἑαυτήν. ἀνελκύσαι wollte der
Korrektor anstatt ἀναστρέψαι.

II 71, 30f. hat U f. 108ʳ die Form ἐπ᾽ ὀλέϑρῳ τούτων
καὶ τῶν τοιούτων βαδιούμεϑα. So hat der Korrektor
den Text gestaltet an Stelle von ἐπ᾽ ὀλέϑρῳ τούτων
ἥκειν ἑαυτοὺς διὰ τὴν ἐπαγγελίαν ἀναγκάσωμεν.

II 90, 17f. gibt U f. 122ʳ Χριστιανῶν βούλεται ἔχειν τὴν
προσηγορίαν. Ursprünglich lautete der Satz: Χριστιανῶν
βούλεται ἔχειν τὸ ἐπώνυμον μόνον. Der Korrektor
schrieb für τὸ ἐπώνυμον an den Rand τὴν προσηγορίαν. U nahm das auf, übersah aber, daß μόνον hätte
stehen bleiben sollen.

II 115, 3 = f. 142ʳ hat U die schulmeisterliche Verbesserung des Korrektors φησὶν ὁ κύριος anstatt des ursprünglichen τοῦ δὲ κυρίου πάλιν λέγοντος in seinem Text.

II 171, 16 (Irenäusstück) steht auch bei U f. 185ʳ in dem
Satz: ἐξαπατῶσι πολλοὺς τῇ τῶν ἐφαρμοζομένων
κυριακῶν λογίων κακοσυνϑέτῳ σοφία die falsche Lesart des Korrektors σοφία statt φαντασία.

Das Ergebnis, das aus dieser Liste herausspringt, nötigt
sofort zu einer weiteren Feststellung. Man erinnert sich daran,
daß auch G von dem korrigierten V abstammt. U hat jedoch
seinen Text nicht erst auf dem Umweg über G bezogen. Das
zeigt am besten ihr beiderseitiges Verhalten gegenüber den
Randbemerkungen des Korrektors. So gut wie G hat auch U in
einzelnen Fällen das zur Seite des Textes Geschriebene übersehen. Niemals treffen aber beide in ihren Versäumnissen zusammen. Schon die eben vorgelegte Stellenreihe würde hiefür
Beispiele liefern. Aber es ist vielleicht willkommener, wenn
auf neuen Stoff zurückgegriffen wird.

II 94, 4 liest U f. 125ʳ mit dem Korrektor τῆς κατὰ τῶν
ἀποστόλων ἐπιβουλῆς, während G den ursprünglichen
Text: τῆς κατὰ τῶν ἀποστόλων ἐπηρείας belassen hat.

II 103, 11 hat U f. 132ᵛ die verfeinerte Form des Korrektors:
ἔνϑα τις οὐδέποτε ἴσχυσεν οἰκοδομῆσαι ἐκκλησίας, G
wieder das ursprüngliche προστήσασϑαι.

II 174, 14 folgt U f. 187ᵛ dem Korrektor in der Verschlechterung: ἐν πᾶσι τοῖς πάθεσι διατριβεῖν; G hat
das ursprüngliche und richtige διατριβήν.

Umgekehrt hat:

I 311, 4 U f. 32ᵛ die ursprüngliche Lesart τῇ παραδόσει
προαχθείσῃ belassen, während G das φθασάσῃ des Korrektors eingesetzt hat.

II 15, 29 ist in U f. 62ᵛ der große Nachtrag des Korrektors: πᾶν
τὸ ὑπὸ τῶν ἀγγέλων πλασθὲν ἐνταῦθα αὐτοῖς καταλιμπάνεσθαι. Χριστὸν δέ übersehen; G hat ihn aufgenommen.

II 19, 5 ist ebenso bei U f. 65ʳ der Nachtrag τὶ γέγονε
übergangen, den G in seinem Text stehen hat.

Im Anschluß daran sei noch hervorgehoben, daß U keinen
der Fehler teilt, die G eigentümlich sind. Die große Auslassung
z. B., die dem Schreiber von G II 70, 19—21 begegnet ist, findet
sich in U nicht wieder.

G und U gehen darnach unabhängig von einander auf Vᶜᵒʳʳ
zurück. U steht aber dem gemeinsamen Archetypus nicht auf
gleicher Stufe gegenüber wie G. Während G unmittelbar aus V
herstammt, ist U durch mindestens zwei Glieder von ihm ge-
schieden.

Wie schon berührt, gibt U gerade an schwierigen Stellen
regelmäßig einen eigenartigen Text. Auf Grund des eben Nachgewiesenen ist sicher, daß auch U überall dort ursprünglich
anders las. Eine Bearbeitung hat also stattgefunden. Es fragt
sich aber, ob sie willkürlich gemacht wurde oder ob eine Handschrift dabei Dienste leistete.

Vorsichtshalber soll wieder von einem Beispiel ausgegangen
werden, bei dem der lateinische Irenäus zu Hilfe kommt.

II 240, 1 haben V G M einen kleinen Fehler im Text. Sie
schreiben: ἔχειν ἐν αὐτῷ τὴν ἀπὸ τῆς μιᾶς πηγὴν
δύναμιν (= Harvey I 170 habere in se eam quae sit ab
uno fonte virtutem). In U f. 234ᵛ steht dafür: ἔχειν ἐν
αὐτῷ τὴν ἀπὸ τῆς μιᾶς πηγήν. Man sieht, der Bearbeiter
von U hat den Anstand bemerkt, aber es sich mit der
Verbesserung etwas leicht gemacht. Er glättet die Worte,
ohne sich um den Sinn allzuviel zu bekümmern.

Ganz ebenso verfährt er aber auch in allen andern Fällen.

I 283, 27 heißt es in VM: κατ᾽ ἀκολουθίαν δὲ τοῦ ἑνὸς

υἱοῦ διέξειμι τὴν γενεαλογίαν. Ein vollkommen einwand-
freier Satz, der jedoch dem Bearbeiter nicht gefiel. Er
macht daraus U f. 11ʳ: κατ᾿ ἀκολουθίαν δὲ τοῦ λόγου
ἔξειμι τὴν γενεαλογίαν τοῦ ἑνὸς υἱοῦ. Das τοῦ λόγου,
das hinter κατ᾿ ἀκολουθίαν hinzugesetzt ist, entspricht
allerdings einer auch bei Epiphanius häufigen Redensart,
paßt aber gerade an dieser Stelle nicht. Denn das Objekt,
das zu κατ᾿ ἀκολουθίαν gehört, ist in τοῦ ἑνὸς υἱοῦ τὴν
γενεαλογίαν ausgedrückt.

I 303, 8 haben V und M: ἀφελόμενοι οὖν τινες . . . τὸ ἓν
ὄνομα (sc. den des Jechonja; es handelt sich um die Voll-
zähligkeit der 14 Glieder) . . . ἐλλιπῆ ἐποιήσαντο τῆς
ὑποθέσεως κατὰ τὴν ὁμάδα τοῦ ἀριθμοῦ τῶν δεκατεσσάρων ὀνομάτων τὴν ὑπόσχεσιν. Wiederum ganz tadel-
los. Aber U f. 26ᵛ verpfuscht das zu: ἐλλιπὲς ἐποίησαν
τὸ τῆς ὑποθέσεως καὶ κατὰ τὴν ὁμάδα τοῦ ἀριθμοῦ
τῶν δεκατεσσάρων ὀνομάτων τὴν ὑπόσχεσιν. Der Stüm-
per hat also gar nicht gesehen, daß das Hauptwort zu
ἐλλιπῆ ἐποιήσαντο am Schluß in τὴν ὑπόσχεσιν nach-
kommt und hat es mit seiner Änderung wirklich erreicht,
daß das κατὰ τὴν ὁμάδα τοῦ ἀριθμοῦ jetzt ganz verloren
dasteht.

I 304, 2 hat U f. 27ʳ einen Text, den man überhaupt erst
begreift, wenn man VM danebenhält. U schreibt: μετὰ
συνέσεως αὐτῷ ἀπεκάλυπτον τῆς εὐλόγου γνώμης τὰ
καθεξῆς φήσασθαι· μὴ δύνασθαι γὰρ ἔθνος ἐκεῖσε
καθέζεσθαι κτέ. Was soll das ungefüge φήσασθαι? Die
Form ist sinnlos. Denn der Betreffende soll nicht selbst
etwas sagen, sondern es wird ihm etwas gesagt. Und doch
handelt es sich nicht um eine zufällige Verderbnis; wie
das nachfolgende γάρ zeigt, ist der Satz absichtlich so
gestaltet worden. Hier müßte man verbessern, wenn nicht
in VM das Richtige schon vorläge: μετὰ συνέσεως αὐτῷ
ἀπεκάλυπτον τῆς εὐλόγου γνώμης τὰ καθεξῆς, φήσαντες
μὴ δύνασθαι ἔθνος ἐκεῖ καθέζεσθαι.

II 103, 26 war in V der Text verdorben. M hat noch die
unversehrte Form: τετραχῆ τοὺς τοίχους διὰ τετραπόδων
λίθων εὗρεν . . . ἀνεγηγερμένους. Bei V ist das entstellt
zu: τετραπήτους λίθους διὰ τετραπέδων λίθων εὗρεν . . .

ἀνεγηγερμένους. U hilft sich wieder höchst einfach (f. 133ʳ): εὗρε διὰ τετραπήχων λίθων τετραπέδων . . . ἀνεγη- γερμένον.

II 124, 10 schaltet U f. 149ᵛ in dem Satz: εἰ δὲ βούλονται οὗτοι λέγειν, πῶς οὖν Χριστὸς περιετμήθη, ἤδη μὲν οὖν, ὦ πεπλανημένοι, ἐδείξαμεν ὑμῖν, δι᾽ ἣν αἰτίαν περι- ετμήθη hinter dem ersten περιετμήθη ein ganz über- flüssiges ἀκούσονται ὅτι ein. Der Einschub ist nicht nur entbehrlich, er zerstört die ganze Kraft der Stelle.

II 127, 67 hatte Epiphanius nach VM zu Beginn der Wider- legung der Ebioniten geschrieben (ich lasse die kleinen Ab- weichungen der beiden Handschriften unter einander bei Seite): ἐπιλείψει δέ μοι ὁ καιρὸς διηγουμέναν εἰς παράστα- σιν ἀληθείας καὶ εἰς ἔλεγχον τῆς ματαιοφροσύνης Ἐβίωνος καὶ τοῦ αὐτοῦ παραπεποιημένου ματαιοφροσύνης διδασ- καλείου· πῶς γὰρ οὐκ ἂν σαφὲς εἴη ἢ πόθεν οὐ δείξοιμ᾽ ἂν (ἢ πόθεν — ἂν < M; in V vom Korrektor nachgetragen); ἰδού, φησίν, ἡ παρθένος ἐν γαστρὶ ἕξει κτέ. — U f. 151ᵛ hat nun den Satz πῶς γὰρ οὐκ ἂν σαφὲς εἴη — der Nachtrag des Korrektors ist in U nicht beachtet — wieder unvollständig befunden und daher noch hinzugesetzt: ὅτι οὐ πατὴρ ἦν Ἰωσήφ, ἀλλ᾽ ἐν τάξει πατρὸς ἐνομίζετο. Man sieht es dieser Texterweiterung schon an ihrer Form an, daß sie unecht ist. Neben πατήρ ist ein Genitiv un- entbehrlich. Aber auch der Inhalt des Satzes entspricht dem Zusammenhang nicht genau. Denn Epiphanius will gegen Ebion nicht bloß die Jungfraugeburt verteidigen. Wenn man überhaupt etwas ergänzen will — notwendig ist es bei der Art des Epiphanius nicht —, so müßte man ein allgemeines Objekt, etwa τὸ ἀληθές einschieben.

Nirgends stößt man bei den eigentümlichen Lesarten von U auf die Spur einer besseren Überlieferung. Sie beruhen durch- weg nur auf Vermutung und nicht einmal auf glücklicher Ver- mutung. Die ganze Bearbeitung ist ein Verputz, der bloß ver- dient, wieder heruntergeschlagen zu werden.

Erst auf diesen Textverderber ist dann wohl derjenige Leser gefolgt, von dem die kleinen, oben (S. 48) verzeichneten Berich- tigungen — z. T. sind es jedoch auch Verschlechterungen — herrühren. Denn man kann die doppelten Lesarten nicht gut

als einen Rest jener durchgreifenden Bearbeitung auffassen, den
der Abschreiber einzusetzen sich nicht ganz getraut hätte. Sie
stellen einen neuen, selbständigen Besserungsversuch dar.

Nicht ausmachen läßt sich, in welchem Augenblick der Text-
entwicklung das Alogerkapitel und das gegen Origenes zusammen-
geschnitten wurde (vgl. S. 48). Beide sind in U so verkürzt,
wie man sie bis zur Entdeckung des Marcianus in allen Ausgaben las. Zweifellos ist nur, daß hierbei nicht irgend welche
tiefere Absicht maßgebend war, sondern lediglich der Überdruß
der Schreibers an den weitschweifigen, endlos sich wiederholenden
Auseinandersetzungen des Epiphanius.

Nach alledem ist U neben V noch weit minderwertiger als G.
Doch ist daran zu erinnern, daß U weiter reicht als V und G.
Im ersten Tomos des zweiten Buchs ist U d. h. genauer U^1 für
uns der einzige Vertreter des V-Textes.

Mit U ist der Vindobonensis suppl. gr. 91 (= W) zu-
sammenzunehmen, ein codex, den Dindorf und Öhler — sie
geben ihm noch die alte Nummer Vindob. 127 — wohl gekannt,
aber nicht zu würdigen verstanden haben.

Bombyzin, s. XIV, 310 Blätter; Größe 19,2×13, Schreibraum 15,2×11,1. Mehrere (zwei; drei?) Hände; die erste flüssig
und zierlich, die andere eckiger und breiter.

Die Handschrift ist eine Sammlung von größeren und
kleineren Auszügen aus den verschiedensten Schriftstellern oder
vielleicht richtiger eine Vereinigung von mehreren Sammlungen.
Denn möglicherweise hat erst der Buchbinder das von den
einzelnen Händen Geschriebene zu einer Art von Ganzem zu-
sammengefügt.

Der uns näher angehende Teil des codex umfaßt die Blätter
65—163. Er ist durchweg von einer, von der ersten Hand
geschrieben. Als ein Ganzes für sich hebt sich dieser Abschnitt
schon dadurch heraus, daß ihm ein eigenes (jetzt beseitigtes)
Schutzblatt voranging und daß in ihm, was sonst kaum vorkommt, eine Quaternionenzählung durchgeführt ist.

Die 99 Blätter sind in 14 Lagen geschichtet. Sie müssen
einzeln beschrieben werden: 1) f. 65—71; f. 71^v links unten
steht $\bar{a}$. 2) f. 72—79; f. 72 rechts unten und f. 79^v links unten $\overline{B}$.

3) f. 80—87; f. 80ʳ rechts unten und f. 87ᵛ links unten $\overline{\Gamma}$.
4) f. 88—91; f. 88ʳ rechts unten $\overline{\delta}$. 5) f. 92—95; f. 95ᵛ links
unten $\overline{a}$; die Zählung fängt also hier wieder von vorne
an. 6) f. 96—99; f. 96ʳ rechts unten $\overline{\beta}$. 7) f. 100—107; der
Beginn der Lage ist gekennzeichnet durch ein kleines Kreuz in
der Mitte des oberen Rands und durch das in die rechte obere
Ecke geschriebene ἐκ τοῦ δευτέρου τόμου. 8) f. 108—115; der
Beginn der Lage ebenso gekennzeichnet wie bei Nr. 7. 9) f. 116—
123; f. 116ʳ oben in der Ecke ἐκ τοῦ δευτέρου τόμου, daneben
aber hier und wieder f. 123ᵛ links unten $\overline{\varepsilon}$. 10) f. 124—131;
f. 124ʳ rechts oben wiederum $\overline{\varepsilon}$. 11) f. 132—137. 12) f. 138—
146. 13) f. 147—154; f. 147ʳ rechts oben und f. 154ᵛ links
unten $\overline{\varsigma}$. 14) f. 155—163; f. 155ʳ rechts oben $\overline{\zeta}$, f. 163ᵛ oben,
in der Mitte der sonst leeren Seite τέλος.

Dazu verhält sich der Inhalt folgendermaßen:

f. 65ʳ steht oben schwarz die Überschrift: ⟨βιβλ⟩ίον πρῶτον
τῶν παναρίων τοῦ ἁγίου ἐπιφανίου. Darunter folgt: ἐπιστολὴ
συγγραφεῖσα ἐν τῷ ἐνενηκοστῷ δευτέρῳ ἔτει κτέ. Am Rand
findet sich schwarz τόμος $\overline{a}$. Der Text des Panarion geht dann
ununterbrochen fort bis zum Schluß von f. 91ᵛ. Die letzte Seite
ist noch ganz ausgefüllt; sie endigt bei den Worten: ἡμῖν πᾶσιν
ἀκόρεστον πλεονεξίαν (= I 305, 5) mitten im Satz. Doch
beachte man, daß die letzte Linie, auf der die angeführten Worte
stehen, eingerückt ist. Man sieht daraus, daß der hier zu ver-
zeichnende Verlust nicht erst in unserem codex, sondern schon
in der Vorlage entstanden ist. Das bestätigt unser Schreiber
noch ausdrücklich, indem er darunter setzt: ζήτει τὸ ἐπίληπον.
Ein späterer Leser hat, von seinem Standpunkt aus mit Recht,
beigefügt: λείπει; denn in unserer Handschrift sucht man das
Fehlende allerdings vergeblich.

f. 92ʳ, wo zugleich die Quaternionenzählung wieder von
vorne beginnt, liest man oben schwarz den Titel: ἐνδημία
Χριστοῦ καὶ ἔνσαρκος παρουσία καὶ ἀλήθεια d. h. es kommt
jetzt das letzte Stück des ersten Tomos des Panarion (von
I 333, 6 an). Es ist vollständig aufgenommen (einschließlich des
Nazoräerabsatzes). — Etwas unter der Mitte von f. 96ʳ ist dieser
Teil zu Ende. Unmittelbar darauf folgt die neue Überschrift:
καὶ ταῦτα γὰρ ἔνεστιν ἐν τῷ δευτέρῳ τόμῳ τοῦ πρώτου
βιβλίου. Aber was nun geboten wird, ist nicht der zweite

Tomos des Panarion, sondern der entsprechende Abschnitt der Anakephalaiosis (= I 241, 28 ff.). Sie bildet von jetzt an den Faden bis zu ihrem Schluß. Zwischendurch werden freilich immer große Stücke übersprungen, ohne daß jedoch die Auslassungen irgendwie angedeutet würden.

Wieder vollzieht sich dann der Übergang von einer Schrift zur andern mitten auf der Seite. Auf f. 105ᵛ reiht sich an die letzten Worte der Anakephalaiosis (καὶ εἰς τοὺς αἰῶνας τῶν αἰώνων· ἀμήν) ohne weiteres, sogar ohne Überschrift, der erste Satz von de mensuris ac ponderibus an (εἴ τις θέλει τῶν ἐν ταῖς θείαις γραφαῖς κτέ.). Der Text geht ohne Unterbrechung fort bis f. 123ᵛ (Schluß der mit ε̄ bezeichneten Lage). Dort hört er unten auf der Seite mit den Worten auf: μιᾶς ἑρμηνείας πρὸς τὴν ἑτέραν συνέθηκεν (= IV 23, 2). Wieder hat jedoch der Schreiber nur darum abgebrochen, weil die Vorlage verstümmelt war. Denn auch an dieser Stelle weist er durch ein links unten in der Ecke stehendes ζήτει τὸ ἐπήλιπον den Leser ausdrücklich auf die Lücke hin.

Das folgende Blatt f. 124ʳ (Beginn einer neuen, auch mit ε̄ bezeichneten Lage) trägt oben unter einer roten Leiste die rote Überschrift κατὰ ἀντιδικομαριαμιτῶν ν̄η̄ ἢ καὶ ο̄η̄. Es kommt also jetzt ein Kapitel aus dem Panarion. Der Text erstreckt sich bis in die nächste Lage hinein, um dann f. 136ᵛ Mitte bei den Worten οὗτος ἐστὶν ἀληθὴς ἀνοίγων μήτραν μητρός (= III 520, 15) plötzlich abzureißen. Der Rest von f. 136ᵛ und f. 137 ist freigelassen; offenbar zu dem Zweck, das Fehlende aufzunehmen, wenn es vielleicht noch irgendwo zutage käme. Denn oben auf der Rückseite von f. 137 steht von der Hand des Schreibers κατὰ ἀντιδικομαριαμιτῶν. — An der Spitze des sich daran anschließenden Quaternio findet sich f. 138ʳ oben der Titel τοῦ ἁγίου ἐπιφανίου κατὰ μασαλιανῶν ξ̄η̄ (!) ἢ καὶ π̄: ∽. Darunter nach einer roten Leiste die zweite Überschrift: κατὰ μασαλιανῶν συνάπτονται μαρτυριανοὶ ἐξ ἑλλήνων ὄντες καὶ εὐφημῖται καὶ σατανιανοί: ∽. Das damit angezeigte 80. Kapitel des Panarion ist vollständig wiedergegeben. Der Schluß verläuft eigentümlich. Auf die letzten Worte des Textes folgt zunächst die Kapitelunterschrift: ⟨Τ⟩έλος τὰ κατὰ μασαλιανῶν αἱρετικὰ δόγματα: ∽. Dann sind 2—3 Linien freigelassen. Hierauf kommt eine neue Überschrift: ⟨σ⟩ύντομος ἀληθὴς λόγος περὶ πίστεως καθολικῆς καὶ ἀποστολικῆς ἐκκλησίας. Es ist die Überschrift der im Panarion an das Messalianerkapitel angereihten Schlußbetrachtung. Vom Inhalt wird jedoch nichts vorgelegt.

f. 147ʳ (Anfang des als ζ̅ gezählten Quaternio) knüpft wieder — jedoch nicht unmittelbar — an den f. 123ᵛ unterbrochenen Zusammenhang an. Oben am Rand steht: περὶ μέτρων καὶ σταθμῶν. Dann beginnt der Text mit: περὶ τῶν ἐν ταῖς θείαις γραφῶν (αἷς von 1. H. darüber gesetzt) σταθμῶν τε καὶ μέτρων καὶ ἀριθμῶν δηλώσαντες (= IV 25, 23; man übersehe den Abstand von der Bruchstelle auf f. 123ᵛ nicht).

f. 152ᵛ im oberen Drittel schließt de mensuris ac ponderibus. Der unserem Schreiber vorliegende Epiphaniuscodex war jedoch damit noch nicht zu Ende. Zunächst sind, nur durch eine einfache Leiste getrennt, fünf umfangreiche Stellen aus Chrysostomus angehängt. Es ist nötig, sie einzeln aufzuführen:

Τοῦ ἐν ἁγίοις πατρὸς ἡμῶν ἰάννου (!) ἀρχιεπισκόπου κωνσταντινουπόλεως τοῦ χρυσοστόμου ἐκ τοῦ περὶ ἀκαταλήπτου ε̅ λόγου, οὗ ἡ ἀρχή· ἐπειδὰν μέλλη τις μακροτέρας ὑποθέσεως καὶ πολλῶν δεομένης λόγων. — Inc. Τίς ἔγνω νοῦν κυρίου. Explic. τὸ εἰδέναι αὐτὸν σαφῶς.

Τοῦ αὐτοῦ ἀπὸ τοῦ περὶ τῶν δύο διαθηκῶν, οὗ ἡ ἀρχή· θεὸν μὲν ἕνα καὶ τὸν αὐτὸν δεδηλώκασιν. — Inc. Ἐξ ἀρχῆς νόμος καὶ προφῆται. Explic. οὕτω πνεῦμα χριστοῦ δεξάμενος ἐδέξω θεόν.

Τοῦ αὐτοῦ ἐκ τοῦ πρώτου φυλακτικοῦ, οὗ ἡ ἀρχή· ἐπειδὴ τῷ ἀγαθῷ προσερχώμεθα, φυλάσσεσθαι δεῖ τὸν ἀντιπράσσοντα τῷ ἀγαθῷ διάβολον. — Inc. Καὶ οὕτως ἡμᾶς φυλάξοι τὸ παρὰ χριστοῦ πνεῦμα. Explic. εἰς τὴν ἡμέραν τῆς μελλούσης ἀπολυτρώσεως.

Τοῦ αὐτοῦ ἐκ τοῦ εἰς τὸ θὲς τὴν χεῖρα σου ὑπὸ τὸν μηρόν μου καὶ εἰς διαφόρους μαρτυρίας, οὗ ἡ ἀρχή· ἐθαύμασα μεθ᾽ ὑμῶν ὦ φιλόχριστοι τὰ νέα τῆς εὐαγγελικῆς χάριτος διὰ τῆς παλαιᾶς διαθήκης κηρυττόμενα. — Inc. λυχνία ἦν ἀληθὴς ἡ σὰρξ ἡ δεσποτική. Explic. σχηματίζει ἐν τύπῳ ἑπταλύχνῳ.

Τοῦ αὐτοῦ λόγου. — Inc. Κηρυττέσθω χριστοῦ δόξα καὶ πατρὸς ὕψος. Explic. ὁ λόγος ἐν τῷ νῷ θεωρεῖται.

Diese Auszüge aus Chrysostomus reichen bis zur Mitte von
f. 155ʳ. Sie erstrecken sich also noch auf das erste Blatt des mit
$\bar{\zeta}$ bezeichneten Quaternio. Am Schluß steht nach einem roten
Band die überraschende (rote) Unterschrift: τέλος λόγου τοῦ
ἁγίου ἐπιφανίου τοῦ ἐπιλεγομένου ἀγκυρωτοῦ.

Die untere Hälfte von f. 155ʳ ist leer; ebenso f. 155ᵛ, nur
daß oben an die Seite ἐκ τῆς(!) ἀγκυρωτοῦ geschrieben ist. —
Nach einem ungezählten Blatt beginnt f. 156ʳ wieder ein Text.
Er trägt die rote Überschrift: τοῦ ἐν ἁγίοις πατρὸς ἡμῶν
νικηφόρου ἀρχιεπισκόπου κωνσταντινουπόλεως καὶ ὁμολογητοῦ χρονογραφία σύντομος ἀπὸ Ἀδὰμ μέχρι τῶν χρόνων
Μιχαὴλ καὶ Θεοφίλου. Die Chronographie ist aufgenommen bis
zum Verzeichnis der Kaiserinnen. Sie endigt f. 163ʳ, unten auf
der letzten Linie, mit den Worten: Εὐδοκία Μιχαήλ, Εὐδοκία
Βασιλείου (= 106, 1 de Boor). f. 163ᵛ ist leer. — Auch dieses
Stück hat sicher noch in dem von unserem Schreiber benutzten
Epiphaniuscodex gestanden. Denn erst auf f. 163ᵛ hat er durch
das oben eingetragene τέλος den Punkt dahinter gesetzt.

Überblickt man nun das Ganze, so ist zweierlei unmittelbar
einleuchtend: daß die Vorlage unserer Handschrift bereits verstümmelt war und daß auch in unserem codex selbst die Ordnung
der Quaternionen gestört ist.

Was das Erste anlangt, so hat der Schreiber von W gewußt, daß da, wo er im Panarion und in de mensuris ac ponderibus absetzte (f. 91ᵛ und f. 123ᵛ), der Text eigentlich noch
weitergehen müßte. Das ζήτει τὸ ἐπίλοιπον ist nicht so gemeint, wie es jener Leser verstand, als ob das Fehlende in
unserer Handschrift selbst, nur an anderer Stelle, zu finden
wäre; sondern es ist eine Aufforderung, die Lücke aus anderen
Quellen zu ergänzen. Und wie der Wackere hier gewissenhaft
selbst die Unvollständigkeit des von ihm Gebotenen hervorhob,
so hat er anderwärts durch die freigelassenen Blätter seinen
guten Willen bekundet, das Mangelnde nachzutragen, wenn es
ihm einmal unter die Hände käme. Man darf es darum nicht
auf Rechnung seiner Bequemlichkeit setzen, wenn er nach
Beendigung des ersten Tomos des Panarion die Fortsetzung nur
aus der Anakephalaiosis gibt. Er kann nur in der Not so gehandelt haben. In dem codex, den er benutzte, muß der größte
Teil des Panarion verloren gewesen sein. Unser Schreiber ver-

suchte dann schlecht und recht, aus den erhaltenen Stücken
ein Ganzes zu machen.

Aber auch seine eigene Arbeit ist nicht ganz in ihrem ursprünglichen Zustand auf uns gekommen. Die Blätter 124—146,
die noch zwei Kapitel aus dem Panarion nachbringen, sind
augenscheinlich falsch eingereiht. Sie durchbrechen einen un-
verkennbaren Zusammenhang. Denn das ihnen vorausgehende
f. 123ᵛ und das nachfolgende f. 147ʳ schließen sich vermöge
ihres Inhalts (de mensuris ac ponderibus) ebenso fest aneinander,
wie sie durch die Quaternionenzählung mit einander verknüpft
sind — f. 123ᵛ beendigt die Lage $\bar{\varepsilon}$, f. 147ʳ eröffnet die Lage
$\bar{\varsigma}$ —; auch der Schriftzug geht fließend von der einen Seite zur
anderen herüber, während f. 124ʳ, obwohl es von derselben Hand
herrührt, deutlich einen Neuansatz aufweist. Die Blätter 124—146
müssen also von ihrer Stelle weggerückt werden. Aber wohin
dann mit ihnen? Sie dort einzufügen, wohin sie ihrem Gegenstand nach gehören, nämlich bei den Bruchstücken aus dem
Panarion, erscheint zunächst aus äußeren Gründen als unmöglich. Der Schreiber geht f. 96ʳ mitten im Quaternio, ja mitten
auf der Seite vom ersten Tomos des Panarion zur Anakephalaiosis über. So bleibt hier gar keine Fuge, um Kapitel unter-
zubringen, die aus dem letzten Tomos des Panarion stammen.
Und sie weiter hinauf, hinter f. 91, zu schieben, unterliegt noch
größeren Bedenken; denn dann stünden sie ja mitten zwischen
Stücken aus dem ersten Tomos. Angesichts dieser Sachlage
wird man einen Augenblick zweifelhaft, ob die beiden Kapitel
nicht erst vom Buchbinder in den uns angehenden Teil von W
versetzt worden sind. Wenn man sich daran erinnert, daß
gerade der Abschnitt über die Antidikomariamiten und der über
die Messalianer vielfach einzeln in den Handschriften überliefert
sind, so möchte man vermuten, daß diese Kapitel nicht aus dem
sonst benutzten Epiphaniuscodex, sondern aus irgend einem
andern entnommen waren und daher ursprünglich außer allem
Zusammenhang mit unserer Sammlung standen. Für diese Annahme könnte man sich noch darauf berufen, daß beim zweiten
Stück der Name des Epiphanius wiederholt wird, was mindestens auffällig ist, wenn der Schreiber einen Epiphaniuscodex
fortlaufend auszog. Allein dieser Ausweg ist doch ungangbar.
Der Quaternio $\bar{\varepsilon}$, der am Kopf von f. 124 steht, beweist nicht

nur, daß diese Kapitel als Teile eines größeren Ganzen in unsern codex aufgenommen worden sind, sondern er nötigt auch, sie hinter der mit $\bar{\delta}$ bezeichneten Lage d. h. hinter f. 91 einzuschalten. Bei näherem Zusehen heben sich auch die Bedenken, die oben dagegen vorgebracht wurden, ohne große Schwierigkeit. Die Sonderbarkeit, daß bei dieser Reihenfolge nach unsern zum letzten Tomos gehörigen Kapiteln 78 und 80 erst noch der Schlußabschnitt des ersten Tomos (f. 92 *ἐνδημία Χριστοῦ καὶ ἔνσαρκος παρουσία καὶ ἀλήθεια*) nachkommen soll, stellt doch kein unlösbares Rätsel dar. Denn der Schreiber hat das mit *ἐνδημία Χριστοῦ* überschriebene Stück anders aufgefaßt, als es der Sache nach richtig gewesen wäre. Er beginnt bei der durch f. 92 eröffneten Lage mit der Quaternionenzählung von vorne. Das heißt, er versteht die Betrachtung über die *ἐνδημία Χριστοῦ* nicht als Ende des Panarion (soweit er es besaß), sondern als Einleitung zur Anakephalaiosis. Nur was vor f. 92 kommt, zählt für ihn zum Panarion. Wenn dann bei der Anfügung von f. 124 an f. 91 inhaltlich ein gewaltiger Sprung vom ersten bis gleich in den letzten Tomos gemacht wird, so findet dies in der Verstümmelung der Vorlage seine hinreichende Erklärung.

In W (oder richtiger in seinem Archetypus) begegnet uns nun zum ersten Mal eine Handschrift, die eine Gesamtausgabe des Epiphanius bezeugt. Ihre Grundzüge sind trotz der Mängel von W deutlich zu erkennen. Sicher ist, daß sie das Panarion, die Anakephalaiosis und de mensuris ac ponderibus enthielt. Aber auch der Ancoratus kann nicht gefehlt haben. Denn sonst wäre die hinter den Chrysostomusstellen folgende Unterschrift: *τέλος λόγου τοῦ ἁγίου ἐπιφανίου τοῦ ἐπιλεγομένου ἀγχυρωτοῦ* vollkommen unerklärlich.

Aus dem Verhältnis, in dem diese Unterschrift zum Vorhergehenden steht, ließe sich auch bereits ein Stück der Geschichte dieser Ausgabe bis auf die Vorlage von W hin erschließen. Doch bleibt das besser einer späteren Erörterung vorbehalten. Immerhin darf jetzt schon im Blick auf das doppelte Anhängsel der Chrystomusexzerpte und der Chronographie des Nicephorus gesagt werden, daß der Archetypus von W beträchtlich höher hinaufreicht als unsere Handschrift.

Fruchtbar werden die neuen Einsichten, die man durch W gewinnt, jedoch erst vermöge der weiteren Tatsache, daß W

sich an einen der bereits eingeordneten codices aufs engste
anschließt.

Die nahe Verwandtschaft, die zwischen W und U besteht,
ist ihnen buchstäblich schon an der Stirne abzulesen. Im Unterschied von den älteren Handschriften eröffnen beide das Panarion mit einen Titel: βιβλίον ᾱ (πρῶτον W) τῶν παναρίων
τοῦ ἁγίου ἐπιφανίου τόμος πρῶτος (in W steht τόμος ᾱ am
Rand). Diese Überschrift ist jedoch nachweislich ein späteres,
dem Sinn des Epiphanius zuwiderlaufendes Machwerk. Denn
Epiphanius legt erst am Schluß der langen Einleitung umständ-
lich die Gliederung des Folgenden in βιβλία und τόμοι dar, um
dann mit I 279, 1 (oder wohl richtiger mit I 272, 22) zur Aus-
führung überzugehen. Erst hier beginnen demnach die βιβλία und
die τόμοι. Dies betonen die älteren Handschriften, wenn sie
bei 279, 1 den Haupttitel setzen: Ἐπιφανίου ἐπισκόπου κατὰ
αἱρέσεων τὸ ἐπικληθὲν πανάριον εἴτουν κιβώτιον. Merk-
würdigerweise steht diese Überschrift aber auch in U und W
an der gleichen Stelle. Sie zeugen damit gegen sich selbst und
gegen die Ursprünglichkeit ihres ersten Titels.

Ebenso bezeichnend ist die Übereinstimmung von U und
W in der Art, wie sie den Nazoräeranhang wiedergeben. Beide
haben: ...ἕως αὐτοῦ τοῦ χρόνου μετρίως ἀπαριθμησάμενος.
Dann folgt die (in VGM fehlende) Überschrift: περὶ ναζωραίων
ἤτοι χριστιανῶν, hierauf das Stück selbst. In beiden ist also
die wichtige Bemerkung ταῦτα ἔν τισιν οὐκ ἔγκειται wegge-
strichen und durch den vorgesetzten Titel περὶ ναζωραίων ἤτοι
χριστιανῶν der Einschub vollends als echt gestempelt.

Auch in den Einzelheiten des Textes geht W mit U durch
dick und dünn. Die eigentümlichen Fehler von U finden sich
in W ebenso wieder, wie die »Verbesserungen« des Bearbeiters [1].

Beide schreiben:

I 272, 7 οἱ καὶ statt καὶ οἱ.

I 274, 20 < διὰ περιτομῆς.

I 276, 11 Ἑβραίους statt Σεβουαίους.

---

1) Um Bedenken vorzubeugen, die an späterer Stelle entstehen
könnten, muß hervorgehoben werden, daß W die Besonderheiten der
jüngeren Gruppe in keinem Punkt teilt. Wo diese von U abweicht, geht
W überall mit U gegen sie zusammen.

I 280, 30 προφητικῶν statt προσρητικῶν.

I 281, 21 τοῖς δὲ καὶ τοιούτοις statt τοῖς δηλητηρίοις τούτοις.

I 286, 23 ἀγών statt αἰών.

In beiden ist:

I 271, 24 ff. bei der Aufzählung der Häresien der abgekürzte Ausdruck Παύλου τοῦ Σαμοσατέως, . . . Μελιτιανῶν τῶν ἐν τῇ Αἰγύπτω σχίσμα geglättet zu Παυλιανισταί, . . . Μελιτιανοὶ σχίσμα ἐν Αἰγύπτω.

I 283, 27 hat auch W das früher (S. 51 f.) erwähnte κατ' ἀκολουθίαν δὲ τοῦ λόγου ἔξειμι τὴν γενεαλογίαν τοῦ ἑνὸς υἱοῦ.

I 293, 23 fügen beide in der Stelle τὰ δὲ γενόμενα πάντα ἐκ τοῦ ὄντος θεοῦ γεγενῆσθαι hinter γεγενῆσθαι noch τινὰς δυνάμεις hinzu, ein, wie man sofort sieht, höchst ungeschickter Zusatz.

Endlich darf nicht übergangen werden, daß U und W auch charakteristische Leserbemerkungen mit einander gemein haben: I 281, 5 steht beidemal von erster Hand am Rand @ διὰ τὸ πολυμαθὲς τοῦ πατρός; I 302, 15 ebenso @ διὰ τὸ ἀναγκαῖον τῆς ἑρμηνείας τοῦ εὐαγγελικοῦ ῥητοῦ (κηρύγματος W).

So genau deckt sich der Text von W mit dem von U, daß notwendigerweise die Frage sich einstellt, ob W nicht in gerader Linie von U abstammt.

Die allgemeinen Anzeichen sind einer Bejahung günstig. Nirgends bietet W gegenüber U eine bessere Lesart oder eine Vervollständigung des Textes; nichts findet sich überhaupt in W von alledem, was sonst auf gegenseitige Unabhängigkeit zweier verwandter Handschriften hindeutet. Die Eigentümlichkeiten von W gegenüber U sind durchweg nur Verschlechterungen. Doch handelt es sich dabei nur um Kleinigkeiten, um Itazismen und ähnliche Schreibfehler. So macht z. B. W f. 73ʳ (= I 276, 32) ὑπερὶ aus ἢ περὶ, f. 73ᵛ (= I 277, 17) οἱ μεροβαπτισταὶ aus ἡμεροβαπτισταί, f. 89ᵛ (= I 301, 33) εἴμισι aus ἥμισυ. Ein größeres Versehen ist dem Schreiber von W nur f. 90ʳ⁻ᵛ begegnet; hier ist er beim Umwenden von dem γενεὰς δεκατέσσαρας in I 302, 29 gleich zu denselben Worten in Z. 31 abgeglitten.

Aber auf der anderen Seite ist auch innerhalb des zur Verfügung stehenden Stoffs keine Einzeltatsache zu entdecken, aus
der die unmittelbare Abhängigkeit zwingend hervorginge. Die
Möglichkeit ist offen zu lassen, daß U und W sich nur in einem,
freilich ihnen dann ganz nahestehenden Archetypus schneiden.

Schließlich kommt auch nicht allzuviel darauf an, ob W ein
Nachkomme oder ein Zwillingsbruder von U ist. Denn in jedem
Fall leistet W den Dienst, U in einen größeren Zusammenhang
hineinzurücken.

Jedoch müssen die Folgerungen, die von W aus für U sich
ergeben, mit Vorsicht gezogen werden. Festgestellt ist nur, daß
der in U überlieferte Panariontext zusammenfällt mit dem einer
Gesamtausgabe, die außer dem Panarion noch den Ancoratus,
die Anakephalaiosis und de mensuris ac ponderibus enthielt.
Daraus ergibt sich noch nicht sicher, daß auch U ursprünglich
alle diese Werke umfaßte. Es ist nicht ausgeschlossen, daß
erst der Urheber des Archetypus von W die Schriften des
Epiphanius sammelte. Er hätte dann für das Panarion einen
mit U nächstverwandten codex benutzt, während er den Text
der übrigen Werke aus irgend welchen anderen Handschriften
bezog.

II. Die Gruppe der jüngeren Handschriften.

1. Der Rehdigeranus 240, der Angelicus 94 und die Parisini 833/835.

Der Rehdigeranus 240 (= R) ist nicht der älteste Vertreter der zweiten Gruppe. Aber er gibt, als der vollständigste
codex, den besten Überblick über den Tatbestand. Daher empfiehlt es sich, von ihm auszugehen.

Eine Pergamenthandschrift s. XV, bestehend aus 327 gezählten Blättern, dazu vorn 1 Papier- und 2 Pergamentvorsatz-
blätter. Größe 37,5 × 26,2; Schreibraum 25,2 × 16,5; 46 Linien
auf der Seite zu durchschnittlich 75 Buchstaben.

Der codex ist in seinem ganzen Umfang von einer und derselben zierlichen Hand geschrieben. Die Titel sind rot, die
Initialen stark verschnörkelt und mit Karmin ausgeführt. Kein

untergeschriebenes ι; über v und ι häufig die zwei Punkte, ganz selten zwei Accente über einem Wort.

Die 327 Blätter sind in 33 Quinionen geschichtet, die in der Mitte der ersten Seite unten mit den Buchstaben des lateinischen Alphabets bezeichnet sind. Neben dem Buchstaben steht in der ersten Hälfte der Lage die Ordnungsziffer des Blattes, also A 1, A 2, b 1, b 2 usw. An einigen Stellen stößt man auch auf eine griechische Lagen- und Blätterzählung, z. B. f. 91^r unten in der Mitte $\overline{I}$, f. 191^r $\overline{K}$; f. 51^r $\bar{a}$, f. 52^r $\bar{\beta}$. Das Alphabet wird zunächst durchgemacht von a—z (u und v sind nur ein Buchstabe); hierauf kehrt die Zählung um und wiederholt z, y, x. — Mit f. 259^r beginnt jedoch eine neue Form. Von da an sind die Quinionen gleichzeitig mit $\bar{a}^{ov}$, $\bar{\beta}^{ov}$ usw. und mit aa 1, bb 1 usw. beziffert. Man möchte aus diesem Wechsel schon schließen, daß der Schreiber an dieser Stelle zu einer anderen Vorlage überging.

Von den 3 Blättern, die rechnungsmäßig im heutigen codex vermißt werden (33 Quinionen = 330 Blätter), ist das eine, ein weißes hinter f. 327 entfernt worden, die beiden anderen sind nach f. 243, in der Mitte des Quinio, ausgefallen. Der letztere Verlust hat den Schluß des Ancoratus von $\Sigma\alpha\beta\acute{\epsilon}\lambda\lambda\iota o\iota$ $\varkappa\alpha\grave{\iota}$ $o\acute{\iota}$ $\mu\grave{\epsilon}\nu$ (I 220, 23) an und den Anfang der Anakephalaiosis bis zu den Worten $\lambda\acute{\iota}\vartheta o\nu$ $\xi\acute{\upsilon}\sigma\alpha\nu\tau\epsilon\varsigma$, $\grave{\alpha}\varrho\gamma\upsilon\varrho o\varkappa\acute{o}\pi o\iota$ $\delta\acute{\epsilon}$ (= I 233, 5) weggerissen.

Außerdem ist noch eine kleine Verwirrung in unserer Handschrift festzustellen. Die Blätter 215 und 216 folgen sich verkehrt. An den Text, der f. 214^v mit $\acute{o}$ $\vartheta\epsilon\tilde{\iota}o\varsigma$ $\lambda\acute{o}\gamma o\varsigma$ (= III 545, 5) endigt, schließt sich richtig an f. 216^r $\tau\acute{\iota}\varsigma$ $\pi o\iota\mu\alpha\acute{\iota}\nu\epsilon\iota$ $\varkappa\tau\acute{\epsilon}$. Ebenso fügen sich die letzten Worte von f. 216^v $\pi\acute{\epsilon}\tau\varrho\alpha$ $\sigma\tau\epsilon\varrho\epsilon\grave{\alpha}$ $\grave{\epsilon}\varphi'\tilde{\eta}\varsigma$ und die ersten von f. 215^r zur Satzeinheit an einander. Hier ist nur das innerste Doppelblatt eines Quinio beim Binden falsch gefaltet worden.

Daß auch die Vorlage der Handschrift nicht unversehrt war, sieht man aus den Lücken, die der Schreiber mehrmals, f. 124^r und f. 128^v gelassen hat: im einen Fall fehlt das Stück II 649, 22 —651, 8 ($\sigma\acute{\omega}\mu\alpha\tau o\varsigma$ $\grave{\alpha}\lambda\lambda\grave{\alpha}$ $\mu\epsilon\tau\grave{\alpha}$ — $\pi\varrho\grave{o}\varsigma$ $\tau\grave{\alpha}\varsigma$ $\grave{\eta}\delta o\nu\grave{\alpha}\varsigma$ $\grave{o}\varrho\mu\acute{\eta}\nu$), im andern II 677, 1—678, 13 ($\varkappa\alpha\grave{\iota}$ $\ddot{\upsilon}\sigma\tau\epsilon\varrho o\nu$ $\delta\epsilon\acute{\iota}\xi\eta$ — $\tilde{\omega}\nu$ $\acute{\epsilon}\varphi\eta\varsigma$ $\grave{\alpha}\nu\alpha\tau\varrho\alpha\pi\acute{\eta}\sigma\eta$). — Auch eine Quaternionenversetzung ist für den Archetypus zu erschließen. f. 117^r Mitte (= II 605, 13) steht

der ungereimte Satz: $\dot{\varrho}\varepsilon\upsilon\sigma\tau o\tilde{\upsilon}$ $\gamma\dot{\alpha}\varrho$ $\ddot{o}\nu\tau o\varsigma$ $\tau o\tilde{\upsilon}$ $\sigma\dot{\omega}\mu\alpha\tau o\varsigma$ ... $\pi\varepsilon\varrho\dot{\iota}$
$\tau\dot{o}$ $\varepsilon\tilde{\iota}\delta o\varsigma$ $\tau\dot{o}$ $\chi\alpha\varrho\alpha\varkappa\tau\eta\varrho\dot{\iota}\zeta o\nu$ $\tau\dot{o}\nu$ $\ddot{\alpha}\nu\vartheta\varrho\omega\pi o\nu$, $\dot{\upsilon}\varphi'$ $o\tilde{\upsilon}$ $\varkappa\alpha\dot{\iota}$ $\sigma\upsilon\gamma\varkappa\varrho\alpha$-
$\tau\varepsilon\tilde{\iota}\tau\alpha\iota$ $\tau\dot{o}$ $\sigma\chi\tilde{\eta}\mu\alpha$, $\dot{\alpha}\nu\dot{\alpha}\gamma\varkappa\eta$ $\tau\tilde{\omega}\nu$ $\varepsilon\dot{\iota}\varrho\eta\mu\dot{\varepsilon}\nu\omega\nu$ $\dot{\varepsilon}\nu\alpha\varrho\gamma\dot{\varepsilon}\sigma\tau\varepsilon\varrho o\nu$ $o\dot{\upsilon}\varkappa$
$\dot{\alpha}\nu\dot{\varepsilon}\xi o\nu\tau\alpha\iota$. Mit den Worten $\tau\tilde{\omega}\nu$ $\varepsilon\dot{\iota}\varrho\eta\mu\dot{\varepsilon}\nu\omega\nu$ $\dot{\varepsilon}\nu\alpha\varrho\gamma\dot{\varepsilon}\sigma\tau\varepsilon\varrho o\nu$ $o\dot{\upsilon}\varkappa$
$\dot{\alpha}\nu\dot{\varepsilon}\xi o\nu\tau\alpha\iota$ springt der Text von II 605, 13 zu II 616, 33 über.
Aber der zwischen hineingehörige Abschnitt ist nicht verloren
gegangen. Er kommt an einer späteren Stelle (f. 121^r Z. 19
von unten — f. 123^r Mitte) ebenso harmlos eingefügt nach.
Kein Wort ist dabei zu Boden gefallen. Überlegt man sich die
Zahlen, f. 121^r—123^r einerseits, f. 117^r—121^r andererseits, so
gelangt man zu dem Schluß, daß im Archetypus ein Quaternio
um zwei Stellen hinabgerutscht war.

Spätere Hände haben in R nicht eingegriffen. Die einzige
Spur einer Benutzung, auf die man in unserer Handschrift stößt,
sind die griechischen Anmerkungen, die ein Leser — offenbar
ein griechischer Gelehrter aus der Renaissancezeit — den doxo-
graphischen Angaben des Epiphanius über die alten Philosophen
am Rand beigefügt hat, z. B. f. 211^v, 214^v, 215^v, 216^r, 218^r.

Der Inhalt des codex zerfällt in zwei, durch die wieder von
vorn anhebende Quinionenzählung deutlich von einander ge-
schiedene Teile. Zunächst kommen Schriften des Epiphanius:

1) f. 1—221^v das Panarion. Die Überschrift lautet $\beta\iota\beta\lambda\dot{\iota}o\nu$
$\pi\varrho\tilde{\omega}\tau o\nu$ $\tau\tilde{\omega}\nu$ $\pi\alpha\nu\alpha\varrho\dot{\iota}\omega\nu$ $\tau o\tilde{\upsilon}$ $\dot{\alpha}\gamma\dot{\iota}o\upsilon$ $'E\pi\iota\varphi\alpha\nu\dot{\iota}o\upsilon$. Am Rand steht:
$\tau\dot{o}\mu o\varsigma$ $\pi\varrho\tilde{\omega}\tau o\varsigma$. Dann folgt der Kopf des an Epiphanius ge-
richteten Briefs: $\dot{\varepsilon}\pi\iota\sigma\tau o\lambda\dot{\eta}$ $\gamma\varrho\alpha\varphi\varepsilon\tilde{\iota}\sigma\alpha$ $\varkappa\tau\dot{\varepsilon}$. — Das Panarion endigt
f. 221^v etwa in der Mitte. Den Schluß bekräftigen die Worte:
$\tau\dot{\varepsilon}\lambda o\varsigma$ $\tau\tilde{\eta}\varsigma$ $\tilde{\omega}\delta\varepsilon$ $\beta\dot{\iota}\beta\lambda o\upsilon$. Darunter $\delta\dot{o}\xi\alpha$ $\sigma o\iota$ $\dot{o}$ $\vartheta\varepsilon\dot{o}\varsigma$ $\dot{\eta}\mu\tilde{\omega}\nu$ $\delta\dot{o}\xi\alpha$
$\sigma o\iota$. — Noch auf derselben Seite beginnt

2) f. 221^v—243^v der Ancoratus. An der Spitze steht — die
Überschrift bei Dindorf: $\pi\varepsilon\varrho\iota o\chi\dot{\eta}$ $\lambda\dot{o}\gamma o\upsilon$ $\tau o\tilde{\upsilon}$ $\dot{\alpha}\gamma\dot{\iota}o\upsilon$ $'E\pi\iota\varphi\alpha\nu\dot{\iota}o\upsilon$
$\tau o\tilde{\upsilon}$ $'A\gamma\varkappa\upsilon\varrho\omega\tau o\tilde{\upsilon}$ $\varkappa\alpha\lambda o\upsilon\mu\dot{\varepsilon}\nu o\upsilon$ stammt erst von Oporinus her —
das Stück: $\dot{o}$ $\vartheta\varepsilon\tilde{\iota}o\varsigma$ $o\tilde{\upsilon}\tau o\varsigma$ $\varkappa\alpha\dot{\iota}$ $\mu\dot{\varepsilon}\gamma\alpha\varsigma$ $\pi\alpha\tau\dot{\eta}\varrho$ $\dot{\eta}\mu\tilde{\omega}\nu$ $'E\pi\iota\varphi\dot{\alpha}\nu\iota o\varsigma$ $\varkappa\tau\dot{\varepsilon}$.,
das den Lebensgang des Epiphanius bis zur Abfassung des
Ancoratus kurz erzählt. Der Text bricht, wie schon gesagt,
f. 243^v unten bei den Worten $\dot{\varepsilon}\sigma\tau\eta\lambda\iota\tau\varepsilon\dot{\upsilon}\sigma\alpha\mu\varepsilon\nu$, $\ddot{\alpha}\lambda\lambda o\iota$ $\delta\dot{\varepsilon}$
(= I 220, 23) ab.

3) f. 244^r—249^r die Anakephalaiosis, von $\varkappa\alpha\dot{\iota}$ $\chi\varrho\upsilon\sigma o\chi\dot{o}o\iota$ $\delta\iota\dot{\alpha}$
$\tau\tilde{\eta}\varsigma$ $\dot{\iota}\delta\dot{\iota}\alpha\varsigma$ $\ddot{\upsilon}\lambda\eta\varsigma$ (= I 233, 5) an.

4) f. 249^r—254^r de mensuris ac ponderibus. Ein Titel fehlt.

Auf der gleichen Linie, auf der die Anakephalaiosis schließt, wird nach einem ganz kleinen Zwischenraum sofort mit den Worten eingesetzt: εἴ τις δὲ θέλει τῶν ἐν ταῖς κτέ.

f. 254ʳ im oberen Drittel der Seite ist de mensuris ac ponderibus zu Ende; es folgt ein roter Wulst und hinter ihm die uns schon aus dem Vindobonensis bekannten 5 Chrysostomusstellen, von τοῦ ἐν ἁγίοις πατρὸς ἡμῶν ἰωάννου an bis zu ἐν τῷ νῷ θεωρεῖται. An ihrem Schluß (f. 254ᵛ) erscheint auch in R, nicht einmal auf besonderer Linie, aber rubriziert die Unterschrift τέλος τοῦ ἁγίου ἐπιφανίου τοῦ λεγομένου ἀγκυρωτοῦ.

Nach einem Zwischenraum von 7 Linien reiht sich an

5) f. 254ᵛ—258ᵛ die Chronographie des Nicephorus. Die Chronographie endigt f. 258ᵛ oben mit dem Bibelverzeichnis. Hinter den letzten Worten ποιμένος καὶ ἑρμᾶ steht das gewöhnliche Schlußzeichen ✓. Der Rest, drei Viertel der Seite, ist leer gelassen.

Mit f. 259ʳ beginnt der zweite Teil des codex. Er umfaßt zwei Schriften des Theodoret:

1) f. 259ʳ—296ᵛ den Eranistes.

2) f. 296ᵛ—326ʳ die fabulae haereticorum. f. 326ᵛ und f. 327 sind leer.

Gerade dieser angefügte zweite Teil ist es nun, der unwillkürlich das Bild einer andern Handschrift ins Gedächtnis ruft, die heute als verschollen gilt[1]. Oben (S. 32) war bereits zu erwähnen, daß Bessarion der Marciana zwei Epiphaniuscodices überlieferte. Der eine ist der jetzige Marcianus 125. Wo der zweite blieb, ist bisher nicht aufgeklärt worden. Seine Beschreibung im Verzeichnis des Bessarion paßt jedoch merkwürdig genau auf unsern Rehdigeranus. Man vergleiche nur den Wortlaut:

n. 85. Item s. Epiphanii panaria i. e. contra omnes haereses. eiusdem anchgirota quasi quaedam anchora fidei et Theodoriti contra haereses quae intitulatur Eranistes aut Polymorphus et de haeretica Kakomythia, in pergameno liber novus pulcher.

---

1) Wendland hat (Aristeasausgabe S. 88 A. 3) gemerkt, daß hier noch irgend etwas aufzuklären ist, hat sich aber unglücklicherweise sofort wieder verwirren lassen.

Es ist kein Gewicht darauf zu legen, daß in dieser Aufzählung die kleineren Schriften des Epiphanius nicht ausdrücklich genannt werden. So eingehend sind die Angaben des Katalogs auch sonst nicht. Zudem konnte beim Rehdigeranus durch das Fehlen der Titel über der Anakephalaiosis und über de mensuris ac ponderibus und durch die Unterschrift auf f. 254^v die Meinung hervorgerufen werden, daß alles, was hinter dem Panarion kam, zum Ancoratus gehörte. Das Entscheidende ist, daß beidemale eine Epiphanius- und eine Theodoretausgabe in einem codex verbunden waren, was angesichts des Umfangs der in Betracht kommenden Schriften gewiß als eine Seltenheit angesehen werden darf.

Der Verdacht, den man auf Grund dieser Übereinstimmung schöpft, erhält durch ein urkundliches Zeugnis seine Bestätigung. Auf der Rückseite des zweiten Pergamentvorsatzblattes im oberen Drittel stand einmal ein längerer Eintrag. Er ist gründlich mit Bimsstein behandelt worden; aber doch nicht so erfolgreich, daß nicht immer noch einiges zu erkennen wäre. Man liest zunächst eine Überschrift $\overset{\pi}{\tau}$ (= τόπος), dahinter stand eine Zahl. Darunter folgte ein Vermerk, der 4 Linien umfaßte. Dann kam, wieder in der Mitte: Locus, mit einer Zahl und darunter noch einmal ein Vermerk von 4 Linien. Jeder, der einmal einen Bessarioncodex in der Hand gehabt hat, weiß was das bedeutet. Es ist die gewöhnliche Form, in der Bessarion seine Handschriften zeichnete. Mit Hilfe eines Reagens, dessen Anwendung mir die Verwaltung der Breslauer Stadtbibliothek freundlichst gestattete, war es mir möglich, auch ein Stück der beiden Einträge zu entziffern. Der erste, der griechische, begann mit: τοῦ ἁγίου ἐπιφανίου τὰ πανάρια καὶ ἀνακεφαλαίωσις; er schloß mit καρδηνάλεως τοῦ τῶν τούσκλων. Der lateinische lautete entsprechend: S. Epiphanii panaria: anakephalaiosis: liber . . Cardinalis Tusculany. Darnach unterliegt es keinem Zweifel mehr, daß der Rehdigeranus ein Bessarioncodex, eben der heute in der Marciana vermißte Bessarioncodex ist. — Möglicherweise war der Name des Bessarion auch auf dem ersten Pergamentblatt eingeschrieben. Dort ist oben ein Stück weggerissen worden, sicherlich um einen Eigentumsvermerk zu vernichten. Nur noch die Endung eines Worts . . . ρίου ist erhalten. Das könnte vielleicht zu καλδηναρίου ergänzt werden.

5*

Wie die Handschrift aus der Marciana nach Deutschland gelangte, ist unschwer nachzurechnen. Thomas Rehdiger († 1576), aus dessen Vermächtnis sie die Breslauer Stadtbibliothek überkam [1], ist zweimal in Venedig gewesen, 1567 auf der Durchreise, 1569 für längere Zeit. Während des zweiten Aufenthalts wird er die Handschrift erworben haben. Daß er sie selbst gestohlen oder ihre Entwendung veranlaßt habe, braucht man nicht anzunehmen. Es ist bekannt, daß die Marciana im Anfang des 16. Jahrhunderts durch die Untreue eines Beamten starke Verluste erlitten hat. Thomas Rehdiger kann seine Handschrift gekauft haben, ohne zu wissen, daß er unrechtes Gut in seinen Besitz brachte.

Vom Rehdigeranus aus führt eine gerade Straße zunächst zu den beiden jüngsten Handschriften.

Der heutige Angelicus 94 (= A) ist bereits Montfaucon (bibl. bibl. p. 708) bekannt gewesen. Damals gehörte er noch zur Bibliothek des Kardinals Sforza. Seitdem der codex jedoch mit anderen Sforziani in die Angelica übergegangen ist, hat ihn die Forschung aus dem Auge verloren.

Ein Papiercodex s. XVI, bestehend aus 384 gezählten Blättern = 38 Quinionen + 1 Ternio am Schluß. Die Handschrift ist vollständig. Denn das zwischen f. 198 und f. 199 ausgeschnittene Blatt enthielt keinen Text. Das letzte Blatt des Ternio ist, weil leer, nicht gezählt. Größe der Blätter 33,2×22,8; Schreibraum 20×13. — Die Aufeinanderfolge der Lagen ist durch Custoden gesichert, die auf der letzten Seite rechts unten, senkrecht zur Schrift, angebracht sind. Außerdem ist noch eine Blattzählung (oben in der Mitte der Vorderseite) durchgeführt.

In die Herstellung des codex haben sich zwei Schreiber geteilt. Die zweite Hand setzt mitten im Quinio, f. 247^r oben, ein. Ihre eckigen Züge heben sich sehr scharf von den rundlichen Formen der ersten ab.

Der Angelicus umfaßt das Panarion bis zum Schluß der

---

1) Der codex ist in dem Verzeichnis der von Thomas Rehdiger hinterlassenen Bücher ausdrücklich aufgeführt, vgl. A. W. J. Wachler, Thomas Rehdiger und seine Büchersammlung. Breslau 1828. S. 33.

69. Häresie (Ende des 2. Tomos des 2. Buchs). An der Spitze steht dieselbe Überschrift wie in R: βιβλίον πρῶτον τῶν παναρίων τοῦ ἀγίου Ἐπιφανίου. Doch fehlt das τόμος ᾱ. Auf der letzten Seite (f. 384ᵛ) ist der Text zugespitzt. Darunter folgt noch eine Unterschrift, die sich aber nur auf das eben vollendete Kapitel bezieht: τέλος εἴληφε τὰ κατὰ τοῦ Ἀρείου.

An diese Handschrift schließen sich die beiden Parisini schon in ihrer äußeren Form sehr eng an.

Der Paris. 833 (= P), gleichfalls eine Papierhandschrift des 16. Jahrhunderts, besteht aus 487 Blättern. Größe 33,2× 22; Schreibraum 21,5×12,8. — Die Blätter sind zuerst, bis f. 344ᵛ einschließlich, in Quaternionen gelegt. Dann folgen Quinionen, den Schluß macht ein Duernio. Die Quaternionen waren, auf der ersten Seite unten in der Mitte, gezählt; die Ziffern sind jetzt meist weggeschnitten. Die Quinionen haben anstatt der Nummern Custoden.

Dem Unterschied der Lagen entspricht ein Wechsel der Schreiber. Mit f. 345ʳ beginnt eine neue Hand. Erst auf den drei letzten Seiten (f. 486ʳ—487ʳ) taucht wieder der erste Schreiber auf[1].

Von den drei Schutzblättern enthält das erste auf seiner Vorderseite mehrere Einträge, darunter freilich keinen von großer Wichtigkeit. Ganz oben steht von älterer Hand: ἐπιφανείου ἐπισκόπου κύπρου περὶ αἱρέσεων. Darüber in der Ecke B. In die Mitte des Blatts hat ein Moderner mit flüssiger Schrift gesetzt: cod. chart. 16 saec. scriptus, quo continentur sᵗⁱ Epiphanii adversus haereses libri duo priores. eo codice usus est ad suam editionem Dyonysius Petavius. Unten findet sich Omonts Beschreibung. Daneben die Nummer 833.

Auf der Rückseite des dritten Vorsatzblattes ist ein Zettel aufgeklebt: Panaria s. Epiphanii. Libri duo priores prout impressi sunt tomo 2 à principio ad paginam 807. Altera pars operis continetur volumine 482.

f. 1ʳ oben sind 3 alte Nummern neben einander eingetragen: DCCLXVII 826 1923. Die erste ist durchgestrichen.

---

1) Die Behauptung Dindorfs (I p. V), daß Angelus Vergetius den ersten Teil unseres codex geschrieben hätte, beruht wohl auf flüchtiger Benutzung des catalogus bibliothecae regiae. Dort heißt es (II 162): praefixus titulus manu Vergetii.

Der Inhalt des Parisinus 833 deckt sich genau mit dem des
Angelicus. Der eine codex schließt wie der andere mit: τέλος
εἴληφε τὰ κατὰ τοῦ ἀρείου.

Die Fortsetzung bringt der Paris. 835 (= P¹). Wieder
eine Papierhandschrift s. XVI. 220 gezählte Blätter. Die Be-
rechnung trifft jedoch nicht genau zu; denn die Ziffer 75 ist
zweimal gesetzt; außerdem gehört das leere Blatt am Anfang
schon zur ersten Lage. In Wirklichkeit sind es demnach
222 Blätter. Größe 31,5×22,7; Schreibraum 20×13. Einteilung
nach Quinionen; nur ist die 19. Lage (f. 179—186) ein Quaternio
und die letzte (f. 217—220) ein Duernio. — Custoden auf der
letzten Seite rechts unten.

Der ganze codex ist von einer Hand geschrieben. Es ist
die des zweiten Schreibers im Par. 833.

Auf der Vorderseite des nichtgezählten Blatts am Anfang
steht eine alte Inhaltsangabe, die ein Späterer an mehreren
Punkten verbessert hat¹: τοῦ ἁγίου ἐπιφανίου κατὰ πασῶν
τῶν αἱρέσεων: ⟨ἄρχεται δὲ ἀπὸ τοῦ αὐτοῦ τόμου τοῦ
τρίτου βιβλίου· καθὼς φαίνεται ἐν τῇ ἀρχῇ τοῦ βι-
βλίου⟩· καλεῖται δὲ ⟨durchgestrichen und darüber gesetzt ἔτι
τοῦ αὐτοῦ⟩ βιβλίον ⟨darüber hineingeflickt ὃ καλεῖται⟩
ἀγκυρωτὸν ὅτι ἀγκύρας δίκην τὸν περὶ τῆς ζωῆς καὶ σωτηρίας ἐρευνῶντα νοῦν ἄγει· διὰ τὸ περισυλληπτικὸν τῆς ἐν
αὐτῷ συντάξεως τῶν πολλῶν τῆς πίστεως μερῶν· φημὶ δὲ
τοῦ περὶ τῆς (τῆς von 1. H. über ein durchgestrichenes τοῦ
gesetzt) πατρὸς καὶ υἱοῦ καὶ ἁγίου πνεύματος ὁμοουσιότητος·
τοῦ περὶ τελείας τῆς χριστοῦ ἐν σαρκὶ παρουσίας, τοῦ περὶ
ἀναστάσεως νεκρῶν καὶ ζωῆς αἰωνίου καὶ κρίσεως σαρκός τε
καὶ ψυχῆς ἐπὶ τὸ αὐτὸ καὶ τοῦ κατὰ εἰδώλων τε καὶ αἱρέσεων
ἐν μέρει καὶ ιουδαίων καὶ τῶν ἄλλων· περιέχει δὲ καὶ τῶν
ὀγδοήκοντα αἱρέσεων τὰ ὀνόματα καὶ τῶν ἐν τῇ θείᾳ γραφῇ
ἄλλων ζητημάτων τὴν σαφήνειαν: ∽

Zwei Finger tiefer hat dieselbe Hand, von der die Verbesserungen herrühren, noch geschrieben: τοῦ αὐτοῦ ἁγίου ἐπιφανίου περὶ μέτρων καὶ σταθμῶν.

Darunter ist jetzt die Beschreibung des codex aus dem In-
ventaire sommaire eingeklebt. Daneben die Nummer 835.

---

1) Die Verbesserungen sind im Druck hervorgehoben.

Auf der Rückseite des Blatts macht ein Moderner, derselbe, den wir im Paris. 833 gefunden haben, die Angaben: cod. 482 in charta 16 sec. S. Epiphanii Panarii adversus heretos(!) liber tertius. Editionis Petavianae tom. 1 à pag. 408 usque ad finem. Primam partem huius operis habes in mscr. 826.

Ejusdem Epiphanii Ancoratus. Initio tomi 2.

Item Anacephalaeosis. eodem tomo.

Ejusdem de mensuris et ponderibus. Ibidem Fragmenta excerpta ex Chrysostomo. Agitur in his selectis de sanctissima Trinitate.

Auf dem ersten gezählten Blatt finden sich oben, wie im Paris. 833, neben einander drei alte Nummern: CCCCL 482 2318. Die römische Ziffer ist auch hier durchgestrichen.

Genauer ist der Inhalt der Handschrift folgender:

1) f. 1ʳ—138ʳ das dritte Buch des Panarion. Der codex beginnt unter einer roten Leiste mit der Kapiteltafel des ersten Tomos: τάδε ἔνεστιν ἐν τῷ πρώτῳ τόμῳ τοῦ τρίτου βιβλίου κτἑ. Das Panarion schließt f. 138ʳ mit der Unterschrift τέλος τῆς ὧδε βίβλου. Darunter noch: δόξα σοι ὁ θεὸς ἡμῶν δόξα σοι. Der Spätere, dessen Spur schon im griechischen Inhalts-verzeichnis anzutreffen war, hat jedoch die Worte τέλος τῆς ὧδε βίβλου ausgestrichen und dafür gesetzt: τέλος τοῦ τρίτου βιβλίου κατὰ αἱρέσεων τοῦ ἁγίου ἐπιφανίου.

2) f. 138ᵛ—191ʳ der Ancoratus. Eine Überschrift fehlt. Erst die zweite Hand hat den von Oporinus geschöpften Titel περιοχὴ τοῦ λόγου τοῦ ἁγίου Ἐπιφανίου τοῦ ἀγκυρωτοῦ κα-λουμένου an den oberen Rand gesetzt. Am Schluß der Schrift sind auf f. 191ʳ die letzten Linien zugespitzt. Der Rest, etwa ein Drittel der Seite ist leer.

3) f. 191ᵛ—206ʳ die Anakephalaiosis. Der Mangel einer Überschrift ist bereits dem Schreiber aufgefallen. Er hat f. 191ᵛ oben zwei Linien für sie freigelassen, jedoch nichts ein-zusetzen gewußt.

4) f. 206ᵛ—219ʳ de mensuris ac ponderibus. Wiederum ohne Überschrift, aber auf einer neuen Seite angereiht. Erst der Spätere schreibt darüber τοῦ ἁγίου ἐπιφανίου περὶ μέτρων καὶ σταθμῶν.

Der Schluß von de mensuris ac ponderibus ist durch eine rote Leiste angezeigt; dann liest man die rote Überschrift: τοῦ

ἐν ἁγίοις πατρὸς ἡμῶν ἰωάννου ἀρχιεπισκόπου κωνσταντινουπόλεως τοῦ χρυσοστόμου κτέ. Es folgen die fünf Chrysostomusstellen. Die Schlußworte des letzten: ὁ λόγος ἐν τῷ νῷ θεωρεῖται sind zugespitzt. Wieder kommt dann die Unterschrift:
τέλος τοῦ ἁγίου ἐπιφανίου τοῦ λεγομένου ἀγκυρωτοῦ. Mit
ihr endigt unser codex.

Die Parisini 833 und 835 entsprechen also zusammen dem
Rehdigeranus, soweit er epiphanische Werke bringt.

———

Wenn man nun die drei Handschriften mit einander vergleicht, so fällt zunächst eine Beziehung zwischen dem Angelicus
und den beiden Parisini ins Auge. Der Schreiber der zweiten
Hälfte des Angelicus ist offenbar derselbe wie der, der auf der
andern Seite von der Mitte des Parisinus 833 an auftritt. Schon
die Art, wie beidemal die Lagen geschichtet und bezeichnet
sind — Quinionen statt wie zu Anfang Quaternionen, Custoden
statt Zahlen —, rückt die betreffenden Teile der zwei Handschriften neben einander. Vergleicht man dann den eigenartigen
Schriftzug, so bleibt gar kein Zweifel übrig, daß der gleiche
Mann am einen wie am andern codex gearbeitet hat.

Es steht somit fest, daß der Angelicus und die beiden
Parisini am selben Ort zusammen angefertigt worden sind.

Als Vorlage hat aber dabei unser Rehdigeranus gedient.
Das folgt allerdings noch nicht aus der Tatsache, die Dindorf
und Öhler (für das Verhältnis von P und R) geltend gemacht
haben. Wenn in P — und wie gleich hinzugefügt werden kann,
auch in A — an denselben Stellen vom Schreiber freier Raum
gelassen ist, wie in R (vgl. S. 64), so ist das für ihr gegen-
seitiges Verhältnis belanglos. Denn jene Lücken sind nicht erst
im Rehdigeranus entstanden, sondern dort bereits aus dem
Archetypus übernommen.

Aber es lassen sich bessere Gründe vorführen, um die Behauptung zu stützen.

Daß P aus unserem R herstammt, ist zuvörderst für den
Parisinus 835 einfach darzutun. Wie oben (S. 64) erwähnt, ist
in R einmal das mittlere Doppelblatt eines Quinio, f. 215 und
216, beim Binden verkehrt gefaltet worden. Die hierdurch ver-
ursachte Textverwirrung ist auf P übergegangen. Der Paris. 835
schreibt f. 122ᵛ (= III 545, 5) glatt: φησὶν ὁ θεῖος λόγος· πύλαι

ἄδου οὐ κατισχύσουσιν; ebenso geht es f. 125ʳ (= III 557, 27)
ohne Anstand weiter: τελειουμένου ἐν μιᾷ συνενώσει τῇ σημαινο-
μένῃ κατὰ τό· τίς ποιμαίνει ποίμνην καὶ ἐκ τοῦ γάλακτος
αὐτῆς οὐκ ἐσθίει. Nur das τῆς, das hinter κατὰ τό stehen
müßte, ist weggelassen worden, weil es jetzt allerdings völlig
in der Luft schwebte. — Was für den Paris. 835 festgestellt
ist, gilt ohne weiteres auch für den Paris. 833. Doch soll, damit alle Gerechtigkeit erfüllt werde, auch aus dieser Handschrift
ein ähnlich schlagendes Beispiel hervorgehoben werden. Die
Stelle II 193, 19f. gibt R — erst R; die Vorlage von R hat
noch den richtigen Text — folgendermaßen wieder: οἱ τοίνυν
κατὰ ἀνάγκην οὐ κατὰ ἀνάγκην νούχοι γίνονται. Das zweite
ἀνάγκην ist durchgestrichen, aber kein Ersatz dafür vor-
geschlagen. Im Paris. 833 findet man nun (f. 138ᵛ) zwar das
νούχοι zu εὐνούχοι (man beachte den Accent!) ergänzt; aber an
Stelle des getilgten ἀνάγκην ist nur freier Raum gelassen.

Auch beim Angelicus bedarf es keiner langen Umstände.
Die Abhängigkeit von R ergibt sich schon daraus, daß A die
spezifischen Auslassungen von R mit diesem codex teilt:

I 268, 23 sind in A f. 3ʳ wie in R die sonst nirgends (außer
in P) fehlenden Glieder Κολορβάσιοι· ἑκκαιδεκάτη Ἡρα-
κλεωνῖται· ἑπτακαιδεκάτη übersprungen.

I 294, 20f. = A f. 12ʳ steht es ebenso mit dem Satzteil καὶ
ἐξ αὐτῆς — ἀφ᾽ ἑαυτῆς φυομένης.

I 301, 27ff. = A f. 15ʳ mit ἐξ ἡμερῶν δὲ Δαβίδ — Ἰσραηλῖ-
ται; u. s. f.

Der entscheidende Beweis liegt jedoch wie immer in solchen
Stellen, wo die zweite Handschrift eine unsichere Schreibung
der ersten mißversteht oder einen Fehler vergrößert.

I 282, 28 bietet R anstatt des richtigen ἐπενέγκασα eine
verzweifelte Form. Geschrieben ist ἐπενέγκατο, jedoch
über der Linie im Zug des T-Balkens noch ein undeut-
liches Σα an das T angehängt. A f. 7ᵛ macht daraus
zuerst ἐπενέγκασε, tilgt aber dann das σε wieder und setzt
το darüber.

I 308, 23 hat der Schreiber von R das in seiner Vorlage
stehende μολυνούσῃ nicht entziffern können. Er malt
steif πολυν εσ und kritzelt über das σ eine unverständ-

liche Abkürzung. In A f. 22ʳ heißt es dafür flott, aber sinnwidrig: πολὺν οὐσῶν.

A und P sind jedoch nicht unabhängig von einander aus R abgeschrieben worden. Denn beide stimmen in einer ganzen Kette von Fehlern gegen R zusammen. Um nur die allerersten Beispiele herauszugreifen, so haben sie in I 272, 16 ff. eine Lücke von zwei Zeilen (τῆς πάσης — τῆς μόνης), I 320, 25 die Auslassung der Worte πρὸς ἀντίθεσιν τῶν gegen R gemeinsam.

Wie sie des Näheren zu einander stehen, ist daran abzunehmen, daß der Text in P gegenüber A durchweg um einen Grad verschlechtert ist.

I 326, 17 läßt P f. 31ᵛ die Worte ἀποκεκαλυμμένην διὰ τὸ ἤλ καλεῖται δύναμιν aus, die in A erhalten sind.

II 572, 2 hat P ἐσχάτην, während A das richtige ἀχάτην bewahrt hat.

Noch anschaulicher sind folgende Fälle.

I 282, 28 an der eben behandelten Stelle, wo A ἐπενέγκασε mit getilgtem σε und drüber geschriebenem το hat, setzt P ohne weiteres ἐπενέγκατο.

I 325, 1 ist in A f. 23ᵛ das von R gebotene Τραιανοῦ zu Τραϊνοῦ verderbt. Dabei sind am Anfang des Worts T und ϱ in der üblichen Weise, nur etwas flüchtig, in einen Buchstaben zusammengezogen. P f. 30ᵛ versteht die Ligatur falsch und entwickelt nun den Namen vollends weiter zu ζαϊνοῦ.

I 301, 3 hat A aus R den Fehler κατήγηται (statt κατήργηται) übernommen; zufällig ist noch die Schleife des γ zusammengeflossen, so daß der Buchstabe undeutlich wurde. Der Schreiber von P fand sich vor einem Rätsel. Er begnügte sich wiederzugeben, was er lesen konnte. Er setzt κατή ται und läßt hinter ή Raum für 2 Buchstaben frei.

Demnach sind die 3 codices in einer Linie hinter einander zu ordnen. Aus R stammt zunächst A ab und A hat wieder als Vorlage für P gedient.

Dieses Ergebnis wirft ein Licht zurück auf A. Man sieht nunmehr, daß zu dieser Handschrift ursprünglich noch ein zweiter Band gehörte, dessen Inhalt dem des Parisinus 835 entsprach.

Aber auch für R fällt etwas ab. Zur Zeit als die Abschriften genommen wurden, waren in R die zwei hinter f. 243 verlorenen Blätter noch vorhanden. So läßt sich jetzt vermittelst des Parisinus 835 feststellen, daß auch die Anakephalaiosis in R keinen Titel besaß.

2. Der Jenensis und die Laurentiani VI 12 und LIX 21.

Der uns noch verbliebene zweite Band von Langs codex, der heutige Jenensis, ist laut der Unterschrift am Schluß des Panarion f. 120^v $\tau \acute{\epsilon} \lambda o \varsigma$ $\tau \tilde{\eta} \varsigma$ $\overset{\backsim}{\omega} \delta \epsilon$ $\beta \acute{\iota} \beta \lambda o \nu$ $\grave{\epsilon} \nu$ $\mu \eta \nu \grave{\iota}$ $\mu \alpha \varrho \tau \acute{\iota} \omega$ $\bar{\varkappa}$ $\acute{\eta} \mu \acute{\epsilon} \varrho \alpha$ $\bar{\varsigma}$ $\grave{\epsilon} \nu$ $\ddot{\epsilon} \tau \epsilon \sigma \iota \nu$ $\overline{\varsigma \omega \iota \beta}$ $\overline{\iota \nu}$) $\bar{\beta}$ im Jahr 1304 fertig geworden.

Eine Bombycinhandschrift von ungewöhnlichen Abmessungen: Größe der Blätter 32,2×22,6, Schreibraum 24,2×15,6; 26 Linien auf der Seite zu durchschnittlich 57—58 Buchstaben. Randlinien oben, unten und neben dem Text.

Die 174 beschriebenen Blätter, die der codex enthält, (dazu 7 Schutzblätter am Anfang und 3 am Schluß) zerfallen in 21 Quaternionen + 1 Ternio. Nirgends ist etwas verloren gegangen. Die Quaternionenbezeichnung steht auf der ersten und der letzten Seite der Lage, rechts unten. Die Zählung ist jedoch nicht in einem Zug durch den ganzen codex durchgeführt. Sie setzt, nachdem sie bis $\overline{\iota \epsilon}$ gegangen war, auf f. 121^r (Beginn des Ancoratus) wieder von neuem mit $\bar{\alpha}$ ein.

Die Schrift ist die zierliche und flüssige Minuskel des 13. bis 14. Jahrhunderts. Nur auf der ersten Seite ist sie steifer. Der Schreiber scheint hier die Buchstaben seiner Vorlage, einer älteren Minuskelhandschrift, nachzumalen. Die Ausstattung ist einfach. Die Überschriften und die Initialen sind rot; größere Abschnitte sind mit Bandleisten abgegrenzt, Bibelstellen durch Häkchen am Rand hervorgehoben.

Der Text ist sehr rein wiedergegeben. Itacismen kommen nicht häufig vor. Das bewegliche ν ist streng nach der Schulregel gesetzt. Das unausgesprochene ι fehlt in den meisten Fällen; vereinzelt ist es beigeschrieben, noch seltener untergeschrieben.

Eine kleine Anzahl Randbemerkungen ist aus der Vorlage übernommen z. B. f. 10^r (= III 41, 6) $\grave{\epsilon} \nu$ $\ddot{\alpha} \lambda \lambda \omega$ $\ddot{\epsilon} \tau \eta$ $\overline{\zeta \gamma}$. Von

Lang sind noch weitere hinzugefügt worden, f. 2ʳ ex psalmo CX, f. 31ᵛ Tyria synodus usw.

Der codex beginnt mit dem Kapitelverzeichnis des zweiten Tomos des zweiten Buchs des Panarion: τάδε ἔνεστι καὶ ἐν τῷ δευτέρῳ τόμῳ τοῦ αὐτοῦ δευτέρου βιβλίου πέμπτω δὲ ὄντι κατὰ τὸν προειρημένον ἀριθμόν· ἐν ᾧ εἰσιν αἱρέσις(!) πέντε οὕτως und führt auf den ersten 120 Blättern das Panarion zu Ende. Am Schluß steht f. 120ᵛ unten die schon erwähnte Unterschrift. — Daran reiht sich f. 121ʳ oben der Ancoratus. Er wird eingeleitet durch den Abschnitt ὁ θεῖος οὗτος καὶ μέγας πατὴρ ἡμῶν Ἐπιφάνιος und reicht bis zur unteren Hälfte von f. 152ᵛ. Auf ihn folgt die Anakephalaiosis (f. 152ᵛ—161ʳ Mitte) und auf diese wieder de mensuris ac ponderibus (f. 161ʳ—168ʳ Mitte).

Keine der drei letztgenannten Schriften trägt von Haus aus in unserem codex einen Titel. Nur eine Leiste trennt die Anakephalaiosis vom Ancoratus; zwischen der Anakephalaiosis und de mensuris ac ponderibus fehlt auch dieses Scheidezeichen. Erst ein Späterer hat dem Mangel abzuhelfen gesucht. Er schreibt f. 121ʳ oben an den Rand: περιοχὴ λόγου τοῦ ἁγίου Ἐπιφανίου τοῦ Ἀγκυρωτοῦ καλουμένου, f. 152ᵛ zur Seite des Textes: τοῦ ἀγκυρωτοῦ τέλος und darunter ἀνακεφαλαίωσις. S. Epiphanii Anacephalaeosis sive eorum quae in Panario dicta sunt, summa⟨ria⟩ comprehensio; ebenso f. 161ʳ τῆς ἀνακεφαλαιώσεως τέλος. | τοῦ ἐν ἁγίοις πατρὸς ἡμῶν Ἐπιφανίου περὶ μέτρων καὶ σταθμῶν.

Der Schluß von de mensuris ac ponderibus ist f. 168ʳ durch eine rote Leiste bezeichnet. Unter ihr kommt die rote Überschrift: τοῦ ἐν ἁγίοις πατρὸς ἡμῶν ἰωάννου ἀρχιεπισκόπου κωνσταντινουπόλεως τοῦ χρυσοστόμου κτέ., d. h. es folgen jetzt die schon mehrfach verzeichneten Chrysostomusstellen. Sie füllen die zweite Hälfte von f. 168ʳ und das ganze f. 168ᵛ. Unten auf f. 168ᵛ ist eine bunte Leiste gezogen. Darunter steht wieder rot: τέλος λόγου τοῦ ἁγίου Ἐπιφανίου τοῦ ἐπιλεγομένου ἀγγυρωτοῦ.

Die noch übrigen Blätter der Handschrift (f. 169—174) bringen die Chronographie des Nicephorus, einschließlich des Bibelverzeichnisses. Bemerkenswert ist, daß hier hinter den letzten Worten ποιμένος καὶ ἑρμᾶ (f. 174ʳ gegen die Mitte) kein

Schlußkreuz steht. Auch eine Bandleiste, die das Ganze ab-
grenzte, fehlt. Der Rest von f. 174ʳ und f. 174ᵛ sind leer.

Die Anlage des Jenensis deckt sich also ganz mit der des Rehdigeranus, nur daß die Theodoretschriften nicht angehängt sind.

In J fanden sich auch bereits die Lücken und Verwirrungen
innerhalb des Panarion, die bei R und zuletzt wieder bei A und
P hervorgehoben wurden. Die betreffenden Stellen fallen zwar
sämtlich in den heute verlorenen Teil der Handschrift. Allein
Oporins Ausgabe kann hier als Ersatz eintreten. Oporin läßt
S. 249 zwischen οὐκ ἐκτός und καὶ οὐχὶ τὸ σῶμα, und wieder
S. 258 zwischen μὴ τεύξασθαι ἀναστάσεως und οὐ μόνον γὰρ
τοῦτό ἐστιν einen Raum von mehreren Linien frei. Es fehlten
demnach auch in J die Stücke II 649, 21—651, 8 (σώματος ἀλλὰ
μετὰ — πρὸς τὰς ἡδονὰς ὁρμήν) und II 677, 1—678, 12 (καὶ
ὕστερον δείξῃ — ὧν ἔφης ἀνατραπήσῃ). — Ebenso druckt
Oporin S. 234 Z. 9 von oben ohne Anstand den Satz ἀνάγκη
τῶν εἰρημένων ἐναργέστερον οὐκ ἀνέξονται (= II 605, 13 +
616, 33), in dem, wie oben festgestellt, ein Sprung über einen
Quaternio hinüber gemacht wird.

Auch J scheint aber nicht der Ursprungsort dieser Schäden
gewesen zu sein. Oporin hat keine Vorstellung davon, wie
groß die Lücke ist, die er in den beiden ersten Fällen anzeigt.
Hätte in J eben gerade ein Blatt gefehlt — soviel muß der
Ausfall betragen; denn das zu ergänzende Stück hat beidemal
genau denselben Umfang —, so hätte Oporin wahrscheinlich
nicht unbestimmten Raum gelassen, sondern wie üblich einfach
gesetzt: λείπει φύλλον ἕν. Und war er scharfsichtig genug,
um beim Übergang von einer Seite zur andern den Riß im
Text wahrzunehmen, so hätte er wohl auch die noch auffälligere
Quaternionenverschiebung entdeckt. Allem nach hat J an den
fraglichen Stellen ebenso ausgesehen wie R, d. h. so, daß in den
ersten Fällen sich weiße Platten im Text befanden und im letzten
der Schriftzug ohne Unterbrechung weiterging.

Dann läßt sich aber auch diesmal aus der Gemeinsamkeit
dieser Mängel nichts für ein unmittelbares Verhältnis zwischen
beiden Handschriften schließen.

Indes lehren schon Kleinigkeiten in der äußeren Einrichtung, zunächst daß J dem Ursprünglichen um eine Stufe näher
steht, als R. Es sei nochmals hervorgehoben, daß R die Unterschrift

unter den Chrysostomusstücken in der Form gibt: τέλος τοῦ
ἁγίου ἐπιφανίου τοῦ λεγομένου ἀγχυρωτοῦ, als ob Ἀγχυρωτὸς
ein Beiname des Epiphanius wäre, wie Στρωματεὺς bei Clemens
oder Διάλογος bei Gregor dem Großen, während J richtig schreibt
τέλος λόγου τοῦ ἁγίου ἐπιφανίου τοῦ ἐπιλεγομένου ἀγγυρωτοῦ.
Auch das weggelassene Schlußzeichen am Ende des Bibelverzeichnisses ist nicht ohne Bedeutung. Der Schreiber von J weiß,
was der von R nicht mehr empfand, daß hinter den Worten
ποιμένος καὶ ἑρμᾶ eigentlich noch etwas kommen sollte.

Ganz scharf tritt aber das Verhältnis der beiden Handschriften in der Textgestalt zu Tage. Durchgängig ist wahrzunehmen, daß J bei Auslassungen von R häufig die vollständige Fassung bewahrt hat, wogegen das Umgekehrte, ein Mehr von R
gegenüber J, überhaupt niemals vorkommt.

Aus dieser Tatsache hat bereits Öhler (I 2 p. XI), der allein
der Frage ernsthaft nachgegangen ist, den Schluß gezogen, daß
R aus J abgeschrieben sei. Er hat diese Behauptung noch durch
eine weitere schlagende Beobachtung in de mensuris ac ponderibus zu stützen gewußt. Dort zeigt sich nämlich, daß der
Schreiber von R überall da kleine Lücken läßt, wo der Text in
J durch äußere Einflüsse, Flecken u. ä. Not gelitten hat.

Trotzdem meinte aber Öhler, selbst wieder zur Vorsicht
mahnen zu müssen. Einige Stellen — er zählt sie I 2 p. XII
auf — haben ihm den Eindruck gemacht, als ob hier R gegenüber J die richtige Überlieferung vertrete.

Öhler hätte getrost bei seiner Behauptung stehen bleiben
dürfen. Was er in de mensuris ac ponderibus festgestellt hat,
läßt sich auch in den übrigen Schriften durch eine Fülle ebenso
beweiskräftiger Beispiele belegen.

    I 85, 10 hat J f. 121^r richtig περαιῶσαι. Das ϱ ist spitzig
    geraten, so daß es mit ζ verwechselt werden kann. R f. 222^v
    schreibt πεζαιῶσαι.

    I 141, 22 hat J f. 133^v στυπέί'; gemeint ist ohne Frage
    στυππείου. Der Schreiber von R versteht jedoch die
    Beziehung des drüber gesetzten π falsch und macht dar-
    aus (f. 231^r) στυπείπου.

    I 153, 22 ist in J (f. 136^r) das unentbehrliche καλεῖται am
    Rand von erster Hand nachgetragen. In R f. 232^v fehlt
    das Wort.

I 157, 17 ist in J f. 137^r ξυλίνην zu ξύλίν ἦν entstellt;
R f. 233^v entwickelt das vollends weiter zu ξύλον ἦν.

I 208, 31 ist in J f. 148^v πῦρ etwas verschnörkelt geschrieben; R f. 242^r liest es als τᾶρ.

III 17, 16 waren bereits in der Vorlage von J die Worte
στελλόμενος τὴν πορείαν unleserlich oder verstümmelt;
J f. 4^v malt steif στ ENό τὴν πορείαν; R f. 132^v schreibt
nur στ und läßt dahinter Raum für etwa 5 Buchstaben.

III 133, 14 hat J f. 30^v beim Absetzen von ὁδοιπορίαν ein
Versehen begangen. Am Ende der einen Linie steht ὁδο‟,
am Anfang der nächsten δοιπορίαν; R f. 152^r ahmt das
getreulich nach mit ὁδὸν· δοιπορίαν.

III 144, 11 f. hat J f. 32^v das zunächst geschriebene Κων
σταντῖνον durch Rasur zu Κωνσταν (ohne Accent) verkürzt; R f. 154^v setzt Κώνσταν, läßt aber dann noch eine
Lücke von 4—5 Buchstaben.

III 355, 12 ist in J f. 73^v καταλύειν — Dindorf gibt falsch
καταμένειν — etwas mißverständlich geschrieben; der
Ansatz des λ ist zu tief unter der Linie begonnen, so daß
der Buchstabe zusammen mit dem ersten Strich des υ
einem μ gleichsieht, ειν ist durch die gewöhnliche Abkürzung ausgedrückt. Der Schreiber von R löst das f. 186^r
auf mit dem ungeheuerlichen κατάμ΄.

Gegenüber derartigen Augenscheinlichkeiten fallen die paar
Stellen, die Öhlers Zweifel erregt haben, von vornherein nicht
ins Gewicht. Öhlers Bedenken waren aber auch an und für
sich unbegründet. Denn teils trifft es nicht zu, daß R in den
von Öhler genannten Fällen die richtige Lesart gegenüber J
vertrete (so namentlich bei der einzigen bemerkenswerten Abweichung III 322, 17, wo R καλέσειεν hat anstatt des von J
bezeugten ὁμολογήσειεν), teils handelt es sich um Verbesserungen
geringfügigster Art (εἴπη für εἴποι!), wie sie jeder nicht ganz
gedankenlose Abschreiber gelegentlich einmal am Text seiner
Vorlage anbringt.

Das Ergebnis, daß R unmittelbar aus J geflossen ist, bestätigt zugleich eine früher (S. 64) ausgesprochene Vermutung.
Es ist nunmehr sicher, daß erst R die Theodoretschriften mit

der Epiphaniusausgabe verbunden hat und daß für diesen Teil
ein anderer codex beigezogen wurde, als für den ersten.

———

Ehe nun die Linie von J aus weiter nach aufwärts verfolgt werden kann, sind noch die beiden Laurentiani einzufügen.
Der ältere von ihnen, der Laurentianus VI 12 (= L) ist
ein in Rot gebundener Bombycincodex s. XIV. Auf einem in
den Deckel eingelassenen Pergamentstreifen steht der Titel:
Ἐπιφανίου ἐπιστολὴ περὶ πίστεως | πρὸς τοὺς μοναχοὺς
αἰτήσαντας. Darunter: Epiphanii epistola de fide ad | monacos
interrogantes.

Innen kommen zunächst 4 mit römischen Ziffern gezählte
Vorsatzblätter: auf der Vorderseite des ersten von moderner
Hand Plut. 6 Cod. 12 (das zweite und dritte sind leer), auf
der Rückseite des vierten von älterer Hand: Initium Panarii
S. Epiphanii. Darunter ist ein Zettel eingeklebt: Epiphanii liber
de fide ad Monacos interrogantes. Excerpta ex doctoribus ecclesiae pro fide. Jo: chrisostomi homilia de spiritu sancto. Dann
folgt noch eine, vielleicht von anderer Hand geschriebene Zahl:
no 398. — Sonst findet sich nur noch oben auf der ersten Seite
des eigentlichen codex die Zahl N. 12 und daneben von anderer
Hand XIV saeculo.

Der Kern der Handschrift besteht aus 237 Blättern. Größe
23,7×16,9, Schreibraum 18—19×11,5; 33—34 Linien auf der
Seite zu durchschnittlich 38 Buchstaben.

Die 33 Lagen, die der codex enthält, sind anfangs Qua-
ternionen; in der zweiten Hälfte, von f. 127 an, wechseln Ter-
nionen, Duernionen, Doppelblätter, aber auch Quinionen mit
Quaternionen ab. Die einzelnen Schichten sind nicht bezeichnet.
Dagegen ist zweimal eine Blattzählung vorgenommen worden.
Die jüngere, mit roter Tinte ausgeführte, gibt den heutigen Stand
an; bei der älteren waren noch mehrere weiße, später beseitigte
Blätter mitgerechnet.

Der uns näher angehende Teil umfaßt die ersten acht
Quaternionen, f. 1—95. Die letzte Seite, f. 95^v, ist in Kreuzform
geschrieben. Das darauf folgende, jetzt ausgerissene Schluß-
blatt des Quaternio war offenbar leer. — Mit f. 96 (nach der
älteren Zählung 97) beginnt ein neuer Abschnitt, eine umfangreiche, selbst wieder in verschiedene Gruppen zerfallende Samm-

lung von Kirchenväterexzerpten. Die Reihe wird eröffnet durch
Kyrill von Alexandrien.

Die 95 Blätter enthalten die drei kleinen Schriften des Epiphanius in folgender Ordnung. 1) Der Ancoratus f. 1—66ʳ.
Vorausgeschickt ist wie in J unter einer roten Leiste das Stück
ὁ θεῖος οὗτος καὶ μέγας πατὴρ ἡμῶν Ἐπιφάνιος κτέ. Es vertritt auch hier die Stelle einer Überschrift. 2) Die Anakephalaiosis f. 66ʳ—81ᵛ. Ohne besonderen Titel, ja sogar ohne Andeutung eines Absatzes geht auf derselben Linie, der letzten
der Seite, die eine Schrift in die andere über. Erst eine spätere
Hand schreibt an den Rand ἀρχή. 3) de mensuris ac ponderibus f. 81ᵛ—95ᵛ. Wieder ist zu Beginn nicht einmal eine neue
Linie begonnen, geschweige ein Titel gesetzt. Nur eine stärkere
Interpunktion (∵) bezeichnet die Grenze. Das am Rand stehende
ἀρχή stammt von derselben Hand wie bei der Anakephalaiosis.
Der Text endigt f. 95ᵛ in der schon geschilderten Form. Der
Schreiber betont den Schluß noch ausdrücklich durch die Worte:
† ἐνθάδε τέρμα καὶ θεῷ νέμω χάριν. Die Anhängsel, die in
W und J hinter de mensuris ac ponderibus folgten, finden sich
also in L nicht.

Den Text begleiten namentlich im Ancoratus zahlreiche,
von erster Hand geschriebene Scholien. Sie sind jedoch von
keiner sachlichen Bedeutung.

Der andere codex, der Laurentianus LIX 21 (= L¹) kann
kurz abgemacht werden. Es ist mehr ein Versuch, als eine
wirkliche Handschrift. Ein Papiercodex s. XV bestehend aus
16 Blättern; Größe 31×21, Schreibraum 21,2×11,8; 30 Linien
auf der Seite zu durchschnittlich 50 Buchstaben. Von den
16 Blättern sind nur 8 beschrieben. Zuerst kommt ein (ge-
zähltes) Vorsatzblatt, dann folgt (f. 2—9) ein ganz ausgefüllter
Quaternio. Der Text — es ist der Anfang des Ancoratus —
geht bis zum Schluß der letzten Zeile von f. 9ᵛ fort; auch der
Custode ist unten noch gesetzt. Aber die nächsten Blätter sind
leer. Die Arbeit ist also schon nach der ersten Lage aufge-
geben worden.

Außen auf dem Deckel steht als Titel Ἐπιφανίου ἐπιστο-
λαί; darunter Epiphanii epistolᵉ. Auf der Vorderseite des Schutz-
blatts ist die alte Nummer 398 — dieselbe wie im Laur. VI 12! —
eingetragen.

Man überzeugt sich rasch, daß L¹ bloß eine Abschrift von L ist. Der jüngere Laurentianus gibt den Text des älteren in allen seinen Eigentümlichkeiten wieder, jedoch nicht ohne ihn mannigfach zu verschlechtern. Es genügt an ein paar Beispielen: I 83, 24 setzt L falsch *οὐαλεντινιανοῦ* statt *διοκλητιανοῦ*. Die Änderung scheint hier erstmalig vorgenommen worden zu sein; denn *οὐαλεντιν* steht auf Rasur. L¹ schreibt glatt *οὐαλεντινιανοῦ*; I 95, 23f. lassen L und L¹ übereinstimmend die anderwärts überlieferten Worte *καὶ τελεία ἡ σφραγὶς ἐν ὀνόματι θεοῦ* durch Gleichendung aus. — Als Beleg für die besondern Fehler von L¹ sei nur die Stelle I 94, 29f. genannt. L¹ überspringt hier den Satz *ἕκαστον δὲ τῶν ὀνομάτων μονώνυμον, μὴ ἔχον δευτέρωσιν*. Der Fall ist darum beweisend, weil die von L¹ ausgelassenen Worte in L gerade eine Linie ausmachen.

Wenn L¹ demnach ausscheidet, so verdient L um so größere Beachtung.

Der Text des Ancoratus, den L bietet, steht beträchtlich höher als der von J. L verbessert nicht nur zahlreiche kleinere Mängel in J, sondern füllt namentlich auch zahlreiche Lücken aus, durch die die Überlieferung in J entstellt ist. Die schlagendsten Fälle sind wieder diejenigen, in denen der Ausfall bei J durch Gleichendung veranlaßt ist.

I 88, 32f. hat J den innerhalb des Zusammenhangs nichtssagenden Satz: *εἷς θεὸς τοίνυν ὁ πατὴρ καὶ μόνος ἀληθινὸς θεός*. L f. 3ʳ fährt dagegen hinter *ἀληθινός* fort: *καὶ θεὸς ὁ μονογενής· οὐκ ἄρα ἀλλότριος θεοῦ καὶ τῆς μονάδος· ἀλλ᾽ ἐπειδὴ υἱὸς ἐκ πατρός, διὰ τοῦτο μόνος ἀληθινὸς (θεός)*.

I 90, 17 vermißt man bei J in dem Satz *τίς γὰρ μεμηνὼς ... τολμήσει βλασφημίας ὑπόνοιαν ἑαυτῷ κτήσασθαι, μὴ εὑρὼν ἐπὶ τῷ ῥητῷ προσκείμενον τὸ ἀληθινόν* die Angabe des Inhalts der *βλασφημία*. L f. 3ᵛ bringt sie in den noch angefügten Worten: *καὶ εἴπῃ περὶ τοῦ πατρός, ὅτι οὐκ ἦν φῶς ἀληθινόν*.

I 108, 8 schreibt J: *τοσούτῳ μειζόνως ἑαυτὸν ἀποκαλύπτει ἐν τῷ τὴν τιμὴν ἐπὶ τὸν ἴδιον αὐτοῦ πατέρα, ἵνα κτἑ*. Daß hier etwas ausgefallen ist, fühlt man unmittelbar. Bei L f. 11ʳ findet man das Fehlende. Hinter

τιμήν ist einzusetzen: παρὰ τῶν ἀνθρώπων μὴ βούλεσ-
θαι, ἀλλ' ἀναφέρει τὴν τιμήν.

I 147, 10 ff. gibt J einen abgerissenen Text: φασὶ ταῦτα μὴ
εἶναι . . . . ἀπὸ τοῦ ῥητοῦ τοῦ εὐαγγελίου οὗ εἶπεν ὁ
σωτὴρ διδάσκων ὅτι θεὸν οὐδεὶς πώποτε ἑώρακε·
προφῆται δὲ λέγουσιν ἑωρακέναι· ἀνάγκη ψεύδεσθαι ἢ
τὸν μονογενῆ ἢ τοὺς προφήτας. L f. 29ᵛ fügt das un-
erläßliche Zwischenstück ein, indem es nach ἑώρακε
fortfährt: καὶ φασίν, εἰ τοίνυν ὁ μονογενὴς εἶπεν ὅτι
οὐδεὶς ἑώρακεν. Daran schließt sich das προφῆται δὲ
λέγουσιν ἑωρακέναι κτέ. fest an.

I 193, 25 ff. ist ein ganz ähnlicher Fall. Bei J liest man:
ἐὰν δέ τις σοφιζόμενος εἴπῃ, ἀλλὰ τὸ τοῦ σωτῆρος
ἡμῶν σῶμα ἐξαίρετον ἦν, διὰ τὸ μόνον συνειλῆφθαι
ἀπὸ Μαρίας καὶ χωρὶς σπέρματος ἀνδρός· ἀλλ' οὐδεὶς
ἔχει τοῦτο εἰπεῖν οὐδὲ ἀποδεῖξαι. So wie der Satz dasteht, ist er mindestens dunkel. Die Beziehung des Gliedes
ἀλλ' οὐδεὶς ἔχει τοῦτο εἰπεῖν οὐδὲ ἀποδεῖξαι tritt nicht
deutlich hervor. L f. 51ᵛ gibt die Lösung durch die hinter
ἀνδρὸς eingeschalteten Worte: ἆρα γοῦν καὶ τὸ τοῦ
⟨Ἀδὰμ⟩ ἄλλο ἦν παρὰ τὸ ἡμῶν· ὅτι ἀπὸ γῆς μόνον
ἐλήφθη χωρὶς σπέρματος ἀνδρός.

I 200, 13 ff. hat J den Text: Ἐνὼχ ὅλος μετετέθη καὶ οὐκ
εἶδεν ἄχρι τῆς δεῦρο θάνατον, ἵνα ἐν δυσὶ ζῶσι
σώμασιν παραστήσῃ ἡμῖν τελείαν τὴν ἀνάστασιν. Hier
besteht ein offener Widerspruch, sofern im Nachsatz von
δύο ζῶντα σώματα die Rede ist, während im Vorder-
satz nur Henoch aufgeführt war. L f. 54ᵛ nennt den
zweiten Zeugen: καὶ ἡλίας ὅλος ἀνελήφθη ἐν σώματι
καὶ οὐκ εἶδεν ἄχρι τῆς δεῦρο θάνατον.

Immerhin darf man aus dieser Liste nicht schließen, daß
der Vorzug von L ein unbedingter wäre. Auch das Umgekehrte,
Verschlechterung des Textes bei L gegenüber J, kommt, wenn-
gleich viel seltener, vor. So hat

I 83, 24 L f. 1ʳ die bei J richtig überlieferte Stelle ἐν ἔτει
ἐνενηκοστῶ μὲν ἀπὸ Διοκλητιανοῦ, Οὐάλεντος δὲ δεκάτῳ,
Γρατιανοῦ δὲ ἕκτῳ gedankenlos abgeändert zu: ἐν ἔτει
ἐνενηκοστῶ οὐαλεντινιανοῦ καὶ οὐάλεντος καὶ γρατιανοῦ.

6*

I 87, 9 schreibt L f. 2ᵛ ἀγανακτούντων anstatt, wie J allein
dem Zusammenhang entsprechend gibt, ἄγαν σκοπούντων.
I 87, 18 fehlt in L f. 2ᵛ das unentbehrliche παρεσκεύασαν.
I 95, 23 f. läßt L f. 5ᵛ die Worte καὶ τελεία ἡ σφραγὶς ἐν
ὀνόματι θεοῦ durch Gleichendung aus.

L und J sind demnach von einander unabhängig. Aber eine
Verbindung muß trotzdem zwischen ihnen bestehen. Beide
haben nicht nur gewisse allgemeine Charakterzüge gemeinsam —
die eigentümliche Anordnung der Schriften des Epiphanius, die
dem Ancoratus vorausgeschickte biographische Skizze, das Fehlen
der Titel über der Anakephalaiosis und über de mensuris
ac ponderibus —; auch eine Anzahl gleichlautender Textver-
schlechterungen (I 102, 25 Ἀεϱινοὶ statt Ἀεϱιανοί; I 102, 32
Κολλυϱιανοὶ statt Κολλυϱιδιανοί; I 103, 2 Σατιανοὶ statt Σατανιανοί; I 206, 22 Κάμπιος statt Καμβύσου) und ein hier wie
dort sich findendes Lesezeichen bei I 169, 22 deuten auf einheit-
lichen Ursprung hin.

Zum Glück ist man nicht darauf angewiesen, den gemeinsamen Text von L und J nach bloßer Vermutung zu beurteilen.
Ein großes Stück des Ancoratus ist von Epiphanius im Panarion
(h. 74; III 333, 26 ff.) wiederholt worden. Es liegt dort zwar
nur in der Form von J vor — die andern Handschriften zählen
neben J nicht —; doch genügt dieser Text, um zahlreiche
Minderwertigkeiten bei L und J aufzudecken.

Von kleineren Versehen, die sich hiebei herausstellen, sind
etwa folgende bemerkenswert:

I 160, 28 schreiben J f. 138ʳ und L f. 36ʳ τοῦ πϱὸ πολλῶν γενεῶν οἴκου μνησθείς statt ὅϱκου.

I 163, 23 haben J f. 138ᵛ und L f. 37ᵛ ἤτοι τὸ πνεῦμα
αὐτοῦ ἐν ἡμῖν statt εἰ τοίνυν.

I 165, 6 J f. 139ʳ und L f. 38ʳ λαλεῖται ἐν ἁγίοις ὁ Χϱιστός,
λαλεῖται τὸ πνεῦμα τὸ ἅγιον statt λαλεῖ.

I 174, 14 J f. 141ʳ und L f. 42ᵛ πνεῦμα ἐν υἱῷ, υἱὸν ἐν
πατϱί statt πατέϱα.

Tiefer greifende Verderbnisse finden sich z. B.

I 163, 31 f. Dort haben J f. 138ᵛ und L f. 37ᵛ den unverständ-
lichen Satz: ὁ δὲ Χϱιστὸς ἐκ πνεύματος ἁγίου ἀγγέλου
φωνῇ. Das Panarion (III 337, 27) zeigt, daß hinter ἁγίου
einzuschieben ist: τὸ γὰϱ ἐν αὐτῇ φησιν ἐκ πνεύματος

ἅγιον. Der Ausfall ist, wie man sieht, durch Gleichendung veranlaßt.

I 164, 10 f. fehlt bei J f. 138ᵛ und L f. 38ʳ in der Aufzählung
τρία ἅγια τρία συνάγια, τρία ἔμμορφα τρία σύμμορφα,
τρία ἐνεργὰ τρία συνεργά, τρία ἐνυπόστατα ἀλλήλοις
συνόντα hinter συνάγια das Glied: τρία ὑπαρκτὰ τρία
συνύπαρκτα (III 338, 6).

I 166, 8 f. lassen J f. 139ʳ und L f. 38ᵛ das Zitat ἅγιος ὁ
ἐν ἁγίοις ἀναπαυόμενος hinter der Einleitungsformel
ὅμοιον τῶ εἰπεῖν aus (III 340, 7).

I 172, 8 vermuten Petavius und Dindorf in dem von J f. 140ᵛ
und L f. 41ᵛ verstümmelt überlieferten Satz: ἀλλ᾽ ὥσπερ
οἱ πολλοὶ υἱοὶ θέσει ἢ κλήσει κἂν ἁμαρτητικὰ ἦν (von
κἂν an < J), τὸ δὲ ἅγιον πνεῦμα μόνον καλεῖται ἀπὸ
πατρὸς καὶ υἱοῦ hinter κλήσει einen Ausfall durch
Gleichendung und schieben darum wenigstens ein zweites
κλήσει * ein. Hätten sie sich die Mühe genommen, das
Panarion nachzuschlagen, so würden sie das Fehlende
haben einsetzen können. Denn dort folgt (III 346, 9)
hinter κλήσει noch: οὐκ ἀληθεία δὲ, διὰ τὸ ἀρχὴν ἔχειν
καὶ τέλος ἁμαρτητικῶς, οὕτω καὶ πνεύματα πλεῖστα
θέσει ἢ κλήσει.

Diese Beispiele genügen wohl, um den Schluß auf einen
gemeinsamen Stammvater von L und J zu sichern. Indes da
der ins Panarion aufgenommene Text nur einen Teil des Ancoratus umfaßt, ist es wohl von Wert, noch auf einen weiteren
Zeugen zurückzugreifen, der ein anderes Stück des Ancoratus
unabhängig von LJ überliefert.

Im Vat. 1196 (= v), einer Papierhandschrift s. XV, ist auf
f. 23ʳ—24ᵛ hinter dem kanonischen Brief des Basilius an Amphi-
lochius der Anfang des Ancoratus (I 83, 26—89, 24) erhalten.
Im Blick auf die codices, von deren Untersuchung wir her-
kommen, verdient es Beachtung, daß sich auf f. 26ʳ (f. 25 ist
leer) ein Stück aus de mensuris ac ponderibus daran anreiht.
Wie eine Vorbemerkung auf dem ersten Blatt lehrt (τινὰ ἐκ-
βληθέντα ἔκ τινος πεπαλαιωμένου κώδικος), stellt der codex
einen Auszug aus einer wesentlich älteren Vorlage dar. Dem
entspricht die Beschaffenheit des Textes. Trotz starker Ver-
wahrlosung im Einzelnen ist hier viel ursprüngliches Gut gerettet.

Der Vat. 1196 unterstützt auf der Strecke, auf der er LJ
begleitet, die Ergänzungen, die L zu J nachliefert. Aber er
geht auch an wichtigen Stellen über beide Handschriften hinaus.
I 84, 4 d. h. sofort in der Zuschrift des den Ancoratus er-
öffnenden Briefs weicht v bedeutsam von LJ ab. LJ geben:
τῷ κυρίῳ θεοτιμήτῳ Ἐπιφανίῳ Ματίδιος καὶ Ταρσῖνος καὶ (οἱ J) νέοι πρεσβύτεροι τῆς ἐν Σουέδροις
καθολικῆς ἐκκλησίας ἐν κυρίῳ χαίρειν. Der Vat. 1196
dagegen hat an Stelle der unterstrichenen Worte: Ματίδιος καὶ Ταρσῖνος καὶ Νέων καὶ Νουμεριανὸς
πρεσβύτεροι. Es bedarf wohl keiner Auseinandersetzung,
daß die Lesart von LJ nur eine Verderbnis des im Vaticanus überlieferten Textes ist. Zudem wird einer der
von v allein bezeugten Namen an einer späteren Stelle
auch von LJ bestätigt. I 86, 19 haben alle drei Handschriften: τοῖς ... συμπρεσβυτέροις (πρεσβυτέροις LJ)
Ματιδίῳ καὶ Ταρσίνῳ (Ταρασίῳ L Ταρασίνῳ v) καὶ
Νουμερίῳ. Neon fehlt also diesmal auch in v. Aber
gerade dieser Name ist I 84, 4 mittelbar selbst durch
L J gesichert.

I 86, 15 gehen v und LJ noch weiter auseinander. Bei LJ
lautet der Titel des Antwortschreibens: ἀντεπιστολὴ
πεμφθεῖσα πρὸς αὐτοὺς παρὰ τοῦ ἁγίου Ἐπιφανίου,
ἥτις καὶ πᾶσαν τὴν περὶ τῆς θείας πίστεως διδασκαλίαν,
ἣν ᾐτήσαντο ἐν ἑαυτῇ διαλαμβάνει. Die Fassung bei v
ist viel länger: ἐπιστολὴ γραφεῖσα εἰς Παμφυλίαν τοῖς
περὶ τὸν πρεσβύτερον Ματίδιον καὶ Ταρασῖνον καὶ
Νέωνα καὶ Νουμεριανὸν Σουέδρων καὶ Παλλάδιον
πολιτευόμενον περὶ πίστεως πατρὸς καὶ υἱοῦ καὶ ἁγίου
πνεύματος καὶ ἄλλων μερῶν τῆς πίστεως, ἀναστάσεώς
τε νεκρῶν φημι καὶ ἐνανθρωπήσεως χριστοῦ: ⌒ ἐν
ἐνενηκοστῷ ἔτει Διοκλητιανοῦ ἐν μηνὶ Ἰουλίῳ περὶ ὧν
ἐν ταῖς ἑαυτῶν ἐπιστολαῖς ᾔτησαν, ὡς ἐν αὐταῖς ἐκφέ-
ρεται καὶ εἰσὶ προτεταγμένα. Wieder kann man nicht
schwanken, welcher von beiden Texten den Vorzug verdient. Einen Titel, wie ihn v bietet, mochte ein Späterer
nicht leicht ersinnen, — man beachte namentlich die
genaue, nur hier sich findende Zeitangabe, daß der Ancoratus im Juli abgeschickt wurde —, wohl aber lag es

einem Abschreiber nahe, den langatmigen Satz von v auf
die kürzere Form von LJ zusammenzuziehen.

I 88, 12ff. heißt es in LJ: ἐπ' ἀληθείας γὰρ καὶ εἰδότες συνῳδά
τε καὶ σύμφωνα λέγειν τῷ μακαριωτάτῳ Πέτρῳ ... σαφῶς
ὑπ' αὐτοῦ τοῦ κυρίου μακαρισθήσονται. Augenscheinlich
ist der Anfang des Satzes beschädigt. Aber v überhebt
der Mühe, die Verbesserung erst zu suchen. Dort folgen
nach ἐπ' ἀληθείας γάρ die Worte οἱ περὶ τοῦ υἱοῦ τοῦ
θεοῦ ὀρθοδόξως ἔχοντες καὶ τοῦ ἁγίου πνεύματος.

I 88, 32 liefert v eine kleine Berichtigung, die doch mit
einem Schlag einen bei LJ kaum verständlichen Satz
erhellt. LJ schreiben: εἷς θεὸς τοίνυν ὁ πατὴρ καὶ
μόνος ἀληθινὸς καὶ θεὸς ὁ μονογενής, οὐκ ἄρα ἀλλότριος θεοῦ καὶ τῆς μονάδος (καὶ θεὸς ὁ — μονάδος < J).
In v steht εἰ statt εἷς. Ändert man demgemäß, so ist
alles in Ordnung.

Aus diesen Feststellungen ergibt sich endgiltig, daß L zur
gleichen Familie gehört wie J. Die gemeinsame Vorlage muß
jedoch ziemlich weit vor J angesetzt werden. Denn sowohl die
reinere Überlieferung des Textes als auch das Fehlen der An-
schiebsel hinter de mensuris ac ponderibus beweisen, daß L auf
eine beträchtlich ältere Stufe zurückgeht, als sie J darstellt.

III. Der Zusammenhang zwischen der älteren und der jüngeren Gruppe.

Nunmehr ist es Zeit, die Summe aus dem Ganzen zu ziehen.
Die Verwandtschaftsverhältnisse haben sich innerhalb der jüngeren Gruppe als ebenso einfach erwiesen, wie bei der älteren.
Beidemal sind nur zwei selbständige Zeugen übrig geblieben,
auch sie wieder unter einander in einem Archetypus verbunden.

Aber wir sind damit noch nicht am Ende der Zurück-
führungen angelangt.

Der jüngeren Überlieferung, soweit sie von J abhängt, sind,
wie immer wieder zu erwähnen war, innerhalb des Panarion
zwei große Ausfälle und eine durch Quaternionenversetzung zu

erklärende Textverwirrung eigentümlich. Es ist festgestellt worden, daß auch J diese Mängel bereits aus seiner Vorlage übernommen hat. Die Vorlage, aus der sie stammen, ist jedoch keine andere als unser U.

Bei der Beschreibung von U (genauer von U[1]) wurde hervorgehoben (S. 47), daß dort zwei Blätter verloren gegangen sind, eins hinter f. 145 und eins hinter f. 161. Die hiedurch entstandenen Lücken entsprechen genau den in J angezeigten: II 649, 21—651, 8 σώματος ἀλλὰ μετὰ σώματος bis πρὸς τὰς ἡδονὰς ὁρμήν und II 677, 1—678, 13 καὶ ὕστερον δείξῃ bis δι᾽ ὧν ἔφης ἀνατραπῇσῃ. — In U hat aber auch (vgl. S. 47) jene Verwerfung der Quaternionenordnung stattgefunden, die von JRAP aus erschlossen wurde. Dort ist tatsächlich der auf f. 116 (= II 605, 13) folgende 16. Quaternio um zwei Stellen heruntergerutscht.

U ist somit der Stammvater der ganzen von J bis zu P sich erstreckenden Gruppe.

Dieses Verhältnis zwischen U und J hätte sich · übrigens auch unmittelbar aus einzelnen Stellen ablesen lassen.

I 305, 21 z. B. hat U die merkwürdige Form Σωμῆ̂ρ; das H steht über einem o. Man kann schwanken, ob der Schreiber Σωμῆρ oder Σωμόρων endgültig meinte. J entscheidet sich für das unmögliche Σωμόρ.

II 619, 20 gibt U περικαλλεῖς (ĥ von erster Hand), d. h. in der Vorlage ist das falsche περικαλλεῖς zu περικαλλῇ verbessert worden. J setzt frischweg περικαλλείσῃ.

Doch gibt J seine Vorlage im ganzen getreu wieder. Eine Bearbeitung ist bei der Übernahme des Textes nicht erfolgt. Nur Flüchtigkeitsversehen, unter denen die Auslassungen eine besonders große Rolle spielen, haben eine Abwandlung herbeigeführt.

Das gewonnene Ergebnis bildet die Grundlage für weitere Rückschlüsse. Zunächst wird jetzt eine Frage spruchreif, die bei der Untersuchung des Verhältnisses von U und W noch unentschieden bleiben mußte, die Frage nämlich, ob die durch W bezeugte Gesamtausgabe des Epiphanius schon in den gemeinsamen Archetypus UW zurückverlegt werden darf. Nachdem sich nunmehr gezeigt hat, das aus U Handschriften herstammen,

die eine vollständige Sammlung der Werke des Epiphanius enthalten und zwar genau dieselbe, wie die in W vorliegende, ist
ein Zweifel in diesem Punkte nicht mehr möglich. Auf U
und U¹ müssen noch weitere Bände gefolgt sein, die nach dem
Panarion noch den Ancoratus, die Anakephalaiosis und de mensuris ac ponderibus brachten. Schon der Archetypus von UW
muß in seiner Anlage W und J geglichen haben.

Zur Bekräftigung dieses Schlusses mag noch angeführt
werden, daß der gemeinsame Ursprung von W und J auch in
denjenigen Stücken durchleuchtet, für die uns U nicht erhalten ist.

III 502, 22 haben W und J die doppelte Lesart $προσ$-
$\overset{\tilde{ω}'}{δοκοντες}$.

III 505, 20 lesen sie $ἀσπιδίου$ statt $ἀπ᾽ ἰδίου$.

III 509, 2 $τῆς αὐτοῦ ἐνσάρκῳ παρουσίας$ statt $ἐνσάρκου$
oder $ἐν σαρκί$.

III 509, 8 $ποιήσας ἔτει δύο$ statt $ἔτη$.

III 511, 32 haben sie an derselben Stelle das Lesezeichen $\mathfrak{G}$.

III 513, 18 lesen beide $\overline{4}\ καὶ\ ἐτῶν$ statt $\overline{4}\ ϛ\ ἐτῶν$. (Die
Verbesserung ergibt sich aus 515, 3.)

Die Zusammenstimmung von W und J verbürgt, das muß
besonders betont werden, nicht nur das Allgemeine, daß der
Archetypus von UW bereits alle Werke des Epiphanius umfaßte, sondern noch das Weitere, daß die Ausgabe schon mit
all den seit W immer wieder hervorgehobenen Eigentümlichkeiten behaftet war. Man vergegenwärtige sich noch einmal
die entscheidenden Züge. Die Schriften des Epiphanius folgten
sich in der Ordnung: Panarion, Ancoratus, Anakephalaiosis, de
mensuris ac ponderibus. Die beiden letzten waren titellos. Den
Schwanz von de mensuris ac ponderibus bildeten 5 große Chrysostomusstellen. Nach ihnen kam die Unterschrift: $τέλος λόγου$
$τοῦ ἁγίου ἐπιφανίου τοῦ ἐπιλεγομένου ἀγκυρωτοῦ$. An Epiphanius reihte sich noch die Chronographie des Nicephorus.
Sie erschien so fest mit dem Vorhergehenden verbunden, daß
sie von den Abschreibern, sofern sie Vollständigkeit anstrebten,
regelmäßig mit aufgenommen wurde.

Dieser Tatbestand läßt nun drei Vorstufen des Archetypus
UW erkennen.

Zu oberst eine Stufe, auf der der codex mit de mensuris

ac ponderibus zu Ende war. Sie wird festgelegt durch die
Chrysostomusstellen. Denn mit Lesefrüchten dieser Art pflegte
man die letzten leeren Blätter der Handschriften auszufüllen.
— Aus dieser Form muß unser L sich herleiten.

Auf einer zweiten Stufe gingen die Titel über der Anakephalaiosis und über de mensuris ac ponderibus verloren und
wurden die Chrysostomusstellen hinten eingetragen. Infolge
davon hielt der nächste Abschreiber alles, was vom Beginn des
Ancoratus an folgte, für ein einheitliches Ganze, die Chrysostomusstellen nahm er wohl für angehängte χρήσεις; so erklärt
sich seine Unterschrift: τέλος λόγου τοῦ ἁγίου ἐπιφανίου τοῦ
ἐπιλεγομένου ἀγκυρωτοῦ.

Die dritte Stufe endlich brachte die Angliederung der Chronographie des Nicephorus.

Der Zeitraum, in dem sich diese Umbildung vollzog, darf nicht
kurz bemessen werden; denn zwischen die bezeichneten Stufen ist
sicher noch eine ganze Anzahl von Abschriften einzuschieben.

An diesem Punkt gilt es jedoch, sich daran zu erinnern, daß
U in gerader Linie von V abstammt und daß von V aus gleichfalls eine lange, ihm vorausgehende Entwicklung sichtbar wurde.
Daraus erwächst die Frage, ob die eben festgestellte Vorgeschichte
von UW zwischen V^corr und UW liegt oder ob sie sich über V
zurückerstreckt, so daß ihre Stufen zum Teil wenigstens mit den
bei V aufgezeigten zusammenfallen?

Es fehlt nun jede Möglichkeit, um auszumachen, wie weit
etwa die Chrysostomusexzerpte oder die hinter ihnen stehende
Unterschrift in der Überlieferung des Epiphanius hinaufgehen.
Die ältesten Handschriften reichen ja nicht einmal bis zum
Schluß des Panarion und L, das eine Brücke bilden könnte,
enthält umgekehrt gerade diese Schrift nicht. Notgedrungen
muß die Untersuchung sich daher auf den Punkt beschränken,
ob schon VM mit einer Gesamtausgabe des Epiphanius in Verbindung stehen [1] und ob diese in ihrer Anlage UW entsprach.

---

1) Die Rücksicht auf den Marc. 125 nötigt dazu, diesen unbestimmten
Ausdruck zu wählen. Wenn dort die Unterschrift lautet: τέλος εἴληφεν
πανάριον βιβλίον: ἱερώτατον καὶ ἱεροῦ ποιμαῖνος, so sieht man daraus,
daß hier jedenfalls keine weiteren Bände folgten. Aber selbstverständlich
schließt diese Unterschrift auch nicht aus, daß der Archetypus von M
eine vollständige Ausgabe darstellte.

Der allgemeine Eindruck der Sache ist eine Bejahung der Frage, einer Hinaufrückung des Archetypus von UW bis in die Zeit unserer ältesten Handschriften, durchaus günstig. Auch wenn man gelten läßt, daß zwischen V^{corr} und UW mehrere Jahrhunderte liegen, so erscheint dieser Abstand doch viel zu klein, um die ganze UW vorausgehende Entwicklung in ihn hineinzustopfen. Möglich wäre dies höchstens dann, wenn Epiphanius ein besonders beliebter, besonders viel abgeschriebener Schriftsteller gewesen wäre. Aber sowohl die Einförmigkeit der handschriftlichen Überlieferung als auch die spärliche Benutzung des Epiphanius in der Literatur beweisen, daß die Byzantiner sich um unsern Kirchenvater nicht allzuviel bekümmert haben.

Ein Umstand scheint jedoch Schwierigkeiten zu bereiten. Die Ordnung, in der schon der erste Archetypus von UW die Schriften des Epiphanius bringt, ist nicht nur an und für sich auffallend, UW selbst enthält noch eine deutliche Spur, daß sie nicht die ursprüngliche ist. In J, das aber ohne Frage darin UW wiedergibt, ist dem Ancoratus jene Vorbemerkung vorangeschickt (I 83, 3 ff. Inc. ὁ ϑεῖος οὗτος καὶ μέγας πατὴρ ἡμῶν Ἐπιφάνιος), die nach Mitteilungen über das Leben des Epiphanius zu Bemerkungen über den Inhalt und die Abfassungszeit des Ancoratus weitergeht. Aus letzterem erhellt, daß sie nicht etwa aus einem Synaxar abgeschrieben, sondern von Haus aus auf den Ancoratus berechnet war; zugleich verbürgt die Genauigkeit der Angaben, daß sie nicht allzulang nach dem Tod des Epiphanius verfaßt sein kann. Es braucht nun aber nur ausgesprochen zu werden, daß eine derartige Einleitung vor einer Schrift, die wie der Ancoratus in UW erst an zweiter Stelle steht, widersinnig ist. Das Werk, zu dem sie gehört, muß einmal den ersten Platz eingenommen haben. Zwei Möglichkeiten bieten sich nun an. Entweder ist im Lauf der Zeit die ursprüngliche Ordnung umgestoßen und der Ancoratus mit dem Panarion vertauscht worden. Oder aber war der Ancoratus zunächst das erste Stück einer besonderen Sammlung, einer Ausgabe der kleineren Werke des Epiphanius, die erst später an das gleichfalls für sich verbreitete Panarion herangeschoben wurde. In beiden Fällen möchte man Anstand nehmen, die Form von UW schon für V vorauszusetzen.

Indes die obwaltenden Bedenken lassen sich zerstreuen.

Zuvörderst kommt ein äußeres Zeugnis zu Hilfe. Photius nimmt in seiner bibliotheca (p. 94 b Bekker) auf die Werke des Epiphanius in einer Weise Bezug, die für unsere Frage entscheidend ist. Er berichtet:

cod. 122. ἀνεγνώσθη Ἐπιφανίου τοῦ ἁγιωτάτου ἐπισκόπου τὰ πανάρια, ἐν τεύχεσι μὲν γ̄, τόμοις δὲ ζ̄, κατὰ αἱρέσεων δὲ π̄. ἄρχεται μὲν ἀπὸ τοῦ βαρβαρισμοῦ, κάτεισι δὲ μέχρι τῶν μεσσαλιανῶν κτέ.

cod. 123. ἀνεγνώσθη τοῦ αὐτοῦ ὁ ἀγκυρωτός, σύνοψις ὥσπερ τῶν παναρίων ὑπάρχουσα.

cod. 124. ἀνεγνώσθη τοῦ αὐτοῦ * *. Leider haben die Handschriften an dieser Stelle eine Lücke. Aber die Frage kann nur sein, ob hier von der Anakephalaiosis und de mensuris ac ponderibus oder nur von der letzteren Schrift die Rede war.

Photius führt also die Werke des Epiphanius in derselben Reihenfolge auf, in der sie bei UW stehen. Daß diese Übereinstimmung nicht zufällig sein kann, liegt auf der Hand. Sie bestätigt, was an und für sich schon wahrscheinlich ist, daß Photius sich bei seiner Aufzählung nach der in den Handschriften seiner Zeit üblichen Ordnung richtete. Aber Photius deutet zugleich an, wie er sich diese Ordnung zurechtlegt. Denn wenn er über den Ancoratus sagt, er sei eine σύνοψις ὥσπερ τῶν παναρίων, so will er damit auch begründen, warum diese Schrift hinter dem Panarion steht. Als bloßer Auszug aus dem größeren Werk gehörte der Ancoratus allerdings zwischen das Panarion und die Anakephalaiosis. Ohne Zweifel hat Photius damit den Sinn dieser Reihenfolge richtig getroffen. Wenn sie überhaupt einen Gedanken ausdrücken soll, so kann es nur dieser sein. Aber nun überlege man sich die ganze Verkehrtheit dieser Auffassung des Ancoratus und ermesse, was es heißt, daß auch ein Photius sie harmlos, ja wie ein Ergebnis seiner eigenen Beschäftigung mit Epiphanius, vorträgt. Die Macht eines so stark wirkenden Vorurteils erklärt sich nur, wenn die Handschriften seit langem ausnahmslos den Ancoratus erst hinter dem Panarion brachten. So erscheint es nicht nur als möglich, sondern als geradezu geboten anzunehmen, daß in der Zeit unserer ältesten codices, die ja mit Photius zu-

sammenfallen, eine Ausgabe von der Form UW bereits die verbreitete war.

Sieht man näher zu, so entdeckt man auch in VM selbst
Beweise dafür, daß sie mit einer derartigen Sammlung zusammen-
hängen. Es ist am früheren Ort bereits unterstrichen worden,
daß die ältesten Handschriften zu Anfang des Panarion keinen
Titel haben. Nicht einmal der Name des Verfassers steht über
dem Ganzen. Erst am Schluß der langen Einleitung kommt
die Überschrift: Ἐπιφανίου ἐπισκόπου τὸ ἐπικληθὲν πανάριον
εἴτουν κιβώτιον. Daß man vorn mit Recht etwas vermißt,
zeigt der allerdings verunglückte (S. 61) Versuch des Schreibers
von UW, dem Mangel abzuhelfen. Wären nun VM die einzigen
Epiphaniushandschriften oder bildeten sie eine Gruppe für sich,
so würde man sich vielleicht bei der Erklärung beruhigen, daß
wie so manchmal der Kopf des Stücks in der Überlieferung
verloren gegangen sei. Allein im Zusammenhang der bisher
festgestellten Tatsachen legt sich eine andere Deutung näher.
Der stillose Anfang des Panarion in VM läßt sich verstehen,
wenn das Werk früher anders eingereiht war. So lange das
Panarion an zweiter Stelle stand, bedurfte es zu Beginn dieses
Werks keiner Wiederholung des Verfassernamens, ja nicht einmal eines regelrechten Titels. Denn durch die Unterschrift des
ihm vorausgehenden Ancoratus war die Grenze deutlich genug
bezeichnet und es ließ sich ertragen, wenn die Überschrift bis
hinter die einleitenden Briefe verschoben wurde. Anders wurde
es, als das Panarion an die Spitze gerückt wurde. Jetzt wäre
es notwendig gewesen, mindestens den Verfassernamen vorzu-
setzen. Jedoch wie derartige Umstellungen in der Regel ohne
viele Besinnung vorgenommen wurden, unterließ man es, diese
Folgerung aus der Neuordnung zu ziehen.

Es hat demnach alle Wahrscheinlichkeit für sich, daß nicht
bloß der Text des Panarion, sondern der ganze Inhalt von UW
auf V zurückgeht. Wenn heute nur noch jüngere codices die
gesammelten Werke des Epiphanius vollständig bieten, so beruht
das wohl auf einem rein äußerlichen Umstand. Erst die Ver-
kleinerung der Schrift, die es ermöglichte, eine Ausgabe dieses
Umfangs in ein oder zwei Bände zusammenzudrängen, hat die
Teilverluste eingeschränkt, denen die vielbändigen älteren Handschriften im stärksten Maß ausgesetzt waren.

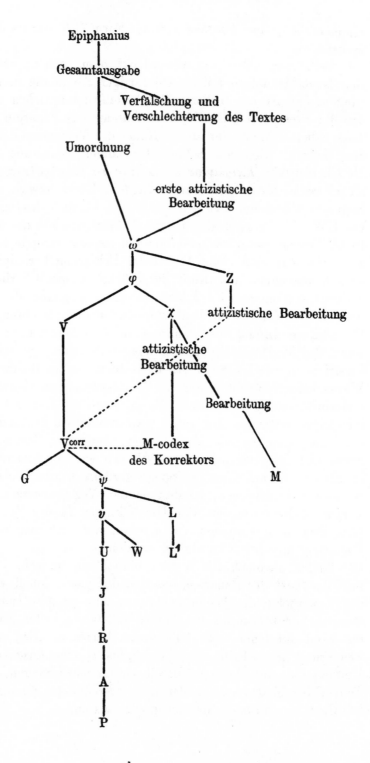

Vor VM, aber offenbar weit vor VM, liegt dann diejenige Form, in der der Ancoratus die Reihe der Werke eröffnete. Sie muß bis in die älteste Zeit hinaufgehen. Von Epiphanius selbst kann die Sammlung freilich nicht herrühren. Denn einmal ist in sie schon ein unechtes Werk, die Anakephalaiosis (vgl. den Anhang) aufgenommen; dann aber geht der dem Ancoratus und damit dem Ganzen vorausgeschickte Bericht bereits von dem feststehenden Ansehen des Epiphanius in der Kirche aus. Man nehme nur die Anfangsworte (I 83, 3): ὁ θεῖος οὗτος καὶ μέγας πατὴρ ἡμῶν Ἐπιφάνιος und vergleiche damit die von Epiphanius selbst herstammende Vorbemerkung vor dem Brief des Akakios und Paulos (I 263, 1 ff.): ἐπιστολὴ γραφεῖσα ... πρὸς Ἐπιφάνιον Παλαιστινὸν Ἐλευθεροπολίτην, γενόμενον πατέρα μοναστηρίου ἐν τῇ τῆς αὐτῆς Ἐλευθεροπόλεως περιοικίδι, ἐπίσκοπον ὄντα νῦν πόλεως Κωνσταντίας ἐπαρχίας Κύπρου. — Andrerseits verbietet es neben der Zuverlässigkeit des Vorberichts namentlich die geschichtlich richtige Anordnung der Werke (Ancoratus, Panarion, de mensuris ac ponderibus), allzuweit vom Zeitalter des Epiphanius abzurücken.

Wann die Umstellung erfolgte, ist nicht auszumachen. Ebensowenig läßt sich sagen, ob die erste attizistische Bearbeitung vor oder nach diesem Wendepunkt anzusetzen ist.

Aber soviel steht fest, daß unsere ganze Überlieferung auf einen codex zurückgeht, der von der Urausgabe bereits durch diesen doppelten Einschnitt getrennt ist.

Die hauptsächlichsten Ergebnisse der ganzen Untersuchung faßt das nebenstehende Schema zusammen.

Anhang: Die Unechtheit der Anakephalaiosis.

Die Frage nach der Echtheit der Anakephalaiosis ist schon oft aufgeworfen, aber noch nie zur endgiltigen Entscheidung gebracht worden. Und doch liegt die Sache hier so einfach wie selten in einem andern Fall.

Die Anakephalaiosis ist ein ganz eng an den Wortlaut des Panarion sich anschließender Auszug aus dem großen Werk. Oder richtiger, nicht eigentlich ein Auszug, sondern nur eine Zusammenstellung der im Panarion selbst vorliegenden ἀνακεφαλαιώσεις. Denn nur am Anfang, in der Einleitung und im ersten Tomos des ersten Buchs, sind aus der weitläufigeren Erörterung im Panarion Stücke herausgenommen und aneinandergereiht worden, im übrigen aber sind in der Anakephalaiosis lediglich die Inhaltsübersichten wiedergegeben, die Epiphanius selbst den einzelnen τόμοι vorausgeschickt hat.

Das Verhältnis zwischen der Anakephalaiosis und dem Panarion zeigt die nachstehende Liste:

Anakeph. 227, 1—25 = Pan. I 265, 24—266, 20.

Anakeph. 227, 26—234, 2 = Pan. I 267, 9—274, 26.

Anakeph. 234, 2—237, 8 = Pan. I 274, 30—278, 5.

Anakeph. 237, 8—12 = Pan. I 333, 6—8 + 332, 29.

Anakeph. 237, 13—241, 27 = Pan. I 333, 9—338, 5.

Anakeph. 241, 27—244, 23 = Pan. II 3,3—6, 15 (Inhaltsübersicht des zweiten Tomos des ersten Buchs).

Anakeph. 244, 24—247, 11 = Pan. II 214, 3—217, 11 (Inhaltsübersicht des dritten Tomos des ersten Buchs).

Anakeph. 247, 12—250, 6 = Pan. II 419, 1—422, 18 (Inhaltsübersicht des ersten Tomos des zweiten Buchs).

Anakeph. 250, 7—251, 10 = Pan. III 3, 3—4, 16 (Inhaltsübersicht des zweiten Tomos des zweiten Buchs).

Anakeph. 251, 11—252, 23 = Pan. III 240, 2—242, 28 (Inhaltsübersicht des ersten Tomos des dritten Buchs).

Anakeph. 253, 24—254, 25 = Pan. III 454, 3—455, 15 (Inhaltsübersicht des zweiten Tomos des dritten Buchs).

Anakeph. 254, 26—262, 31 = Pan. III 571, 28—580, 2 (aus dem Schlußabschnitt).

Kaum ein einzelnes Wort ist also der Anakephalaiosis im Vergleich mit dem Panarion eigentümlich. Unter diesen Umständen spitzt sich die Echtheitsfrage sofort darauf zu, ob es denkbar ist, daß Epiphanius sich selbst in dieser Weise ausgeschrieben und daß er einen so beschaffenen Überblick als ein eigenes Werk herausgegeben hätte.

Tatsächlich hat Epiphanius die Neigung, sich zu wiederholen, fast zur Leidenschaft bei sich ausgebildet. Und gerade kurze Zusammenfassungen hat er besonders gern mehrfach vorgeführt. In der Einleitung zum Panarion gibt er zweimal hintereinander eine Übersicht über das ganze Werk, um daran erst noch eine ausführliche Inhaltsangabe des ersten Tomos zu schließen.

Es fällt weiter ins Gewicht, daß Epiphanius in der Anakephalaiosis immer in der ersten Person spricht: 227, 7 *πανάριον*
γάρ τι ἑρμηνεύσομεν 229, 30 *ὑποδείξω ἐν ταύτῃ τῇ ἀνακεφα-*
λαιώσει 241, 24 f. *ἵνα δὲ μὴ εἰς ὄγκον παρεκτείνω τὴν τῆς συν-*
τάξεως πραγματείαν, τούτοις ἀρκεσθήσομαι 248, 5 *Ἄλογοι οἱ*
ὑφ' ἡμῶν κληθέντες 254, 9 ff. *Κολλυριδιανοί, ... οἷς ἐπεθέ-*
μεθα ὄνομα τῇ πράξει αὐτῶν ἀκόλουθον. — Auch die Zeit-
angaben sind in der Anakephalaiosis genau so belassen, wie
sie im Panarion stehen: 251, 25 *Φώτιος . . . ἔτι καὶ δεῦρο*
περιών 252, 19 *Ἀέριος . . . ἔτι δὲ δεῦρο περίεστι πειρασμὸς τῷ*
βίῳ 255, 5 *Ζακχαῖος μὲν πρὸ βραχέος τελευτήσας ἐν τῇ ὀρεινῇ.*
Demnach scheint Epiphanius die Anakephalaiosis ziemlich gleichzeitig mit dem Panarion oder unmittelbar nachher ausgearbeitet
zu haben.

Allein eben die Stellen, an denen die Urheberschaft des
Epiphanius sich am deutlichsten zu bezeugen scheint, beweisen
vielmehr für das Gegenteil. Denn der Wortlaut des Panarion
ist auch in solchen Fällen beibehalten, wo er sich schlechter-
dings nicht auf einen bloßen Auszug übertragen läßt.

Gleich der erste Satz liefert dafür einen schlagenden Beweis.
Die Anakephalaiosis beginnt (227, 2 ff.) mit den aus dem Panarion
(I 265, 24) herübergenommenen Worten: *ἐπειδήπερ μέλλομεν*
ὑμῖν τά τε ὀνόματα τῶν αἱρέσεων δηλοῦν . . . σὺν αὐτοῖς δὲ
ἅμα καὶ ἀντιδότους ἐφαρμόσαι . . . παναρίον γάρ τι ἤγουν
κιβώτιον ἰατρικὸν τῶν θηριοδήκτων ἑρμηνεύσομεν κτέ. Hier
ist also in der Anakephalaiosis vom Panarion gesprochen als von
einem erst noch zu schreibenden Werk und zwar in dem Ton,
als ob die mit diesen Sätzen eröffnete Schrift d. h. die Anakephalaiosis das Panarion selbst wäre. Weiter ist angekündigt,
daß die Häresien nicht bloß dargestellt, sondern auch widerlegt
werden sollen. Das stimmt wohl für das Panarion, aber nicht
für die Anakephalaiosis. Denn in ihr wird nirgends zugleich
ein „Gegengift gereicht".

237, 10 ff. ist aus zwei Sätzen des Panarion ein seltsamer
neuer gebildet: *καὶ ἕως μὲν ὧδε ἡ τῶν πρὸ χριστοῦ εἴκοσιν*
αἱρέσεων ἀντιλογία καὶ περὶ πίστεως καὶ περὶ τῆς ἐνσάρκου
τοῦ χριστοῦ παρουσίας. Wer das in der Anakephalaiosis liest,
kann höchstens den Sinn herausbringen, daß jetzt die Auseinandersetzung über die 20 vorchristlichen Häresien und die über

den (rechten) Glauben und die Menschwerdung Christi beendigt
sein soll. In Wirklichkeit aber bildet der ungeschickt angefügte zweite Teil des Satzes die Überschrift für einen neuen
Gegenstand, zu dem dann auch in der Anakephalaiosis sofort
mit den Worten εὐθὺς ἐπεδήμησε κατὰ πόδας ἡ τοῦ κυρίου
ἡμῶν Ἰησοῦ Χριστοῦ ἔνσαρκος παρουσία übergegangen wird.

256, 1 steht in der Anakephalaiosis wörtlich wie im Panarion (III 573, 3): διόπερ ἐπὶ τέλει παντὸς τοῦ λόγου νεάνιδας
ἔφην μὴ ἐχούσας ἀριθμόν. Aber die ganze Auseinandersetzung über die ὀγδοήκοντα παλλακαὶ καὶ νεάνιδες ὦν οὐκ
ἔστιν ἀριθμός ist in die Anakephalaiosis gar nicht aufgenommen
worden.

259, 9 ff. wiederholt sich dasselbe. Die Anakephalaiosis
gibt wie das Panarion: ἀνελθὼν ἀπὸ τοῦ Ἰορδάνου . . . καὶ
τοῦ πνεύματος τοῦ ἁγίου ἐν εἴδει περιστερᾶς κατερχομένου,
καθάπερ ἐν πολλαῖς εἰρήκαμεν αἱρέσεσιν, ἵνα μὴ συναλοιφὴ ἡ τριὰς νομισθῇ κτέ. Der Zwischensatz καθάπερ ἐν πολλαῖς εἰρήκαμεν αἱρέσεσιν ist jedoch in der Anakephalaiosis völlig
unangebracht; denn dort ist dieser Gegenstand überhaupt noch
nie vorgekommen, während er im Panarion allerdings bis zum
Überdruß häufig behandelt worden ist.

Man mag nun die geistigen Fähigkeiten des Epiphanius so
niedrig einschätzen, wie man will, derartige Streiche hat er
doch niemals begangen. Er kann abschweifen, den Faden ver-
lieren, Verschiedenartiges durcheinanderbringen, aber er denkt
sich doch immer etwas bei dem, was er schreibt. Der Verfasser der Anakephalaiosis dagegen hat sich diese Mühe er-
spart. Er meinte genug getan zu haben, wenn er die Ana-
kephalaiosen des Panarion samt ein paar Stücken aus dem Anfang und dem Schluß zu einem bequemen Handbüchlein der
Ketzergeschichte vereinigte. Der Erfolg hat gezeigt, daß er
den Geschmack des Publikums richtig beurteilte. Denn die
Anakephalaiosis ist viel stärker benutzt worden, als das ursprüngliche Werk.

Philipp Melanchthons Randbemerkungen zu Epiphanius im Jenensis Ms. Bos. f. 1

von Jürgen Dummer(†) und Christoph Markschies, Berlin[1]

Die folgenden Seiten edieren ein bislang nicht beachtetes Dokument der humanistischen Kirchenväter-Rezeption[2] – präziser einen Text, der es erlaubt, den hochgebildeten Reformator *Philipp Melanchthon* (1497–1560)[3] bei der Lektüre eines wichtigen häresiologischen Werkes der christlichen Antike zu beobachten, bei der Lektüre des *Panarion seu adversus haereses* des Epiphanius von Salamis. Sie zeigen außerdem, dass die sorgfältige Beachtung von Scholien in Handschriften nicht nur die Geschichte dieser Handschrift besser zu beleuchten vermag, sondern auch viele andere Zusammenhänge besser verstehen hilft. Wünschenswert wäre natürlich eine vollständige Edition der Epiphanius-Scholien, die in der teilweise posthum erschienenen Berliner Epiphanius-Ausgabe[4] Karl Holls (1866–1927)[5] leider fehlen. Die folgenden Seiten beschränken sich auf die Edition und Kommentierung frühneuzeitlicher Randbemerkungen der Jenaer Handschrift und dokumentieren neben Melanchthons Randbemerkungen einige weitere neuzeitliche Anmerkungen, die von allgemeinerem Interesse sind.

---

1   Der folgende Aufsatz geht auf eine Jenaer Lehrveranstaltung im Sommersemester 1998 zurück, die Christoph Markschies gemeinsam mit seinem damaligen gräzistischen Kollegen Jürgen Dummer veranstaltete. Beide Verfasser verantworten die Lesungen gemeinsam, die interpretierenden Bemerkungen zu den Randbemerkungen Melanchthons stammen von Ch. Markschies, ebenso die einleitende Beschreibung der Handschrift und ihres Schicksals sowie die abschließende Auswertung der Arbeit Melanchthons. Dr. Heinz Scheible (Heidelberg) gab einige freundliche Hinweise zur Identifikation der Handschriften im *Jenensis*.

2   Vgl. zuletzt den von Irena Backus herausgegebenen Sammelband „The Reception of the Church Fathers in the West from the Carolingians to the Maurists" (2 Bde., Leiden u.a. 1997).

3   Vgl. H. Scheible, Art. Melanchthon, Philipp (1497–1560), TRE 22 (1992), 371–410; ders., Melanchthon und die Reformation. Forschungsbeiträge, hg. v. G. May / R. Decot, VIEG 41, Mainz 1996 und ders., Philipp Melanchthon, München 1997.

4   J. Dummer, Zur Epiphanius-Ausgabe der ‚Griechischen Christlichen Schriftsteller', in: Texte und Textkritik. Eine Aufsatzsammlung. In Zusammenarbeit mit J. Irmscher, F. Paschke und K. Treu, hg. v. J. Dummer, TU 133, Berlin 1987, 119–126 = ders., Philologia sacra et profana. Ausgewählte Beiträge zur Antike und zu ihrer Wirkungsgeschichte, hg. v. M. Vielberg, Altertumswissenschaftliches Kolloquium 16, Stuttgart 2006, 20–28).

5   Karl Holl†. Zwei Gedächtnisreden von A. v. Harnack und H. Lietzmann, AKG 7, Bonn 1926; H. Lietzmann, Gedächtnisrede auf Karl Holl, SPAW.PH 1927, LXXXVI–XCVI = K. Holl, Gesammelte Aufsätze zur Kirchengeschichte, Bd. 3 Der Westen, Tübingen 1928, 568–577. Lietzmann verteidigt die Epiphanius-Ausgabe in seiner Gedächtnisrede, S. 572.

I Die Handschrift

Die bislang unveröffentlichten Randbemerkungen Melanchthons zu Texten des spätantiken Bischofs Epiphanius von Salamis[6] finden sich im *Jenensis Ms. Bos. f. 1*. Dabei handelt es sich um eine in Leder gebundene Bombyzinhandschrift des Jahres 1304[7] im Format 32,2 x 22,6 cm (Schreibtext 24,2 x 15,6 cm) bei 26 Linien und 174 Blättern sowie einem Vorsatzblatt. Der Codex enthält drei Teile, wie bereits die Kustodenzählung der Lagen zeigt: Ein erster Abschnitt (fol. 1ʳ–113ʳ) besteht aus fünfzehn Quaternionen mit den Kustoden α – ιε, darauf folgen als zweiter Abschnitt (fol. 121ʳ–168ᵛ) sechs Quaternionen mit den Kustoden α – ς und schließlich als dritter eine deutlich nachträglich an den Buchblock angebundene Ternio ohne Kustoden (fol. 169ʳ–174ᵛ). Die Schrift der ersten beiden Teile stammt von derselben Hand und kann als zierliche, aber klar leserliche Minuskelkursive beschrieben werden. Ab fol. 169ʳ hat eine andere Hand in derselben Schriftart den Text geschrieben, auch die verwendete Tinte unterscheidet sich: Sie ist blasser.

Die Gliederung des Inhalts entspricht diesem kodikologischen Befund: Die Handschrift enthält im ersten Teil auf den fol. 1ʳ–120ᵛ das *Panarion seu adversus haereses* des Epiphanius von Salamis (ab haer. 65; CPG II, 3745), im zweiten Teil auf fol. 121ʳ–152ᵛ den *Ancoratus* desselben Schriftstellers (CPG II, 3744), fol. 152ᵛ–161ʳ die *Anakephaleioseis*, fol. 161ʳ–168ʳ dessen *De mensuris et ponderibus* (CPG II, 3746) und fol. 168ʳ–168ᵛ verschiedene kurze, aber noch nicht identifizierte Exzerpte aus (Pseudo-?)Chrysostomus-Texten.[8] Freilich schließt auf fol. 168ᵛ dieser zweite Teil mit dem knappen Lemma + τέλος λόγου του ἁγί[ου] ᾿Επιφανίου του ἐπιλεγομένου᾿ Ἀγκυρωτοῦ +, wodurch dokumentiert wird, dass der zweite Teil der Jenaer Handschrift ebenfalls als Epiphanius-Band behandelt wurde.[9] Abgeschlossen wird der Jenaer Codex durch einen

---

6   In Auswahl: Ch. Markschies, Art. Epiphanios von Salamis, Der Neue Pauly III, Stuttgart 1997, 1152f.; A. Pourkier, L'hérésiologie chez Épiphane de Salamine, CAnt 4, Paris 1992 (mit Rez. K.-H. Uthemann, BZ 86/87, 1994, 135f.) sowie W. Schneemelcher, Art. Epiphanius von Salamis, RAC V, Stuttgart 1962, 909–927.

7   So die Notiz fol. 120ᵛ; vgl. K. Holl, Die handschriftliche Überlieferung des Epiphanius (Ancoratus und Panarion), TU 36/2, Leipzig 1910, 75–80, insb. 75 (ND in diesem Band) sowie die Anm. Holls in GCS Epiphanius 3, 526 App. – Da die Notiz den ersten Teil der Handschrift, der die zweite Hälfte von *Adversus haereses* des Epiphanius enthält, abschließt, sind die folgenden Seiten mit dem *Ancoratus* eventuell später, aber jedenfalls von derselben Hand geschrieben worden.

8   Fol. 168ʳ, Z. 24 (Lemma): Του ἐν ἁγίοις πατρὸς ἡμῶν ᾿Ιωάννου ἀρχιεπισκόπου Κωνσταντινουπόλεως τοῦ Χρυσοστόμου ἐκ τοῦ περι ἀκαταλήπτου ἐλόγου. ου καὶ ἀρχή ... (Beginn): κυρίου καὶ ὅτι ...; dito fol. 168ʳ, Z. 35 (Lemma): του αὐτου ἀπο περι τῶν δύο διαθήκων. ου καὶ ἀρχη ... (Beginn): ἐξ ἀρχῆς. νόμος καὶ προφῆται ...; fol. 168ʳ, Z. 41 (Lemma): του αὐτου ἐκ του πρώτου φυλακτηρίου οὐ καὶ ἀρχή ... (Beginn): καὶ οὕτως καθ᾿ φυλάξοι ... sowie fol. 168ʳ,44 (Lemma): του αὐτου ἐκ του εἰς ... (Beginn auf fol. 168ᵛ, Z. 1).

9   Das Ende von *De mensuris et ponderibus* ist in der Handschrift nur dadurch erkennbar, dass eine barocke Hand fol. 168ʳ an den Rand geschrieben hat: ᾿Επιφανίου περι μέτρων καὶ

dritten, später beigebundenen Teil (fol. 169ʳ–174ʳ); er enthält Monarchengenealogien und Bischofslisten aus der Chronographie des Konstantinopolitaner Patriarchen Nicephorus (um 758–829).[10] Fol. 174ᵛ ist unbeschrieben. Die Handschrift ist sorgfältig korrigiert worden, dazu finden sich allerlei mittelalterliche Randbemerkungen und Aufmerksamkeitszeichen,[11] die meistenteils wohl von der Hand des ersten Schreibers stammen und von Holl nur in Einzelfällen ediert worden sind. Außerdem finden sich zu Beginn der einzelnen Schriften und Bücher bibliothekarische Eintragungen aus der Barockzeit und auf drei Blättern mit einem Zirkel geschlagene Rosetten, die sich leider kaum datieren lassen (fol. 31ʳ, 85ʳ und 91ʳ).

Die betreffende Handschrift stammt – ausweislich des eigenhändigen[12] Besitzereintrags, der sich oben rechts auf fol. 1ʳ befindet, – aus dem Besitz des Erfurter Reformators *Johannes Lang* (ca. 1487–1548[13]): *„ex bibliotheca Iohannis Langii Erfordiens."* Sie ist über die Bibliothek des Jenaer Historikers *Johann Andreas Bose* (1626–1674)[14] 1676 in die dortige Universitätsbibliothek gekom-

---

σταθμῶν τέλος. Die fälschliche Rubrizierung des ganzen Heftes als *Ancoratus* in der oben zitierten Schlussbemerkung ist von daher verständlich.

10 Vgl. das Lemma auf fol. 169ʳ: τοῦ ἐν ἁγίοις π(ατ)ρ(ὸ)ς Ἡμῶν Νικηφόρου ἀρχιεπισκόπου Κωνσταντινουπόλεως καὶ ὁμολογητοῦ χρονογραφικὸν σύντομον ἀπὸ Ἀδὰμ μέχρι τῶν χρόνων Μιχαὴλ καὶ θεοφίλου; Ausgabe: C. de Boor, Nicephori Archiepiscopi Constantinopolitani Opuscula Historica, BiTeu, Leipzig 1880, 79–135; vgl. E. v. Dobschütz, Art. Nicephorus, RE XIV (1904), 22–25 sowie I.E. Καραγιαννόπουλος, Πηγαὶ τῆς Βυζαντίνης Ἱστορίας (Βυζαντίνα κείμενα καὶ μελέται 2), Thessaloniki 1970, 198f. (Nr. 199).

11 Z. B. auf fol. 104ʳ (zu haer. 78,11,6 διελεῖν τε χείλη ἐκ διανοίας κακῆς [GCS Epiphanius 3, 462,25 Holl/Dummer]) und (zweimal) auf fol. 106ʳ (zu haer. 78,20,1 [470,15] bzw. 78,20,3 [470,20f.], also aus dem Antidikomariamiten-Abschnitt. Der Autor hielt also die brüske Abweisung der Überlegung, ob Maria je mit ihrem Mann verkehrte, durch Epiphanius für besonders bemerkenswert).

12 Vgl. dafür Abb. 1 und 2 aus dem Jenaer Codex bzw. aus der Unterschriftenliste des Weimarer Exemplars der Schmalkaldischen Artikel (nach K. Zangemeister (Hg.), Die Schmalkaldischen Artikel vom Jahre 1537. Nach D. Martin Luther's Autograph in der Universitätsbibliothek zu Heidelberg zur vierhundertjährigen Geburtstagsfeier Luther's, Heidelberg 1883, 48 [Faksimile] bzw. 80; in der Edition von H. Junghans, Martin Luther Studienausgabe, Bd. 5, hg. v. H.-U. Delius, Berlin 1992, (327–447) 447,1f.: *„Ego Johannes Langus Doctor [et] Erphurdiensis ecclesi[a]e Concionator"*).

13 Vgl. M. Burgdorff, Johannes Lang, der Reformator Erfurts, Diss. theol., Rostock 1911; P. Bertram, Johannes Lang, in: Erfurter Lutherbuch 1917, Erfurt 1917, 125–176; P. Kalkoff, Humanismus und Reformation in Erfurt (1500–1530), Halle 1926, 29–40 sowie E. Wiemann, Johannes Lang. Luthers Klosterbruder und Vorkämpfer der Reformation in Erfurt, in: Ach, Herr Gott, wie reich tröstest du. Luthers Freunde und Schüler in Thüringen, bearb. v. K. Brinkel / H. v. Hintzenstern, Berlin 1962, 9–24.

14 Vgl. H. Kappner, Die Geschichtswissenschaft an der Universität Jena vom Humanismus bis zur Aufklärung, ZVThGA.B 14 = Beiträge zur Geschichte der Universität Jena 3, Jena 1931, 68–131.

men[15] und wurde 1974 in den Werkstätten der Bibliothek von Feuchtigkeits-
schäden und Tumorbefall befreit.

Dank einiger Briefpassagen Melanchthons lässt sich das Schicksal der
Jenaer Handschrift mindestens für die Mitte des sechzehnten Jahrhunderts
noch recht gut rekonstruieren: Philipp Melanchthon nahm den Codex am
10.10.1529 auf der Rückreise vom Marburger Religionsgespräch bei Johannes
Lang in Erfurt mit nach Wittenberg und äußerte sich schon einen knappen
Monat danach in einem Brief an seinen Freund und klassischen Philologen
Joachim Camerarius[16] zunächst recht begeistert,[17] knapp zwei Wochen später
freilich dann etwas abgekühlter über seine Lektüreeindrücke.[18] In den folgenden dreizehn Jahren finden sich im Briefwechsel Melanchthons immer wieder
Hinweise darauf, dass der Wittenberger Professor in der ausgeborgten Handschrift gelesen und die Eindrücke seiner Lektüre in aktuelle Kontroversen ein-
gebracht hat: In einem Brief an Bucer vom 3.2.1535[19] zitierte er eine längere
Passage aus dem Abschnitt *De fide*, der das *Panarion* abschließt und sich mit
dem Thema befasst, das die scholastische Theologie als *virtus sacramenti* ver-
handelt.[20] Ein Brief vom 21.5.1535 an Camerarius zeigt, dass er sich zuvor mit

---

15   Ein ausführlicher Handschriftenkatalog fehlt bisher leider; vgl. jedoch die hilfreichen
     Übersichten in A. von Stockhausen, Katalog der griechischen Handschriften im Besitz der
     Thüringer Universitäts- und Landesbibliothek Jena, ByZ 94, 2001, 684–701.

16   F. Baron (Hg.), Joachim Camerarius (1500–1574). Beiträge zur Geschichte des Humanismus
     im Zeitalter der Reformation, Humanistische Bibliothek I/24, München 1978; Ch. Brockmann,
     in: Graecogermania. Griechischstudien deutscher Humanisten. Die Editionstätigkeit der
     Griechen in der italienischen Renaissance (1469–1523), Ausstellungskataloge der Herzog
     August Bibliothek Wolfenbüttel Nr. 59, Weinheim / New York 1989, 159f.; H. Wendorf,
     Joachim Camerarius (1500–1574), HerChr 1, 1957, 34–87.

17   Vgl. seinen Brief an Joachim Camerarius vom 16.11.1529 (CR I, 1110, nr. 643 = Melanchthons
     Briefwechsel, Bd. 1 Regesten 1–1109 (1514–1530), bearb. v. H. Scheible, Stuttgart-Bad
     Cannstatt 1977, 359, nr. 841): „*Attuli a Lango huc Epiphanii Graecos libros* περὶ αἱρέσεων, *qui
     mihi valde placent. Propemodum historiam veteris Ecclesiae continent, ex his decrevi excerpere*
     ἐπιτομὴν.“ (ἐπιτομὴν: sic!).

18   Vgl. seinen Brief an Joachim Camerarius vom 1.12.1529 (CR I, 1112, nr. 646 = Scheible, 360, nr.
     844): „περὶ τῶν ᾿Επιφανίου *habet se res ita, ut nuper scripsi.* ἱστορικὰ *in illo libro sunt multa, et
     indicatur magis quidem quam exponuntur eae res, quae alibi non extant. Disputatio autem huius
     auctoris* περὶ δογμάτων *omnino languidior est, et illae etiam narrationes non ubique disertae sunt, et
     alicubi negligenter perscriptae. Sed nosti illud,* ἣν μὴ κρέα παρῆ“.

19   CR 2, 841f., nr. 1252 [Zitat 842] = MSA 8, 267, vgl. Scheible, 187, nr. 1574: „*In Epiphanio nihil
     reperi, nisi haec verba de baptismate et Coena Domini: Vere homo factus, baptizatus est Christus, ut
     etiam ipsi venientes acciperent condescensus ipsius virtutem, et illuminarentur ab ipsius
     illuminatione, ut hic impleatur prophetae dictum, in transmutationem virtutis, in exhibitionem
     salutis, virtutis panis a Hierusalem accepti, et fortitudinis aquae. Itaque in Christo hic fortes reddimur
     virtute panis, et fortitudine aquae, sic tamen ut non panis nobis sit virtus, sed virtus ipsius panis.
     Nam cibus quidem est Panis, virtus autem in ipso ad vivificationem est. Nec aqua nos mundat solum,
     sed fortitudo acquae per fidem et efficaciam ac spem et mysteriorum perfectionem et sanctificationis
     nomenclaturam fit nobis ad perfectionem salutis*“.

20   Vgl. für das Zitat aus Epiph., exp. fid. 15,4–16,1 (GCS Epiphanius 3, 516,20–32 Holl/Dummer):
     μάθωσιν ὅτι ἀληθινῶς ἐνηνθρώπησεν, ἀληθινῶς ἐβαπτίσθη, καὶ οὕτως διὰ τῆς αὐτου
     συγκαταθέσεως καὶ αὐτοὶ ἐρχόμενοι λάβωσι τῆς αὐτοῦ καταβάσεως τὴν δύναμιν, καὶ

den Origenes betreffenden Passagen bei Epiphanius beschäftigt hatte;[21] am 17.3.1537 schreibt er an Spalatin in Altenburg, dass er über altkirchliche Synoden bei Epiphanius nachlese.[22] 1536 zeigte Melanchthon die Handschrift dem Augsburger Reformator *Wolfgang Musculus* (1497–1563), der sich gerade wegen der Verhandlungen um die Wittenberger Abendmahlskonkordie am Ort aufhielt, in der Universität.[23] Er scheint sogar im Oktober 1537 erwogen zu haben, aufgrund des Epiphanius eine Geschichte des antiken Christentums zu schreiben;[24] in einem (unvollendeten) Entwurf, den Melanchthon am 25.11.1540 für eine Antwort der protestantischen Teilnehmer am Wormser Religionsgespräch an den kaiserlichen Kanzler Nicolas de Granvella erstellte, rechnete er Epiphanius unter die rechtgläubigen Kirchenväter Gregorius Thaumaturgus, Dionysius von Alexandrien, Irenaeus, Athanasius, Basilius, Gregor von Nazianz, Ambrosius und Augustinus, mit deren Theologie die evangelische Glaubenslehre übereinstimme.[25] Im Kontext des Regensburger Reichstages und der dortigen Fortsetzung der Religionsgespräche spielte Melanchthon nochmals auf die erwähnte Passage des Epiphanius aus *De fide*, die das Abendmahl betrifft,[26] an. Und in einem bislang unveröffentlichten Brief, der vielleicht für

---

φωτισθῶσιν ὑπὸ τῆς αὐτοῦ φωταγωγίας, πληρουμένου τοῦ ἐν τῷ προφήτῃ ῥητοῦ, εἰς μεταλλαγὴν δυνάμεως, εἰς παροχὴν σωτηρίας τῆς δυνάμεως τοῦ ἄρτου ἀπὸ τῆς Ἱερουσαλὴμ λαμβανομένης καὶ τῆς ἰσχύος τοῦ ὕδατος. ἐνταῦθα δὲ ἐν Χριστῷ ἰσχυροποιουμένων τῆς δυνάμεως τοῦ ἄρτου καὶ τῆς τοῦ ὕδατος ἰσχύος, ἵνα μὴ ἄρτος ἡμῖν γένηται δύναμις, ἀλλὰ δύναμις ἄρτου. καὶ βρῶσις μὲν ὁ ἄρτος, ἡ δὲ δύναμις ἐν αὐτῷ εἰς ζωογόνησιν. καὶ οὐχ ἵνα τὸ ὕδωρ ἡμᾶς καθαρίσῃ μόνον, ἀλλ᾽ ἵνα ἐν τῇ ἰσχύϊ τοῦ ὕδατος διὰ τῆς πίστεως καὶ ἐνεργείας καὶ ἐλπίδος καὶ μυστηρίων τελειώσεως καὶ ὀνομασίας <δύναμις> τῆς ἁγιαστείας γένηται ἡμῖνεῖς τελείωσιν σωτερίας.

21 CR 2, 877f., nr. 1276 (= Scheible, 187, nr. 1574): *„Quod quaeris de autore sententiae, quam de Origene citavi, locus est in Epiphanio, quem apud Langum vidisti. Volumina sunt non tam propter disputationes, quam propter historiam Ecclesiasticam digna lectu. Multa reperi, quae ad antiquitatis cognitionem mirum in modum conducant,* καὶ περὶ δογμάτων, *de quibus tecum coram aliquando, et de Epiphanio antea, si recte memini, aliquid a te scripsi"*.

22 CR 3, 329, nr. 1548 (= Scheible, 306, nr. 1872): *„Domum reversus coepi quaerere historias veterum Synodorum in Epiphanio. Bone Deus, quantum fuit certaminum, ac fere semper potentia et viribus superiores fuerunt impii Episcopi"*.

23 So Musculus in seinem Itinerar (nach T. v. Kolde [Hg.], Analecta Lutherana. Briefe und Aktenstücke zur Geschichte Luthers, Gotha 1883, 229, zitiert bei O. Clemen, Wa.B 7, 1937, 420f. zu Brief nr. 3029 auf p. 421).

24 Vgl. seine Vorrede zu Paul Jovinus (Turcicarum rerum comment. Pauli Iovii, Episcopi Nucerini, Witt. 1537): CR 3, 440–446, nr. 1626: *„Nec habemus uberiorem historiam illarum veterum rerum, quam Epiphanii scriptum, in quo cum haeresium confutatio instituta sit, historica multa inserta sunt. Ex eo auctore prope modum continua historia veteris Ecclesiae excerpi posset, si quis prudenter ipsius narrationes contexeret, eamque rem optarem alicui Principi curae esse"* (ebd., 444).

25 CR 3, (1168–1171) 1170, nr. 2061; vgl. Melanchthons Briefwechsel, Bd. 3 Regesten 2336–3420 (1540– 1543), bearb. v. H. Scheible, Stuttgart-Bad Cannstatt 1979, 113, nr. 2562.

26 CR 4, 275–278, nr. 2223 (deutsch: ebd., 271–275, nr. 2222), vgl. Scheible, 169, nr. 2693: *„Epiphanius diligenter describens et dogmata Ecclesiae et deinde Sacramenta, inquit: Cibus quidem panis est, sed in eo est corpus Christi, quod vivificat. Diserte inquit: in eo. Nondum enim orbis terrarum vocabulum transsubstantiationis audierat"* (p. 271f.). Melanchthon zitiert frei exp. fid.

Georg III. von Anhalt (1507–1553) bestimmt war, referierte er weitere Passagen aus diesem Abschnitt im *Panarion*[27] und stellte fest, dass Epiphanius nur Taufe, Abendmahl und Ordination als Sakramente kenne.[28] Im Oktober 1542 benachrichtigte Melanchthon seinen Leihgeber Lang, dass er den Epiphanius nunmehr über Camerarius nach Basel an *Johannes Oporinus*[29] geschickt habe, damit er dort für eine Druckausgabe genutzt werde und Lang ihn von dort zurückerhalte. Vermutlich habe Camerarius jetzt die Bände.[30] Letztere Vermutung bestätigte Melanchthon vier Tage später in einem weiteren Brief an Lang vom 28.10.1542.[31] Am 6.12.1542 wurde Lang erneut die Rückgabe der Handschrift annonciert;[32] da Oporinus zeitweilig wegen eines Koran-Druckes im Gefängnis saß,[33] verschob sich der Druck in Basel und Melanchthon versprach Lang erneut unter Datum des 21.2.1543 die Rückgabe.[34] Am 3.8.1544 teilte er seinem Erfurter Leihgeber mit, dass die nunmehr bei *Johannes Herwagen* in Basel erschienene Ausgabe überall Anerkennung finde;[35] danach scheint Lang die Handschrift zurückerhalten zu haben. In Basel entstand aufgrund der Handschrift im September 1543 nicht nur die erste lateinische Übersetzung des Epiphanius von *Janus Cornarius*,[36] sondern wurde auch der

---

16,1 (GCS Epiphanius 3, 516,28f. Holl/Dummer): καὶ βρῶσις μὲν ὁ ἄρτος, ἡ δὲ δύναμις ἐν αὐτῷ εἰς ζωογόνησιν.

27   Nach Scheible Passagen aus PG 42, 825, was exp. fid. 21 (GCS Epiphanius 3, 521,23–25 Holl/Dummer) entspräche.

28   Referat nach Scheible, Regesten Bd. 3, 348, nr. 3125.

29   M. Steinmann, Johannes Oporinus. Ein Basler Buchdrucker um die Mitte des 16. Jahrhunderts, BBGW 105, Basel 1967.

30   Vgl. seinen Brief an Johannes Lang vom 24.10.1544 (CR 5, 518, nr. 3065; vgl. Scheible, 360 nr. 844): *„Epiphanium misi typographo Basiliensi Oporino, viro honesto, qui tibi optima fide codices tuos restituet, et opinor iam eos habere* Ioachimum. *Is hortator fuit, ut ederetur. Si voles habere a typographo syngrapham, curabo ut mittat".*

31   CR 5, (516f.) 517, nr. 3063; vgl. Scheible, 329f., nr. 3078: *„Tuus Epiphanius lipsial est apud* Ioachimum".

32   CR 4, (909f.) 910, nr. 2586; vgl. Scheible, 340 nr. 3104: *„Codex tuus bona fide tibi restituetur. Nescio cur typographus interim suo magno detrimento maluerit sumptus facere in crudendis deliriis Mahometi. Et dedit poenas. Nunc expecto literas eius".*

33   Vgl. H. Bobzin, Der Koran im Zeitalter der Reformation. Studien zur Frühgeschichte der Arabistik und Islamkunde in Europa, Beiruter Texte und Studien 42, Stuttgart 1995, 181–209, insb. 186f.

34   CR 5, 45, nr. 2643; vgl. Scheible, 365, nr. 3172: *„Typographus Basileensis Oporinus, noster amicus, satis magnas poenas dedit dilatae editionis Epiphanii. Nam interea excudit Alcoranum, id Senatus vendi prohibuit, et typographum ipsum in carcerem coniecit. Sed liberatus rediturus est ad Epiphanium. Doleo quidem vicem amici, sed malim Epiphanium pium, luculentum et utilem ecclesiae scriptorem, interim excusum esse. Liber tuus bona fide ad te redibit".*

35   Vgl. Scheible,109, nr. 3639.

36   *D. Epiphanii episcopi Constantiae Cypri, Contra octoaginta haereses opus, Panarium, sive Arcula, aut Capsula Medica appellatum, continens libros tres, & tomos sive sectiones ex toto septem: Iano Cornario Medico Physico interprete. Eiusdem D. Epiphanii Epistola sive liber Ancoratus appellatus, docens de vera fide Christiana. Item Eiusdem D. Epiphanii Anacephaleosis, sive summa totius operis Panarij appellati, & contra octoaginta haereses conscripti. Eiusdem D. Epiphanii Libellus de mensuris*

von Camerarius empfohlene Abdruck des griechischen Textes durch Johannes Oporinus durchgeführt. Er erschien am 1.3.1544 in Basel.[37] Spuren dieses Drucks sind in Gestalt von spezifischen Verschmutzungen und Zahlzeichen auf einzelnen Seiten noch gut zu erkennen.

Die Jenaer Handschrift ist, wie bereits die Inhaltsangabe vermuten lässt und aus dem Melanchthonbriefwechsel bestätigt werden kann, offensichtlich nur der zweite Teilband eines ursprünglich doppelbändigen Werkes; es beginnt heute auf fol. 1ʳ mit dem zweiten Band des zweiten Buches des *Panarion* (= haer. 65). Der erste Band ist verloren gegangen und damit wohl auch die betreffenden Randbemerkungen Melanchthons, der vor allem die antihäretischen Werke des Epiphanius, dessen Schrift über Maße und Gewichte aber kaum kommentiert hat. In der Baseler Erstausgabe von 1544 sind die Randbemerkungen Melanchthons offenbar nicht verwendet worden, so dass sich auch nicht mehr rekonstruieren lässt, was der Wittenberger Gelehrte zum verlorenen ersten Band angemerkt hat.

II Edition

Auf den folgenden Seiten werden nun die Randbemerkungen von Philipp Melanchthon im Kontext der entsprechenden Epiphanius-Passagen mitgeteilt. Dabei bezieht sich die Zeilenzählung für die Jenaer Handschrift – falls nicht anders angegeben – auf den Epiphanius-Text; eine vollständige diplomatische Wiedergabe des Schriftbildes der Handschrift in ihrem Verhältnis von Text und Randbemerkung ist dagegen nicht beabsichtigt und wohl auch nicht notwendig. Insofern kommen hier Randbemerkungen auch dann auf der rechten Seite zu stehen, wenn sie sich im Original auf der linken Seite des Textblocks befinden.

Knappe Anmerkungen wollen vor allem den Zusammenhang zwischen dem kommentierten Text und dem Kommentar verdeutlichen. Der gegenwärtige Forschungsstand zur Materie, die Epiphanius behandelt, soll dagegen

---

ac ponderibus, & de asterisco ac obelo, deque notis ac characteribus in divinae scripturae interpretibus, per Origenem usurpatis. Omnia per Ianum Cornarium Medicum Physicum nunc primum Latine conscripta, Basel 1543; vgl. auch O. Clemen, Janus Cornarius, NASG 33, 1912, (36–76) 52–54 = ders., Kleine Schriften zur Reformationsgeschichte (1897–1944), Bd. 4 (1912–1921), hg. v. E. Koch, Leipzig 1984, (16–76) 32–34.

37 Τοῦ ἁγίου Ἐπιφανίου κατὰ αἱρέσεων ὀγδοήκοντα τὸ ἐπικληθὲν Πανάριον, εἴτουν κιβώτιον, εἰς βίβλους μὲν Γ´, τόμους δὲ ἑπτὰ διηρμένον. Τοῦ αὐτοῦ λόγος Ἀγκυρωτός, πᾶσαν τὴν περὶ τῆς θείας πίστεως διδασκαλίαν ἐν ἑαυτῷ διαλαμβανῶν. Τοῦ αὐτοῦ τὸν τοῦ Παναρίου ἀπάντων ἀνακεφαλαίωσις. Τοῦ αὐτοῦ περὶ μέτρων καὶ σταθμῶν. *D. Epiphanii episcopi Constantiae Cypri, Contra octoginta haereses Opus eximium, Panarium sive capsula Medica appellatum, & in Libros quidem tres, Tomos vero septem divisum. Eiusdem D. Epiphanii Liber Ancoratus, omnem de fide Christiana doctrinam complectens. Eiusdem Contra octoginta haereses operis a se conscripti Summa. Eiusdem Libellus de ponderibus & mensuris. Omnia graece conscripta, nuncque primum in lucem edita*, Basel 1544.

nicht vollständig dokumentiert werden, sondern nur insofern, als er für das Verständnis der Randbemerkungen Melanchthons einschlägig ist. Verglichen wurde die jeweilige (kritische) Textausgabe, für das antihäretische Werk des Epiphanius also die hier vorliegende Berliner Akademieausgabe.[38]

1.

fol. 2ʳ, Z. 39–42 (= GCS Epiphanius 3, 6,28–30 Holl/Dummer) = Epiph., haer. 65,4,5 (Paul von Samosata)

(...)

δέ· ἐκ μήτρας ἀπὸ πρωῒ νεότητός σου, πέμπτη δὲ ἔκδοσις· ἐκ	Ex psal-
μήτρας ἀπὸ ὄρθρου σοι δρόσος ἐν νεότητί σου, ἡ δὲ ἕκτη ἔκδοσις· ἐκ	mo
γαστρὸς ζητήσουσί σε, δρόσος νεανικότητός σου, ἐν δὲ τῷ	CX

(...)

Melanchthon notiert am Rande die schlichte Information, dass hier Ps 109/110 in verschiedenen griechischen Versionen zitiert wird.

2.

fol. 5ʳ, Z. 4–8 (= GCS Epiphanius 3, 18,12–17 Holl/Dummer; s. in diesem Band S. 820, Abb. 2) = haer. 66,2,10 (Manichäer[39])

(...)

ἑαυτῷ πλάσσεται, τῇ μιᾷ ὄνομα θέμενος Μυστηρίων, τῇ δὲ δευτέρᾳ Κεφαλαίων,	Μυστήρια
τῇ τρίτῃ Εὐαγγέλιον, τῇ τετάρτῃ Θησαυρόν· ἐν αἷς τὰ ἰσόζυγα καὶ τὰ ἰσόρροπα	Κεφάλαια
<τῶν> δύο ἀρχῶν συζεύξας πρόσωπα καθ᾽ ἑκάστην ὑπόθεσιν *, οὕτως ὑπολαβὼν	Εὐαγγέλιον
ὁ τάλας καὶ οὕτως κατὰ τοῦτο τὸ μέρος ἐφαντάζετο, ὥς τι μέγα εὑρὼν	Θησαυρός

(...)

Melanchthon exzerpiert die genannten vier Schriftentitel Manis am Rand; Reste der Kephalaia wurden erst 1933 bzw. 1940 durch die Veröffentlichungen von Carl Schmidt bekannt, der 1930 Fragmente im ägyptischen Antikenhandel erworben hatte und kurz zuvor diese Passage in der Fahne gegengelesen hatte.[40]

---

38 Epiphanius (Ancoratus und Panarion), hg. im Auftrage der Kirchenväter-Commission der Königl. Preußischen Akademie der Wissenschaften v. K. Holl, Bd. 1 Ancoratus und Panarion Haer. 1–33, GCS Epiphanius 1, 2. bearb. Aufl. hg. v. M. Bergermann / Ch.-F. Collatz, Berlin 2013; Epiphanius II Panarion Haer. 34–64, hg. v. K. Holl, 2., bearb. Aufl. hg. v. J. Dummer, GCS Epiphanius 2, Berlin 1980. Vgl. auch: The Panarion of Epiphanius of Salamis, Book I (Sects 1–46), transl. by F. Williams, NHMS 63, Leiden / Boston ²2009; Book II and III (Sects 47–80, De Fide), NHMS 36, 1993 sowie: The Panarion of St. Epiphanius, Bishop of Salamis. Selected Passages, transl. and ed. by Ph.R. Amidon, Oxford 1990.

39 Vgl. auch C. Riggi, Epifanio contro Mani. Revisione critica, traduzione italiana e commento storico del Panarion di Epifanio, haer. LXVI. Presentazione di Quintino Cataudella, Rom 1967.

40 C. Schmidt, Vorwort, Kephalaia 1. Hälfte (Lfg. 1–10), Manichäische Handschriften der Staatlichen Museen Berlin I, Stuttgart 1940, III.

3.

fol. 5ʳ, Z. 28 (= GCS Epiphanius 3, 19,22–20,2 Holl/Dummer) = haer. 66,3,9
(Manichäer)

(...)

ἕνα μόνον μεθ᾽ ἑαυτοῦ, τὸν προειρημένον Τέρβινθον, ᾧ καὶ τὰ ἴδια   Τιρήβινθος
ἐπίστευσεν ὡς

(...)

Die Randbemerkung ist sehr schwer zu lesen; normalerweise wird die
Terebinthe Τερέβινθος geschrieben (LSJ, s.v. [p. 1776b]), auch Τέρμινθος.
Möchte Melanchthon darauf hinweisen, dass andere Zeugen den Namen
Τέρβινθος auch Τερήβινθος (i.e. Τερέβινθος) schreiben, z.B. Cyr. H., catech. VI
23 (1, 186,5 Reischl/Rupp)?

4.

fol. 11ᵛ, Z. 14–18 (= GCS Epiphanius 3, 53,18–54,2 Holl/Dummer) = haer.
66,25,2/3 (Manichäer)

(...)

᾽Αρχὴ τῶν τοῦ Μάνεντος ἀθέων δογμάτων. Εἰ τὴν τοῦ Μάνη πίστιν
θέλετε μαθεῖν, παρ᾽ ἐμοῦ ἀκούσατε συντόμως. οὗτος δύο σέβει   δύο ἀντικειμένοι
θεοὺς ἀγεννήτους, αὐτοφυεῖς, ἀιδίους, ἕνα τῷ ἑνὶ ἀντικείμενον·   φῶς
καὶ τὸν μὲν ἀγαθόν, τὸν δὲ πονηρὸν εἰσηγεῖται, φῶς τῷ ἑνὶ ὄνομα
θέμενος καὶ τῷ ἑτέρῳ σκότος·   σκότος

Wie in der Randbemerkung Nr. 2 exzerpiert Melanchthon am Rand des Zitates
aus dem Manichäismus-Referat der *Acta Archelai* 7,1 (GCS Hegemonius, 9,11–
14 Beeson) die eigentliche Pointe – also jene beiden Widersacher, die Mani mit
den Namen „Licht" und „Finsternis" bezeichnet.

5.

fol. 11ᵛ, Z. 25 (= GCS Epiphanius 3, 55,1f. Holl/Dummer) = Epiph., haer. 66,25,5
(Manichäer)

(...)

μητέρα τῆς ζωῆς, καὶ αὐτὴν προβεβληκέναι τὸν πρῶτον ἄνθρωπον *
τὰ πέντε στοιχεῖα· εἰσὶ δὲ ἄνεμος, φῶς, ὕδωρ, πῦρ καὶ †ὕλη.   ὕλη, στοιχεῖον

Melanchthon notiert am Rand das sachlich problematische †ὕλη aus p. 55,2 (es
muss an dieser Stelle eigentlich konjiziert werden: ἀήρ, damit die Reihe der
fünf vom guten Vater emanierten Elemente mit anderen Quellen übereinstimmt [vgl. Apparat Holl z. St.]). Möglicherweise ist die ungewöhnliche
Elementenreihe, die auf einen Fehler im Epiphanius-Archetyp zurückgehen
muss, bereits Melanchthon als problematisch aufgefallen; jedenfalls beschäftigt
ihn das Problem, wie die folgenden drei Randbemerkungen zeigen. Das beigefügte στοιχεῖον identifiziert ὕλη als eine Größe der πέντε στοιχεῖα, die der

gute Vater emanierte, als er bemerkte, dass die Finsternis in sein Reich einge-
drungen war.

6.

fol. 16^r, Z. 17f. (= GCS Epiphanius 3, 82,16f. Holl/Dummer) = haer. 66,45,1f.
(Manichäer)

τὰ πέντε στοιχεῖα, ἅτινά ἐστιν, ὡς ἐκεῖνος λέγει· ἄνεμος, φῶς, ὕδωρ,
πῦρ καὶ †ὕλη. ταῦτα δὲ ἐνδυσάμενον αὐτόν
(...)

Wieder kommt Melanchthon in seiner Randbemerkung auf das schon in Nr. 5
notierte problematische †ὕλη zurück, das hier erstmals seit 66,25,5 in der
identischen Reihe der πέντε στοιχεῖα wieder auftritt. Er hat es auf fol. 16^r, Z.14
(= GCS Epiphanius 3, 82,10 Holl/Dummer) zweimal unterstrichen.[41] Die Reihe
46,1 (ebd., 83,18) und die Erwähnung 46,3 (ebd., 83,23) kommentiert er nicht,
sondern erst die folgende einschlägige Stelle (bei Holl im App. S. 55 freilich im
Unterschied zu diesen beiden Stellen nicht genannt).

7.

fol. 18^r, Z. 38–41 (= GCS Epiphanius 3, 91,7–11 Holl/Dummer) = haer. 66,54,1f.
(Manichäer)

(...)

εἶτα πάλιν ἐνταῦθα διηγεῖται μὴ εἶναι τὸν κόσμον τοῦ θεοῦ ἀλλ᾽ ἢ ἀπὸ
μέρους τῆς ὕλης πεπλάσθαι. ἐν τῷ δὲ μὴ ἑαυτῷ στοιχεῖν, ἀλλὰ κατὰ   ὕλη
τῶν αὐτῶν φέρεσθαι, ἀνασκευὰς καὶ κατασκευὰς ἐπιπλαττόμενον   quaerendum (est
παντί τῷ σαφές ἐστι ληροῦντος εἶναι τὸ τοιοῦτον φρόνημα.   an dua(s)
                                                                             varias
                                                                           posuerint
                                                                             ἀρχὰς
                                                                                an
(Der in der Hss. folgende Text ist für   νοῦν ἢ
das Scholion ohne Belang.)   ὕλην

Melanchthon kommt auf die Frage zurück, was *Hyle* bedeutet, weil sie hier in
einem gänzlich anderen Kontext als in den in Nr. 5 und 6 glossierten Passagen
auftritt. Bereits zuvor konnte er lesen (66,25,2; bei Nr. 4), dass die Manichäer
zwei einander entgegengesetzte Urkräfte kennen. Er fragt nun wohl, ob νοῦς
und ὕλη vielleicht Bezeichnungen für die erwähnten Urkräfte sind. Heute
wissen wir, dass νοῦς zu den fünf Seelengliedern[42] νοῦς, ἔννοια, φρόνησις,

---

41   Unterstreichungen auf fol. 16^r, Z. 14 (= GCS Epiphanius 3, 82,10 Holl/Dummer) und Z. 18
      (wie oben).

42   Acta Archelai 10 (GCS Hegemonius, 15,10f. Beeson): „τῆς δὲ ψυχῆς ἐστι τὰ ὀνόματα ταῦτα,
      νοῦς, ἔννοια, φρόνησις, ἐνθύμησις, λογισμός".

ἐνθύμησις, λογισμός gehört,[43] die auch als Kräfte des Urvaters bezeichnet werden.[44] Es wurde im unmittelbaren Kontext der Stelle, die Melanchthon glossierte, allerdings nicht erwähnt.[45]

8.
fol. 31ᵛ, Z. 18–20 (= GCS Epiphanius 3, 148,14–17 Holl/Dummer) = haer. 68,8,1f.
(Melitianer)

κελεύει δὲ συγκροτηθῆναι σύνοδον κατὰ τὴν Φοινίκην ἐν Τύρῳ τῇ πό–   *tyria*
λει. ἐκέλευσε δὲ δικάζειν Εὐσέβιον τὸν Καισαρείας καὶ ἄλλους τινάς·
ἦσαν δὲ προσκεκλιμένοι οὗτοι ποσῶς μᾶλλον τῇ τῶν Ἀρειανῶν χυδαιο–   *synodos*
λογίᾳ.

Epiphanius berichtet, dass Kaiser Konstantin im Jahr 335 eine Synode in Tyrus versammeln lässt[46] und stellt die Rolle des Eusebius im Lichte der ihm feindlich gesonnenen athanasianischen Polemik dar. Melanchthon notiert am Rand Synode und Ort. In Z. 27 ist unterstrichen σὺ καθέζῃ Εὐσέβιε (149,1).

9.
fol. 32ʳ, Z. 3–6 (= GCS Epiphanius 3, 149,27–150,3 Holl/Dummer) = haer. 68,9,5
(Melitianer)
(...)

ἢ εἰς πρόσωπον τὰ συκοφαντούμενα ἐξ ἀντικαταστάσεως γένηται,   *c(on)fer Atha-*
νύκτωρ ἀναχωρήσας ἀνέρχεται πρὸς Κωνσταντῖνον εἰς τὸ κομητάτον   *nasius*
καὶ προσφέρει αὐτῷ τὰ κατ᾽ αὐτὸν ἀναδιδάσκων. ὁ δὲ ἔτι λύπῃ φερόμε–   *ep.*
νος καὶ νομίζων μή πη ἄρα ἀληθεύουσιν οἱ κατηγορήσαντες, ψεύδεται
δὲ ὁ ἀπολογούμενος, ἔτι ἐχαλέπαινε. χαλεπαίνοντος δὲ αὐτοῦ ὁ πάπας   *synodd/*
Ἀθανάσιος λόγον βαρὺν τῷ βασιλεῖ ἐπετείνετο.

Melanchthon ergänzt den knappen Bericht des Epiphanius von der Intervention, die Athanasius persönlich in der Hauptstadt Konstantinopel im

---

43   Vgl. die Tabelle bei A. Böhlig, Zum griechischen Hintergrund der manichäischen Nus-Metaphysik, in: A. Böhlig / Ch. Markschies, Gnosis und Manichäismus. Forschungen und Studien zu Texten von Valentin und Mani sowie zu den Bibliotheken von Nag Hammadi und Medinet Madi, BZNW 72, Berlin / New York 1994, (243–264) 246.

44   Belege bei Böhlig, Zum griechischen Hintergrund, 245 Anm. 13–18 (wie Anm. 43).

45   Vgl. die entsprechenden Einträge in: Epiphanius IV. Register zu den Bänden I–III (Ancoratus, Panarion haer. 1–80 und de fide), nach den Materialien von Karl Holl (†), bearbeitet von Christian-Friedrich Collatz und Arnd Rattmann, GCS.NF 13, Berlin / New York 2006. Lediglich φρόνησις begegnet im unmittelbaren Kontext (Z. 7), jedoch nicht im Sinne der fünf Seelenglieder.

46   Zum historischen Kontext vgl. Ch. Markschies, Theologische Diskussionen zur Zeit Konstantins: Arius, der „arianische Streit" und das Konzil von Nizäa, die nachnizänischen Auseinandersetzungen bis 337, in: Das Entstehen der einen Christenheit, hg. v. Ch. (†) und L. Piétri, Geschichte des Christentums II, Freiburg 1996, (271–344) 335–339.

Herbst 335 dem Kaiser vortrug,[47] durch einen Hinweis auf die Darstellung, die Athanasius selbst von den Ereignissen gibt. Gemeint ist offenbar der bei Athanasius in der *apologia secunda* 86,2–12 überlieferte Brief des Kaisers Konstantin an die Synode von Tyros, der im sechsten Abschnitt einen Bericht über das Zusammentreffen des Bischofs und des Monarchen enthält.[48] Es ist gut möglich, dass sich Melanchthon an diese einprägsame Szene erinnerte. Allerdings konnte er solche Kenntnisse keiner Druckausgabe des griechischen Athanasius-Textes verdanken (sie erschien erstmals 1601 in Heidelberg). Gekürzte lateinische Editionen des Textes lagen auch erst seit 1532 vor,[49] so dass man postulieren muss, Melanchthon verdanke die Kenntnis des Textes einem der beiden griechischen Kirchenhistoriker Sokrates[50] oder Sozomenus[51], da der Beleg bei (Ps.-?)Gelasius[52] schon aus ähnlichen Gründen, wie sie für Athanasius selbst referiert worden sind, nicht in Frage kommt.

10.
fol. 32ʳ, Z. 9f. (= GCS Epiphanius 3, 150,7–9 Holl/Dummer) = haer. 68,9,6 (Melitianer)
(...)

καὶ ἐξ ὧν ὁ βασιλεὺς παροξυνθεὶς πρὸς αὐτὸν ἐλυπεῖτο, καὶ μένειὲν   *12 annos*
τοῖς μέρεσι τῆς Ἰταλίας ἐπὶ ἔτεσι πλείω δώδεκα ἢ δεκατέσσαρα.   *exultat*

Die Aussage des Epiphanius, dass Athanasius nach der Synode von Tyrus für zwölf oder vierzehn Jahre nach Italien verbannt worden sei, wird von Melanchthon im Sinne der ersten Angabe korrigiert. Freilich entspricht diese Rechnung auch nicht den tatsächlichen historischen Abläufen: Der Kaiser verbannte Athanasius, der ja im Herbst 335 noch selbst in Konstantinopel die juristischen Folgen des Urteilsspruchs der Synode von Tyrus abzuwenden versucht hatte,[53] zunächst nach Trier. Dieses erste Exil (335–337) endete mit der Amnestie Konstantins II.; Athanasius musste allerdings schon 339 wieder ins Exil und ging dieses Mal nach Rom. Die Dauer des zweiten Exils, dieses Mal in

---

47 Vgl. Markschies, Theologische Diskussionen zur Zeit Konstantins, 338f. (wie Anm. 46).
48 Ath., apol. sec. 86,2–12 (Athanasius Werke II, 164,16–165,35 Opitz) = H. Kraft, Kaiser Konstantins religiöse Entwicklung, BHTh 20, Tübingen 1955, 258 (Brief 37); vgl. besonders 86,6 (165,5–9).
49 Athanasius von Alexandrien. Bibliographie, redigiert von Ch. Butterweck, ANRWAW 90, Opladen 1995, 30f.
50 Socr., h.e. I 34,1–12 (GCS Socrates, 83,8–85,3 Hansen); die erste Druckausgabe von Stephanus erschien 1544 (vgl. Hansen, GCS, XLf.).
51 Soz., h.e. II 28,2–12 (GCS Sozomenus, 91,8–93,4 Bidez/Hansen), die erste Druckausgabe erschien 1544 (vgl. Bidez/Hansen, GCS, XXXVIIIf.).
52 (Ps.-?)Gel. Czy., h.e. III 18,1–13 (GCS Gelasius Cyzicenus 150,21–152,20 Hansen; dazu G. Loeschcke, Das Syntagma des Gelasius Cyzicenus, RMP 61, 1906, [34–77] 34–38) – vgl. noch Nicephorus, h.e. VIII 50 (PG 146, 200C–204D) und Cass., Eccl. III 7,6–13 (CSEL 71, 145,16–147,59 Jacob/Hanslik).
53 Vgl. Markschies, Theologische Diskussionen zur Zeit Konstantins, 338f. (wie Anm. 46).

Italien, beträgt allerdings nur sieben Jahre: 339–346. Nachdem er durch Intervention des Kaisers Konstans 346 wieder in Alexandria eingetroffen war, verließ Athanasius Alexandria noch dreimal und verbarg sich in der ägyptischen Wüste (356–362, 362–364 und 365).[54]

11.
fol. 54[v], Z. 6–11 (= GCS Epiphanius 3, 242,15–19 Holl/Dummer) = haer. 70,9,8 (Audianer)
(...)

ἔν τε χρόνοις Πολυκάρπου καὶ Βίκτωρος, ὡς ἡ ἀνατολὴ πρὸς τὴν δύσιν   πολυ–
διαφερομένη εἰρηνικὰ παρ᾽ ἀλλήλων οὐκ ἐδέχοντο ἐν ἄλλοις δὲ ὅσοις   κάρπου
καιροῖς, ἔν τε χρόνοις ᾽Αλεξάνδρου ἐπισκόπου ᾽Αλεξανδρείας καὶ Κρι–   καὶ ουικτω–
σκεντίου, ὡς πρὸς ἀλλήλους εὑρίσκονται ἔκαστος αὐτῶν γράφοντες καὶ   ρος
διαμαχόμενοι, ἕως τῶν ἡμετέρων χρόνων·

In seinem Referat über die Audianer, eine rigoristische monastische Gruppe, die ein namensgebender Audius gegründet hatte, vielleicht edessenischer Diakon,[55] kommt Epiphanius auch auf die quartodezimanische Osterpraxis dieser Gruppe zu sprechen und referiert knapp den Streit um dieses Thema seit dem zweiten Jahrhundert. Er beginnt mit den Kontakten zwischen den Bischöfen Polykarp von Smyrna und Viktor von Rom[56] und setzt fort mit der Erwähnung des alexandrinischen Bischofs Alexander[57] und dessen Gegner Crescentius[58]. Melanchthon notiert nur die bekannteren Namen des ersten Osterfeststreites am Rand; der schwierigen Frage nach der Identifikation des Crescentius widmet er sich nicht. Außerdem befinden sich am Rand der Seite zwei weitere Anstreichungen in Form einer Hand mit ausgestrecktem Zeigefinger.[59]

---

54 Ich folge der Chronologie, die Martin Tetz vorgelegt hat (M. Tetz, Art. Athanasius von Alexandrien, TRE IV, Berlin / New York 1979 [= 1993], 333–349).
55 H.-Ch. Puech, Art. Audianer, RAC I, Stuttgart 1950, 910–915.
56 Vgl. Eus., h.e. V 24,9–17 (GCS Eusebius 2/1, 494,1–496,19 Schwartz) und N. Brox, Tendenzen und Parteilichkeiten im Osterfeststreit des zweiten Jahrhunderts, ZKG 83, 1972, 291–324.
57 Bischof von Alexandrien 312–328; vgl. Ch. Kannengiesser, Art. Alessandro di Alessandria, DPAC I, Genua 1983, 132f.
58 Nach Duchesne von E. Schwartz, Christliche und jüdische Ostertafeln, AKGWG.PH 8/6, Göttingen 1906, 116 identifiziert mit dem im Chronicon Paschale (p. 7 Dindorf = PG 92, 69B) genannten Tricentius, gegen den bereits Bischof Petrus von Alexandrien schrieb. Diese Identifikation wird auch von einer ganzen Reihe anderer Forscher (z.B. Holl im App.) vertreten (Belege bei A. Strobel, Ursprung und Geschichte des frühchristlichen Osterkalenders, TU 121, Berlin 1977, 208, Anm. 4 und 214).
59 Nämlich fol. 54[v], Z. 31 und 39 zu haer. 70,10,6 (GCS Epiphanius 3, 243,21f. Holl/Dummer) und 70,11,2 (ebd., 244,6).

12.

fol. 55ʳ, Z. 30–34 (= GCS Epiphanius 3, 246,1–6 Holl/Dummer) = haer. 70,12,5/6
(Audianer)

(...)

ἐπειδὴ τῷ ὀνόματι αὐτοῦ τὸ ἀντίτυπον αὐτοῦ πρόβατον ἐλαμβάνετο,   ἀντίτυπον περὶ
ἀπὸ δεκάτης οὕτως ὁριζόμενον· οὐκέτι δὲ ἐπιφωσκούσης ἓξ καὶ δεκά–   αὐτοῦ πρό–
της οὔτε ἀπὸ ἐνάτης σελήνης δυνάμεθα τὴν ἀρχὴν ἔχειν ἢ τὸ τέλος. οἱ   βατον
γὰρ ἐνιαυτοὶ ἀνθυπερβάτως ὑστεροῦντες διὰ τοὺς διηλλαγμένους
πρὸς ἀλλήλους δρόμους ἡλίου τε καὶ σελήνης ταύτην τὴν ἀνισότητα
ἐκτελοῦσιν, οὐ σκάνδαλον παρὰ θεοῦ ὡρισμένον,

(...)

Melanchthon wiederholt am Rande eine leicht korrigierte Formulierung des
Epiphanius, der hier ein kalendarisches Detail des mehrheitskirchlichen Oster-
brauchs beschreibt: Das Gotteslamm ist ein Symbol Christi.

13.

fol. 55ʳ, Z. 32f. (= GCS Epiphanius 3, 247,29–31 Holl/Dummer) = 70,14,5
(Audianer)

(...)

ἀφ᾿ οὗπερ καὶ μοναστήρια ἐν τῇ αὐτῇ Γοτθίᾳ ἐγένετο καὶ πολιτεία καὶ   Gotthi
παρθενία τε καὶ ἄσκησις οὐχ ἡ τυχοῦσα.

Epiphanius beschreibt das gotische Exil des Audius und dessen Wirkungen auf
die Goten, u.a. die Einführung der „ungewöhnlichen Form von Askese", die
der Häresiarch nach Epiphanius praktizierte. Melanchthon notierte den Namen
der Goten in einer stark an das Griechische angelehnten Schreibweise am Rand
und markierte zusätzlich die Passage mit einer Hand am Rand.[60]

14.

fol. 74ʳ, Z. 27–31. (= GCS Epiphanius 3, 336,14–20 Holl/Dummer) = haer. 75,4,5f.
(Aërianer)

(...)

πάλιν δὲ ἐν ἄλλῳ τόπῳ »ἐπισκόποις καὶ διακόνοις«, ὡς εἶναι, φησί, τὸν   sine pres-
αὐτὸν ἐπίσκοπον, τὸν αὐτὸν πρεσβύτερον. καὶ οὐκ οἶδεν ὁ τὴν   byteros
ἀκολουθίαν τῆς ἀληθείας ἀγνοήσας καὶ ἱστορίαις βαθυτάταις   episc[opi]
μὴ ἐντυχὼν ὅτι νέου ὄντος τοῦ κηρύγματος πρὸς τὰ ὑποπίπτοντα ἔγραφεν
ὁ ἅγιος ἀπόστολος. ὅπου μὲν ἦσαν ἐπίσκοποι ἤδη κατασταθέντες,
ἔγραφεν ἐπισκόποις καὶ διακόνοις· οὐ γὰρ πάντα εὐθὺς ἠδυνήθησαν   ac pr
οἱ ἀπόστολοι καταστῆσαι.   nr

---

60 Außerdem fol. 55ʳ, Z. 16 (zu haer. 70,14,2 [GCS Epiphanius 3, 247,10 Holl/Dummer:
    ἐν γὰρ Πάσχα Χριστὸς βούλεται).

Die Randbemerkung Melanchthons zum Abschnitt des Epiphanius über die Aërianer ist leider nahezu vollständig verblasst und daher kaum mehr lesbar. Der zyprische Bischof berichtet an dieser Stelle über eine amtskritische Gruppe, die das scheinbar im vierten Jahrhundert vollkommen selbstverständliche dreifach gegliederte Amt in Frage stellt[61] – bemerkenswerterweise mit einer Schriftargumentation: Der Apostel Paulus habe nur „Presbytern und Diakonen", aber nicht Bischöfen geschrieben.[62] Man wüsste gern, wie Melanchthon hier kommentierte; in seinen eigenen Ansichten zur Amtsthematik spielten die Aërianer aber offenbar keine Rolle.

15.

fol. 108ʳ, Z. 16–22. (= GCS Epiphanius 3, 477,33–478,6 Holl/Dummer) = haer. 79,3,3 (Kollyridianerinnen)

ἀλλ' οὐδὲ βάπτισμα διδόναι πεπίστευται, ἐπεὶ ἠδύνατο ὁ Χριστὸς
μᾶλλον παρ' αὐτῆς βαπτισθῆναι ἤπερ παρὰ ' Ιωάννου. ἀλλὰ ' Ιωάννης   *Mulieris*
μὲν παῖς Ζαχαρίου ἐν τῇ ἐρήμῳ διετέλεσε βάπτισμα ἀφέσεως ἁμαρτιῶν   *non fungant[ur]*
πεπιστευμένος, ὁ δὲ τούτου πατὴρ θεῷ ἱεράτευσε καὶ τῇ ὥρᾳ τοῦ θυμι–   *minister[iis]*
άματος ὀπτασίαν εἶδε. Πέτρος τε καὶ ' Ανδρέας, ' Ιάκωβος καὶ ' Ιωάν–   *publicis*
νης, Φίλιππος καὶ Βαρθολομαῖος, Θωμᾶς, Θαδδαῖος, καὶ ' Ιάκωβος ' Αλ–
φαίου, καὶ ' Ιούδας ' Ιακώβου καὶ Σίμον ὁ Καναναῖος, καὶ Ματθίας, ὁ εἰς
πλήρωσιν τῶν δώδεκα ἐκλελεγμένος.

Die kommentierte Passage stammt aus einem Abschnitt, der sich mit der besonderen Marienverehrung der Kollyridianer[63] beschäftigt. Diese von Epiphanius in Arabien lokalisierte Gruppe opfert Maria ein κολλυρίς genanntes Brot (vgl. Lev 7,12; 8,26 und 1Chron 16,3); der Bischof von Salamis wendet sich in seiner Argumentation aber vor allem gegen die Übernahme von priesterlichen Funktionen durch Frauen in der Kirche. Selbst Maria habe gegenüber Jesus keine priesterlichen Funktionen ausgeübt,[64] sondern Johannes habe getauft und Männer seien zum Apostolat berufen worden. Die zitierte Randbemerkung Melanchthons zu dieser Passage beschäftigt sich offensichtlich mit der Frage, ob Frauen als Priester amtieren sollten, leider ist sie nur schwer lesbar.

---

61   Vgl. Ch. Markschies, Das antike Christentum. Frömmigkeit, Lebensformen, Institutionen, München ²2012, 208–210; F. Cocchini, Art. Aerio, DPAC I, Genua 1983, 57.

62   Die Worte sind Zitate aus Phil 1,1 (... τοῖς οὖσιν ἐν Φιλίπποις σὺν ἐπισκόποις καὶ διακόνοις ...); πρεσβυτέροις καὶ διακόνοις (GCS Epiphanius 3, 336,12 Holl/Dummer) kann dagegen kein Zitat sein, wie Holl und Amidon (p. 328 n. 5) erwägen, sondern muss sich insgesamt auf die Adressaten der Paulus-Briefe beziehen. In Phil 1,1 versteht Aërius ἐπίσκοπος als Synonym des Wortes „Presbyter".

63   F.J. Dölger, Die eigenartige Marienverehrung der Philomarianiten oder Kollyridianer in Arabien, AuC 1 (1929), 107–142.

64   Epiph., haer. 79,3,1 (GCS Epiphanius 3, 477,28–33 Holl/Dummer).

16.

fol. 108ᵛ, Z. 5–11 (= GCS Epiphanius 3, 479,6–14 Holl/Dummer) = haer. 79,4,4f.
(Kollyridianerinnen)

πόθεν γὰρ οὐκ ἐμβρόντητον τὸ τοιοῦτον φανήσεται παντὶ τῷ σύνεσιν
ἔχοντι καὶ * ἐν θεῷ κεκτημένῳ; πόθεν οὐκ εἰδωλοποιὸν τὸ ἐπιτήδευμα   εἰδωλόποιον
καὶ τὸ ἐγχείρημα διαβολικόν· προφάσει γὰρ δικαίου ἀεὶ ὑπεισδύνων τὴν   ἐπιτήδευμα
διάνοιαν ὁ διάβολος τῶν ἀνθρώπων τὴν θνητὴν φύσιν θεοποιῶν εἰς ὀφ–   cultus
θαλμοὺς ἀνθρώπων ἀνδροείκελα ἀγάλματα διὰ ποικιλίας τεχνῶν διέ–   diabol[icus]
γραψε. καὶ τεθνήκασι μὲν οἱ προσκυνούμενοι, τὰ δὲ τούτων ἀγάλματα   virg[inum]
μηδέποτε ζήσαντα (οὔτε γὰρ νεκρὰ δύναται λέγεσθαι τὰ μηδέποτε ζή–
σαντα) προσκυνητὰ παρεισάγουσι, διὰ μοιχευσάσης διανοίας * ἀπὸ τοῦ
ἑνὸς καὶ μόνου θεοῦ,
(...)

Epiphanius fragt im Kontext, nachdem er das kirchliche Diakoninnen- und
Witwenamt dargestellt hat,[65] wo der „neue Wahnsinn" eines weiblichen
Priestertums aufgekommen und wie er genährt worden sei. Melanchthon
notiert am Rand die wichtigsten griechischen Stichworte und übersetzt sie ins
Lateinische; seine Randbemerkung ist – wie die beiden folgenden – mit
wesentlich dunklerer Tinte geschrieben als die ersten fünfzehn.

17.

fol. 115ᵛ, Z. 34–37 bzw. 34–45 (= GCS Epiphanius 3, 507,5–8 Holl/Dummer; s. in
diesem Band S. 821, Abb. 3) = exp. fid. 9,26

εἶναι δὲ αὐτῆς τρία μέρη, λογικὸν θυμικὸν καὶ ἐπιθυμητικόν. ἔλεγε δὲ   Tres
τοὺς γάμους καὶ τὰς γυναῖκας δεῖν κοινὰς τοῖς πᾶσι γίνεσθαι καὶ   partes
μηδένα ἰδίᾳ μίαν ἔχειν γαμετήν, ἀλλὰ τοὺς θέλοντας ταῖς βουλομέναις   ani-
συνεῖναι.   mae

(Der folgende Abschnitt über Aristipp ist für das Verständnis der   secun-
Randbemerkung Melanchthons unerheblich.)   dum

          Plato-

          nem

Das antihäretische Werk des Epiphanius schließt mit einem Abschnitt über den
rechten christlichen Glauben, der wiederum einen knappen Abschnitt über die
Ansichten der paganen Philosophen enthält.[66] In der Jenaer Handschrift sind
die Namen der Philosophen z.T. mit roter Tinte unterstrichen, freilich nicht der
Platons (und des Poseidonius, vgl. Bemerkung Nr. 18). Melanchthon hebt am
Rand lediglich knapp die Dreiteilung in der platonischen Seelenlehre hervor.

---

65   Epiph., haer. 79,4,1 (GCS Epiphanius 3, 478,26–31 Holl/Dummer).
66   Vgl. Epiph., exp. fid. 9,5–48 (GCS Epiphanius 3, 505,1–509,22 Holl/Dummer) = 589,22–593,20
      Diels; vgl. H. Diels, Prolegomena, in: Doxographi Graeci, Berlin ⁴1965, 175–177. Die oben
      zitierte Passage findet sich S. 591,19–21.

18.

fol. 116ʳ, Z. 39f. bzw. 39–46 (= GCS Epiphanius 3, 509,10f. Holl/Dummer) = exp. fid. 9,45

Ποσειδώνιος ᾿Απαμεὺς ἔλεγε τὸ μέγιστον ἐν ἀνθρώποις ἀγαθὸν εἶναι   *summum*
πλοῦτον καὶ ὑγείαν.   *bonum*
   (*Die folgenden Abschnitte über Athenodor und Epikur sind für das*   πλοῦ–
Verständnis der Randbemerkung Melanchthons unerheblich)   τον καὶ
     ὑγίειαν

Am Rande des Poseidonius-Referates, das aus demselben Kontext wie das Platon-Referat stammt, zu dem die voraufgehende Randbemerkung (Nr. 17) gehört, exzerpiert Melanchthon wieder die zentralen Stichworte, allerdings übersetzt er dabei τὸ μέγιστον ἀγαθόν in das gebräuchlichere lateinische *summum bonum* und korrigiert die Schreibweise von ὑγείαν in ὑγίειαν. Dabei schreibt er in eine Randbemerkung der Handschrift herein, die allerdings nicht mehr exakt lesbar ist, da sie – vermutlich im Zusammenhang einer Bindung – bei einer Beschneidung des Seitenrandes weitgehend verloren gegangen ist.

19.

fol. 118ʳ, Z. 22–30 (= GCS Epiphanius 3, 516,28–517,6 Holl/Dummer; s. in diesem Band S. 822, Abb. 4) = exp. fid. 16,1/2

καὶ βρῶσις μὲν ὁ ἄρτος, ἡ δὲ δύναμις ἐν αὐτῷ εἰς ζωογόνησιν· καὶ οὐχ   βρῶσις
ἵνα τὸ ὕδωρ ἡμᾶς καθαρίσῃ μόνον, ἀλλ᾿ ἵνα ἐν τῇ ἰσχύϊ τοῦ ὕδατος διὰ   μὲν ὁ
τῆς πίστεως καὶ ἐνεργείας καὶ ἐλπίδος καὶ μυστηρίων τελειώσεως καὶ   ἄρτος
ὀνομασίας ‹δύναμις› τῆς ἁγιαστείας γένηται ἡμῖν εἰς τελείωσιν σωτηρίας.   ἡ δὲ δ[ύ–
ἀνελθὼν ἀπὸ τοῦ ᾿Ιορδάνου, ἀκούων φωνὴν πατρός, *εἰς ἀκοὴν παρόντων μα–   ναμις [ἐν
θητῶν εἰς τὸ ὑποδεῖξαι τίς ὁ μαρτυρούμενος καὶ τοῦ πνεύματος τοῦ   αὐτῷ [εἰς
ἁγίου ἐν εἴδει περιστερᾶς κατερχομένου, καθάπερ ἐν πολλαῖς αἱρέσε–   Ζωογό[νησιν
σιν εἰρήκαμεν, ἵνα μὴ συναλοιφὴ ἡ τριὰς νομισθείη, σχηματοποιουμέ–
νου τοῦ πνεύματος ἐν ἰδίᾳ ὑποστάσει, ἐπικαθεζομένου δὲ τοῦ πνεύμα–
τος καὶ »ἐρχομένου ἐπ᾿ αὐτόν«, ἵνα ὀφθῇ ὁ μαρτυρούμενος,
(...)

Epiphanius behandelt in dem Passus seines letzten Kapitels, den Melanchthon hier kommentiert, die δύναμις der beiden Sakramente Eucharistie und Taufe. Die Randbemerkung hebt den Gedanken des Epiphanius hervor, dass das eucharistische Brot zur Nahrung dient, die darin enthaltene Kraft aber zum Leben. Da die Bemerkung relativ nahe zum Seitenrand hin geschrieben wurde, ist sie bei der oben erwähnten Beschneidung beschädigt worden, aber aufgrund des Zusammenhangs eindeutig ergänzbar. Der kommentierte griechische Text taucht im *Jenensis* mit geringsten Abweichungen nochmals auf (fol. 160ʳ = Nr. 23); Melanchthon hat exakt dieselben Worte, die er hier verwendet, auch dort wieder am Rand notiert. Es finden sich zu Z. 21–23 auch noch drei Randstriche.

20.

fol. 119 ʳ, Z. 41f. (= GCS Epiphanius 3, 521,28–30 Holl/Dummer) = exp. fid. 21,2

περὶ θεσμῶν δὲ τῆς αὐτῆς ἐν ὀλίγῳ μέν μοί ἐστι πάλιν ἀνάγκη τοῦ   *traditio*
παραθέσθαι τῶν αὐτῶν θεσμῶν ἀπὸ μέρους τὸ εἶδος,
(...)

In dem allerletzten Abschnitt seines Schlusskapitels[67] beschäftigt sich
Epiphanius, wie er selbst sagt, mit kirchlichen Satzungen, Melanchthon übersetzt dies in seiner Randbemerkung zutreffend mit *traditio*.

21.

fol. 120ʳ, 9f. (= GCS Epiphanius 3, 524,8f. Holl/Dummer) = exp. fid. 23,1

Ἐπὶ δὲ τῶν τελευτησάντων ἐξ ὀνόματος τὰς μνήμας ποιοῦνται,   *Di lapsis*
προσευχὰς τελοῦντες καὶ λατρείαν οἰκονομίας.   *sin myster*
(...)

Diese Randbemerkung zu einem Hinweis des Epiphanius in seinem letzten
Abschnitt zur kirchlichen Ordnung war leider nicht entzifferbar. Der Ver-
bindungsstrich zwischen τὰς μνήμας und dem „*Di*" ist (von späterer Hand?)
mit blauem (Kopier-?)Stift ausgeführt. „ Di" mag für „Dicitur", „Dicimus" oder
„Dico" stehen.

22.

fol. 158ᵛ, Z. 25–28 (= GCS Epiphanius 3, 231,5–8 Holl/Dummer) = Epiph., anac.
tom. VI

[οδ.] Πνευματομάχοι. οὗτοι περὶ μὲν Χριστοῦ καλῶς ἔχουσι τὸ δὲ   πνευ–
πνεῦμα τὸ ἅγιον βλασφημοῦσι, κτιστὸν αὐτὸ ὁριζόμενοι καὶ οὐκ ὂν ἐκ   ματομάχοι
τῆς θεότητος μᾶλλον δὲ καταχρηστικῶς δι᾽ ἐνέργειαν κεκτίσθαι,
ἁγιαστικὴν αὐτὸ δύναμιν φάσκοντες εἶναι μόνον.

Die – im Gegensatz zur Edition Holls – im *Jenensis* als zusammenhängender
Text gebotene *Anakephalaiosis* bietet den ersten Buchstaben einer Häresie im
fortlaufenden Text mit roter Tinte, den Text selbst mit schwarzer; die bei Holl
beigegebene Bezifferung findet sich nicht. Melanchthon notiert sich den
Abschnitt über die Pneumatomachen (haer. 74 [GCS Epiphanius III, 313–332]),
den er freilich nicht mit Kommentaren versehen hat. Die Randbemerkung ist
mit sehr schwarzer Tinte etwas flüchtig hingeschrieben (so fehlt der
Trennstrich zwischen den beiden Silben des Wortes).

---

67   Epiph., exp. fid. 21,1–24,7 (GCS Epiphanius 3, 521,23–525,22 Holl/Dummer).

23.

fol. 160ʳ, Z. 27 (= GCS Epiphanius 3, 415 bzw. 516,28–32 Holl/Dummer) = exp. fid. 16,1/2

καὶ βρῶσις μὲν ὁ ἄρτος, ἡ δὲ δύναμις ἐν αὐτῷ εἰς ζωογόνησιν· καὶ οὐχ   βρῶσις ὁ ἄρ[τος
ἵνα τὸ ὕδωρ ἡμᾶς καθαρίσῃ μόνον, ἀλλ᾿ ἵνα ἐν τῇ ἰσχύϊ τοῦ ὕδατος διὰ   ἡ δὲ δύναμ[ις]
τῆς πίστεως καὶ ἐνεργείας καὶ ἐλπίδος καὶ μυστηρίων τελειώσεως καὶ   ἐν αὐτῷ ε[ἰς
ὀνομασίας <δύναμις> τῆς ἁγιαστείας γένηται ἡμῖν εἰς τελείωσιν σωτηρίας.   Ζωογόνησ[ιν

Der *Jenensis* bietet den Text, den Melanchthon kommentiert, im Unterschied zur Berliner Edition Karl Holls, ein zweites Mal in der *Anakephalaiosis*. Diese findet sich in unserer Handschrift fol. 152ᵛ–161ʳ, während Holl sie vor die einzelnen Bände des ursprünglichen griechischen Textes setzt[68] und die Passage über bzw. aus *De fide* auslässt. So wie der kommentierte griechische Text der *Anakephalaiosis* mit einer geringen Abweichung (καθαρίσῃ statt καθάρῃ) dem entspricht, der sich im *Panarion* (fol. 118ʳ, 22–30 = Nr. 19) findet, so zitiert Melanchthon in seiner Randbemerkung nahezu exakt dieselben Worte.

24.

fol. 164ᵛ, Z. 31

ἦσαν γὰρ ὑπογράφον τον ἀπὸ πέλτης τῆς πόλεως
ἐις ἱερουσαλὴμ καὶ διδάσκοντω

Melanchthon unterstreicht πέλτης im Text und notiert am Rand πέλτη.

Mit dieser einzigen Randbemerkung Melanchthons zu der „biblischen Realenzyklopädie" des Epiphanius, zu *de mensuris et ponderibus*, wird der Name der Stadt Peltai, der unterstrichen ist, zusätzlich hervorgehoben.

Auf fol. 163ʳ des *Jenensis* finden sich völlig verblasste Zeilen, die vermutlich mit einem Silberstift am Rande notiert wurden. Aufgrund des stark nach rechts unten abbrechenden Duktus ist freilich eher unwahrscheinlich, dass es sich um Randbemerkungen Melanchthons handelt.

III Melanchthon als Glossator des Epiphanius

Die Randbemerkungen zeigen Melanchthon weniger als einen Theologen, für den die Kirchenväter eine besondere theologische Dignität besitzen,[69] denn als Philologen bzw. schlicht als Leser, der sich um die Strukturierung eines Textes bemüht, den er gerade zur Kenntnis nimmt. Allerdings bleibt auffällig, dass er zweimal eine Passage am Rande exzerpiert, die eine gegen die Trans-

---

68   Vgl. die Nachweise unten auf S. 818.
69   Vgl. beispielsweise P. Fraenkel, Testimonia Patrum. The Function of the Patristic Argument in the Theology of Philip Melanchthon, THR 46, Genève 1961; E.P. Meijering, Melanchthon and Patristic Thought. The Doctrines of Christ and Grace, the Trinity and the Creation, SHCT 32, Leiden 1983.

substantiation gerichtete Position in den Streitigkeiten über das Abendmahl patristisch zu unterstützen vermag (Nr. 19 = Nr. 23).

Die Erwähnung eines nur bei bestimmten griechischen Kirchenhistorikern zitierten Schreibens in Nr. 9 (fol. 32ʳ) könnte darauf deuten, dass Melanchthon den Codex nicht nur in demjenigen Jahr mit Randbemerkungen versehen hat, in dem er ihn ausgeliehen hat, sondern bis zur Übersendung nach Basel 1544 in der Handschrift gearbeitet hat, weil erst in diesem Jahr Druckausgaben der betreffenden Werke erschienen – das freilich bleibt eine schwer beweisbare Hypothese.

IV Anhang: Weitere interessante Scholien des Jenensis

In leicht inkonsequenter Form hat der Herausgeber Karl Holl in der Berliner Epiphaniusausgabe gelegentlich weitere Scholien und Randbemerkungen des Jenaer Codex ediert.[70] In den Anhang unserer Edition der Randbemerkungen Melanchthons sind nur solche Scholien aufgenommen, die für das Verständnis eben dieser Texte oder für die Aufhellung der Geschichte der Handschrift von Interesse sind, außerdem sämtliche frühneuzeitlichen Bemerkungen.

1.
fol. 1ʳ, Z. 1–6 (= GCS Epiphanius 3, 1,1–3 Holl/Dummer) = haer. anac. zu tom. V

Τάδε ἔνεστι καὶ ἐν τῷ δευτέρῳ τόμῳ τοῦ αὐτοῦ δευτέρου βιβλίου,   τοῦ ἐν ἁγίοις πατ–
πέμπτῳ δὲ ὄντι κατὰ τὸν προειρημένον ἀριθμόν, ἐν ᾧ εἰσιν αἱρέσεις   ρὸς ἡμῶν Ἐπιφα–
πέντε οὕτως·   νίου κατὰ τῶν
     αἱρέσεων τόμος
     δεύτερος τοῦ δευ–
     τέρου βιβλίου

Auf der ersten Seite der Jenaer Handschrift befindet sich unter einer schönen Schmuckleiste in roter Farbe die Überschrift zur *Anakephalaiosis* des fünften Bandes; hierzu befindet sich am Rand die oben mitgeteilte Angabe von unbekannter frühneuzeitlicher Hand, jedenfalls nicht von Melanchthon und auch nicht vom Schreiber des Codex. Am ehesten dürfte sie aus der Barockzeit stammen. Holl hat sie nicht aufgenommen, wohl aber eine andere Randbemerkung derselben Hand (= Anhang, Nr. 2).

2.
fol. 51ᵛ, Z. 6–12 (= GCS Epiphanius 3, 229,30 App. sowie 230,1–3 Holl/Dummer) = haer. anac. zu tom. VI

     τοῦ ἐν ἁγίοις πατ–
τέλος εἴληφαν τὰ κατὰ τοῦ Ἀρείου   ρὸς ἡμῶν

---

70   So z.B. unsere Nr. 2 in GCS Epiphanius 3, 230 App.

<table>
<tr><td></td><td>Ἐπιφανίου κα–</td></tr>
</table>

—————————————————————————————————— Ἐπιφανίου κα–

—————————————————————————————————— τὰ τῶν αἱρέσε–

—————————————————————————————————— ων τόμος πρῶ–

Τάδε ἔνεστι καὶ ἐν τῷ πρώτῳ τόμῳ τοῦ τρίτου βιβλίου, ἕκτου δὲ ὄντος   τος τοῦ τρίτου

τόμου καθ᾿ ὃν ἀριθμὸν προείπομεν, ἐν ᾧ εἰσιν αἱρέσεις ἑπτὰ σὺν τοῖς   βιβλίου

σχίσμασιν οὕτως.

Die rechts zitierte Bemerkung befindet sich am Rand der durch eine Schmuckleiste von der Häresie Nr. 69 abgetrennten Überschrift zur *Anakephalaiosis* zum sechsten Band. Schlussbemerkung, Schmuckleiste und Überschrift sind in roter Farbe ausgeführt, die Randbemerkung in schwarzer Tinte und in sorgfältigen, recht großen Buchstaben. Holl bietet sie im Apparat seiner Ausgabe (p. 230), freilich eingeleitet durch die unzutreffende Bemerkung „Über das Ganze hat in J eine spätere Hand (Lang?) die Überschrift gesetzt: Τοῦ ἐν ἁγίοις πατρὸς (...)", da sich der Eintrag am linken Rand der Seite befindet. Die mit vergleichsweise breitem Strich ausgeführte Bemerkung dürfte auch kaum von Lang stammen, dessen Schrift durch u.a. den Besitzereintrag am Beginn des Bandes[71] dokumentiert ist. Von Melanchthon stammen diese Zeilen allerdings auch nicht.

3.

fol. 58ʳ, Z. 1–6 (= GCS Epiphanius 3, 258,6–13 Holl/Dummer) = haer. 72,3,1 (Marcellus)

                                                         fer

πιστεύω οὖν εἰς θεὸν παντοκράτορα καὶ εἰς Χριστὸν Ἰησοῦν τὸν υἱὸν   τὸ μικρὸν σύμ

αὐτοῦ τὸν μονογενῆ, τὸν κύριον ἡμῶν τὸν γεννηθέντα ἐκ πνεύματος   κατὰ ῥῆμα.

ἁγίου καὶ Μαρίας τῆς παρθένου, τὸν ἐπὶ Ποντίου Πιλάτου σταυρωθέν–

τα καὶ ταφέντα καὶ τῇ τρίτῃ ἡμέρᾳ ἀναστάντα ἐκ τῶν νεκρῶν, ἀναβάντα εἰς   *Nota hic parvu-*

τοὺς οὐρανοὺς καὶ καθήμενον ἐν δεξιᾷ τοῦ πατρός, ὅθεν ἔρχεται κρί–   *lum latinorum*

νειν ζῶντας καὶ νεκρούς· καὶ εἰς τὸ ἅγιον πνεῦμα, ἁγίαν ἐκκλησίαν,   *aut apostolorum*

ἄφεσιν ἁμαρτιῶν, σαρκὸς ἀνάστασιν, ζωὴν αἰώνιον.   *bo ad verb[um*

Eine unbekannte Hand[72], die weder mit der Melanchthons noch mit derjenigen identisch ist, die die als Anhang Nr. 1 und 2 mitgeteilten Bemerkungen geschrieben hat, sondern viel rundere Buchstaben schreibt, bietet folgendes Scholium, das von Holl im Apparat z. St. (p. 258) nicht ganz richtig wiedergegeben wurde „Σῆ τὸ μικρὸν σύμ<βολον> κατὰ ῥῆμα. *Nota hic parvu<m symbolum latinorum aut apostolorum <de ver>bo ad verbum"*. Es befindet sich am Rand jener berühmten ersten expliziten Zitation des sogenannten *Romanums,* die sich im Brief des Bischofs Markell von Ankyra an seinen

---

71   S.o. S. 797.

72   Holl: „a[m] R[and] v[on] sp[äterer] H[and]: (ᴴ τὸ μικρὸν σύμ<βολον> κατὰ ῥῆμα *Nota hic parvu<m symbolum latinorum aut apostolorum <de ver>bo ad verbum* J

am Rand von der späteren Hand: „*S. Epiphanii Ana|kephaleosis, sive, e|orum, quae Panario| dicta sunt, summa| comprehensio*".

Der folgende Text der 'Ανακεφαλαίωσις ist von Holl nicht in fortlaufender Reihenfolge ediert worden, obwohl er in dieser Form auch im *Chronicon Paschale*[77], in der Schrift *de haeresibus*[78] des Johannes von Damaskus und in der *Doctrina Patrum*[79] überliefert ist. Holl bietet den Text jeweils vor den ursprünglichen Büchern des Epiphaniuswerkes: GCS Epiphanius 1, 162–168: Tom. I (= I/1); S. 234–237: Tom. II (= I/2); GCS Epiphanius 2, 1–4: Tom. III (= I/3); S. 211–214 (= II/1): Tom. IV; GCS Epiphanius 3, 1f.: Tom. V (= II/2); S. 230–232: Tom. VI (= III/1); S. 415: Tom. VII (= III/2).

8.
fol. 161ʳ, Z. 6–18 (vgl. GCS Epiphanius 3, 520,8f. Holl/Dummer)

(...) εἷς θεός, ᾧ ἡ δόξα, τιμὴ κράτος νῦν καὶ ἀεὶ καὶ εἰς τοὺς   Τῆς ἀνακεφα=
αἰῶνας τῶν αἰώνων. ἀμήν.   λαίωσις τέλος

"Ει τις ἢ θέλει τῶν ἐν ταῖς θείαις γραφαῖς εἰδέναι (...)

Die Passage der Anakephalaiosis, die Text aus *De fide* bietet (vgl. oben den Kommentar zu Melanchthons Randbemerkungen Nr. 19 und 23), schließt mit einer Doxologie, die dem von Holl edierten Text aus dem Panarion entspricht. Darauf folgt, nur durch einen kleinen Schnörkel hinter dem ἀμήν und den ersten roten Buchstaben im "Ει getrennt, der Traktat *de mensuris et ponderibus* des Epiphanius, den Melanchthon nicht mehr kommentiert hat. Am Rand der Zeilen 2–6 dieses Textes (= fol. 161ʳ, Z. 20–26) hat die spätere (barocke?) Hand notiert:
Τοῦ ἐν ἁγίος | πατρὸς ἡμῶν | 'Επιφανίου | περὶ μέτρων καὶ στατμῶν.

9.
Auf fol. 163ʳ des *Jenensis*, d.h. im Text der biblischen Realenzyklopädie des Epiphanius, finden sich Z. 40–46 völlig verblasste Zeilen, die vermutlich mit einem Silberstift am Rande notiert wurden. Aufgrund des stark nach rechts unten abbrechenden Duktus ist eher unwahrscheinlich, dass es sich um Randbemerkungen Melanchthons handelt.

10.
Neben fol. 168ᵛ,22–24, dem Ende des Traktates über Maße und Gewichte, findet sich am Rand folgende Bemerkung von der Hand des späteren (barocken?) Schreibers: 'Επιφανίου περὶ μέτρων καὶ στατμῶν τέλος. Die auf diese Angabe folgenden Chrysostomus-Passagen sind weiter oben erwähnt.[80]

---

77 Chron. Pasch. p. 23 D, sowie folgend über das gesamte Werk verteilt.
78 Jo. D., haer. (PTS 22, 19,1–67,156 Kotter).
79 Doctr. Patr. 34 (266,6–270,20 Diekamp).
80 Vgl. oben S. 796 mit Anm. 8.

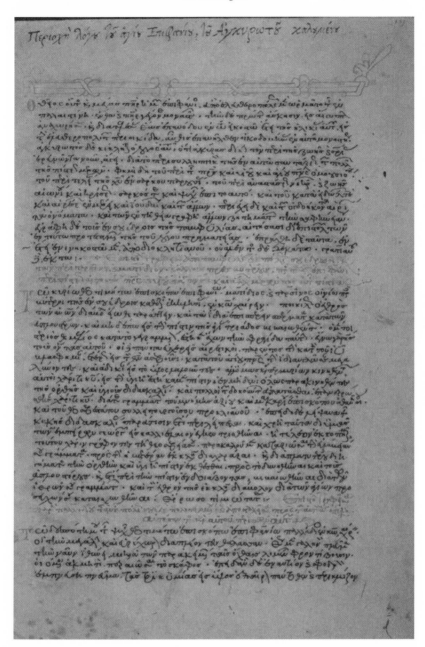

Abb. 5: Epiphanius im Jenensis Ms. Bos. f. 1, fol. 121ʳ, s.o. Dummer/Markschies, Anhang, Nr. 6: (Barocke?) Notiz über der roten Schmuckleiste in Griechisch; Holl, GCS Epiphanius I, S. 1 zu Z. 1: „törichte Überschrift" (ThULB Jena).

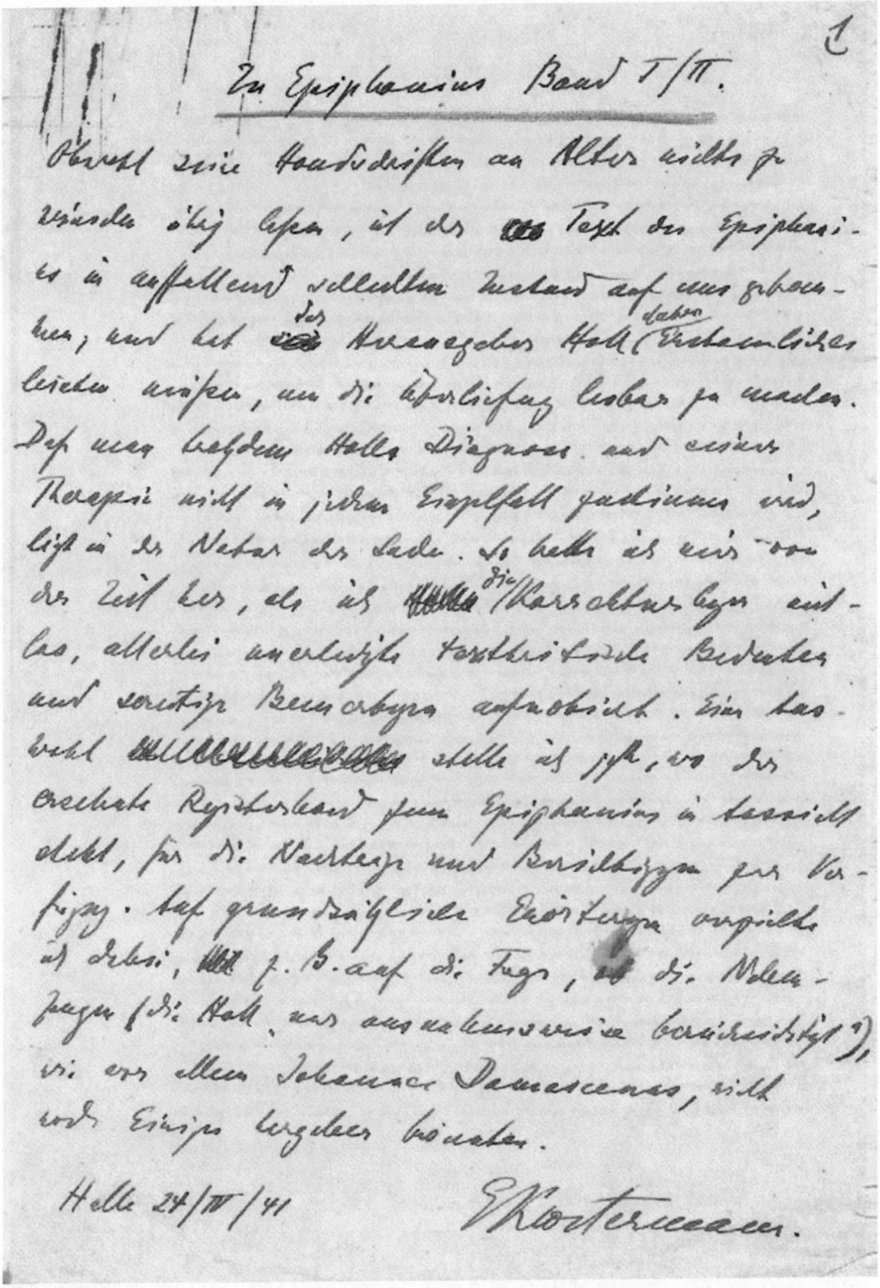
Zu Epiphanius Band I/II.

Obwohl seine Handschriften an Alter nichts zu wünschen übrig lassen, ist der Text des Epiphanius in auffallend schlechtem Zustand auf uns gekommen, und hat der Herausgeber Holl daher Erstaunliches leisten müssen, um die Überlieferung lesbar zu machen. Daß man trotzdem Holls Diagnose und seiner Therapie nicht in jedem Einzelfall zustimmen wird, liegt in der Natur der Sache. So hatte ich mir von der Zeit her, als ich die Korrekturbogen mitlas, allerlei unerledigte textkritische Bedenken und sonstige Bemerkungen aufgeschrieben. Eine Auswahl stelle ich jetzt, wo der erwartete Registerband zum Epiphanius in Aussicht steht, für die Nachträge und Berichtigungen zur Verfügung. Auf grundsätzliche Erörterungen verzichte ich dabei, z. B. auf die Frage, die Nebenzeugen (die Holl nur ausnahmsweise berücksichtigt), wie vor allem Johannes Damascenus, nicht noch Einiges hergeben könnten.

Halle 24/IV/41

E Klostermann.

Abb. 1: Schriftliche Mitteilung von Erich Klostermann vom 24. April 1941 über seine kritische Durchsicht des Epiphanius-Textes von Karl Holl (Archiv der BBAW, Handakten Bibelexegese-GCS).

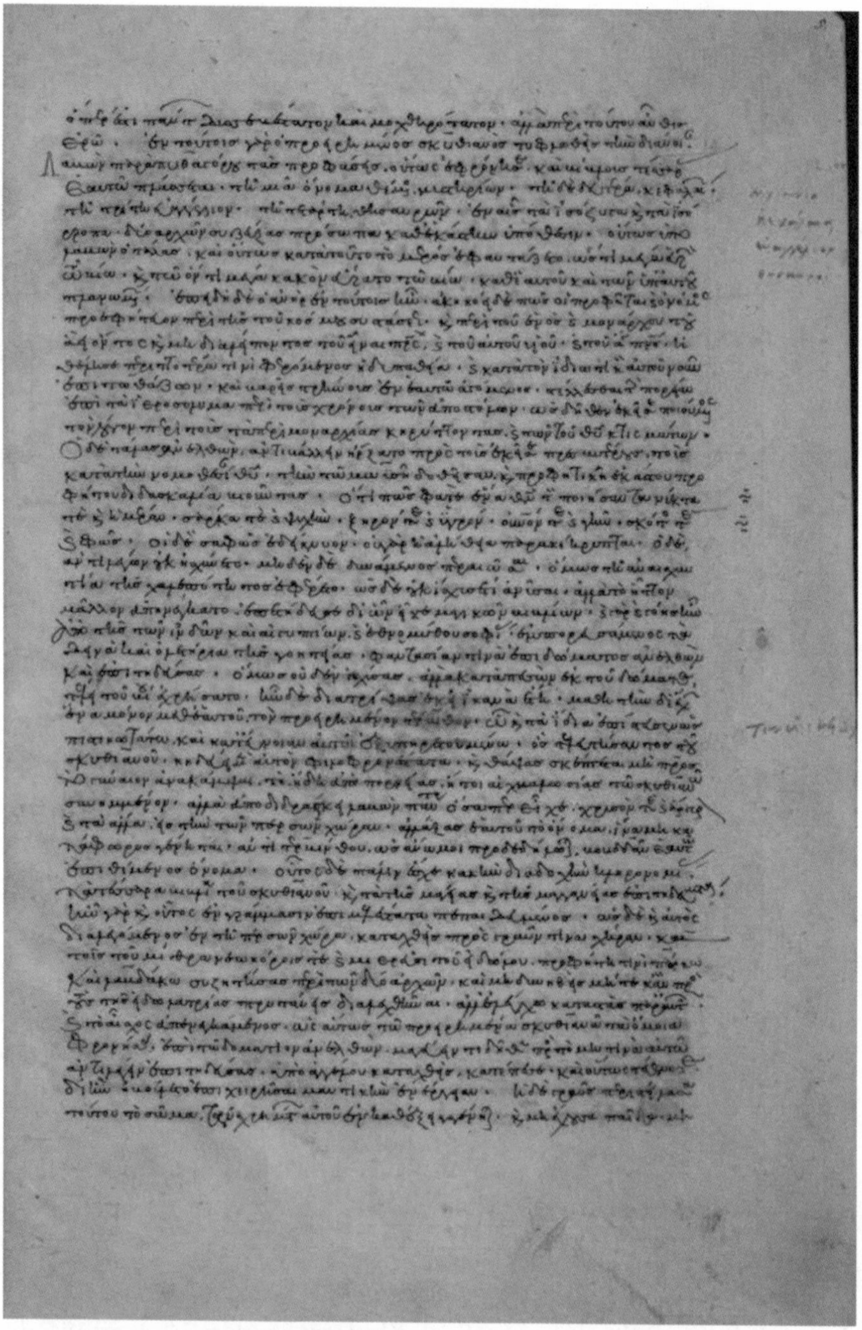

Abb. 2: Epiphanius im Jenensis Ms. Bos. f. 1, fol. 5ʳ, s.o. Dummer/Markschies, Nr. 2: Griechische Randnotiz Melanchthons (ThULB Jena).

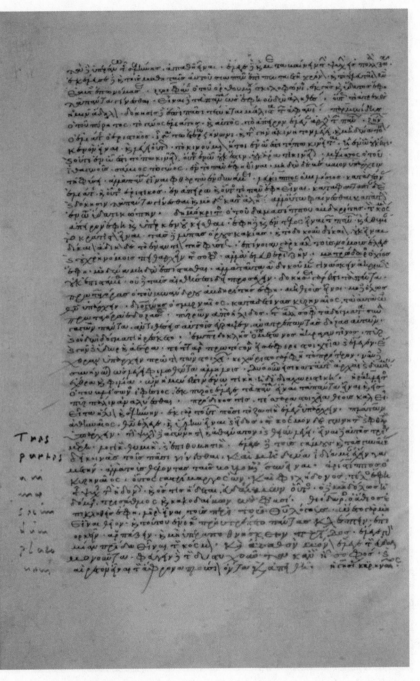

Abb. 3: Epiphanius im Jenensis Ms. Bos. f. 1, fol. 115ᵛ, s.o. Dummer/Markschies, Nr. 17: Lateinische Randnotiz Melanchthons (ThULB Jena).

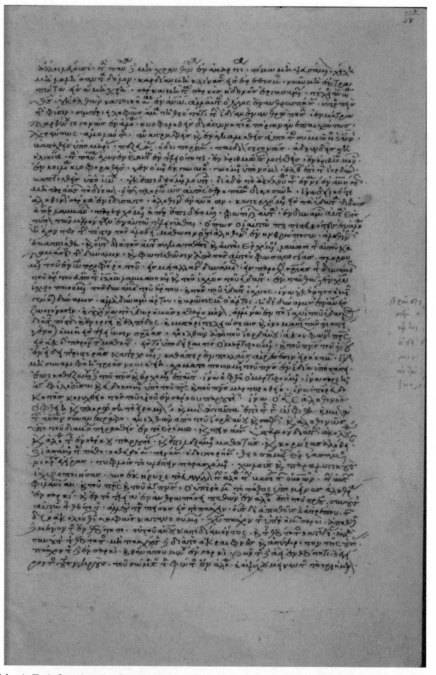

Abb. 4: Epiphanius im Jenensis Ms. Bos. f. 1, fol. 118ʳ, s.o. Dummer/Markschies,
Nr. 19: Später abgeschnittene Randnotiz Melanchthons (ThULB Jena).